# 한국기독교장로회
## 전국여교역자회 50년사

# 평등,
# 평화,
# 생명의 길

**한국기독교장로회 전국여교역자회 50년사**
평등, 평화, 생명의 길

2019년 5월 13일  초판 1쇄 인쇄
2019년 5월 17일  초판 1쇄 발행

지은이 | 한국염
펴낸이 | 한국기독교장로회 전국여교역자회
펴낸곳 | 한국기독교장로회 전국여교역자회
　　　　서울시 서대문구 경기대로 55 / (02)392-9619
　　　　https://cafe.daum.net/prokma
발행처 | 도서출판 동연
등　록 | 제1-1383호(1992. 6. 12)
주　소 | 서울시 마포구 월드컵로 163-3
전　화 | (02)335-2630
전　송 | (02)335-2640
이메일 | yh4321@gmail.com
블로그 | https://blog.naver.com/dong-yeon-press

ISBN 978-89-6447-503-4  03900

# 한국기독교장로회
# 전국여교역자회 50년사

## 평등 / 평화 / 생명의 길

한국염 지음
기장전국여교역자회 펴냄

50 years Herstory of the Women Ministers' Association of
Presbyterian Church in the Republic of Korea

동연

사 진 으 로     보 는

# 기장전국여교역자회
# 50년사

# 제1장 기장여교역자회 태동하기까지 (1884~1952)

일제강점기 수난 속의 여교역자들

신사참배불참 금식기도 후 평양 여자 신학원(1939)

김춘배 목사의 기독 신보에 게재된 여성 안수 기사와 이에 대한 장민숙씨의 의견서(1935)

사진 출처 『기장여신도회 60년사』에서

여전도회 연합대회 27회 총회. 초창기 여전도사들도 이 총회에 대거 참여하였다(1962).

여전도회 연합대회 34회 총회(1969)  김황옥 김영희 김정희 황치순 안계희(뒷줄) 김성심 최옥실 박성재(가운데 줄) 임춘자 이현숙 (앞줄)

# 제3장 여교역자회, 목표를 향한 달음질을 시작하다
## (1968년 창립 ~ 1977년 10회 총회)

은퇴 여교역자를 위한 베다니집

안계희 초대 관장 생일과 문익환 목사 석방 환영회로 한신여동문회가 베다니집에서 함께 축하

베다니집 – 설을 맞아 베다니집 선배들께 세배 온 후배들과 함께

베다니학원 단기훈련 – 수유리 아카데미(1971)

신구교 여교역자 합동세미나(1972)

기장, 예장 여교역자의 인간관계훈련(1973)

1호 여성 목사 양정신 목사의
여신도회 총회 시 성찬 집례(1977)

10주년 좌담회(1977)

한국여교역자협의회 창립10주년(1977)

출소 여성을 위한 '첫새벽의집'

2호 김정희 목사 안수 축하

4, 5호 박성자, 정숙자 목사 안수 축하

12회 총회, 수원교회(1979)

여교역자 교육, 선교교육원(1981)

한국교회 100주년 여성대회(1984)

여교역자 1년 연수 수료식, 선교교육원

19회 총회, 예장 안식관(1986)

19회 총회 – 신 · 구 실행위원 교체식(1986)

한신 후배 여학생들과 함께

여교역자 교육, 남한산성

건대사건 구속자를 위한 기도회(1986)

최루탄 저지대회(1987)

20회 총회(1987)

20회 총회(1987)

제1회 캐나다연합교회와의 교환프로그램, 한국 방문 (1990)

제2회 캐나다연합교회와의 교환프로그램, 캐나다 방문(1991)

25회 정기총회, 선교교육원(1992)

26회 총회와 여교역자교육대회, 수원아카데미사회교육원(1993)

30회 정기총회, 충주 서남(1997)

한일 여성목회자 교류, 히로시마 평화공원(1991)

제2차 한일여성목회협의회(1992)

사무실 개소 예배(1992)

여신도 · 여교역자선교협력협의회(1993)

여교역자회 지도력개발원 – 영성(심성)계발훈련(1992)

독일 EZE 대표자 한국 방문(1993)

교육 – 지역사회 목회 공동체훈련(1993)

교육 – 심성계발훈련(1993)

교육 – 심성계발훈련(1994)

정신대문제 해결을 위한 시위 - 여리고성을 돌다(1992)

평화통일희년을 준비하는 예배(1993)

여교역자 선후배와의 만남(1993)

전 회원 만남의 날(1994)

기독여성 10년 중간보고와 평가회(1996)

제1회 한일 NCC여성위원회 교류 · 연대 모임(1996)

총무취임 - 1대 나선정 총무

총무취임 - 2대 명노선 총무

총무취임 - 3대 김화자 총무

총무취임 - 4대 박수현 총무

총무취임 - 5대 전규자 총무

총무취임 - 6대 이혜진 총무

한국여교역자연합 호남지역대회(1999)

31회 총회, 군산 소생의집(1998)

35회 총회, 청주제일교회 – 역사탐방(2002)

총회와 한국여교역자회연합 큰 모임

한일 여성목회자 교류(1997)

여교역자회 20주년기념교회 첫 목회자
현말렬 목사 소천 추모예배(1999)

캐나다 협력선교사 고은혜(로리 크로커) 목사와의
영어성경공부(1999)

새로운 예배 시도(1999)

기장여성연대의 정기 모임을 마치고(2010)

한국여교역자회연합 수련회(2008)

국민주권선언과 평화집회 보장을 위한 기장 시국기도회(2008)

여신도회 전국연합회 80주년 기념대회에서 성찬식 집례(2008)

44회 정기총회 – 자매애를 나누며(2011)

비상 – 여성목회세미나(2013)

목회 실습(2017)

신학대학 여학생들과의 만남(2015)

여교역자 현실과 미래의 전망
– 공청회(2010)

은퇴 회원의 날(2010)

지역 이동 강좌 – 성찬 실제(2013)

단독목회자 힐링캠프(2016)

교육 – 회원 논문발표(2016)

은퇴 여교역자의 날(2016)

한국여교역자회연합 수련회(2016)

서울북노회 목사 임직식. 회장과 총무 안수식에 초청받아 안수(2018)

양성평등 실현을 위한 기도회(2009)

생명의 강 살리기 기도회(2010)

96회 총회 여성 총대들(여성할당제 적용 후 첫 여성 총대 비율 2%→7.7%)(2011)

WCC 총회 여성 사전대회 참여(2013.11)

여성 총대 모임 – 성 평등 헌의안 통과를 위한 결의 다짐(2017)

전임회장, 총무 간담회(2017)

전 회원 만남의 날
– 성 평등을 논하다 토크쇼(2017)

기장여성연대 – 성폭력 미투 위드유(2018)

세월호 특별법 제정을 위한 기도회(2014. 8)

진도에서 세월호를 기억하며 실행위원 기도회 (2018)

평화와 통일을 위한 월요기도회 주관(2016)

일본군 성노예문제 해결을 위한 수 요시위(2018)

성폭력사건 규탄 기자회견(2018)

50회 정기총회 – 교회개혁여성선언

51회 정기총회와 희년기념예배(2018)

# 인 사 말

## 삶이 공명(共鳴)이 되고 다시 서사(敍事)가 되길 바라며…

"평등, 평화, 생명의 길, 기장여교역자회 50년!"

기장여교역자회 50주년을 지나면서 여교역자회가 걸어 온 평등, 평화, 생명을 향한 발자국을 책으로 펴내게 되어 기쁩니다.

사마천은 그의 책 『사기』에서 "문장을 짓는다는 것은 소멸되고 망각되기 쉬운 시간에 대한 인간의 도전"이라고 하며 "저는 이 책을 저술하여 명산에 숨겨 놓고 그 사람에게 전하렵니다"라고 기록했습니다. 자기글을 읽어 주고 자기 마음을 알아 줄 '그 사람'을 기다렸던 것입니다. 여교역자회 50년사, 이 책을 통해 기장 여교역자로서의 정체성을 확인하고, 자긍심을 회복하는 '그 사람'들을 만나길 기대합니다. 나아가 우리 회와 연대하며 기도하는 '그 사람'들이 많아지길 바랍니다.

역사기록은 단순한 사실의 기록과 전승만이 아닌 시간과 공간을 뛰어넘어 생각과 감정을 나누는 일입니다. 이 책에는 우리 회를 조직하기위해 힘써 온 선배들의 헌신, 여목사 제도를 통과시키기 위한 연대와노력, 여성 리더십을 세우기 위해 한마음으로 힘써 온 여신도들의 협력선교, 베다니집과 지도력개발원 등을 통해 여교역자들의 교육과 복지를 지원해 온 캐나다, 독일 등 해외교회의 기도가 담겨 있습니다. 나아가 한국 사회의 민주화와 평화를 위해 노력해 온 여성들과 함께했던 우리 회의 발자취를 보게 됩니다. 기록과 전승의 행간에서 과거의 그분들을 만나고 그때의 생각과 감정을 느끼게 될 때면, 가슴 아리고 눈물이 나며 뜨거운 감동이 일어납니다. 약자에 대한 연민, 평화를 만들어 가는 땀 흘림은 우리에게 많은 울림을 줍니다.

아쉬운 것은 묵묵히 작은 교회, 농어촌 현장을 지켜 온 여교역자들의 삶의 이야기들을 다 실어내지 못한 점입니다. 우리 회에서 매해 발간해 온 '여성 목회' 이야기들이 묶이고, 선배들의 삶의 이야기들이 정리되어 또 한권의 책이 되었으면 좋겠다는 바람이 있습니다.

줄탁동기(啐啄同機)라는 말이 있습니다. 병아리가 알에서 나오기 위해서는 새끼와 어미닭이 안팎에서 서로 쪼아야 한다는 뜻으로 시기적절한 만남을 뜻하는 말로도 쓰입니다.

여교역자회 50주년의 역사를 정리하고 싶은 간절한 마음이 마침 은퇴 후 새로운 일을 준비하던 한국염 목사와 만남을 통해 귀한 책으로 탄생했습니다. 대표 집필자인 한국염 목사는 우리 회 전임회장으로 수고하셨으며, 여성 목회와 에큐메니칼 기독여성운동, 이주여성인권을 위해 헌신해 오신 한국교회와 여성들의 대모와 같은 분입니다. 여성인권 회복을 위한 실천과 몇 차례 책을 내신 경험 등 여러모로 준비된 분을 만나서 우리 여교역자들의 이야기가 책으로 전해지게 되었습니다. 그 수고에 다시 한번 감사를 드립니다.

50년사를 편찬하기 위해 첫 기획회의부터 참여하여 초고를 읽고 다듬어서 우리 모두의 역사를 만들어 준 편찬위원들께 감사드립니다. 50년사 발간을 위해 기도와 격려로 함께 해 주신 실행위원들께도 감사드립니다. 특히 우리 회 50주년 행사, 희년문집, 이번 50년사에 이르기까지 실무를 맡아 귀한 결실을 만들어낸 이혜진 총무의 열정과 수고를 잊을 수 없습니다.

　무엇보다 연약한 우리를 사용하여 큰 일을 이루어 가시는 하나님의 은혜에 감사드립니다.

　기장여교역자! ○○○님! "당신의 삶이 곧 역사입니다."

　'기장여교역자회', 이 이름으로 같이 걷는 사람들과 다시 희년을 향한 발걸음을 힘차게 내딛습니다. 한반도 구석구석, 섬기는 교회와 마을에서 작은 성공을 맛보며 주 안에서 함께 기뻐하는 사람들이 나날이 늘어 가길 기대합니다.

　모든 존재는 누군가의 알아줌을 만나 완성됩니다. 예수님이 우리를 알아주심으로 우리 삶이 새로워졌듯이, 이 책을 통해 기장 여교역자들의 삶의 자리를 이해하고 만나 가게 되길 소망합니다. 그리하여 한국에서 여성 목회자로 산다는 것의 무게와 아픔, 과제와 비전에 귀 기울이며 어깨동무하는 사람들로 가득한 신명난 세상이 되길 기도합니다. 예수그리스도의 길을 따라나선 여성 제자들이 온 세상 사람들과 더불어 기쁨의 잔치를 여는 그날을 미리 맛보며, 여기 우리 삶의 이야기를 세상에 내어 놓습니다.


2019년 5월

회장 김성희 목사

# 발 간 사

## '기억'은 사랑이고 삶을 부활하게 하는 힘이다!

예수님은 자신의 머리에 향유를 부은 여성이 기억되기를 원하셨다. "이 여자는, 자기가 할 수 있는 일을 하였다. 곧 내 몸에 향유를 부어서, 내 장례를 위하여 할 일을 미리 한 셈이다. 내가 진정으로 너희에게 말한다. 온 세상 어디든지, 복음이 전파되는 곳마다, 이 여자가 한 일도 전해져서, 사람들이 이 여자를 '기억'하게 될 것이다"(마가복음 14장 8-9절)라고 하셨다.

역사를 쓴다는 것은 말이나 행위, 사건 등을 재해석하고 드러내고 알리고 기억하는 일이다. 즉 누구를 기억한다는 것은 그의 증인이 되는 일이며 또한 그의 삶을 부활하게 하는 힘이다.

기장여교역자회 50년사를 발간하는 2019년 올해는 3·1운동 100주년을 맞는 뜻깊은 해이다. 지금까지 독립운동의 남성지도자들과 영웅적 투쟁을 했던 분들은 기억하지만 여성 독립운동가들의 투쟁과 헌신은 대부분 묻혀서 드러나지 않았다. 3·1운동 100년을 맞아 드러나지 않고 잊힌 여성 독립운동가들을 발굴하여 그분들의 삶과 헌신을 되새기고 있다. 서대문형무소 여옥사 8호 감방에 수감되었던 여성들을 비롯하여 여성 독립운동가 357명을 기억하게 되었다. 그동안 제대로 평가 받지 못한 여성 독립운동가의 노력과 활동을 재조명하고 기리게 된 것이다. 기억하는 것은 지금의 우리 그리고 미래의 세대에게 깊은 감동과 도전의식을 갖게 한다. 역사를 기억하고 역사를 다시 쓴다는 것은 더 넓은 세상을 만나게 하고 새로운 세상을 향해 걷게 한다.

지난 50년을 살아 온 우리 여교역자회의 역사를 써서 출판하는 것은 그간 묻혀 있었던 신앙의 선배들이 한 일을 기억해내는 일이며 선배들의 삶과 영성을 새롭게 만나는 일이다. 지나간 과거를 돌아보는 것은 현재의 우리를 새롭게 하는 일이고 미래를 준비하는 일이다. 어둠을 헤치고 광야를 걸어온 선배들의 믿음이 지금 우리를 흔들어 깨우고 있다.

묵은 자료집에서 새로운 자료를 찾는 일은 결코 쉬운 일이 아니었다. 어렵고 힘든 일을 우리 회 전임회장인 한국염 목사님이 해내셨다. 기적과도 같은 일이었다. 그가 여교역자로서 기독여성의 역사를 만들어 왔고 여성으로서 여성운동의 역사를 몸으로 삶으로 살아왔기에 가능한 일이었다.

이 모든 일을 위해 사진과 자료들을 제공하고 정리해 준 여러 회원들께 감사드린다. 특히 우리 회를 위해 기도와 눈물로 헌신하며 이끌어 오신 전임 회장님들과 전임총무님들의 노고에 감사드린다. 각 시대마다 다른 삶의 무게를 감당해 온 뒷이야기들을 들려주셔서 내용이 더욱 풍성해졌다. 한 분 한 분 모두 거명하지는 못하지만 김황옥 전도사님, 박영주 목사님, 정숙자 목사님을 비롯한 전임 회장님들, 나선정 총무님을 비롯한 전임 총무님들께 감사드린다.

50년사 발간을 위해 초고 교정과 마음을 함께 모아 주신 김미희 목사를 비롯한 실행위원들께도 감사드린다. 특별히 총회교육원 교재개발부장의 경험을 살려 여러 차례 교정과 교열을 해 준 김진아 목사에게 고마움의 인사를 드린다.

이 책이 나올 수 있었던 것은 지난 50주년 희년기념사업을 위해 재정을 후원해 주신 우리 회원들, 각 교회와 기관들, 여신도회전국연합회, 전국여장로회, 특히 50회기, 51회기 실행위원들이 있었기에 가능했다.

좋은 출판사를 만나는 일은 큰 행운이고 기쁨이다. 편집과 출판을 맡아 수고해 주신 동연출판사 김영호 사장님과 직원들께 감사드린다. 많은 분들의 땀과 헌신을 통해 꼭 필요한 역사책이 만들어졌다.

이 여교역자회 50년사를 통해 멋진 길을 걸어오신 여성 목회자 선배들을 기억하고 새로운 길에 대한 희망이 열리기를 기대한다. 지난 발걸음을 인도하시고 또 새로운 길을 열어 주시는 하나님께 감사와 찬양을 드린다.

기장전국여교역자회 50년사 편찬위원회 위원
김성희, 김영선, 김은경, 김진아, 박영주, 박인숙,
심은정, 안수경, 이영미, 이혜진, 임보라
대표하여 총무 이혜진 씀

# 머 리 말

# 새 희년을 향한 기억의 발자취

한국기독교장로회 전국여교역자회(여교역자회)는 2018년 총회를 창립 50주년, 희년 총회로 명명하고 총회 주제를 '기억을 되새기며, 새 희년을 향하여!'로 잡았다. 이 주제는 단순히 50이란 숫자를 기념하는 것이 아니라 희년을 맞은 기쁨을 노래하면서 새로운 희년으로 나아가기 위한 이정표를 세우자는 것이다.

희년, 글자 그대로 기쁜 해를 맞아 나팔을 불며 축하를 하고 기쁨을 나누어야 하지만, 여교역자회가 창립되었을 때 설정한 그 목적을 다 이루지 못해 미완의 희년을 맞아야 했다. 여교역자회는 희년을 맞으면서 '새 희년을 향하여!'라는 새로운 이정표를 세웠다. 이 이정표의 전제 조건은 지나간 50년 역사에 대한 기억을 되새기는 것이다. 과거 역사를 반추하고 그로부터 교훈을 얻어서 새 희년을 향한 과제를 설정하고 그 과제를 이행하는 노력을 할 때 이정표로 세웠던 새 희년을 맞게 된다. 이를 위해 기장 전국여교역자회 50년사를 편찬하기로 하였다.

이 책, 기장여교역자회 50년사는 '기억'에 초점을 둔 책이다. 기장여교역자회 50년사를 기억함에 있어 단순히 기장여교역자회 50회라는 숫자에 매이지 않았다. 오늘이 있기까지 지난 100여 년 전부터 선배 여성들이 뿌려 온 선교 씨앗과 땀, 교회와 사회에서 여성해방을 위한 눈물과 투쟁으로 일군 토양을 기억하려 했다. 기장 교단이 탄생된 후 새 역사 창조자라는 기장인으로서 자부심과 더불어 여교역자회 창립 역사, 여성 목회를 펼치기 위해 밑거름이 되어 주고 위기를 극복할 수 있는 길을 열어 준 선배 여교역자 발자취를 더듬어 보고자 했다. 무엇보다도 이 책은 성평등 기장교회를 향한 여교역자회 여정에 초점을 두었다. 그뿐만 아니라 여교역자 지위와 자질 향상 그리고 여교역자회 발전을 위해 연대하고 지지해 준 기장여신도회전국연합회를 비롯한 기장여성연대의 자매애, 기독여성운동 큰 밑그림을 그려 준 한국기독교교회협의회 여성위원회, 함께 여성 목회라는 길을 걸어 온 한국여교역자회연합의 일치와 연대의 행진을 기억하고자 했다.

기장여교역자회 50년사를 기술함에 있어 먼저 여교역자회 토양이고 기장여교역자회 전사(前史)로서 개신교 선교역사가 시작되기 전 여성 해방의 사상과 초기 전도부인들의 공헌, 초대교회, 특히 장로교 여성들이 벌인 성평등을 위한 투쟁을 살펴보았다. 기장여교역자회 뿌리가 여기에 있기 때문이다. 해방 후 분단에 이르는 기간의 교회여성사는 기술하지 않고 기장교회 탄생과 기장여성이 벌인 활동으로 건너뛰었다. 교회여성이 벌인 해방운동사적 측면에서 여교역자회 역사를 기술하고 싶은 의도에서다.

여교역자회의 출발 이후 역사는 10년 총회[1]를 단위로 매 시기 여교역자회 활동에 영향을 미친 시대상을 간략하게 살펴보고 여교역자회 활동을 기술하였다. 여교역자회 창립에서부터 20주년까지는 여교역자회 목적을 중심으로 여교역자 지위 확보와 자질 향상을 위한 활동,

---

1 여교역자회는 10회 총회를 10주년이라는 용어로 사용하였다. 2018년에 와서 50주년 총회로 바로 잡혔음을 밝힌다.

유대 강화와 동지적 공동체 활동, 대사회 활동으로 분류해서 기술하였다. 30주년부터 50주년 희년총회까지는 여교역자회의 목적을 세계교회협의회(WCC)가 정한 '기독여성10년'의 목표에 맞게 재구성해서 지위확보는 여성 참여로, 사회선교는 '정의 · 평화 · 창조의 보전'으로(40회 총회 이후는 한국 에큐메니칼 기독여성운동이 '창조의 보전'을 '생명'으로 바꾸어 사용함에 따라 '정의, 평화, 생명'으로 활동을 분류), 자질 향상은 여성의 눈으로 신학하기와 영성나누기로 분류하였다. 그리고 매 10년마다 여교역자회의 조직 활성화를 위한 활동과 10년 단위의 총회를 중심으로 그 회기를 정리하였다. 단체 이름은 처음 한 번은 제대로 쓰고 다음부터는 줄임말로 사용하였다. 여교역자회가 벌인 활동이나 교육의 상세한 내용은 대부분 각주로 처리하였다. 각주를 사용함은 바로 내용을 확인하게 쉽도록 하기 위함이다. 아쉬운 것은 여교역자회 50년사에 지역회 활동이 들어가지 않은 부분이다. 지역회 활동 격차가 너무 커서 기준을 정하기 어려워 제외하였다.

여교역자회 50년사는 기장여성 목회자들의 목회활동에 초점을 맞추기 보다는 여교역자회가 직접, 간접으로 전개한 활동을 운동사적으로 조명하였다. 이것은 여교역자 회원들이 여교역자회 발자취를 파악함과 동시에 시대상황에 따른 기독여성운동의 빛에서 여교역자회 역사를 파악했으면 하는 바람에서다. 또한 여교역자회 50년사를 이렇게 에큐메니칼운동사 측면에서 집필한 것은 비단 기장여교역자들뿐만 아니라 일반 교회여성들도 참고할 수 있도록 하기 위함이다.

기장여교역자회 50년사를 집필하는 데 적지 않은 어려움이 있었다. 초기 전사는 이미 한국기독교여성백년사, 한국기독교여성백년의 발자취 등 기독교 여성사 책이 있었기에 그 부분을 정리하는 데 많은 도움을 받을 수 있었다. 그러나 여교역자회가 출발한 1968년 이후 1986년까지는 여교역자회 자체에 대한 기록이 없었다. 기록이 보존되지 않았기 때문에 여교역자회 연혁을 중심으로 외부 자료를 찾아내어 기술해야 했다. 기록과 기록 보존의 중요성을 다시금 인식하는 기회였다. 다행히 기장여신도회 60년사가 집필되어 있어 이 시대 자료는 많은 부분 이 책에 의존하였다. 1987년부터 여교역자회 총회 보고서와 10년 단위로 출판한 기념문집, 1993년부터 연 1회 발행된 여교역자 회보를 핵심자료로 사용하였다.

여교역자회 50년사를 집필함에 있어 평가는 가급적 줄였고 꼭 필요한 부문에 대해서만 필자 의견을 개진하였다. 이는 '비판보다는 격려가 필요하다'는 필자가 갖고 있는 여교역자회에 대한 애정 때문이다. 여교역자회 발자취에 대한 평가는 여교역자 회원들이 여교역자회 50년사를 읽고 나서 해야 될 몫이라고 본다. 이 책이 여교역자회 50년 이후를 위해 과제를 설정해 새 희년을 향해 나가는데 도움이 되기를 바란다.

2019년 4월
여교역자회의 또 다른 발걸음을 내딛으며
한국염 씀

# 차 례

## 제1장
## 기장여교역자회 태동하기까지(1884~1952)      47

## 제2장
## 기장 여교역자들, 출애굽 역사를 시작하다(1953~1967)      67

### 제5장
## 누가 바윗돌을 깨뜨릴 것인가?(1988~1997)    147

# 기장여교역자회 태동하기까지

## (1884~1952)

1. 개신교 이전의 여성해방 사상

2. 여성해방의 복음이 된 개신교 전래

3. 전도부인, 여교역자 등장과 활동

## 1. 개신교 이전의 여성해방 사상

천주교 전파, 동학운동과 개신교 전래는 이 땅 여성들을 해방시키는 길을 열어 주었다. 일차적으로 여성해방은 1700년대에 전래된 천주교를 통하여 선포되었다. 여성을 동등한 인격으로 대하고 상하귀천이 없다고 가르치는 천주교 교리는 당시 여성들에게 새로운 삶을 시작하는 용기를 주었다. '천주 안에서 모든 인간은 평등하다'는 천주교 가르침은 유교 가부장제 하에서 억압당하던 여성들에게 파격적인 것이었다.

여성 강완숙은 선비 홍지영 처로 책을 통해 천주교를 배우고 천주교에 귀의한 분이다. 그는 아들 홍필주를 데리고 집을 나와 천주교 전교에 힘썼다. 그는 처녀들의 모임인 '취회'(聚會)라는 모임을 만들었고 '명도회'(明道會)라는 최초의 여신도회를 조직하여 회장으로 활약하였다. 또한 그는 중국인 신부 주문모를 도와 전교활동을 벌이다 순교하였다. 천주교 복음을 받아들인 여성들 가운데는 과부뿐만 아니라 스스로 결혼을 거부하고 동정녀를 택한 여성 그룹이 생겨났다. 결혼이 여자의 운명이었던 당시 관념과 전통을 깨뜨린 매우 파격적인 행동이었다.

천주교에 대립하여 일어난 동학사상 역시 여성에게 평등한 삶을 제시하였다. 동학의 근본사상은 인내천(人乃天), 즉 "사람은 곧 하늘이다"는 것이다. 인내천 사상은 만민평등사상으로 민중을 억압하고 수탈하는 양반계급 질서에 정면으로 도전하였다. 동학은 인간의 절대평등과 보국안민을 기치로 내세우면서 신분적 차별뿐만 아니라 남녀차별까지 철폐할 것을 주장하였다. '인내천' 사상에 의해 양반과 상민, 남자와 여자, 부한 자와 가난한 자, 귀한 자와 천한 자의 차별철폐를 주창했다.[1]

동학사상은 갑오개혁 안에 반영되어 '재가금지 및 조혼법'이 철폐되었다. 동학 창시자 최제우는 실제로 자기 집 여종 두 명을 해방시켜 한 명은 양딸로 삼고 다른 한 명은 며느리로 삼았다. 그뿐만 아니라 그는 "비록 부인이나 어린아이 말이라도 한울의 말인 줄 알고 배울 것은 배우고 스승으로 삼을 것은 스승으로 삼으라"고 권하면서 여성을 평등하게 대했다. 여성의 인격을 인정한 동학에 많은 여성이 참여했다. 22세 여인 이소사는 동학농민혁명 때 두령으로 활약, 말을 타고 장흥부를 앞장서서 공략하였다.


## 2. 여성해방의 복음이 된 개신교 전래

천주교, 천도교, 증산교[2] 등에서 열려진 남녀평등 사상은 박해를 받아 널리 펼쳐지지 못했고 여성들은 유교적 사회관습을 뛰어넘지 못했

---

1 박순경, "민족의 문제와 신학의 과제," 『신학사상』(1982. 36호), 119 이하.
2 1901년 강일순에 의해 창시된 증산교 근본사상은 음양 질서를 바로잡아 혼탁한 세상을 구한다는 것이었다. 증산교에서는 남녀 간의 평등한 관계를 새로운 세상 질서로 보고 남존여비 관습을 타파할 것을 주창했다.

다. 이런 상황에서 한국에 전파된 개신교는 여성에게 구원의 빛이었다. 개신교는 여자와 남자가 하나님 형상대로 지음 받은 존재로서, 그리스도 안에서 남녀나 신분에서 차별이 없음을 일깨워 주었다. 교육과 의료사업을 선교 접근 방법으로 정한 개신교 선교사들은 여성선교의 중요성을 인식하여, "모성은 다음 세대에 중요한 영향을 줌으로 여성선교와 청소년교육을 특수 목적으로 한다"라고 선언하고 여성선교에 주력하였다. 이러한 교육을 통해 기독교가 주창하는 일부일처 가정윤리와 남녀평등사상은 여성에게 복음으로 받아들여졌다.

개신교가 전파되었을 때 교인들의 입교 동기는 사회적, 현실적 요인이 크게 작용하였다. 조선을 개화시켜 일본, 러시아, 중국 등 제국주의의 위협 앞에서 나라를 구하고자 하는 민족 열망이 개신교를 적극적으로 수용케 한 것이다. 일반 민중과 여인들의 경우 기독교가 전한 만인평등사상이 입교의 큰 요인으로 작용했고 지배층의 경우는 개화를 통한 구국 방편이 큰 요인이 되었다. 한국 여성 지위는 기독교 복음이 전파됨에 따라 향상되었다. 그러나 당시 유교적 가부장제 사회에서 여성이 교회에 나간다는 것은 매우 어려운 일이었다. 여성들이 신자가 되기로 작정한 경우 남편과 시집식구에게 박해를 받았고 심지어 집에서 쫓겨나기까지 했다. 그럼에도 불구하고 여인들은 기독교를 통해 한 번 맛본 자유와 해방을 쉽게 포기하지 않았다.

노블 선교사 부인이 펴낸 '은혜 많은 나의 생활'이라는 책에 실린 어느 여성이 쓴 글에서도 잘 나타나 있다.

그런데 나의 세례밧던 날은 내 인생의 가장 깃븐 날이었다. 우리 죠선녀자들은 몇천 년 동안을 남자에 압박 아래서 성명이 업시 살엇다. 만일 우리 죠선에 예수의 빗치 빗쵀이지 아니하엿던들 죠선의 녀자계가 오날 이

만치도 발달되기 어려웠슬 것이다. 바로 말하면 죠선여자의 자유운동은 그리스도의 빗치 우리 반도에 빗최던 날로부터 시작이 된 것이다.[3]

기독교를 믿게 된 남자들도 첩을 얻지 않았으며 부인에게 인격적으로 대해 주었다. 이름 없이 누구의 엄마나 부인으로 불리던 여성들이 비록 서양식이나마 이름을 갖게 되었다. 이름을 갖는다는 것은 여성의 정체성을 위해 매우 중요한 일이다. 기독교가 우리나라 여성에게 미친 영향을 문일평은 다음과 같이 평가한다.

첫째, 여성도 남성과 마찬가지로 영혼의 소유자로 신 앞에 평등하다는 인간평등사상의 영향이요, 둘째, 지금껏 갇힌 옥내생활로부터 예배당에 나가 남자와 마찬가지로 청강할 권리를 가지는 해방이요, 셋째, 성서 읽는 일로 문자를 깨우침이요, 넷째, 여학교 설립으로 교육을 받아 과학적 지식을 획득함이요, 다섯째, 발전 향상된 여성들이 민족과 사회에 눈을 떠 민족독립운동과 생활계몽운동에 적극 참여하며, 여섯째, 향학열이 발흥해서 해외유학생이 증가함과 부인운동이 활발히 전개되었다는 것이다. 이것은 기독교가 성행한 지방은 물론 아직 기독교가 보급되지 못한 지방에도 여성의 생활 상태에 다소 변동을 주지 않은 데가 없으니 기독교의 감화가 어찌 크지 않다 하리오.[4]

여성 해방을 위해 획기적인 공헌을 한 개신교이지만 일제 식민지 정책과 선교사들의 보수적인 신앙노선 등으로 한계에 부딪치고 여성들

---

3 이우정·이현숙, 『한국기독교장로회 여신도회 60년사』(한국기독교장로회 여신도회전국연합회, 1989), 40.
4 문일평, 「조선여성의 사회적 지위」, 이기백 편, 『호암사론선』(탐구신서 99, 1975), 150.

의 억압이 교회 안에서 전통으로 자리 잡게 되었다. 기독교가 여성을 위한 참해방의 종교가 되지 못한 것은 근본주의 신학에 입각, 축자영감설과 성서절대무오설을 철저하게 신봉하고 가르친 선교사들의 영향이 컸다. 선교사들은 전통적인 서구 기독교가 갖고 있는 성차별적 여성관에서 벗어나지 못했다. 이화학당 프라이 학장은 여성교육 목적을 '현모양처'에 둠으로써 여성 역할을 가정에만 머물게 하는 명분을 마련해 주었다. 또 스크랜튼 여사는 철저한 한국식 교육을 시킨다는 미명 아래 여성의 예의범절 등을 규제하였다.[5] 사실상 한쪽에서 여성 해방이 진행되고 있었으나 반대편에서는 서구 기독교의 성차별적 요소와 한국 유교적 가부장제 질서가 맞물리고 있었다. 이러한 풍토에서 한국교회는 성차별적 요소가 점점 강화되었다.

## 3. 전도부인, 여교역자 등장과 활동

### 1) 최초의 여교역자, 전도부인들의 활약

여자도 남자와 같이 하나님의 형상으로 지음 받았고, '그리스도 안에서는 남자나 여자나 하나다'라는 기독교 가르침은 유교 전통의 가부장제하에서 시달리는 여성들에게 말 그대로 복음이었다. 이 복음을 접한 여성들은 사경회를 통해 읽기와 쓰기를 배워 성서를 읽을 수 있었다. 이들 중에서 적극적으로 복음을 받아들인 사람들이 전도부인이 되었다. 처음 선교사들은 복음을 전할 때 한국 내외법과 언어 때문에 직접

---

[5] 이우정, 『기독교 여성 백년의 발자취』(민중사, 1985), 85.

한국인에게 전도할 수 없었다. 그래서 그들은 부인들을 훈련시켜 전도부인으로 만들었다. 여성이 집 안에만 있지 않고 전도부인이 되었다는 것 자체가 당시 일반적 규범을 깨뜨리는 일이었기 때문에 가족과 마을로부터 엄청난 박해를 받았다. 어느 전도부인은 매를 맞으면서도 "여자도 하나님의 창조물이고, 주 예수님 안에서 여자도 남자와 똑같이 구원받을 수 있다는 이 복음을 버릴 수 없다"며 복음을 포기하지 않았다.

한 예로 '전삼덕' 같은 이는 1893년에 예수교 신자가 되었다. 전통사회의 여성의 지위에 대한 불만과 남편의 첩살림으로부터 받은 정신적 소외감에 사로잡혀 있던 그에게 예수교는 새로운 삶에 대한 도전이었다. 그는 남편과 시집식구의 눈초리와 가문의 체면을 무릅쓰고 집에서 80리나 되는 평양에 있는 교회에 나갔다. 전삼덕은 미국 북장로교 홀 선교사에게서 세례문답 공부를 하고 세례를 받았다. 두 며느리까지 세례를 받게 되었다. 가족 중의 여성들이 모두 신자가 되자 남편의 박해가 힘을 쓰지 못하게 되었다. 그 후 평양길이 너무 멀어 강서읍에 교회를 세웠고 교회에서 아이들을 가르치기 시작하였다. 그는 평양에서 개최하는 여자사경회에 열심히 참여하면서 전도부인으로서 훈련을 쌓았다. 전도부인이 된 전삼덕이 세운 교회만도 1901년 10여 곳이나 되었다. 1917년 그는 학동교회를 설립하고 교회 옆에 학교도 설립하였다. 그는 자신의 생애를 이렇게 정리했다. "나는 귀가 있어도 듣지 못했으며 입이 있어도 말하지 못했다. 그러나 예수를 안 후로 나는 자주적 인간이 되었다."[6]

전도부인은 자기 목숨을 내걸고 복음을 증거했다. 복음이 준 해방과 자유의 감격 때문이었다. 전도부인들의 역할과 공헌에 대해서 선교사

---

6 서광일, "역사 속의 여목회자들의 사명,"「여교역자회 보고서」,〈제11차 한·일 여교역자교류 주제강연〉(여교역자회, 2000), 31-32.

브라운은 "한국교회 성공에는 전도부인의 노력이 있다"라고 역설했다. 1894년의 한 보고서를 보면 한 전도부인이 6개월간 140회의 집회를 가졌고 50가구를 방문했으며, 다른 전도부인은 3천 명을 전도해서 주일학교를 조직하여 입교시켰다.[7] 전도부인들은 처음에는 선교사들을 돕는 조력자로 전도를 시작했다. 그러다 점차 단순히 가정을 방문해 개별적으로 복음을 전하는 데 그치지 않고 기도회, 성경공부, 사경회 등 각종 모임을 인도함으로 명실공히 교회 여성지도자가 되었다.

당시 교회는 '명성황후 시해사건' 뒤 반일민족교회로서의 생리를 굳혀 갔고 교회여성들의 반일, 항일운동은 치열했다. 교회여성들은 국채보상운동, 삼일만세운동, 교육과 계몽운동, 여성권익운동, 신사참배거부운동 등 항일운동을 적극적으로 벌였다. 1907년 일제에 진 국가의 빚을 갚음으로 일제로부터 자립하려는 목적으로 전개된 국채보상운동에 교회여성들이 자력으로 참여했다. 국채보상을 위한 여성단체 30개 중 4개가 기독교 여성단체였으며 참여자 중 31%가 교회여성들이었다. 인천의 '국미적성회'는 매일매일 먹는 양식 중 식구 수대로 한 술씩 떠 모아 의연금을 모았는데 이들이 모은 성미가 무려 19섬이나 되었다. 국채보상운동에 여자들이 참가하면서 낸 성명서를 보면 "국채를 갚아 국권을 회복함은 물론 여자의 힘을 세상에 보임으로 남녀동등권을 찾자"는 이중목적이 나타나 있다.[8]

이렇게 전도부인들을 중심으로 한 교회의 여전도회 조직들은 국채보상운동 등 일제하 독립 활동의 마중물이 되었으며, 후에 3·1운동이 일어나자 만세운동을 촉진하는 역할을 하였다.[9] 이런 전도부인의 역할

7 이효재, 「한국교회여성 100년사: 개관과 전망」, 『한국기독교여성백년사』(한국기독교백주년기념사업회 여성분과위원회, 1985), 24.
8 이우정, 앞의 책, 148-149.

과 공헌은 묻히고 점차 교회가 커 가면서 가부장적 교회가 되었다. 전도부인들에 의해 해방과 자유의 복음을 맛보게 된 교회여성들이 시간이 지나면서 성차별 질곡 속에 다시 놓이게 되었다. 초기에는 여성에게 해방이던 복음이 교회가 자라면서 성직 계급주의 모습을 띠었다.

춘원 이광수는 1917년 『청춘』지에 "금일 조선야소교의 결점"이라는 글에서 한국교회의 계급주의를 신랄하게 비판하였다.[10] "제일은 금일 조선 예수교회는 계급적이외다. … 평등주의인 예수교도 이전 사색반상과 같은 계급이 엄연하게 되어 발본할 수 없는 지경에 이르렀고… 오늘날 조선에는 목사, 장로는 절대적 보통 곳인의 위에 서서 만사에 우월권을 가지려 하오…."

계급주의 불평등이 첨예하게 드러난 것이 남녀불평등이었다. 계급주의에 가부장주의가 덧입혀져 남자만 목사와 장로가 될 수 있었고, 여성은 목사나 장로가 될 수 없었던 교회 계급주의는 일반 여신도들은 물론이고 전도부인들에게도 그대로 적용되었다.

---

9 삼일만세운동으로 검거된 여성 중 체포기소된 여성만도 587명이며 3심에까지 유죄판결을 받은 사람이 129명이나 되었다. 이에 참가한 대다수는 교회여신도들과 기독교계 여학생들이었다. 삼일만세운동 뒤 일제의 무자비한 탄압으로 독립운동이 지하로 숨은 후 교회여성 활동은 대부분 계몽위주의 교육으로 전환되었다. 부인강습을 주도한 '조선여자교육회', 전도, 교육, 자선을 목적으로 한 'YWCA', 금주금연의 '기독교절제회', 사회주의 여성운동과 제휴한 '근우회' 등의 단체가 탄생하여 여성들의 계몽과 교육에 나섰다. 특히 '근우회' 강령에는 여성에 대한 사회적, 법률적 차별 철폐와 봉건적 미신타파, 결혼 자유, 인신매매와 공창 폐지, 농촌부인의 경제적 이익옹호, 부인노동의 임금차별 금지, 산전 산후의 임금 지불, 부인과 소녀공의 위험노동 및 야간작업 폐지를 행동강령으로 내세웠다. 이러한 근우회 행동강령은 오늘날 여성운동에서도 같은 맥락을 잇고 있어 매우 선각자적인 모습을 보여주고 있다. 이효재, 「한국교회여성100년사: 개관과 전망」, 『한국기독교여성백년사』, 42.

10 박용옥, 「기독교와 여성의 개화」, 『여성! 깰지어다, 일어날지어다, 노래할지어다 - 한국기독교여성백년사』(한국기독교기념사업회 여성분과위원회, 1985), 105.

## 2) 여전도사들, 성차별에 대항하다

### (1) 여자신학교 설치, 그러나 마주한 성직 계급화의 벽

남녀 불평등 관계는 신학교육에서부터 나타난다. 여성교역자 양성은 장로교가 1897년 평양에서 6개월 단기 성경학원을 개설한 데서 시작되었다. 이것은 남성교역자 양성보다 앞선 것이었다.[11] 단기 훈련을 받은 여전도사들은 선교사들이 작성한 교안을 갖고 사경회를 인도하였다. 이러한 기반 위에서 1907년 평양에 여교역자 훈련원이 생겼으며, 3년 후에는 여자 성경학원이 설치되어 초급 교육과정을 강화시켰다. 성경학교 과정이 1922년에야 비로소 3년제 고등성경학교로 승격되었으며, 여자신학원은 훨씬 늦게 1937년에 제1회 졸업생을 배출하였다. 신학원이 생기고 여성들도 신학공부를 해 전도부인에서 전도사가 되었지만 여교역자의 역할과 위치는 딱 거기까지였다. 교육과 의료 사업을 통해 한국 사회를 기독교화하는 데 비중을 둔 감리교와 달리, 장로교는 여교역자를 단순한 전도사업 담당자로 교육하며 교회공동체를 위한 사역자로서나 교권에 참여하는 평신도지도자로 양성하지 않았다.[12] 이렇게 교권에서 여성을 차별하려는 장로교의 보수성은 이미 뿌리가 깊었다.

---

[11] 남성교역자를 위한 목사 양성은 1900년 전후 시작되었다. 장로교는 1901년부터 5년 만에 전 과정을 이수하는 장기신학교육과정을 실시하다가 1905년에 3년 정규과정 연합신학교를 정식으로 개설하였다. 정규 과정 신학교육을 마친 남성은 목사가 될 수 있었다. 이효재, 앞의 책, 32-33.

[12] 감리교 경우 이화학당을 세운 스크랜턴 부인이 전도부인 양성을 위해 성경반을 조직하였으며, 이화학당 졸업생 중에서 전도부인을 배출하였다. 감리교 여선교사들은 연합여자성경학교를 확대 개편해 나갔고, 1917년 서울 서대문에 교사를 세워 2년 후 협성여자신학교로 승격시켰다. 협성여자신학교는 1932년 남자 협성학교와 합쳐 남녀공학이 되었고, 이에 따라 여자안수목사제도를 일찍 허용하였다.

전도부인의 활약으로 교회 초기부터 여성교역자가 남성교역자보다 월등히 많았다. 이들이 교회 부흥과 전도에 큰 공헌을 했다. 전도부인들이 인도하는 사경회를 통해 은혜를 받은 여신도들이 지역에 돌아가 교회 개척과 전도에 애썼다. 그럼에도 선교사들은 이들이 가사일과 전도사업을 같이 하는 것에 불만하여 여성교역자 자격을 가능한 한 독신 미혼여성으로 장려하였다.[13] 선교 초기부터 남자는 목사, 여자는 전도사로 자리매김이 되어 여자교역자들에게는 설교권이나 축도권을 비롯한 정책결정권, 운영권이 없었다. 교회에서 여성과 남성의 역할이 성역할로 고정되고, 여교역자의 역할은 교회를 위한 전도사업과 봉사로 한정되다 보니 여교역자 위상도 심각하게 위축되었고 사례비에도 큰 차별이 생겼다.[14]

1898년 평양 널다리교회에서 최초로 부인전도회가 만들어진 것을 필두로 개체교회 여전도회 조직이 확산되어 갔다. 1908년에 이르러 여전도회 조직활동은 여전도회 지방연합회를 결성하는 것으로 발전하였다. 1928년에는 11지역 여전도회 연합회가 모여 전국연합회가 창립되었다. 전국연합회 4대 회장까지는 여선교사가 회장을 하다가 1931년 5대 회장에 평양 고등성경학교 교수로 재직 중이었던 한영신 씨가 한

---

**13** 앞의 책, 67.

**14** 이우정, 앞의 책, 71. 경성의 정마리아에 따르면 여전도인 별명이 '걸레'이다. 걸레란 환자 집에서 기도하고 초상나면 염장이 노릇하고 순산하는 집에서 조산부나 산파가 되는 온갖 잡동사니를 다한다는 의미이다. 여전도인들은 "걸레 없는 집안이 깨끗하지 못하다"고 자신을 위로하고 있다. 춘천 최경자 전도부인은 "예수께서 자유와 평등을 말씀하셨다고들 하면서 오늘의 기독교내에는 너무나 계급과 차별이 많은 것 같다"고 비판하고 있다. 지위와 역할에 따른 임금차별이 심했다. 1922년 약 300명의 남감리교회 여전도사들이 "남녀균등을 찾는 이때에 남자목사 급료는 100원인데 여전도사는 20원 내외임"을 들어 급료인상을 요구하였다. 당시 최호경 전도사는 "하루속히 고쳐야 할 일로 남녀교역자 사이에 계급과 불평등이 있는 것, 여전도인에게 생활비를 적게 주는 것"이라고 지적하였다. 위의 책 69.

국인 최초로 회장이 되었다. 감리교 여선교회 경우 1대, 2대 회장 모두
가 한국여성이었다는 점과 비교하여 보면 장로교 여전도회가 선교사
의 예속하에 있었음을 보여주는 것이다. 사실상 여전도회 조직, 성격과
활동에 선교사 시각이 깊숙하게 개입되었다.[15]

당시 한국 여성들이 기독교인이 되었다는 것은 개인적 종교생활의
변화만을 의미하지 않았다. 교회라는 새로운 공동체에 참여하여 가족
과 친족 집단의 테두리를 벗어난 사회단체에 참여를 경험한 것이다. 더
욱이 여전도회나 여선교회를 스스로 조직하여 민주적 회의 진행과 조
직 운영을 배우며 교회 성장에 집단적으로 중요한 역할을 하였다. 이효
재는 교회여성의 조직활동이 한국 사회 민주화를 위한 여성 개화의 선
구적 조직으로 기여했다고 평가한다. 비록 지도층 여성에게 국한되긴
했지만 교회 여성들이 YWCA나 기독교절제회와 같은 여성단체를 스
스로 조직하고 국제적 여성들과의 유대에서 자치적으로 운영할 수 있
는 유능한 여성 지도층을 배출할 수 있었다.[16]

여성들의 지도력이 커감에도 불구하고 한국교회는 행정기구나 치
리적 교권에서 여성들을 소외시키며 교회여성의 지위를 차별해 왔다.
여전도회는 명칭에서부터 활동내용에 이르기까지 남성들로 구성된 총
회의 허락을 받아 움직이는 조직이 되었다. 총회에서는 여전도회 목적
을 여신도들에게 선교정신을 북돋우어 총회 전도사업을 찬조하는 데
두도록 했다. 장로교 총회는 여성들의 정치 참여를 제도적으로 봉쇄해
놓았다. 장로교 총회 총대권을 목사와 장로에게만 부여했는데 여성에
게는 목사와 장로직을 허용치 않았기 때문에 총회에 참석해서 발언을
할 수 없었다.

---

**15** 이효재, 앞의 책, 34.
**16** 이효재, 위의 글, 37.

당시 교회의 남녀차별상을 단적으로 보여주는 것이 여선교사 자격 규정이다. 연령은 만 25세에서 30세의 독신자로 규정하고, 선교사 생활비를 남선교사 생활비 100분의 60으로 정한다고 못 박은 것이다. 여기서 여선교사란 서양에서 온 선교사 부인이나 여선교사를 뜻하는 것이 아니라 전도를 위해 국내외로 파송하는 여전도사를 의미한다. 이러한 한계에도 불구하고 여전도회는 1930년 독자적으로 여선교사를 파송할 것을 결의하였다. 여전도회는 중국인 선교를 위해 1931년 산동성에 김순호 선교사 파송식을 거행하였다. 이는 여전도회 주체성과 자율성 확보라는 점에서 상징적 의미가 크다.

### (2) 삶의 경험에서 터져 나온 여성해방의 외침

교회여성들은 평등에 입각한 교회치리권과 운영권, 여장로와 여목사 안수 등 불평등한 제도의 개혁을 요구하기 시작하였다.[17] 당시 한국사회는 1920대부터 널리 퍼지던 사회주의 사상으로 인해 남녀평등사상이 고조되던 시기였다.[18] 이러한 물결 속에서 시대적 경향을 자각한 장로교 여전도회원들은 교회제도의 비민주성에 주목하였다. 함남지역 여전도회원 150명이 "여성에게도 장로자격을 부여할 것"을 22회 총회에 요구하였으나 일각에 거절되었다(여성 장로 문제를 언급하는 것은 여장로 치리권 문제나 여목사 안수 문제와 뿌리가 같기 때문이다). 함남연합회 여전도회원들은 이에 좌절하지 않고 23회 총회에는 더 많은 여전도회원 609명으로부터 연서를 받아 "여자들에게도 교회치리라는 권리를 부여해

---

17 기독교대한감리회의 경우 1932년부터 협성신학교에서 남녀공학을 실시하며 여목사의 지위를 허용하는 제도가 시작되었다. 1930년 여목사 제도를 채택했으나 1955년에 가서야 여목사(전밀라)가 탄생하였다. 이효재, 위의 글, 37.

18 1923년 1월 10일 「기독신보」에 "사방에서 떠드는 소리를 듣건데 남녀평등이니 여자해방이니 하는 말이 인간 유행어가 되고 사회문제거리가 되었습니다"라는 기사가 실릴 정도였다.

달라"는 청원을 하였다. 이것은 또다시 기각당했다. 당시 보수 신학자들이 내세운 주장은 "여자가 남자에게 복종하는 것은 성경 진리요, 권위"라는 것이었다.[19] 비록 별다른 성과 없이 끝났어도 이는 가부장적 교회제도에 여성들이 집단적으로 항의한 최초 사건이어서 사회에서도 비상한 주목을 끌었다. 「동아일보」는 "여자장로 자격 부여 장로총회서 부결"이라는 제목의 글에서 그 내용을 상세하게 보도하였다.[20]

함남 여전도회원들이 제기한 여장로제 청원운동은 성서 해석과 성서 권위 문제로 교단 내 신학논쟁으로 비화되었다. 당시 서울 성진중앙교회 담임목사였던 김춘배는 1934년 9월 총회를 앞두고 여장로제 청원운동을 지원하기 위해 「기독신보」 977호에 "장로회 총회에 올리는 말씀"이라는 제하의 논설을 발표하였다. 그 논설 요지는 "'여자는 조용하라, 여자는 가르치지 말라'고 한 것은 2천 년 전에 한 지방교회 교훈과 풍습이요, 만고불변의 진리는 아니다"라는 것이었다. 이 글이 교단 총회에 이단성이 있다고 제소되었다. 총회에서는 이 글에 대해 박형룡 목사와 라부열 교수 등 평양신학교 교수진을 중심으로 연구위원을 구성해 연구결과를 보고토록 했다. 24회 총회에 제출된 연구위원회는 "성경에 여자교권이 전혀 용허되지 않음에도 불구하고 여권운동이 대두하는 현 시대사조에 영합하기 위하여 성경을 시대사조에 맞도록 자유롭게 해석하는 교역자들은 권징조례 제6장 제42, 43조에 의해 치리

---

**19** 이효재, 위의 글, 45.

**20** "지난 9일 밤 8시 선천에서 개최중인 전조선예수교장로교 제22회 총회에서는 여자도 남자와 같은 평등적 지위로 수준을 높여 교회의 사업에 참여하겠다는 문제가 나타났다. 이번 참가자로 회중의 1인인 한남교회의 보고 중 동 지방부인 교도 150명의 연서로 여자에게 장로의 자격을 부여하라는 요구가 있었으나 동 교회는 이를 부결하였다는 보고가 있었다. 그 부결의 이유는 아직 시기가 상조라는 데 있는 모양이다. 그리고 이번 동 총회에서는 여자에게도 목사의 자격을 부여하라는 요구, 즉 여자의 참정권 전체가 상정되리라 하여 크게 주목된다고 한다." 「동아일보」 1933년 9월 3일자.

함이 마땅하다"는 보고서를 제출하였다. 또한 김춘배 목사의 성서 해석이 오류라고 지적하고, 성서 권위를 훼손한 김춘배를 총회에서 징계토록 요구하였다. 징계조치에 직면한 김춘배 목사는 사과문을 발표하고 그의 주장을 철회하였다.

이에 격분한 최영혜는 여전도회원을 대표하여 1936년 장로교 교단지인 「기독신보」에 "여권문제에 대하여"라는 제하의 글로 장로회총회를 규탄하였다.[21] 글의 요지는 "고의로 성경상 여권 문제를 그릇 해석함은 불가하다, 바울이 '고린도 교인에 권리 남용하는 여신도에게 말하는 것을 허락지 않는다'는 말만 성구로 알고, 갈라디아 교인에게 '그리스도 안에서는 남녀분별이 없다'고 한 말은 성경으로 간주하지 않느냐, 겐그리아 교회의 뵈뵈에게 합당한 대접을 하라고 했는데, 여기서 대접이란 음식물만이 아니라 설교권과 행사할 수 있는 직권을 의미하는 것이 아니냐? 하나님께서 여자에게 교회 치리권을 주실지 어찌 아는가, 불신 사회에서도 남녀차별을 철폐하였거늘 그리스도의 박애를 체험하였다는 장로회에서 이런 불합리한 보수주의를 고집하고 있는가…" 하는 것이다. 여장로제를 둘러싸고 보수신학자와 여전도 회원들 간의 논쟁을 통해 한국교회들이 이미 여성해방적 성서 해석을 통해 여성의 권리를 주장했다. 1970년대에 이르러 한국에 들어온 서구의 여성해방적 성서 해석 훨씬 전에 이런 논쟁이 벌어졌다는 점이 놀랍다.

이런 움직임에도 불구하고 박형룡 일파가 공식화해 놓은 반여성신학 문서가 오늘날까지 여성안수를 방해하는 걸림돌로 작용하고 있다.[22]

---

[21] 『여신도회 60년사』, 159.
[22] 1990년도 모 교단 총회시 배포된 여성안수에 반대하는 성명서를 보면 다음과 같은 글이 나온다. "여성안수를 찬성하는 것은 신사참배를 하는 것과 같다. 그러므로 교회는 여성안수를 추진하는 자들을 신학자를 단죄했듯이 교회에서 추방해야 한다."

이 일련의 사건들은 당시 대두되고 있던 비판적 성서 해석학의 진보적 신학사조 유입을 꺾어버리고 근본주의 보수신학의 권위를 확보해낸 상징이었다. 가부장제 논리와 결합된 근본주의 신학사상은 '성서의 권위'를 가부장권 수호의 논리에도 적용, 남성패권주의를 대변하고 있다. 이로써 식민지하 한국교회는 또다시 교회여성을 식민화하는 철옹성을 구축하였다.[23] 이후 한국교회는 한국 사회에서 여성을 억압해 온 가부장적 지배구조를 복음진리라는 이름으로 존속시켜 여성들을 정책기구에서 배제해 나갈 뿐만 아니라 여성 역할을 봉사 일변도로 배치해 왔다.

### (3) 장로교 여성들, 결연히 신사참배를 거부하다

일제는 기독교에 대한 탄압정책을 강화하였다. 1930년경부터 기독교학교를 포함한 모든 한국인 학교에서 학생과 교직원에게 신사참배를 강요하기 시작했다. 장로교 선교사들이 신사참배를 반대하자 장로교 선교회에 속한 모든 학교를 폐쇄하였다. 이어서 한국교회에 신사참배를 강요했고, 1936년 천주교를 시작으로 감리교도 이에 순응하였다. 마침내 일본은 한국교회를 일본기독교조선교단으로 묶는 정책을 썼다. 감리교는 조선감리교단으로 이름을 바꾸었고, 여선교회도 1941년 총회를 열어 여선교회를 해체하고 조선감리교단 교회부인회로 이름을 바꾸고 '연합여자사업부'를 조직하였다. 장로교도 1938년 강하게 반대하는 목사들이 체포된 상황에서 신사참배를 결의하였고, 교단 이름도 일본기독교조선장로교단으로 바꾸었다.

한국교회가 일제의 강압 앞에서 굴절되어 갔으나 장로교 여성들은 달랐다. 장로교 여전도회는 비록 교단 총회에서 신사참배를 결의하였

---

23 앞의 책, 158.

지만 총회 결의를 따르지 않고 여전도대회의 모든 활동을 중단하고 지하로 숨어버렸다. 1941년 여전도회는 평양 서문밖교회에서 마지막 여전도대회를 개최하였다. 일본 경찰이 국민의례 거행과 신사참배를 강요하자 실행위원회는 신사참배를 거부하고 연합대회를 해산하기로 의견을 모았다. 부회장 김마리아가 회원들에게 실행위원회 결정을 알리고 산회를 선포하였다. 이 대회 후 김마리아를 비롯한 여전도회원들에 대한 감시가 심해졌다. 장로교여성들의 신사참배 거부운동은 지방으로 확산되었다. 1943년 경남 여전도회가 부산 항서교회에서 총회를 개최하였을 때 최덕지 회장 사회로 신사참배를 거부할 것을 공식적으로 선언하였다. 그 결과 최덕지 전도사를 비롯한 여전도사들과 집사들이 구속되었다.[24]

일제강점기 치하 한국교회 여성들이 보여준 신사참배 반대운동에 대해 신앙행동에 불과한 것이지 민족 해방과는 상관이 없는 행동으로 해석하는 경우도 있다. 그러나 신사참배에 반대한 여성들의 면모를 보면 신앙과 애국심이 다르지 않다는 것을 알 수 있다. 최덕지 전도사는 1919년부터 이미 통영 애국부인회 서리로 활약했으며 임시정부에 군자금을 조달하기도 하였다. 『죽으면 죽으리라』의 저자 안이숙을 비롯해 신사참배 거부로 투옥되었다가 감옥 안에서 민족 독립과 신앙의 관계를 터득하여 독립운동가가 된 김두석, 조아라, 조수옥, 염에나 등 장로교 여성들이 신앙과 민족 독립을 결부시켜 일제에 항거하였다. 한국

---

24 이효재는 교회사가 민경배 말을 인용하여 주기철 목사를 순교할 수 있도록 이끈 그의 부인 오정모 씨 일화를 소개했다. 오정모 씨는 남편 주기철 목사에게 "신앙을 지키고 순교함으로 한국교회의 밀알이 되어 이 교회가 많은 열매를 맺도록 하십시오. 목사님, 꼭 순교하셔야 한국교회가 삽니다"라고 말했다고 한다. 이러한 오정모 씨 결단이 없었다면 주기철 목사 순교는 불가능했을 것이라고 말하고 있다. 이효재, 위의 책 47에서 "민경배, 『순교자 주기철』(대한기독교출판사, 1985), 211"에서 인용.

교회에서 주기철 목사를 비롯한 순교자들은 기억하면서 장로교단 총회 결의와는 반대로 신사참배를 거부하고 여전도대회를 산회해버린 장엄한 거사나 신사참배를 반대한 여전도사 이야기는 잘 알려지지 않고 있다는 점이 안타깝다.[25]

(4) 최덕지의 개인 안수 거부와 "과연 여자가 목사가 되는 것이 위법인가?" 물음

1945년 우리나라가 일제로부터 해방은 되었으나 한국교회는 신사참배 문제로 분열되었다. 출옥한 성직자들이 신사참배한 교회지도자들에게 권징의 길을 취하며 통회 정화한 후 교역에 나갈 것 등 5개 조항으로 된 교회재건 기본원칙을 발표하고 한국교회 회개와 재건을 요구하였다. 대부분 교회 지도층은 이 요구를 외면하고 교권과 지위 확보에 몰두하였다. 그러자 출옥 성직자들이 재건교회를 설립하였다. 재건교회는 최덕지 전도사와 그를 따른 여전도사들이 대다수를 이루었다. 재건교회는 한국교회가 "① 신 본위가 아닌 인간중심, ② 진리위주가 아닌 세력중심, ③ 신앙중심이 아닌 지식중심, ④ 성경중심이 아닌 사업중심, ⑤ 내세적이 아닌 현세적, ⑥ 애국심이 없고 이기적, ⑦ 독립정신이 없고 노예적"이라고 비판하였다. 이 비판을 보면 확고한 보수적 신앙과 더불어 애국심과 독립심이 잘 드러난다. 재건교회는 공로를 인정해서 1951년 4월 3일 최덕지 전도사에게 목사안수를 주기로 결정하고 여성에게 주는 것이 아니라 최덕지 선생에게 주는 것이라고 목사안수 허락 이유를 밝혔다. 그러자 최덕지 전도사는 일어나서 항의하였다.

[25] 2019년 삼일운동 100주년을 기념하면서 여성독립운동가들이 재조명되고 있다. 안이숙을 비롯해 신사참배 반대에 앞섰던 기독여성들이 단지 신앙운동만 한 것이 아니라 독립과 애국운동을 함께 한 족적들이 드러나고 있다.

오늘 나 개인 최덕지에게 목사 안수한다면 안 받겠습니다. 여자에게 성직을 줄 수 있는 것이 성경적으로 진리냐 아니냐, 줄 수 있느냐 없느냐 하는 것을 분명히 결정해 주시기 바랍니다.

재건교회에서는 찬반토론 끝에 여성들도 성경에 따라 안수를 받을 수 있다는 결론을 내리고 헌법신조 5조에 여성안수권을 명시하였다. 재건교회 총회는 1934년 제정된 한국장로교회 헌법을 모법으로 하되 교직자들을 남자만 가능토록 되어 있는 조항을 남녀 모두 다할 수 있도록 수정하였다.[26] 이에 따라 1953년 최덕지 전도사가 안수를 받아 목사가 되었고, 김영수, 김가숙 두 전도사도 목사가 되었으며, 다른 전도사들은 장로가 되어 재건교회 지도자로 활약할 수 있었다. 당시 최덕지 목사의 설교(모든 것 다 버리고)[27]를 보면 오늘날 남녀평등을 주창하는 여성신학자와 같은 맥락의 외침을 들을 수 있다.

과연 여자가 목사 되는 것이 위법인가? 그럴 리 없다. 교회는 오순절 이후 성령강림으로 이 땅에 설립되었다. 성령이 역사할 때 남자에게만 내리고 여자에게는 내리지 않았는가? … 성령 강림으로 모든 장벽이 무너지고 신분과 계급이 다 철폐되었다. 이방인과 유대인의 관계도 다 허물어진 것이다. 그리스도의 복음은 세계만민의 복음이 되었고, 남녀노소

---

[26] 수정된 헌법신조 5조 내용은 다음과 같다.
헌법신조 제5조 • 남녀 동등권을 확정함(창 1:27) • 구약 제물로 양성을 다 바침(창 15:9, 레 3:6) • 천년세계의 여제사장이 허락되어 있음(묵 20:4-6) • 말세에 여권을 허락하였음 (요엘 2:29) • 십자가의 은총의 원리는 인종적 차별, 성적 차별이 없음(갈 3:28) • 프로테스탄트 원리는 만인사제의 원리에 입각한 고로 여제사장이 될 수 있음(벧전 2:4, 5, 9) • 목사직에 있어서 성경에는 남녀 구별이 없음(엡 4:11), 이우정 · 이현숙, 앞의 책, 187-188.
[27] 『모든 것 다 버리고 - 최덕지 목사 설교』, 구은순 옮김(소망사, 1981), 131, 이우정 · 이현숙 앞의 책에서 재인용.

평등의 복음이 되었다. 종과 주인의 차별도 무너진 것이다. 이것은 이론이 아니라 사실이다. … 그러므로 여성의 교회 지위는 남자와 동일한 자리에 설 수 있는 것이다.

재건교회는 한국장로교 역사에서 여성안수를 가장 일찍 제도화한 교단이 되었다. 여기서 우리가 눈여겨보아야 할 것은 최덕지 전도사 태도다. 최덕지 전도사는 1백 년에 한 번 나올까말까 한 혁혁한 지도자로 인정받아 이론의 여지없이 목사가 될 수 있었다. 그러나 최덕지 전도사는 "나 개인에게 주는 것은 안 받겠습니다"라고 개인에게 주는 안수를 거부하고 성서의 이름으로, 복음의 이름으로 여성 성직의 당위성을 주창하며 동료 여전도사와 함께 서고자 했다. 동료 여전도사들을 위해 함께 연대한 최덕지 전도사 행동으로 재건교회에 여성안수 길이 열렸다. 우리는 여성안수 역사에서 여성 전체 권리를 위해 개인에게 주는 영광의 자리를 거부한 최덕지 목사를 기억해야 할 것이다.

이후 재건파에서 여목사 장립이 비성서적이며, 비장로교적이라고 헌법 시정을 주장하는 파가 생겼다. 여성안수 반대파는 '예수교 재건교회 비상사태대책위원회'를 조직하고 몇 군데 성서 구절을 들어 여성안수를 반대하였다. 결국 여성안수에 대한 의견 대립으로 재건파는 여성안수 지지파와 반대파로 분열되었다. 여성안수 문제는 분열을 각오해야 하는 일이었다. 안타깝게도 여목사 제도를 인정하는 재건파 교회에서 최덕지 이후 여목사는 현재까지 한 명도 배출되지 않았다.

# 제2장

# 기장 여교역자들, 출애굽 역사를 시작하다

## (1953~1967)

1. 한국기독교장로회 출범하다

2. 기장여교역자회 출범하다

## 1. 한국기독교장로회 출범하다

해방이 된 후 한국교회는 일제에 강요당해 형성하였던 교단 연합체를 해체하고 이전의 각 교파로 다시 돌아갔다. 1945년 12월 평양 장대현교회에서 5도 연합노회가 회집되어 신사참배한 죄과를 통회하고 남북통일 때까지 개정 이전의 헌법을 사용하기로 결의하였다. 미국과 소련 점령군들이 남과 북에 각기 주둔하면서 남한교회는 북한교회보다 1년 늦은 1946년 6월 12일부터 4일간 서울 승동교회에서 남부총회를 열었다. 이 총회에서 제27회시 결의한 신사참배 결의를 취소하고 1940년 4월 19일 설립된 조선신학교를 남부총회 직영신학교로 결의하는 등 교회 재건 정비에 나섰다. 남부총회 역시 남북통일 시까지 헌법 개정을 보류하기로 결정하였다.

남한 교회가 재건되자 여전도회도 재건의 길에 나섰다. 신애균이 서울에서 경기연합회를 재건하고 김성무, 유각경 등 지도자들과 함께 지방을 순회하며 연합회 재건에 나섰다. 그 결과 1946년 6월에 재건총회를 서울연동교회에서 열게 되었다. 여전도회는 여전도회 전국연합회의 재건을 위해 순회 총무제를 도입하여 김성무를 제1대 총무로 선임하였다. 1947년 8월 여전도회(회장 유각경)는 전국여교역자 수양회를 포항제일교회에서 개최하였다. 각 교회에서 여성지도자 훈련이 시급하였다. 교회 내 차별적 제도로 가장 열악한 지위에 있는 여전도사들에게 교육 기회를 제공함으로써 여성지도력을 향상시키고자 했다. 1949년에 여전도회는 제주도에 강형신 전도사를 파송하여 제주도 전도사업을 재개하였다.[1]

해방 후 남북이 분단되고 국토분단과 한국전쟁이라는 위기 속에서 한국교회는 일제하 민족교회를 배반하고 어용화한 각 교파와 교계 지도자들 사이에 통회와 정화의 노력 없이 교권 다툼과 보수와 진보의 신학 논쟁으로 분열을 거듭하였다. 1951년 장로교에서 고신파가 분열되었고, 신사참배자 수용 문제로 재건파 교회가 갈라졌다. 여기에 장로교 총회 주류를 이루는 총회파는 보수주의 신학을 견지해 진보주의 신학자들과의 갈등이 심화되었다.[2]

당시 장로교 총회의 신학교육을 담당한 신학교는 조선신학교로, 진보적인 태도를 취하고 있었다. 조선신학교의 성서비평학, 역사비평학 등의 진보적 신학을 거부하는 신학생 51명이 "우리가 어릴 때부터 믿어 오던 신앙과 성경관이 근본적으로 무너지게 되었다. 김재준 교수의 근대주의 신학사상과 성서의 고등비판을 받아들일 수 없다"라고 주장하여 33회 총회에 진정서를 냈다. 이런 진정서에 발맞추어 평양신학교 계열의 박형룡을 중심으로 한 세력들은 "고등비판은 성서의 권위를 파

---

1 이우정 · 이현숙,『한국기독교장로회 여신도회 60년사』(한국기독교장로회 여신도회전국연합회, 1989), 178-179.
2 이효재,「한국교회여성 100년사: 개관과 전망」,『한국기독교여성백년사』(한국기독교백주년기념사업회 여성분과위원회, 1985), 50.

괴하는 것이며 김재준은 한국교회를 능욕하고 있다"라고 총회에 고발하였다. 이런 진정서와 고발에 대해 김재준은 '편지에 대신하여'라는 성명서를 내고 한국교회의 인위적 방법론, 한국 교역자의 지적 저질화, 열세에 놓인 매천파 선교사들의 광태와 이론적 전체주의, 교파이식의 분파작용, 세계교회에서의 고립 문제 등을 지적하였다.

총회는 조선신학교의 합법성을 부인하고 1953년에 제36회 총회결의 위반 및 성경유오설을 주장하였다는 이유로 김재준 목사를 파면했다. 이러한 파면에 분노한 김세열 목사 외 80여 명은 조선신학교와 김재준을 거부한 37회 총회 결정에 불복하고 1953년 조선신학교(한국신학대학의 전신) 강당에서 38회 총회를 개최하였다. 이들은 제36회, 37회 총회의 모든 불법결의를 취소하고 "우리는 온갖 형태의 바리새주의를 배격하고 오직 살아계신 그리스도를 믿음으로 구원 얻는 복음의 자유를 획득한다" 등 4개 항으로 된 결의를 천명하였다.[3]

이렇게 해서 개혁적 장로교회가 한국 땅에 새로운 출범을 하게 되었다.[4] 장로회 호헌 측의 출범은 한국교회가 보수적 선교사 신학으로부터

---

3 "우리는 우리의 소신에 용감할 것이다. 그러나 우리는 우리의 것을 절대화하지 않는다. 우리에게 과오가 있다면 언제나 그 시정에 인색하지는 않을 것이다. 이제 우리는 우리의 소신과 지도이념을 중회에 천명한다. ① 우리는 온갖 형태의 바리새주의를 배격하고 오직 살아계신 그리스도를 믿음으로 구원 얻는 복음의 자유를 획득한다. ② 우리는 건전한 교리를 세움과 동시에 신앙양심의 자유를 확보한다. ③ 우리는 노예적인 의존사상을 배격하고 자립 자조의 정신을 함양한다. ④ 그러나 우리는 편협한 고립주의를 경계하고 전 세계 성도들과 협력병진하려는 세계교회 정신에 철저하려 한다. 이제 우리나라는 비상한 난국에 처하여 있다. 이제부터 우리는 우리의 소신대로 전적인 그리스도를 인간생활의 전 부문에 증거하기 위하여 총진군할 것이다. 만천하 신앙동지여 함께 전진하자. 성삼위 하나님이 우리와 함께 하신다." 1953년 6월 10일 대한예수교장로회 총회 총회장 김세열.『한국기독교장로회 50년사』, 30.
4 이들은 교단헌법을 준수한다고 해서 장로교 호헌 측으로 칭하다가 1956년에 대한기독교장로회로, 1960년에는 한국기독교장로회(이후 기장)로 교단 명칭을 변경하였다.

의 출애굽한 사건이었으며, 동시에 자주적 교회로 탄생한 사건이었다.[5] 호헌 총회를 통해 선포한 선언서에 나타난 "복음의 자유, 신앙양심의 자유, 자립자조의 정신, 에큐메니칼 정신"은 향후 기장의 정체성을 가 늠하는 정신이 되었다. 출애굽적으로 출발한 한국기독교장로회(기장) 는 보수신학과 율법주의적 지도자들로부터 가르침을 받은 교인들에게 오랜 세월 이단시되어 구원이 없는 교회로 간주되기도 하였다. 그러나 훗날 기장의 '기장성'은 민주화와 인권을 위한 이정표로서 민족을 위한 하나님의 구원사의 화살촉 역할을 하였다. 결과적으로 기장의 출범은 하나님이 민족을 구원하시기 위해 예비해 두신 은총의 도구였다.[6]

## 2. 기장여교역자회 출범하다

### 1) 기장여신도회 발족과 여교역자 지도력 결합

총회가 나뉘니 여전도회도 분열되었다. 호헌 총회가 개최된 한국신 학대학 강당에서 신애균의 준비로 기장여전도회[7] 발족예배와 아울러 전국여전도회연합회 총회를 개최하였다. 초대 회장에 적극적으로 호 헌 총회 편에 섰던 강정애가 피선되었다. 분립한 기장여전도회의 상황

---

5 이우정 · 이현숙, 앞의 책, 192.
6 김재준과 개혁노선을 처단한 한국 장로교는 1959년 제44회 총회에서 세계교회협의회 (WCC)를 비롯한 에큐메니칼운동을 지지하는 예수교장로회 통합과 이를 반대하는 합동으 로 분열되었다. WCC를 반대하는 세력들은 지금까지도 에큐메니칼을 지지하는 교회를 용 공교회로 몰아세우고 있다. 이후 장로교는 수없이 분리되어 현재 장로교를 표방하는 교단 이 2백여 개도 넘는다.
7 이후에 여신도회로 명칭 변경.

은 매우 어려웠다. 회원 확보가 가장 심각한 문제였다. 여전도회는 초대 총무로 김귀희를 선임하고 당면 사업으로 지회별, 연합회별 여전도회 조직 강화를 최대 과제로 삼았다.

1954년 분열되어 상처를 입은 교회를 순방하여 기장을 옹호하고 여전도회를 조직하고 키우기 위해 순회 총무제를 두기로 하고, 1대 순회총무로 목포중앙교회에 전도사로 시무하던 임춘자 전도사[8]를 선임하였다. 순회총무는 한 지방에 한 달씩 체류하며 교회 분열로 상처 입은 교회와 여신도들을 어루만지면서 여신도회를 조직하고 지도하는 일을 하였다. 여전도회에서는 임춘자 전도사 외에도 고봉화 전도사를 제주 순회전도사로 파송하였고, 이들 여교역자들은 순회총무와 순회전도사로 일선에서 여전도회를 키우는 파트너십을 형성하였다.

초창기 캐나다연합교회 지원을 받아 여전도회 순회총무로 활약하던 여전도사들은 경기연합회에 김상선·김활선, 충남에 김숙·김정애, 충북에 이상규, 경북에 김원자, 경남에 윤갑림·전병림, 전북에 신옥남·김정희, 제주에 임광자·김성심 등이 있다. 이 지역 순회 총무제도는 1965년 끝을 맺는다. 비록 지역 순회 총무제도는 중단되었지만 여신도회는 1969년에 외지 전도부 사업으로 이영숙 전도사를 일본에 선교사로 파송하였다. 이영숙 선교사는 1973년에 임기를 마치고 귀국하였다.

---

[8] 임춘자는 순천고등성경학교와 한국신학대학(11회)을 졸업한 후 기장여전도회전국연합회 순회총무로 장로교 분열 와중에 전국의 교회를 순회하였다. 또한 여전도회 시찰부장으로 사경회, 성미강사로 순천노회의 100여 교회를 순회하며 여전도회의 규칙과 성미를 가르쳤다. 후에 광주에서 여선교사 서서평에게 조력회 규칙을 배웠고 여전도회 운영방식을 터득한 데다 순회 경험이 있었기에 순회총무에 적임자였다. 초동교회 전도사를 하다 베다니집 관장으로 일했던 안계희도 임춘자 전도사의 권유로 신학을 공부하게 되었다고 한다. 여신도회가 드리는 에스더의 기도도 임춘자 전도사 제안이었다. 이우정·이현숙, 앞의 책, 198-201.

## 2) 여전도사회, 여교역자 처우 개선과 지위 향상을 도모하다

한국교회에 여교역자 그룹이 형성된 것은 선교 초기부터였다. 감리교는 감리교대로, 장로교는 장로교대로 여교역자들이 회를 만들어 활동하였다. 장로교 교단이 갈라지고 한국기독교장로회가 출범하자 1956년 기장에서 여전도사 김계성, 조정동, 조남순, 홍화숙, 김원자, 박명필, 정순원 등이 여전도사회를 조직하였다. 초대회장에 조남순이 선출되었다. 여전도사회는 처음에는 친목과 자기 성장을 위한 모임으로 시작했으나 점차 전국여전도사회로 조직이 확대되면서 여교역자 처우 개선과 지위 향상을 위한 활동을 병행하게 되었다. 전국여전도사회는 1957년에 여전도회전국연합회 총회에 두 가지 청원을 제출하였다. 하나는 정기총회에 여전도사도 회원권을 달라는 것이요, 다른 하나는 여목사제를 교단 총회에 청원해 달라는 것이다.[9]

여전도회 총회는 이 건의서에 대해 교단 총회에 여목사제 청원서를 제출하기로 하고 회원권 요청에 대하여는 총회에 참석하는 여전도사는 총대수와 관련 없이 누구에게나 회원권을 주기로 결의하였다. 여전도사들이 교역자이면서 여전도회 회원이 되는 청원을 할 수 있었던 것은 당시 여신도회 명칭이 여전도회였기 때문으로 추측된다.[10] 여목사제를 요청한 것은 바로 한 해 전에 여장로제가 통과되었던 데서 고무되었기 때문이기도 하고, 다른 한편에서는 목사 자격을 남자로 못박아버

---

[9] 전국여전도사회는 1957년 5월 22일 여전도회전국연합회 총회에 여교역자의 지위 향상을 위해 다음과 같은 건의안을 제출하였다. ① 여목사제를 허락해 달라는 건의를 교단 총회에 제출해 줄 것. ② 여전도사도 당회원이 되게 해 줄 것. ③ 여전도회 연합대회 회원권을 총대수의 절반을 여전도사에 줄 것.

[10] 이후 1981년 여신도회전국연합회에서 여교역자 회원대표 15명만 회원권을 갖는 것으로 회칙이 개정될 때까지 여교역자가 여전도회의 회원으로 역할과 권한을 갖게 되었다.

린 총회에 대한 반발에서이기도 하다.

1956년 서울 성남교회에서 열린 41회 총회에서 여장로제가 통과되어 기장에 여장로제가 확립되었다. 기장이 여성 장로의 길은 열었지만 여성 목사제는 오히려 후퇴하였다. 1955년 40회 총회에서 정치수정위원회(위원장 김세열)를 통해 여자에게 장로직을 여는 헌법 수정안을 만들면서 독소조항을 첨가하였다. 그 독소조항은 첫째, 314장 2조 여자에게 장로와 집사의 자격을 부여할 것(조문 장로 집사 조문에는 '남'자를 삭제할 것), 둘째, 315장 1조 목사의 임직자격 조문에 '남'자를 기입할 것 등이다.

목사 자격에 '남'자를 기입하여 여성이 목사가 될 수 있는 길을 차단해버린 상황에서 여전도사회가 여전도회 총회에서 교단 총회에 여목사제를 청원해 줄 것을 건의한 것이다. 여전도회는 이 청원을 1957년에 신설된 총회 부녀부로 넘겨 부녀부가 총회에 청원토록 하였다. 부녀부장 강정애 장로가 교단 총회에 "여목사제는 교계에서 열망하는 바요, 이미 타교파와 외국에서 실시 중인 여목사 장립제도를 허락하여 주심 바라나이다"라고 청원하였다. 이에 대해 교단 총회는 정치부에 일임하여 수정위원회에서 연구하여 다음해 총회에서 보고키로 처리하였다. 다음해 1958년 43회 교단 총회에서 여목사제 청원건이 총회기구개혁 연구위원회로 보내졌고, 1959년 44회 총회에서 여목사제를 "여목사 장립제도는 원칙적으로 승인하는 것이 가하나 그 규정과 절차는 한국교회 실정에 부합하도록 외국의 예를 참고하면서 금후 계속 연구키로" 하고 보류시켰다. 보류된 여목사제는 계속 연구만 하다가 1974년에 가서야 실현을 보게 된다.

### 3) 여교역자를 향한 사랑으로 마련된 베다니집[11]

1950년대 기장 여교역자들의 지위나 위상, 복지 상황은 매우 열악하였다. 한국교회는 대부분 독신이나 미혼 여교역자들을 선호하였다. 여교역자들은 목사가 아니라 전도사로서 보조적 위치에서 헌신과 희생을 강요당하는 처지에 있다 보니 생활고는 물론 노후를 위한 대책이 전혀 마련되어 있지 않았다. 신애균 회장은 은퇴한 여전도사들의 노년을 위한 안식처와 현직 여교역자들이 몸이 고달프거나 마음이 괴로울 때 고요히 쉴 수 있어야 하겠다고 느껴서 베다니집 건축계획을 수립하였다.[12] 동시에 이주선 총무는 1956년 총회에서 각 연합회도 여사역자 말로를 위한 사업을 실시할 것을 권면하였다. 재정적 여유가 없었던 여전도회 살림에도 불구하고 여전도회 출범과 더불어 이 사업을 시작했던 것은 그만큼 여교역자들의 말로 문제가 화급했던 것을 시사한다. 여전도회는 여교역자 말로를 위한 사업을 추진하기로 하고 1957년 12월 28일 신애균, 김선희, 공덕귀, 노안리(캐나다 선교사), 김계성 5인의 위원을 선정하였다. 여교역자가 노후에 안식할 수 있고, 현직 여교역자가 잠시 정양할 수 있는 집을 건축하기로 결정한 것이다.

일차적으로 정양관 대지를 물색하기 위해 한봉녀, 김명주, 노안리를 대지구입위원으로 선정하였다. 1958년 2월 경기도 광주군 구천면 길리의 임야 13,830평을 길리 선린촌교회 최문환 목사의 협력으로 매입하였다. 1958년 9월 여전도회 임원회는 이 집의 이름을 베다니집으로 정하였다. 11월 24일에 베다니집 건축설계도를 작성하고 800만 환 예산의 건축비를 책정하였다. 5백만 환은 캐나다연합교회 여선교본부에

---

11 이우정 · 이현숙, 앞의 책, 213-215에 있는 베다니집 건축 부분을 요약함.
12 신애균, 『호랑이 할머니 이야기』(대한기독교서회, 1974), 119-120.

청원서를 제출하였고 동시에 3백만 환의 모금을 위해 베다니집 회원권을 제작, 연합회에 배분하였다. 건축위원장에 고혜영 장로, 건축위원으로 노안리, 신애균, 이주선 등을 선임했다. 신애균의 활동으로 허락된 캐나다연합교회 원조금과 회원들의 헌금으로 건축에 착수하였다. 1961년에 은퇴교역자를 위한 30평의 휴양관과 현직 전도사들이 쉴 수 있는 10평의 반부양관을 건축하고 1961년 7월 11일 낙성예배를 드렸다.[13] 이로써 현 강동구 둔촌동 산 18-2번지(신주소 강동구 동남로 550)에 여교역자들을 위한 안식관 베다니집이 마련된 것이다. 여전도회는 곧 베다니집 입사규정을 정하고 관리위원회를 설치하여 베다니집 운영을 맡겼다. 여교역자들은 1962년 3월부터 베다니집에서 모임을 시작해 해마다 총회를 이곳에서 실시하였다.

베다니집은 여교역자를 향한 여전도회의 사랑의 표출이요, 터전으로 세워진 곳으로서 여전도회가 여교역자들의 공로와 헌신, 희생과 노고를 기억하고 여교역자 노후를 위해 마련한 곳이다. 베다니란 마리아와 마르다 두 자매가 살던 동네 명칭으로 예수님이 쉬셨고 두 자매가 예수님을 대접하던 장소다. 여전도회에서는 이런 성경 이름을 따서 여교역자들이 피곤하고 힘들 때면 가서 쉬고, 은퇴 후 여생을 의탁하는 안식관을 목적으로 베다니집을 세웠던 것이다.

1970년 여교역자회는 은퇴여교역자를 위한 기금으로 176,975원을 모아 여신도회전국연합회에 베다니집 운영비 기금으로 보조하였다. 이렇게 마련된 베다니집이 위기를 겪게 된 때가 있었다. 여신도회의 재

---

[13] 베다니집 건축비용은 총 7,931,384환으로 캐나다연합교회 선교부에 500만 환, 여전도회 모금 1,362,550원, 찬조금 1,563,900환이 걷혔다. 이렇게 베다니집이 마련되자 1963년 6월 여전도사회에서도 우리 여교역자를 위한 일이니 우리도 헌금을 해야 된다고 결의해서 은퇴여교역자를 위한 기금 681,245환을 모금했다.

정이 어렵게 되자 베다니집과 베다니집이 있는 임야를 매각하여 여신도회의 모든 사업을 활발하게 하자는 의견이 여신도회 1973년 제35회 총회에 제출되었다. 여교역자회가 베다니집은 본래의 취지대로 사용되어야 한다는 의견을 제시하여 베다니집 임야 매각이 여신도회전국연합회 총회에서 부결되었다. 처음에 베다니집은 관장이 없이 운영되었다. 여교역자회는 1970년 베다니집의 효율적인 관리를 위해 베다니집 관장 채용을 건의하였다. 1972년 5월 1일에 안계희 전도사가 베다니집 관장으로 취임한 후 여교역자회에서 그 봉급을 1년 동안 책임지고 다음 해는 반액을 지원했다. 베다니집의 전화도 가설하였다. 여교역자회는 여신도회에 10월 헌금제도가 생기고 베다니집 위원회가 제대로 역할을 하기까지 베다니집 운영에 여러모로 힘을 쏟았다. 이 일은 여교역자회의 긍지를 충족해 주었다고 한다.[14] 여교역자회는 여교역자들의 노후를 위한 여신도회전국연합회의 노력에 감응해서 자매애의 일환으로 여신도회전국연합회가 사무실 매입을 할 때 1973년 3월부터 사무실 매입기금으로 월 5천 원씩 1년 6개월간 지원하기도 했다.[15]

비록 베다니집은 여신도회전국연합회[16]가 운영하는 것이지만 은퇴 후 여교역자의 노후를 위한 시설인 만큼 여교역자회는 베다니집에 초미의 관심을 갖고 있다. 1986년 7월에는 여신도회전국연합회에 베다니집 발전 연구를 위한 공동기구 구성을 제안하기도 했고, 여교역자들의 노후와 미래문제가 제기될 때마다 베다니집 상황이 거론되고 있다.[17]

---

14 박성자, 「여교역자협의회가 걸어온 길」, 『창립10주년 기념회보』(한국기독교장로회 여교역자협의회, 1977), 34.
15 여교역자회 연혁에서.
16 1961년 기장 총회가 '대한기독교장로회'라는 총회 명칭을 '한국기독교장로회'로 개명하고 신도부를 둠에 따라 여전도회연합대회도 1966년에 명칭을 '한국기독교장로회 여신도회연합대회'(향후 여신도회)로 개칭하였다.

## 4) 여교역자회 산실, 베다니평신도교육원

여교역자들은 교회 내 성차별을 누구보다도 많이 경험하였다. 초창기 여전도사를 선교사나 순회총무, 순회전도사로 파송해 사례비를 지원한 것은 경제력이 취약한 여신도회였다. 이런 토대 위에서 여전도사 사역이 시작되다 보니 여전도사에 대한 처우는 상상을 초월할 정도로 매우 열악하였다. 무엇보다도 여교역자들이 열악한 지위에서 일하도록 만든 것은 한국교회의 가부장적 제도였다. 한국교회에 목사제도가 자리 잡으면서 여전도사 위치는 전문직이라기보다 남성목사의 보조자 역할로 자리매김되었다. 여전도사에게 헌신이라는 이름하에 무보수에 가까운 봉사와 희생이 요구되었다. 남성교역자는 신학교를 졸업하고 목사가 되었으나 여교역자의 경우 정규 신학교가 아니라 단기 성경학원이나 성경학교를 졸업한 사람들에게 전도사 직을 맡게 하였다. 정규 신학교를 졸업한 경우일지라도 미혼이거나 가족이 없는 여성들을 전도사로 채용해 부양할 가족이 없다는 이유로 적은 사례비를 주었다. 이렇게 무보수 봉사나 저임금을 주는 것이 한국교회 풍토가 되었다. 한국교회에서 여교역자 위치는 낮은 처우와 지위, 불안정한 자리였다.

여신도회와 함께 여교역자의 지위 향상을 위해 노력하던 여전도사회가 여교역자회로 탈바꿈하게 된 데는 베다니평신도학원에서 실시한 교육의 영향이 크다. 사실상 베다니학원의 교육이 여교역자회를 탄생시킨 산파나 다름없다. 당시 여신도회는 여전도사들의 지도력 향상에 지대한 관심을 갖고 있었다. 개교회 여신도회를 지도하는 사람은 여전

---

**17** 구체적으로 2010년 여교역자회는 "기장 여교역자 현실과 미래의 전망"이라는 주제로 공청회를 열고 기장 여교역자들의 은퇴 후 삶에 대해 논의하면서 베다니집 발전 문제를 제기하였고, 이는 20주년, 30주년, 40주년, 50주년 총회를 거칠 때마다 중요 이슈로 등장하였다.

도사들이었기 때문에 이들의 지도력을 키우는 것은 곧 일선 여신도회 능력을 키우는 것을 의미했다. 신학대학 정규과정을 이수한 여교역자들이 더러 있었지만 농어촌 교회에 가면 여전도사나 여성 지도자들이 거의 없었다. 여전도사와 여성 지도자 양성과 이들의 지도력을 육성하는 것이 급선무였던 현실에서 여신도회는 캐나다연합교회 선교부 지원을 받아 농촌 지도자 및 평신도 지도자 양성을 목적으로 하는 '베다니여학원'을 설립하고자 하였다. 캐나다연합교회 선교부 지원을 받았으나 이를 책임질 여성지도력을 찾지 못해 원장에 박형규 목사를 청빙하게 되었다. 이로 인해 '베다니여학원'은 '베다니평신도지도자학원'으로 이름이 변경되고 여성 교육기관이 아니라 남녀 평신도를 교육하는 기관으로 바뀌었다. 후에 여신도교육원으로 변경되었다.[18]

베다니학원이 여교역자 역량 강화를 위해 기여한 바는 매우 크다. 비록 남녀 평신도를 교육하는 기관으로 성격이 바뀌었지만 여교역자 훈련이 베다니평신도학원(이후 베다니학원) 설립 동기였던 만큼 초기부터 여교역자 훈련은 베다니학원 중점 사업이 되었다. 여교역자를 위한 베다니학원은 1966년 '교회와 인간관계, 현대신학과 세속화, 아시아교회여성연합회(ACWC) 참가보고' 등을 내용으로 첫 교육을 실시하였다. 베다니학원은 이듬해 여교역자 교육을 좀 더 효율성 있게 하기 위해 여교역자 실태조사를 하였다. 이 실태조사의 한 부분은 여교역자를 대상으로 한 '한국교회 여교역자 목회실황'에 관한 것이고, 다른 부분은 '한

---

18 베다니학원 2대 원장에 이우정이 선출되었다. 1976년 제41회 여신도회 총회는 '지역사회 개방을 위한 교회개방운동'을 전개하기로 결의하고 베다니교육원에 이 사업을 위탁하였다. 이를 계기로 여신도회전국연합회 교육위원장이면서 베다니학원 원장서리를 맡고 있었던 박영숙이 독일의 후원을 얻어 교회개방운동을 전개할 수 있게 되었다. 베다니교육원은 원장서리에 선교신학대학원을 마친 정숙자를 선임하고 이 운동을 추진해 나갔다. 3년 후, 강성혜 원장 시절에 여신도교육원으로 개칭되었다(이우정 · 이현숙, 앞의 책, 326-341).

국교회와 여교역자와의 관계에 대한 조사'였다. 실태조사 결과에서 나타난 여교역자들에게 시급한 문제는 여교역자들의 자기 훈련(독서, 공부, 기도) 부족이었다. 여교역자들이 자기 훈련을 할 자금과 시간이 없으며, 전도사란 애매한 교회 내 위치, 목사의 이해 부족으로 자기 훈련 기회를 가질 수 없다고 대답했다. 이에 반해 평신도들과 목사들은 지적 수준이 높고 지도 능력과 어머니 역할을 겸비한 여교역자상을 기대하고 있었다. 이렇게 완벽한 상을 요구하면서도 다른 한편에서는 여교역자들에게 정당한 대우를 하지 않고 있으며, 자기 훈련을 위한 시간과 재정적 뒷받침이 제공되고 있지 않다고 대답해 여교역자들의 어려운 상황을 드러내 주었다.

이런 실태조사 결과 베다니학원은 여교역자에게 자기 훈련이 가장 절실한 과제임을 파악하고 1967년 10월 26~28일 "현대교회와 새로운 여교역자상"이라는 주제로 여교역자 문제를 집중적으로 토론하게 하였다. 이때 다루어진 교육은 "현대교회와 새로운 여교역자상"(김정준), "목회자가 원하는 새 여교역자상"(조향록), "평신도 입장에서 보는 새로운 여교역자상"(신애균), "제4회 세계기독교교육협회연구회에 다녀와서"(문동환), "성서연구: 참 목자, 신앙의 생활화"(이우정) 등이었다. 김정준 교수는 "여교역자도 교역자다. 목사와 다른 점이 없다. 언제까지 남자 목사들이 시키는 일만 맹종하려느냐? 자신의 위치 확보에 힘쓰지 않는데 누가 갖다 줄 줄 아느냐?"라고 자극을 하여[19] 교육에 참석

---

**19** 이 교육에서 김정준 교수가 다음과 같은 요지의 강의를 하였다.
- 여교역자도 교육자이고 목사와 다른 점이 없다. 목사와 여교역자와의 차별된 한국의 현실은 한국만의 일이며, 이것은 참된 교역의 뜻에 어긋난다. 남존여비 사상은 교회 안에 있을 수 없다.
- 역사적으로 고찰하면 처음 여전도사는 사회에서 선각자였다. 우선 여교역자 차별에 대한 책임이 여교역자 자신과 목사, 교회에 다함께 있다. 이 굴레를 벗어나기 위해 여교역

한 여교역자들에게 각성을 촉구하고 권리의식을 고취시킴으로 여교역자회 탄생의 촉매 역할을 하였다. 이에 자극받은 참석자들이 여교역자회 설립을 적극 추진했다. 2대 회장인 박성자 목사는 10주년 기념회보에서 당시를 이렇게 회고한다.

> 새로운 여교역자상이란 주제로 베다니학원이 마련한 강습회가 있었다. 주제 강사인 김정준 박사는 여교역자들의 맹점과 교회제도의 모순을 지적하고 스스로 힘쓰지 않는 자에게는 아무것도 얻어질 수 없다는 원리로 여교역자들의 각성을 촉구하였다. 이제는 구체적으로 힘을 다하여 일할 때라고 생각하고 그동안 친목단체로 내려오던 여전도사회를 발전적으로 해소하고 여교역자회 창립총회를 열고 초대회장으로 김영희(당시 여신도회전국연합회 총무) 씨를 추대하였다.

자의 문제의식이 선행되어야 하며, 새로운 여교역자상을 창출해야 한다.
• 이를 위해서 우선적으로 기구적인 결함, 권리의 박탈 등 현재의 불리한 위치를 개선하는 일부터 시작해야 하며, 이것은 여교역자회와 같은 조직을 형성하여 집단적 투쟁으로 해결해 갈 수 있다.
• 자신들의 법적 권리 확보와 동시에 여교역자들은 새 이미지 창출을 위해 아래와 같은 다양한 연구와 실천이 후속되어야 한다. ① 지속적인 한국 여교역자의 문제연구 - 필요성, 위치, 교육, 직능, 대우, 은퇴 후 문제, ② 외국과의 교류, ③ 여교역자 재교육 프로그램 확보, ④ 여교역자 훈련을 통한 여성지도자 양성, ⑤ 다양한 여교역자 역할 모색. 이우정·이현숙, 앞의 책, 280.

# 제3장

# 여교역자회,
# 목표를 향한
# 달음질을 시작하다

## (1968년 창립~1977년 10회 총회)

1. 기장여교역자회 창립되다

2. 여교역자들, 역량 강화를 위해 매진하다

3. 회원들의 동지적 공동체 운동

4. 사회를 섬기는 여교역자 회원 활동 — 사회 참여

5. '기장성'을 회복하자! — 기장여교역자회 10주년 행사

여교역자회는 1977년 10회 총회를 맞는다. 박정희는 이승만 독재 정권을 무너트린 4·19 학생혁명 1년 후 5·16 군사 쿠데타를 일으켜 정권을 탈취하고 근대화라는 이름하에 인권을 억압하였다. 1970년대 들어서서 박정희 군사정권은 정권 유지를 위해 유신과 긴급조치를 선포하면서 인권탄압을 가중했다. 이런 억압적 상황에 대항하여 한국 사회에서 민주화 운동이 불타오르기 시작하였다. 한국교회도 유신독재에 항거했고, 많은 기독교인이 사회 민주인사들과 함께 긴급조치 위반 혐의로 연행되거나 구속되었다. 이 민주화 투쟁 대열 중심에 한국기독교장로회가 있었고, 기장여성들이 있었다. 기장여성들은 민주화 투쟁을 함께하다가 감옥에 갇힌 이들을 지원하고 구속자 가족들을 돌보는 일에 힘을 쏟았다. 정치적인 탄압뿐만 아니라 노동자에 대한 착취도 극심했다. 특히 여성노동자들의 생존권 투쟁에 사회여성들과 함께 기장여성들이 앞장섰다. 이는 똥물을 뒤집어쓰면서도 끝내 노동자 권리를 포기하지 않았던 어린 여공들에게 받은 감동 때문이었다.

한국교회가 예언자적 사명을 자각하고 군사독재 정부에 대해 저항하기 시작한 것은 민족문제에 대한 책임에서 비롯된 것이기도 했지만

1960년대에 들어 불기 시작한 세계교회 에큐메니칼운동 영향도 컸다. 1948년 창립된 세계교회협의회(WCC)는 60년대에 '일치와 갱신'(unity & renewal)이란 기치 아래 '하나님의 선교' 개념을 받아들였다. 1968년 스웨덴 웁살라에서 개최된 WCC 총회에서 '인간화'를 하나님의 선교의 중요한 목표로 설정하였다. 한국교회도 같은 기치 아래 개인구원 중심이던 선교관에서 사회구원으로 선교개념을 폭넓게 확장해 사회참여에 적극적으로 나서기 시작하였고 인간화를 한국교회의 중요한 과제로 설정했다. 그 중심에 선 것이 한국기독교교회협의회(교회협)였고, 교회협 운동 중심에는 한국기독교장로회가 있었다. 자연히 한국기독교장로회 여성들이 교단의 기치 아래 하나님의 선교를 위한 인권운동과 민주화 운동에 참여하게 되었다.

1958년 11월 15일 여성들이 2등 시민 취급을 받아 왔다는 사실을 자각한 아시아 교회여성들이 아시아교회여성연합회(ACWC)를 창립해 연대하기 시작하였다. 한국 교회여성들도 이 연합회에 참여했는데 첫해는 대한예수교장로회(통합)측만 참석하였고 2차 총회 때부터 기독교대한감리회와 한국기독교장로회 여성대표들도 참석했다. 이들이 한국에도 교회여성연합회를 세우자고 제안해 한국교회여성연합회(이후 한교여연)이 창립되었다. 교회여성연합회는 창립 후부터 교회여성 에큐메니칼운동의 총 본산으로서 교회여성 지도력 육성과 소외계층 여성을 위한 활동을 전개해 나갔다. 기장여신도회가 이 회의 회원이었고 자연스럽게 기장 여교역자들도 교단 여신도들과 함께 민주화와 인권, 반핵과 환경운동에 관심을 갖기 시작하고 사람이 사람답게 사는 인간화 운동을 전개하기 시작했다. 초기에는 여교역자들의 당면과제인 여성안수 문제를 비롯한 여교역자의 지위 향상에 매진하다가 여교역자회가 자리를 잡아가면서 사회문제에 눈을 뜨고 관심의 지평을 넓히기 시작했다.

# 1. 기장여교역자회 창립되다

1956년 여전도사의 친목과 지위 개선을 위해 출발한 여전도사회가 10년 만에 고치를 뚫고 나와 여교역자협의회[1]로 탈바꿈한다. 여전도사회가 만들어진 2년 후인 1959년에 한국신학대학(한신) 동문 중에서 김숙희, 구마인, 김순옥, 박명필 등이 '그리움회'라는 이름으로 여동문회를 발족하였다. 1967년 11월에 전도사로서 여신도회전국연합회 총무직을 맡고 있던 김영희와 한신여동문회장 강혜순이 여전도사회와 여동문회를 통합하여 여교역자회를 발족할 것을 여동문회[2]와 여전도사회에 제의하였다. 그 결과 1967월 12월 7일 여전도사회 월례회에서 여교역자회 발족을 결의하였다. 이때 두 단체에서 각각 35,000원씩을 내어 여교역자회 기금으로 설정하였다.

마침내 1968년 1월 경동교회에서 열린 창립총회에서 김영희 전도사를 초대회장으로 선임하였고, 그해 10월에 회칙을 전국 회원에게 발송하였다. 이때 발표된 여교역자회 정관에 따르면 기장여교역자회 목적은 '여교역자들의 자질 향상과 지위 확보 도모, 여교역자들 간의 친목과 동지애적 유대 강화 그리고 교회와 사회를 섬기는 일' 세 가지다.[3] 여교역자회 창립에 참석한 바 있는 박성자 목사는 기장여교역자회의 탄생은 "남성 목회자와 보수적인 교회제도에 대한 항거에서 출발했다"

---

[1] '기장여교역자협의회'는 2017년 총회에서 회의 이름을 '기장전국여교역자회'로 바꾸었다. 따라서 향후 회의 이름을 '여교역자회'로 사용하겠다. 문건에 등장하는 '여교역자협의회' 명칭은 경우에 따라 중복사용함을 밝힌다.

[2] 한신여동문회는 1975년 세계 여성의 해에 서울 경동교회에서 열린 여신도회전국연합회 총회시에 다시 발족되었고, 그해 가을 재창립되어 오늘에 이른다. 초대회장에 안상님, 서기에 한국염이 임원진이었다.

[3] "우리 회는 여교역자들의 자질향상과 지위확보를 도모하며, 회원들 간의 친목과 유대를 강화하고, 동지적인 공동체를 이루어 교회와 사회를 섬기는 것을 목적으로 한다."

고 증언하였다.[4] 여교역자회는 1969년 9월 광주 양림교회에서 제2회 정기총회를 열고 제2대 회장에 박성자 전도사를 선임하였다. 총회에서 지방회 조직을 결의하고 지방회 조직에 착수하였다.[5]

## 1) 기장여성들의 여목사제도를 향한 투쟁과 성취

여교역자회는 창립되면서부터 목적에 따라 여교역자 자질 향상과 지위 확보를 위한 활동을 전개하기 시작하였다. 지위 향상을 위한 첫 행보는 여성안수제도 확보를 위한 투쟁이었다. 여교역자회는 여신도회전국연합회 34회 정기총회(1968년)에 여목사제를 교단 총회에 청원해 줄 것을 건의하였고 서울노회에서 시무하던 여교역자들이 해당 교회를 통해 서울노회에 여성안수제를 청원하였다. 서울노회(노회장 전경연)가 이를 받아서 총회에 헌의한 '여목사 임직제정에 관한 건'은 총회에서 허락되어 총회 헌법 개정안이 노회 수의에 부쳐졌다. 이때 수의 안건은 헌법 제3장 14조 1항 2목 '목사의 자격에 관한 것'으로서, 1) 연령이 30세 이상 된 '자'를 1) 연령이 30세 이상 된 '남녀'로 수정코자 하는 것이다. 이 수의안은 노회수의에서 가 5표, 부 5표로 부결되었다.

1971년 56회 교단 총회에 여신도회전국연합회 회장 강정애 명의로 여목사제 청원을 제출하여 통과되어 각 노회 수의를 거치게 되었다. 노회에서 수의를 진행하는 동안 여신도회는 ① 노회장에게 청원에 찬성하라는 서신을 보낼 일, ② 노회와 목사 앞으로 개인들이 서신을 낼 일, ③ 각 연합회 총회 시에 전국연합회와 총무와 선교사가 참석하여 각 연합회장의 대 노회 로비활동을 지원할 것 등을 결의하였다. 이런 여신도

4 박성자, 「여교역자협의회 반성과 전망」, 『20주년 기념회보』(여교역자회, 1987), 27.
5 여교역자회 연혁에서.

회의 결의와 더불어 여교역자회도 교역자들에게 면담을 통해 노회 수의에 찬성할 것을 부탁하였다. 여신도회에서는 여목사제 노회 수의 통과를 위해 "교회는 민주적인가?"란 토론회를 열어 기장회보에 게재하여 여목사제의 당위성을 알렸다. 이 자리에 박영희(서울연합회 회장), 구춘회(전국연합회 서기), 박형규(목사) 그리고 박성자(여교역자회 회장)가 토론에 참석하였다.[6] 이 토론회에서 참석자들은 아래와 같은 결론을 맺었다.

- 교회 체제가 능률적이고 합리적인 민주체제로 되어 헌장이나 기구 개

---

[6] 이 토론회에서 토론자는 다음과 같은 요지로 발언했다.

박성자는 "종교계에서만은 여성에게 문호를 개방하지 않는다. 인류의 절반인 여성을 개발하지 않는 것은 하나님에 대한 범죄다. … 성경의 여성관을 반대하는 사람은 많으나 성서적인 여성관은 예수의 여성을 대하는 태도가 제일 그 초점인데 언제나 예수는 여성을 한 인간으로 대하였다. 어느 한 편이 우월하다든가 열등하다든가 하는 것이 아니라 기능이 다를 뿐이고 같은 인간이다. 특히 이런 잘못된 여성관으로 교회가 여전도사를 택할 때 실력 없고 질이 낮은 사람을 종을 부리듯 하려는 태도 때문에 전국적으로 여전도사의 질이 낮아졌다"라고 주장하였다.

구춘희는 "이런 상황 때문에 신학교 여학생들이 열려져 있는 미래가 없어 좌절감을 느끼고 자신의 능력을 개발할 용기를 잃는다. 앞으로는 마가렛 미드 여사가 말하듯이 독신으로 살아갈 여성도 많아진다. 그들이 일생의 소명감으로 천직을 삼고 일할 수 있도록 여목사제도는 허락되어야 한다"고 피력하였다.

박형규는 "오히려 여성의 영적 통찰력과 지도력이 남성보다 우월한 경우가 많으리라 생각한다. 남녀 우열을 말하는 비성서적이고 비인도적인 사고방식을 속히 교계 안에서 쫓아내기 위해서도 여목사제도 허락이 필요하며, 특히 기장이 교단 설립의 목적대로 전진적 자세로 선교의 방향과 방법을 모색하기 위해서는 속히 이 제도의 공헌을 받아들여야 하고 여목사제도의 타당성과 실효성은 이미 다른 나라들과 타교단의 경험으로 증명된 바이다. … 특히 현대의 급격한 사회변화가 여성의 보다 적극적이고 효과적인 목회참여를 필요로 하기 때문에… 신학적 목회적 훈련을 받은 여성이 그의 실력을 충분히 발휘할 수 있는 여건을 조성해 두는 것이 중요하다"면서 기장에 걸맞은 자세를 가져야 한다고 주장하였다.

박영희는 "모든 잘못의 근본이 비민주화에 있다. … 교회 안에 기구편제가 민주화되어서 당회나 제직회만 말고 교회학교, 청년회, 여신도회 등의 대표가 참가하는 일종의 평신도회의 기구가 있어 당회는 미국 국회의 상원, 평신도 기구는 미국 국회의 하원 같은 역할을 하면 아래의 소리가 위로 전달될 수 있을 것 같다"고 교회민주화에 대한 의견을 내었다. 이우정·이현숙, 앞의 책, 361-362.

편에 혁명을 이루어서 모든 평신도 소리와 요구가 이루어지는 기장교
회가 되어야 하겠다,

- 그러기 위해서는 근본적인 남녀평등의 제일보인 여목사제도가 어려
  움 없이 통과되어 기장교단의 선진적 면목이 드러나야 하겠다,
- 또한 당회와 제직회 이외에 평신도회의가 조직되어서 모든 문제가 그
  곳에서 토론되고 결정되어야 할 것이다,
- 앞으로 신학교를 나오는 여학생이나 혹은 다른 전공으로 대학을 나와
  서 특별한 소명감으로 신학을 하는 여성들이 아무 좌절감도 없이 주의
  이름으로 사도가 될 수 있도록 여목사의 문은 열려져야 기장의 면목이
  설 것은 당연한 이야기다.

그러나 기장여성들의 이런 노력에도 불구하고 1972년에 열린 제57
회 교단 총회에서 수의 결과 노회별로는 가결되었으나 총투표 3분의
2 찬성을 얻지 못해 부결되었다. 이때 10노회 중 8노회가 찬성하고 2노
회가 반대했다. 부표를 던진 노회는 충남노회와 경북노회였다. 1974년
은 세계 여성의 해(1975년)를 한 해 앞둔 해였는데, 여신도회는 교단 총
회에 다시 여목사제를 청원하였다. 여교역자들과 여신도회의 요청을
받아 서울노회가 경동교회(당회장 강원용 목사)의 헌의를 수용해서 여목
사제도 헌법 개정안 헌의건을 교단 총회에 상정하였다. 1974년 9월 수
원교회에서 열린 제59회 교단 총회에서 역사적인 여목사제가 통과되
었다. 서울노회에서 여자목사를 제도화하는 헌법 개정 헌의건은 헌법
제4장 19조 목사자격에 '사람'이라는 단어 속에 남자와 여자가 포함되
어 있음을 재확인하여 노회 수의를 거치지 않고 그대로 가결되었다. 세
계 여성의 해 흐름의 혜택을 본 결과이기도 하다.

한남여전도회 연합회에서 여목사제도 청원을 시작한 지 41년 만에,

기장교단이 출범한 지 20년 만에 이루어진 역사적인 사건이었다. 이때 여목사제도가 허용된 결정적인 계기는 총회 헌장 개정이었다. 교단 총회는 헌장에서 목사자격을 '35세 이상 된 자(者)'로 되어 있던 것을 '35세 이상 된 사람'으로 바꾸었고 이 사람에는 남자와 여자가 모두 속한다는 것이 부인할 수 없는 사실이었으니 여목사제를 허용하지 않을 근거가 사라진 것이다. 한편에서 보면 헌법 자구가 바뀐 것은 성령의 역사이고, 다른 한편에서 보면 어이없는 일이다. 총회가 헌법 자구를 수정하기 전까지는 여자는 사람이 아니었다는 말이기도 했으니….

기장교회에서 여목사제도가 실현된 데는 여신도회와 여교역자회가 연대해서 운동한 것이 큰 역할을 했다. 20년 동안 여교역자회와 여신도회[7]가 연대하여 번번이 부결되는 아픔을 겪으면서도 굴하지 않고 청원을 해 마침내는 기장여성들이 염원하던 여목사제를 일구어냈다. 기장 여목사제도 실현이 의미가 있는 것은 감리교 경우 미국 감리교 제도를 그대로 따와 여성안수가 제도화되었지만 기장 경우는 여성들의 투쟁을 통해서 일궈낸 제도라는 데 있다.

## 2) 여전도사 당회 참석권을 요구하다

여교역자회는 여목사제도 청원과 더불어 여전도사 당회 참석권을 여신도회전국연합회를 거쳐 총회에 제출하였다. 여전도사 당회 참석권을 요청한 것은 여교역자들이 대부분 여전도사들로 있는 입장에서 당회에 참석해 의견을 제시하여 교회에 도움이 되고자 함이었다. 그러나 이 청원은 여지없이 거부되고 말았다. 여전도사 당회 참석권 등의

---

[7] 당시 여교역자들이 여신도회의 자동총대로 활동한 것도 여성안수를 위한 좋은 기폭제가 되었다.

청원 활동은 남자 교역자들의 반발을 샀다. 이 여파로 각 교회 여전도 사들에게 압력을 넣어 여교역자 교육에 참여하지 못하게 하는 경우들도 생겨났다. 교단 총회에서는 여전도사 당회 참석 문제가 당회 구성원이 당회장인 목사와 장로만 되어 있어서 법으로 강제할 수 없는 문제라고 보아 여전도사의 당회 참석 여부를 당회장 재량에 맡기게 되었다.

### 3) 기장여교역자회, 초교파 여교역자회 산실이 되다

교단 내에서 여교역자를 비롯한 교회여성의 지위를 위해 노력하던 여교역자회는 1972년 베다니집에서 실시된 제 5회 총회(회장 양정신)를 기해 교파를 초월한 지도력을 모색하기 시작하였다. 여교역자 지위 문제는 비단 기장교단 문제만이 아니라 초교파적인 문제였고, 이 문제를 해결하기 위해서는 교파를 초월하여 공동전선을 펴고 함께 연대할 필요성이 있었다. 크리스천 아카데미가 1970년 10월에 초교파 여교역자를 위한 세미나를 실시한 바 있고 이때 모인 교역자들이 그 자리에서 '동심회'라는 초교파 여교역자 모임을 만들었으나 더 이상 진척이 없었다. 여교역자회는 1972년 11월 6일 "한국이 사는 길"이라는 주제로 서울 경동교회에서 대한예수교장로회, 감리교, 천주교 등 초교파 여교역자들을 초청하여 1일 강좌를 개최하였고, 1973년에는 감리교 여교역자들을 초청해 이화여대 다락방에서 일일 강좌를 열었다. 여교역자회는 1974년 10월 한국여교역자연합회를 조직하기로 하고 11월에 초교파적으로 여교역자를 초청, "여성의 해를 맞이할 여교역자의 자세"라는 주제로 1일 강좌를 실시하고 여성의 해에 대한 이해와 여교역자와의 관련성, 여교역자의 과제 등을 모색하였다. 기장여교역자회가 초교파 여교역자회의 산실 역할을 한 것이다.[8]

## 2. 여교역자들, 역량 강화를 위해 매진하다

### 1) 여교역자들의 역량 강화와 베다니평신도교육원

베다니학원(후에 베다니평신도교육원으로 개칭)[9] 강좌를 통해 자극을 받아 결성된 여교역자회는 1968년 1월 창립총회를 하고 이듬해 1969년 광주 양림교회에서 제2회 정기총회를 하였다. 초대회장 김영희 전도사가 여신도회 임원진으로 여교역자회의 주춧돌을 놓았다면, 2대 박성자 회장 시대에 들어와서 독자적인 여교역자 회장직이 수행되기 시작하였다. 박성자호를 출범시킨 여교역자회는 베다니학원에 여교역자를 위한 교육을 요청하고 1968년부터 1975년까지 다양한 교육[10]을 통해 지도력을 키웠다.

당시에 베다니학원에서 제공한 교육은 신학교 외에 여교역자가 받

---

[8] 이 초교파 여교역자연합회는 1981년 여신학자협의회와 병합하기 위해 해산되었다가 1989년에 다시 재창립된다.

[9] 베다니평신도학원은 교단 총회에 선교교육원이 설립되면서 여신도회원 훈련 프로그램을 위한 기관으로 정착되어 갔고 이름도 학원에서 교육원으로 바뀌었다.

[10] 다음은 이때 행한 교육이다.
- 1968년 – 교육상담, 상담의 원리와 기술, 목회상담의 실제
- 1969년 – 도시화와 도시선교, 농촌선교의 문제점, 현대과학과 신앙, 샤머니즘, 신흥유사종교, 세계교회
- 1970년 – 구원의 현대적 의미, 가톨릭의 구원관, 불교의 구원관, 민간종교의 구원관
- 1971년 – 상담심리, 희망의 시간, 종교개혁의 현대적 이해, 예수의 교훈에 대한 새로운 이해, 교회교육지침서 해설, 구약에서의 메시아 예언, 구약에 대한 새로운 이해, 현대윤리의 문제점
- 1972년 – 구약신학, 예배학, 심방과 상담, 신약신학, 현대신학, 총회교육부의 방향, 여신도회와 여교역자, 인간관계에 대한 소개
- 1977년 – 인간관계 훈련과 신학 재교육, 현대신학, 기독교교육의 사명, 신흥종교문제, 선교학, 근세교회사, 목회학, 구약, 신약

을 수 있는 유일한 교육이었다. 2박 3일 동안 여교역자들은 신학적 통찰과 세계교회 흐름, 성서, 상담, 예배, 인간관계, 교회사, 기독교교육, 타종교 등 신학교 커리큘럼을 총 망라한 과목을 접했다. 베다니학원 교육 프로그램을 통해서 여교역자들은 지적 회복과 자율성을 높이게 되었고, 이 교육에서 같은 길을 걷는 여성 동지들과 지내면서 서로 격려하고 자매애를 키우며 역량을 강화했다. 그러나 이때 교육에 참석하는 여교역자들이 여성 강사보다 남성 강사들에게 더 신뢰를 보내 성차별받는 현장에 분노하면서도 자신들 역시 남성들을 더 우위에 놓는 모순을 보이기도 했다.[11] 여교역자의 자질 강화와 지위 향상이라는 목표를 세운 여교역자들 스스로가 '여성 경시' 사상에 사로잡혀 있음을 보여주는 단면으로, 여교역자들 의식화 필요성을 제기하는 모습이기도 하다.

여교역자 회원들은 처음에는 베다니평신도교육원 교육에 단순 참가자로 참여하다가 1972년에는 여교역자회에서 여교역자들이 휴무인 월요일에 교육을 해줄 것을 요청해 월요강좌를 개설하게 되었다. 월요강좌 개설 후 보다 많은 여교역자들이 교육이 참여하였다. 또한 여교역자회는 베다니교육원에서 실시하는 교육에 일방적으로 참여하지 않고 강좌 제목을 정해 요청하기도 하였다. 예를 들면 1972년에는 "생태학적 위기의 신학"이라는 강좌를 요청하였다. 이때는 한국 사회에 마구잡이 개발로 환경문제가 시작하던 초기였는데, 당시 여교역자회를 이끄는 임원들의 의식수준이 얼마나 앞섰는지를 볼 수 있다. 또한 이 교육에 참석하기 어려운 지방회원에게 참가할 기회를 주기 위해 보조금을 주면서 교육기회를 넓히고자 힘썼다.

---

11 베다니학원을 통한 여교역자 교육 부분은 『여신도회 60년사』, 278-282를 참조하여 발췌하였다. 여교역자들이 남자 교수의 강의를 더 선호한 것에 대해 그때 유일한 여자 강사였던 이우정 교수의 경험을 듣고 서술하였다.

여교역자회는 베다니평신도교육원 교육과 도서 보급을 통해서 역량을 키우는 한편 시대사조를 포착하여 교육을 실시하기도 하였다. 여성안수의 다리가 되어 준 경동교회 강원용 목사가 원장으로 있는 '크리스천 아카데미'에 '인간관계 훈련' 교육을 요청해서 실시하였다. 당시에 크리스천 아카데미가 실시한 인간관계 훈련은 매우 인기가 높은 교육이었다. 이 교육에는 예장 여교역자들도 함께 참여하였는데 참가한 회원들은 "이번 교육이 사람을 이해하고, 관계를 맺는 데 많은 도움을 주었으며, 무엇보다도 참가했던 이들과의 자매애가 높아졌다"고 소감을 밝혔다. 여기서 결속된 여교역자들의 자매애는 초기 여교역자회의 결속에 큰 힘이 되었다.

## 2) 단독목회자 회원들의 역량 강화를 위한 도서 보내기 운동

여교역자회는 베다니평신도교육원을 통한 교육과 별도로 여교역자회 자체로 회원들의 자질 향상을 위해 독서보급운동을 진행하였다. 당시 지방 미자립교회에서 단독목회를 하는 여교역자들이 많았다. 이들은 교통과 시간, 경비 문제로 서울에서 하는 교육 프로그램에 참가하기가 힘들었다. 이들을 위해 여교역자회는 1969년도 총회에서 단독목회를 하는 회원에게 도서를 보내는 운동을 펼쳐 1974년까지 이어졌다. 여교역자회는 1970년에 김재준 목사가 발행하는 『제3일』지 유지회원에 가입하여 매달 50부를 초교파로 농어촌에서 단독목회하는 여교역자에게 기증하였다. 『제3일』지는 사회의식을 고취하는 잡지로서 기독교인들이 가져야 할 사회를 보는 눈과 가치관 등에 관한 글을 게재했다. 이 잡지를 통해 여교역자들이 시대의 파수꾼이 되어야 함을 깨우치려는 뜻에서 전개하는 독서운동이었다.

또한 여교역자회는 총회시마다 교육 프로그램을 마련하고 회원 의식 향상을 꾀하였다. 1971년에 서울 초동교회에서 열린 4회 총회시에는 "지도자로서의 여교역자상"이라는 주제를 통해 여교역자 위상과 그에 걸맞은 자질 향상이 어떠해야 하는지를 모색하였다. 여교역자 위상 정립을 위해 여목사제도를 재청원할 것과 여장로의 총회 자동 총대권 부여, 여전도사의 당회 참석권이 논의되었고 이를 총회에 상정하자는 결의로 이어졌다.

### 3) 자질 향상을 위한 교육기금을 만들다

교육을 통해 역량 강화를 하기 위해서는 교육기금이 필요하였다. 여교역자회는 여교역자들의 자질 향상을 위해 우선적으로 모금운동을 벌였다. 먼저 1백만 원을 목표로 모금을 시작하였다. 당시 2대 회장 박성자 전도사와 회계였던 안계희 전도사의 헌신적인 수고로 회원들이 박봉을 털어 이 운동에 참가하였다. 한국신학대학교 여동문 회원과 기타 뜻있는 사람들의 호응을 얻어 모금을 시작한 후 7년 만에야 목표를 달성하였다. 이 기금은 회원들의 자질 향상만을 위해 쓰는 것으로 못을 박았다. 10년이 되는 때 130만 원의 기금을 적립하고 단독목회자, 벽지에서 시무하는 여교역자들에게 도서를 공급하거나 교육장학금을 주는 일에 사용하였다. 이러한 일은 단순히 지도력 양성에만 목적이 있는 것이 아니라 여교역자회가 동지적 공동체임을 표현하는 길이기도 했다.

# 3. 회원들의 동지적 공동체 운동

## 1) 초대 베다니집 관장 취임과 여교역자들의 연대

1970년 여교역자들이 동지애를 발휘해 베다니집 관장 채용을 위한 사실상 투쟁에 나서게 된 사건이 발생하였다. 베다니집은 초기에는 재정 문제로 관장 없이 여신도회가 사찰집사를 두고 베다니집을 관리했다. 여교역자회는 1971년 1월 베다니집 정상운영을 위해 인건비 보조를 결의하고 관장 채용을 여신도회전국연합회에 건의하였다. 1972년 5월 1일, 초대 관장으로 안계희 전도사가 취임했다. 여교역자회의 연혁에는 베다니집 정상화라는 명분으로 기록되어 있지만 안계희 전도사가 베다니집 관장으로 취임하게 된 것은 여교역자들의 정의를 위한 분노와 연대정신이 빛을 발휘한 때문이다.

안 전도사는 서울 C 교회 전도사로 있었는데 교회 화재에 대한 책임을 지고 부당하게 해고되었다. 이에 분개한 여교역자회 회원들이 모여 안 전도사를 베다니집 관장으로 부임시키기로 하고 1년간 인건비를 여교역자들이 보조하기로 하였다. 여교역자회에서 초기에는 관장 급여 일 년 분을, 다음 해에는 반액을 부담하였다. 여신도회에서 은퇴 여교역자를 위한 10월 헌금 제도도 이때 만들어졌고(1973년 10월), 10월 헌금이 정착되면서 여신도회가 베다니집 운영비를 전담하게 되었다. 여신도회가 운영하는 베다니집 관장 이야기를 하는 것은 여교역자들이 억울한 일을 당할 때 문제를 해결해 주는 것은 결국 당사자임을 말하고 싶어서다.

## 2) 여성 목사 1호 탄생을 위한 여교역자 회원들의 자매애

여성 목사 안수가 통과된 다음 해 1975년 여교역자회는 세계 여성의 해를 맞아 5월 26~27일 베다니집에서 "교회의 민주화를 위한 여교역자의 역할"이라는 주제로 총회를 실시하면서 본격적으로 교회민주화에 대해 논하기 시작했다. 1977년에 실시된 준목고시에 양정신, 김정희 두 전도사가 합격하였다. 이렇게 두 사람이 합격한 데는 여교역자회 공헌이 컸다. 목사안수제가 통과된 다음 여교역자회에서는 여성안수의 첫 단계인 준목고시 준비를 위해 강좌를 열었다. 준목고시에 응시할 여전도사를 모으고 준목고시 시험과목을 가르치는 교수를 초빙해 준목고시 준비 강좌를 열고, 고시준비생들에게 장학금을 지원하였다.

양정신, 김정희 두 사람이 준목고시에 합격하자 양정신 준목이 1호 목사가 되어야 한다고 의견이 모아졌다. 양정신 준목은 한국신학대학 교육학 강사로, 성북교회 장로로 오랫동안 헌신해 왔고, 김정희의 스승이기도 하기 때문에 김정희 준목이 양정신 준목에게 기장 여목사 1호를 양보하였다(양정신 목사는 기장 여목사 1호이면서 동시에 시각장애인 1호 목사이기도 하다). 여교역자회 10회 총회를 맞는 해인 1977년 11월 8일 경기노회에서 기장 최초의 여목사 양정신 목사(인천 삼일교회)가 배출되었고 이어서 김정희 준목이 2호 목사가 되었다.[12] 기장 여교역자들의 자매애가 꽃피는 좋은 본보기였다. 이렇게 기장 여교역자들은 여교역자회 안에서 서로 동지애를 키워 가며 격려하고 지지하면서 힘을 쌓아 갔다.

기장 여목사 1호인 양정신 목사는 목사안수 받는 날의 감격을 이렇

---

[12] 기장여교역자회 10주년 기념회보, 〈연혁〉, 45.

게 회고하였다.

잊지 못할 날들 중에서 가장 복된 날이라면 1977년 11월 8일이다. 이날은 경기노회 제107회 수원 농천교회에서 모이던 날, 즉 여목사 제1호를 임직시킨 날이다. 나는 그날 새벽에 교회에 가서 오랫동안 기도하였다. 너무 많은 생각들이 가슴 벅차게 치밀었기 때문이다.

그 생각들 중에서 한 예를 들면 다음과 같다. 1938년 가을이었다. 전국 장로교 총회가 평양 서문밖교회에서 모였는데 그때에 여성당회장권을 허락해 줄 것을 전국여전도회에서 건의했었다. 총회서기가 그 결의문을 읽자 전 총대들은 쑤셔놓은 벌떼처럼 일어나면서 여성들을 향해 야유와 비웃음을 퍼부었다. 그때 어느 목사님은 "여편네가 피를 줄줄 흘리면서도 이 거룩한 자리에 서겠단 말인가?" 하고 빈정대는가 하면 또 다른 목사님은 "배때기가 남산만 해가지고 어디를 올라오겠단 말이냐?" 하고 온갖 험한 소리를 퍼부어대던 그 욕설과 핀잔의 소리가 귀에 들리는 듯 쟁쟁하였다. … 나는 그때 그 참혹한 수모를 겪고 오늘의 이 기쁜 성취를 맛보지 못하고 유명을 달리한 여성 지도자들이 그날 아침에는 애석하기만 하여 교회 안에서 한없이 울었다.

임직식이 시작되어 절차에 따라서 여러 순서가 진행되었다. 축사와 격려사와 기타 여신도들의 소감이 잇달았는데 그중에 인상깊이 기억되는 것은 수원교회 이영수 권사님의 울음 섞인 말씀이었다. 그것은 "나는 가슴이 터질 것만 같습니다. 우리 모든 여신도들이 기도해 오던 소원이 성취되어 여자 목사님도 여러 목사님들의 반열에 서서 축복기도의 손을 올리게 되었으니 이 감사를 말로는 다 표현할 길이 없습니다."[13]

---

[13] 양정신, 「새 역사의 탄생」, 『여교역자회보 제5호』(1995. 12), 19-20.

## 4. 사회를 섬기는 여교역자 회원 활동 - 사회 참여

### 1) 교회의 민주화와 여교역자

여교역자회는 1975년 5월 26~28일 베다니집에서 "교회의 민주화를 위한 여교역자의 과제"라는 주제로 제8회 정기총회를 열었다. 당시 한국 사회는 민주화 문제가 중심과제였다. 세계 여성의 해를 맞아 사회에서 남녀평등 문제만이 아니라 교회에서 남녀평등이 중요하며, 여교역자들의 지위향상 운동은 곧 교회민주화를 위한 것으로 이를 위해 여교역자의 사명이 있다는 합의를 이루었다.

1976년 7월 12일~13일 한국신학대학에서 열린 제9회 정기총회는 "일어나 함께 가자!"라는 주제로 열렸다. 이 시절에는 한국 사회에서 민주화를 요구하다 대학생들이 긴급조치 위반으로 잡혀갔다. 또한 노동자들, 특히 여성노동자들이 생존권을 위해 투쟁하다 강제해고 되거나 투옥 되었고, 교수와 학자들이 민주화와 인권을 외치자 투옥되기도 했다. 1973년에 박형규 목사, 권호경 전도사가 내란 예비음모죄로 수감 중이었고, 1974년에 감리교 조화순 목사가 동일방직 어린 여성노동자들을 돕다가 구치소에 수감되었다. 1976년에 명동성당에서 발표한 삼일시국선언으로 문동환, 문익환, 서남동, 이해동 목사를 비롯해 이우정 선생이 구속되어 있던 때였다.

이때 "일어나 함께 가자!"라는 총회 주제는 예수께서 잡히시던 그날 밤 겟세마네 동산에서 "내 뜻대로가 아니라 당신 뜻대로 하옵소서!" 하나님께 기도하다가 잠자고 있는 제자들에게 "일어나 함께 가자!"고 십자가 고난의 현장으로 향하시던 그 말씀을 따온 것으로 기장 여교역자들이 시대의 부르심에 응답하여 "일어나 함께 가겠다!"라고 결단을 요구하는 그런 주제였다. 이 요청 앞에서 회원들은 "예" 하고 응답할 수밖에 없었다.

## 2) 인권과 민주화를 위한 구속자 석방운동

인간화를 위한 여교역자의 사회참여운동은 1973년 7월 26일 내란 예비음모로 수감 중인 박형규 목사, 권호경 전도사를 위하여 대통령, 국무총리, 법무부 장관에게 진정서를 제출하는 것으로부터 시작되었다. 1973년 4월 22일 새벽에 남산 야외음악당에서 열린 부활절 연합예배에서 당시 수도권 도시선교회위원회 위원인 기장 교단의 박형규 목사(서울제일교회), 권호경 전도사(서울제일교회), 김동완 전도사(감리교), 실무자 나상기와 한국기독학생회총연맹(KSCF) 학생들이 주축이 되어 민주회복과 언론자유를 촉구하는 전단을 살포하고 시위를 기도한 사건이 발생하였다. 이들은 잡혀가 내란 예비음모죄로 각기 징역 1년 6개월에서 2년을 선고받았다. 이에 기장 총회와 한국기독교교회협의회(교회협)에서는 대책위원회를 구성하고 석방운동을 전개하였다. 이에 앞서 한해 전 1972년에 유신 반대로 은명기 목사가 구속된 바 있다.

교단 총회 교회와 사회위원회는 8월 7일 "교역자 구속사건과 우리의 견해"라는 성명을 발표하고 이는 "신앙과 선교의 자유권이 제약받게 되는 것"임을 천명했다. 1973년 9월에 열린 제58회 총회에는 "새 역사 20주년 성명서"를 발표, 유신체제하에서의 '신앙과 종교의 자유' 개념을 정식으로 제기함과 동시에 이를 수호하기 위한 적극적인 자세를 취하였다.[14] 여교역자회도 교단 입장에 동의하여 구속되어 있는 목회자

---

14 『여신도회 60년사』, 295.

들을 옹호하고 이들을 석방할 것을 요청하였다.

이 무렵 전국의 청년과 대학생, 지식인, 종교인들이 유신철폐운동을 곳곳에서 일으켜 많은 구속자 가족이 생겨났다. 여교역자회는 독자적으로 대책활동을 펴지 않고 회원 개개인들이 자발적으로 여신도회가 전개하는 가족 돕기와 기도회 등에 참여하였다. 여교역자들은 1973년 12월 대림절을 맞아 여신도회가 저항운동으로 벌인 검은 옷 입기와 검은 리본 달고 침묵 시위하는 운동에 동참하였고, 여신도들과 함께 조화순 목사에게 영치금을 차입하여 격려하는 활동을 벌였다. 조화순 목사는 똥물을 뒤집어쓰고 생존권 운동을 벌이는 동일방직 노동자들을 지원하고 이들을 돕다가 서대문 구치소에 수감되어 있었다. 조화순 목사는 1987년 여교역자회 19회 총회 '목회성공 발표' 프로그램에서 이때 일을 회고하며 "내가 감리교 목사임에도 내 곁에서 나를 지지하고 격려하고 지원해 준 것은 기장여성"이라고 증언한 바 있다.

1976년 선포된 유신헌법에 의해 긴급조치 1~9호가 잇달아 선포되면서 박정희 정권의 억압정치가 가중되자 18명의 종교계, 학계, 정치 지도자들이 명동성당에서 '민주구국선언문'을 발표하고 모두 체포되어 재판에 회부되는 사건이 발생하였다. 선언 참가자들이 대부분 기장 목사이고 한신대학교 교수들이라 기장에서 단연 이들을 위한 석방운동에 앞장섰고 기장 여교역자들도 재판 방청, 석방탄원서 제출, 영치금 보내기 운동 등 민주화 대열에 동참하였다.

## 3) 탄압받는 언론지원 운동

유신철폐운동이 본격화되자 유신독재정권은 언론 탄압을 본격화하였다. 이에 동아일보 기자들이 "자유언론 실천선언"을 선포했고, 이 운동은 조선일보 등에도 영향을 미쳐 많은 신문의 자유언론운동으로 번졌다. 당국은 동아일보 광고주들을 탄압하여 동아일보에 광고를 싣지 못하게 하였다. 이는 동아일보의 존립을 위협하는 사건이었다. 이에 많은 국민이 나서서 동아일보 구독운동과 광고 싣기 운동을 전개하였다. 교회협 회원 교단과 기장교회들이 대거 이 운동에 참여하였다. 여교역자회도 회의 이름으로 동아일보에 광고 성금을 전달하고 회원들에게 이 일에 동참할 것을 권유, 회원들이 개인적으로도 많이 참여하였다.

국민들의 이러한 지원에도 불구하고 동아일보 경영자는 권력에 무릎을 꿇고 야합함에 따라 실천선언에 참여한 기자들을 대거 해고하는 사태로 이어졌다. 이에 축출된 동아일보와 조선일보 기자단들은 자유언론투쟁위원회를 결성하고 민주화세력들과 연대하면서 고난의 길을 걷게 된다. 이 고난의 길에 기장교회들과 기장여성들, 여신도들과 여교역자들이 함께했다.


## 5. '기장성'을 회복하자! – 기장여교역자회 10주년 행사

1976년 7월에 열린 총회(회장 황치순)에서 10주년 기념행사를 결의하고 여교역자회는 1977년 7월 4일 제10회 정기총회를 베다니집에서 열고 10주년 기념행사를 실시하였다. 창립 10주년의 주제는 "기장의 기장성"[15]이었다. 2대 회장 박성자 목사의 발제처럼 현장의 요구에 순응해 나약해지는 것이 아니라 출애굽을 하고 나올 때 그 '기장성'을 회복해서 당당한 여교역자가 되자는 뜻과 '기장성'을 갖고 사회변혁의 부

---

15 '기장성'이란 기장이 예장에서 갈라져 나올 때의 그 출애굽 정신과 예언자 정신을 뜻한다. 복음의 자유, 신앙양심의 자유, 자립자조의 정신, 에큐메니칼 정신이 바탕이다.

름에 응답하자는 이중적인 의미가 담겨 있는 것으로 해석된다.

창립 10주년 기념행사는 10주년 기념예배와 기념회보 발간, 기념사업으로 장학기금 모금이 있었다. 이때 모아진 장학금의 첫 지급은 첫 번째로 준목고시에 합격하고 특수선교를 위해 단국대학교 특수교육과에 입학하는 김정희 준목에게 수여하였다. 이때 펴낸 10주년 기념회보는 10년 동안의 이모저모를 모은 사진자료[16]가 앞부분을 구성하였고 본란은 박성자 회장의 여교역자회가 걸어온 길 등 다양한 기사,[17] 그리고 부록으로 여교역자회의 10년 연혁이 실려 있다. 10주년 기념회보에는 이제까지 여교역자회가 지나 온 역사보다는 앞으로 어떻게 해야 할 것인지 잘 드러나 있다. 비록 10주년 행사 내용의 자료가 없지만 10주년 기념회보를 통해 여교역자회의 발전을 위해 고민을 해야 하는 과제들을 살펴볼 수 있다.

---

[16] 김정준 박사의 10주년 축하 휘호, 수유리아카데미에서 열린 베다니학원 단기훈련시의 모습, 박형규 목사의 기독교윤리시간, 월요강좌 문익환 목사의 강의, 프로그램 시간표, 8기 단기훈련과정인 새로운 선교분야와 여교역자 참가자, 이화여대 다락방에서 열린 '기독교, 천주교, 불교의 구원관을 연구한 단기훈련', 베다니학원 단기훈련과정의 신교 전도사와 구교 수녀와의 대화 모습, 분반작업, 진지한 강의시간, 강습회 중 한가한 한때의 노래, 웃음 시간, 연세대학교 도시문제연구소가 주최한 신·구교 여교역자 합동세미나 참가자 모습, 크리스천 아카데미 수원사회교육원에서 열린 '기장, 예장 여교역자의 인간관계 훈련', 촌극으로 발표하는 분과토의, 동해 바닷가로의 나들이, 설악산의 한 때(1976년), 사명대사의 교훈을 되새기며, 해인사를 찾아서 등 10년 동안의 이모저모를 모은 사진자료가 앞부분을 구성하였다.

[17] 황치순 회장의 인사말씀, 김정준 박사의 "여전도사란 존재?"라는 격려사, 한송죽 전도사의 "슬로보앗의 딸들"이란 강단, 박근원 교수의 "현대 여교역자상" 그리고 "바람직한 여교역자상, 여교역자에게 바란다"라는 좌담회가 게재되어 있다. 그 밖에 박재봉 총회장의 "인간화에 몸을 바치자", 정옥환(경동교회 대학생)의 "젊은이들과의 대화", 전혜경(동부교회 학생)의 "새대 간의 대화", 박성자(2대 회장)의 "여교역자회가 걸어온 길" 등이 있다. 또한 조화순 목사와의 "여자목사와의 인터뷰", 설문으로 "베다니집에 계시는 은퇴여교역자"편, 지양자 전도사의 "농촌에서 단독 목회 이야기"가 실렸고, 부록으로 "여교역자회의 10년 연혁"이 들어 있다.

김정준 목사의 "여전도사란 존재?"라는 글은 여교역자들에게 엄청 난 도전을 주고 있다. "신학대학 정규과정 4년을 졸업한 여전도사가 기 독교장로회 교회에서는 일반적으로 환영을 받지 못하고 있다. 신학교 육의 잘못인가? 여전도사 자신의 잘못인가? 아니면 교회의 잘못인가?" 이런 질문으로 시작해서 여전도사와 여교역자에게 열 가지 질문을 쏟 아내고 있는데, 여기에 제시된 질문들[18]은 오늘도 여전히 유효하다. 10 주년을 격려하기 위해 던진 김정준 목사의 질문들은 여교역자회 10년 을 맞는 여교역자들의 현실을 잘 지적해 주고 50년을 맞는 여교역자회 에도 여전히 시사하는 바가 크다.

한송죽 전도사는 "슬로보앗의 딸들"이라는 기고문에서 "암탉이 울 어 망한 것이 아니라 권리를 찾았다는 이야기를 시작으로 '암탉이 울면 집안 망한다'는 속담이 오늘에 와선 암탉뿐 아니라 만물이 울어야 할 때에 울지 않으면 망한다는 것으로 의식되어 가고 있다"고 주장했다. 한송죽 전도사는 여교역자회 열 돌을 맞으며 슬로보앗 딸들의 이야기 를 꺼내서 "그토록 머나먼 옛날 남권이 절대화된 고대사회 속에서도 몫 이 없는 여인들이 제 몫 찾기 운동을 한 것에 비해 오늘 우리가 열 돌을 맞기까지 우리의 열 돌은 순전히 연륜의 덕에 얻어진 것이고 스스로 찾 은 몫은 불과 몇 건 안 되는 실정이다. 또 겨우 찾은 몫도 활용되지 않고

---

[18] 이 외에도 김 목사는 아래와 같은 질문을 했다. 즉 하늘은 스스로 돕는 자를 돕는다고 했는 데, 여전도사의 존재가 교회의 필수냐? 목사에게 필수냐? 자기 설자리, 할 일의 명확성을 여전도사 자신들이 밝혀내야 할 것이 아닌가? 여장로제, 여목사제를 두었다고 자랑할 것인 가? 교회의 목회 일선에서 뛰는 여전도사 위치는 목사 개인 비서 또는 심부름꾼으로 취급당 하고 있는 실정에서 여자가 당회에 회원이 되어 교회행정에 참여하고, 여목사가 되어 노회 나 총회에 참여할 수 있음이 과연 자랑스러운 일일 것인가? 여전도사 위치와 사명이 고작 목사 심부름꾼만은 아니지 않느냐? 그런 위치와 존재의 사람들이 모인 여교역자협의회는 무엇을 협의하는가?(여교역자협의회는 무엇을 협의하는가 하는 질문은 이름에 빗대어 나 온 질문이기에 그대로 협의회로 살려주었음을 밝힌다).

있는 게 아닌가?"고 묻고 "우리의 열 돌을 기념하는 행사를 통해 울 때 울 수 있는 분별력, 찾을 것을 찾아 누릴 수 있는 힘이 다소라도 발견되었으면…" 하는 바람을 밝히고 있다. 이런 한 전도사의 강단 "슬로보앗의 딸들"은 우리 여교역자회 회원들 사이에 이미 '여성의 눈으로 성서 읽기'가 시작되었음을 알리는 징조로서 여성신학 물결이 태동하기 전에 자생적으로 여교역자들 사이에서 여성신학이 시작됨을 알리는 신호이기도 하였다.

박근원 교수는 "현대 여교역자상"이라는 논단에서 전통적인 여교역자상, 근대교회와 여교역자, 한국교회와 여교역자를 훑고 나서 새로운 여교역자상을 논하면서 극복해야 할 문제점들을 아래와 같이 제시했다. 첫째, 전통적으로 남성을 위주로 한 교회조직과 교역체제에 여성으로 뚫고 들어가서 꼭 남성이 해온 일을 흉내 내는 것만이 여성교육지도자로서 할 정당한 일인가? 둘째, 남성교역자가 할 수 있는 일과 여성목사가 할 수 있는 일을 완전히 구분하거나 전문화할 수 없다. 마지막으로 또 하나의 당면 문제는 여자목사와 다른 종류의 여교역자 사이의 상호관계로서, 안수 받은 목사와 받지 못한 전도사 사이의 긴장관계에 대한 것이다.

이런 질문을 하고 박 교수는 "포괄적이고 다차원적인 여교역자의 모델이 나와야 한다"고 전제하고 "레티 럿셀이 제안한 세 가지 형태의 여교역자 모델을 고려할 필요가 있다"고 강조했다. 세 가지 형태에서 첫째 부류는 대변자로서의 여교역자다. 이들의 사명은 선교현장에서 문제를 관찰하고 조정하는 역을 담당하는 사람들을 의미한다. 둘째 부류는 어머니상으로서의 교역자로서 주로 교인들을 양육하고 훈련하며 중재적인 역할을 담당하는 사람들을 말한다. 셋째 부류는 그냥 자원교역자로 자급목회를 하는 교역자들로서 주로 교회 밖을 향해 봉사하는 사람들을 가리키는 말이다. 럿셀은 "안수를 받고 안 받고 여부로 이들을 구분해서 안 된다"고 말했다. 오히려 안수 장벽을 넘어서 선교 현장에 적절한 교역 형태를 개발하는 것이 중요하다고 여긴다. 다만 오늘의 한국교회 현실에서 두 가지 면에서 계속 노력을 기울여야 한다. 하나는 한국교회가 교단이나 개교회 차원에서 그리스도 안에서 새로 지음 받은 남녀가 공동으로 받은 은사를 활용할 수 있는 구조적 갱신을 과감하게 시도해야 한다는 점이다. 하나님께서 뜻하시는 남녀평등과 그것을 교역 차원에서 구현할 수 있는 교회구조가 창조되어야 한다. 다른 하나는 교회여성 편에서 이 일을 위해서 꾸준하고 끈질긴 노력을 기울여야 한다는 점이다. 인내와 용기를 가지고 오늘에 맞는 여교역자상을 만들어서 가꿔 가야 한다.

"바람직한 여교역자상"이라는 10주년 기념 좌담회는 양정신 4대 회장 사회로 박형규 목사, 장하구 장로, 박순금 장로, 주재숙 여신도회전국연합회 회장, 박성자 전도사가 토론자로 참여한 가운데 진행되었고 이무자 여교역자회 총무(비상임)가 기록하였다. 이 좌담회에서는 한국교회에서 여교역자 위치와 어머니상으로서 역할, 공동체 전체 지도자로서 기대하는 역할이 이야기되었다. 지도자로서의 의식을 갖는 것보다 지도자 역할을 하는 것이 더 중요하고, 자질 향상과 더불어 분명한 여교역자상을 만들기 위해 노력해야 한다는 과제가 요청되었다. 여교역자에 바라는 바는 인간화 작업에 최선을 다해야 한다는 것, 젊은이들과 대화를 하고 시대 간의 교량이 되었으면 하는 기대가 있었다.

박성자 회장은 "여교역자회가 걸어온 길"에서 기장의 탄생과 여교역자교육을 위한 여신도회의 공헌, 베다니교육원에서의 김정준 박사의 강연을 통한 자극과 여교역자회의 탄생에 얽힌 이야기, 여교역자회가 탄생한 다음 기금을 모으게 된 사연, 여교역자 지위향상을 위해 겪은 어려움, 은퇴여교역자를 위한 베다니집의 위기, 기독교 언론을 통한 교회에 대한 항변, 초교파 여교역자회 조직하게 된 배경, 여목사제도 허락 후 준목고시에 도전하지 못하는 여교역자의 현실에 대한 내용 등을 자세히 적고 마지막으로 회원들의 당면 과제로 "회원들이 새롭게 배우고 발전하려는 의욕적인 발돋움이 약해지고 현장의 요구에 순응해 가는 과거지향적인 자리에 주저앉아버렸다"고 안타까움을 토로했다. 10주년을 기해 새로운 전환의 동력을 찾자는 기대도 함께 제시했다.

지양자 전도사는 "하나님이 나와 함께하신다"라는 글에서 단독목회에서 겪는 고달픔과 어려움을 토로하였다. 모든 일은 내가 하는 것이 아니라 하나님이 하신다는 확신으로 자신을 강하게 하고 나서니 가난하고 어려움 속에서도 내일을 향한 소망이 교회 안에서 생겼지만 영양부족과 신경과로로 쓰러져 부득불 사임을 할 수밖에 없었던 사연, 교인들의 정성 속에서 회복되어 내일을 향한 희망을 향하여 자립을 향해 정진하고 있는 목회 경험을 진솔하게 이야기했다. 지 전도사는 이 땅 위에 가난한 교회에서 고생하는 많은 목회자들, 여자라는 이유 때문에 더 힘들게 목회를 하는 여교역자들 위에 하나님의 축복이 임하기를 기원하면서 글을 마쳤다.

지금도 그렇지만 기장여교역자회가 10주년이 되는 그 무렵 많은 여교역자들이 남자 목회자들이 가지 않는 험한 목회지에서 지 전도사 글처럼 하나님이 함께하신다는 믿음으로 이름도 없이 빛도 없이 헌신하며 목회하고 있었다. 10주년 회보를 통해 여교역자회에게 주어진 과제는 여교역자상 정립과 더불어 여교역자가 추구해야 할 목회 방향과 내용, 자도자로서의 역할 수행을 위한 자질 향상과 위상 정립이었다.

여교역자회 창립 10주년 기념회보에 실린 황치순 회장의 인사말로 10주년을 정리한다.

저희 여교역자회가 신촌 다락방에서 첫 울음을 터뜨린 지 어느새 십 년이 되었습니다.

10년 자라온 우리 자신의 모습을 정직하게 돌아보고 싶은 반성의 자리라 보아야 옳겠습니다.

우리의 모습이 기형이거나 병들지 않았는지, 100여 년 한국교회 역사 안에서 성장해 온 우리,

또한 우리를 낳은 우리 교회가 한국적 상황이라고 하는 문화적 배경을 태반으로 자라오면서 가지는 욕구와 갈등 그런 것들이 우리의 성장에 다양하게 작용하였을 것입니다.

오늘 우리의 현황이 어떤지를 객관화해 보고 싶습니다.

우리가 걸어온 엄동과 폭력의 날들, 바로 그 점이

오늘 우리로 우리 되게 단련시켜 주신 하나님의 손길이었음을 깨달으며 겸허히 옷깃을 여밉니다.

# 제4장

# 여성, 깰지어다,
# 일어날지어다,
# 노래할지어다

## (1978~1987)

1980년대는 한국에서 민주화와 여성인권의 격변시기였다. 반독재 운동과 민주화운동이 전개되었고, 여성차별에 대한 저항운동이 드세게 일어났다. 한국 사회는 유신독재가 이어져 인권과 민주가 실종되었고, 양심적 인사들이 대거 투옥되었다. 이 투옥 행렬에 종교지도자들, 특히 한국기독교장로회 학생들과 지도자들이 줄을 이었다.

　이런 와중에서 1979년 10월 26일에 발생한 박정희 암살사건은 이 땅에 새 날이 올 수 있는 전기로 보여졌다. 계엄령이 선포된 가운데 새롭게 결성된 국민연합, 해직교수협의회, 재야민주단체들은 긴급조치 철회, 통일주체국민회의에서의 대통령 선출 반대, 새로운 민주헌법 제정, 양심수 석방과 해직자 복권, 언론자유 등 유신체제하에서 발생한 모든 압박의 사슬을 풀어 회복하는 조치를 요구했다. 하지만 이러한 정당한 요구가 받아들여지기커녕 오히려 1980년 5월 17일 비상계엄령이 전국에 확대되고 포고령 10호가 발표되면서 정국은 경색되었다. 5월 18일에 광주 전남대와 조선대에 공수부대가 진입하였다. 민주화를 요구하며 일어난 항쟁에서 시민 대학살이 자행되었고, 언론 통제 속에서 항거하는 시민들을 북한에서 사주를 받은 폭도로 몰았다. 이에 많은 민주인사들이 항의하자 정권은 김대중 내란사건을 조작하여 투옥, 이들에게 무기징역형을 내렸다. 전두환 군사정권이 1981년 3월 3일 제5공화국을 출범시켰고, 한국 사회는 새로운 독재시대에 놓이게 되었다.

1984년 11월 전투경찰이 시위 저지 수단으로 연행된 여자대학생들을 폭행하고 성추행하는 사건이 발생하였다. 이에 여성단체들이 결합하여 여대생추행대책위원회를 구성하여 항의에 나섰다. 이 사건을 필두로 여성단체들이 각종 시국사건과 여성노동자 문제에 연대하기 시작했다. 1985년 1월 25일 81개 여성단체가 연대하여 여성유권자 선언을 발표하였고, 성도실업해고근로자를 위한 톰보이 불매운동, 25세 여성조기정년제 철폐운동, KBS시청료 납부거부운동, 부천서 성고문 사건 공동대책활동 등을 벌였다.

남영동 대공분실에서 고문으로 죽임을 당한 박종철 사건이 기폭제가 되어 1987년 1월 23일 국민운동본부가 결성되었다. 국민운동본부는 6월 항쟁을 이끌어내는 견인차 역할을 했다. 전국에서 민주항쟁운동이 대대적으로 일어났다. 이러한 상황에서도 전두환 정권은 장기집권을 획책하는 4.13호헌조치를 선언하고 나섰다. 호헌조치에 반대하며 투쟁을 하던 연세대학교 학생 이한열이 최루탄에 맞아 죽는 사건이 6월 9일 발생했다. 이한열의 죽음은 국민들의 분노를 일으켜 6월 10일 대대적인 '호헌철폐국민대회'를 비롯해서 최루탄 추방운동으로 이어졌다. 보름 동안 전국에서 진행된 호헌철폐운동은 마침내 호헌철폐와 직선제 선거라는 6.29선언을 얻어냈다.

이런 정치적 상황 속에서 한국교회는 중요한 전기를 맞고 있었다. 사회적으로 광주민중항쟁을 기점으로 사회민주화와 민족 문제, 분단과 통일 문제가 중요하게 부각된 시기였다. 기독교계에서는 광주민중항쟁[1] 이후 민중신학이 태동했고, 민중신학 세례를 받은 이들이 민중교회를 세웠다. 여교역자회가 제2기를 맞는 1978년, 한국기독교교회협의회는 6월 29~30일 분도회관에서 에큐메니칼 평신도분과위원회 주최로 여성문제협의회를 개최하였다. 이 협의회에서 다룬 주 내용은 여성들이 정책기구에 참여할 수 있는 길을 모색하는 것이었다. 협의회에 참석한 교회여성지도자 70여 명은 교회협 에큐메니칼위원회 안에 여성분과위원회를 설치하기로 의견을 모았다. 4년 후인 1981년 10월 교회협 31회 총회에서 여성분과위원회가 독립하여 상임위원회인 여성위원회로 발족되었다. 여교역자회는 교회협 여성위원회의 전문위원기관으로 참여해서 한국교회 여성지위 향상을 위한 지평을 넓혀갔다.

한국교회여성연합회는 1979년 1월 22일~23일 아시아교회여성협의회 재정 지원을 받아 각 교단에서 신학을 전공한 여신학자들을 초청해 "교회의 민주화"라는 주제로 '여신학사협의회'를 개최했다. 이 모임을 계기로 1980년 4월 한국여신학자협의회(여신협)가 창립되어 여성신학을 확산하는 전기를 마련했다. 여신협은 교회의 가부장적 신학 전통에 도전, 여성 해방신학을 연구, 보급했다. 이를 계기로 교회여성들 사이에 여성의 눈으로 성서읽기 바람이 불기 시작했고, 본격적으로 교회 내에서의 여성 지위에 관한 관심을 불러일으켰다.

한국기독교교회협의회 여성위원회, 한국여신학자협의회 등의 발족은 여교역자회에게 큰 자극을 주었다. 여교역자회원들이 이 모임에 참여하면서 남성중심적, 가부장적 교회의 개혁에 관심을 넓히게 되었다. 이렇게 여성해방적인 기구들이 생성되는 가운데 한국교회 백주년기념사업협의회 여성분과위원회, 유엔여성10년 한국대회 등 교회여성에게 자극을 주고 일깨우는 사안들이 많이 있었다. 이러한 현실에 발맞추

---

1 후에 광주민주화운동으로 불린다.

어 여교역자회는 여교역자들의 위치 확보와 지도력 향상을 위해 노력하는 한편, 하나님의 선교 기치 아래 한국 사회와 여성들의 시대적 상황에 부응하여 사회적 선교활동에 직접적으로 또는 간접적으로 참여하였다.

## 1. 자질 향상과 지위 확보를 위한 활동

한국기독교장로회 총회에서 1974년 여목사제도가 인정되고 1977년 첫 여성 목사가 배출되는 획기적인 역사가 있었지만, 남성중심적 한국교회에서 여성이 안수 받고 목사가 되는 것은 그렇게 쉽지 않았다. 여교역자 자질 향상과 지위 확보라는 여교역자회 창립목적은 여전히 여교역자회 중점사업이 될 수밖에 없었다.

### 1) 언권회원, 여전도사 청빙과 임기제도, 최저봉급제 적용 요청

교단 총회에서 여교역자 권익 증진을 위한 제안을 하기 위해서는 총대가 되어 발언권이 있어야 한다. 여성이 총대가 되는 것은 하늘의 별 따기였다. 당시 총회에 여신도대표 3인(후에 5인으로 늘어남)을 언권회원으로 초청하여 발언권을 주는 제도가 있었다. 여교역자회는 1981년 7월 8일 베다니집에서 열린 제14회 총회에서 여교역자 대표 1명을 교단 총회 언권회원으로 초청해 줄 것을 총회에 헌의하도록 여신도회에 요청하였다. 여신도회는 여교역자회 제안을 받아들여 이 헌의안을 총회에 헌의했으나 본회의에 상정조차 못하고 정치부에서 기각당하고 말았다. 이 후 여신도회가 여신도회 언권회원에 여교역자 1명을 포함시켜 여교역자회에서 교단 총회에 참석할 수 있도록 하였다. 여신도회 배려로 만들어진 이 제도는 여교역자들이 총대로 교단 총회에 진출할 수 있게 될 때까지 계속되었다.

여교역자회는 1983년 6월 선교교육원에서 열린 16회 정기총회(회장 정숙자)에서 여교역자 위치와 예우에 관해 교단 총회에서 협의해 줄 것을 결의하고 여신도회전국연합회에 관련 안건을 헌의해 주도록 요청하였다. 그것은 여전도사 청빙에 관한 헌법을 준수하는 건, 여전도사 청빙과 임기제도를 개정하는 건, 최저봉급제 적용과 여교역자 대우하는 건, 교역자 명단에 여전도사를 기재하는 건 등이다. 우리 교단 총회 헌법에 따르면 전도사 자격은 다음과 같다.

전도사는 무흠입교인으로 5년을 경과한 남녀로서 총회 직영신학대학을 졸업한 사람 또는 소정의 신학과정을 이수한 사람으로 노회 고시에 합격한 사람이어야 하며 그 고시 효력은 그 노회에 한한다.

당시 전도사 청빙에 있어 무자격자를 채용하여 교인 지도에 문제점을 노출하는 사례가 다수 발생했다. 교단 일부 교회들이 교단 신학교 출신 여전도사를 기피하고 성경학교나 타 교단 신학교 출신들을 전도사로, 구역심방전도사로 채용하는 경우가 많았고, 그 피해를 보는 것은 결국 여신도들이었다. 여전도사 채용을 교단 헌법대로 해달라는 청원은 1980년에 여신도회가 교단 총회에 이미 제출한 바 있었다. 교단 총회에서 "여신도회가 여전도사 채용을 총회 법대로 해달라는 청원건은 법대로 하기로 하다"(65회 총회록, 205)라고 결의하였다. 이러한 결의가 지켜지지 않아 1983년에 여교역자회 요청으로 재청원한 것이다. 이에 대해 교단 총회는 "여신도회가 청원한 여전도사 채용에 관한 법 준수건"은 각 교회로 하여금 준수케 하도록 가결했다. "법대로 하심이 가한 줄 아뢰며"로 끝난 이 헌의안 가결은 사실상 일선 교회에 크게 영향을 미치지 못하고 있다.

여전도사 청빙과 임기제도 개정에 관한 안건과 최저봉급제 적용, 교역자 명단 기재는 안건으로 상정되었으나 부별 회의에서 기각되고 말았다. 교단 헌법에 따르면 "전도사 청빙은 당회장 추천으로 당회가 가결하고 제직회 찬성을 얻은 후 청빙케 한다. 전도사 임기는 1년이며 계속 시무 절차는 위에 준하되 매년 시행케 한다"라고 되어 있다. 이 전도사 청빙에 관한 법이 남성전도사에게는 별 문제가 되지 않았으나 목사가 되기 어려운 여성전도사에게 심각한 문제가 되었다. 매년 1년씩 당회장이 추천해 당회 허락을 얻어야 한다는 것은 전도사직을 수행함에 있어 교인과 교회를 위해 봉사하기보다 담임목사와 장로들의 눈치를 보아야 직을 계속 수행할 수 있는 매우 불리한 조항이었다. 회원들에게 이런 어려움을 들은 여교역자회가 여전도사의 청빙과 임기를 보장할 수 있도록 법 개정을 요구한 것은 당연한 활동이었다.

### 2) 총회의 여전도사 양성과정 설치 대응활동

1980년대 들어 기장 교단은 여전도사 부족 사태에 접어들게 되었다. 교단 총회법에 명시된 "총회 직영신학대학 졸업자나 소정의 신학과정을 이수하고 노회의 고시를 거친 사람"이라는 전도사 청빙 관련 조항이 일선 교회에서는 잘 지켜지지 않았다. 한신대학교[2] 출신 여성들은 주로 대학원 진학이나 기관, 교육계 등으로 진출하였다. 교회 목회를

---

2 1980년 한국신학대학이 한신대학교로 종합대학교가 되면서 한신대학교 신학부로 개편되었다.

하려고 해도 '나이가 젊다', '소명감이 적다' 등 이런저런 이유로 거절되다 보니 여전도사로 채용되는 비율이 저조하였다. 많은 교회가 여전히 신학공부를 제대로 하지 않았거나 교단 정체성인 '기장성'과는 상관없는 여성들을 전도사라는 이름으로 채용하고 있었다. 이러한 현실에서 교단 총회가 1984년 제69회 총회에서 "여전도사 양성방안 연구위원회"를 조직하였다. 연구위원회에서는 1년 후 1985년 9월 70회 교단 총회에 "여전도사 연구안"[3]을 제출했다.

교단 총회의 여전도사 양성과정 계획에 대해 여교역자회와 한신여동문회가 반대하였다. 불과 1년 전 교단 총회에서 여신도회가 헌의한 전도사 청빙을 법대로 하기로 가결해 놓고 엄연히 한신대학교 신학교육 과정이 있음에도 1년도 안 되어 여전도사 수급을 위한 교육과정을 만든다는 것이 납득이 안 되었기 때문이다. 그러나 총회는 이 연구 안을 밀어붙여 1987년 72회 총회에서 2년제 전도사 교육과정을 허락받아서 선교교육원에 여전도사 과정을 신설하였다.[4] 여교역자회 회원은 교단 신학대학 출신들과 여타 신학교 출신에 선교교육원 전도사 교육

---

3 "여전도사 연구안" ① 양성목적 - 교인심방과 관련한 신앙지도와 상담자로서의 역할을 수행하는 여전도사를 양성한다. ② 교육과 교육의 장 - 강의실, 도서관, 생활관은 한신대학으로 한다. ③ 교육기간 및 교육대상 - 기간은 2년(주 3일 한 학기 3개월로 4학기 공부). 대상은 고졸 이상 학력자와 이에 준하는 자, 지교회에서 5년 이상 제직으로 봉직한 유경력자, 30세 이상 50세 미만 ④ 양성 전체 기간 - 동 제도를 영구화하기보다 전체 기간을 5년(3회 모집)으로 하되 수요에 따라 기간을 연장할 수 있다. ⑤ 여전도사 자격 - 본 과정을 이수한 후 해 노회 전도사 고시를 거쳐 전도사가 된다. 위 연구위원회는 71회 총회(1986년 9월)에서 1년 더 연장하고 교육원과 협의, 프로그램을 작성하여 72회 총회에 제출토록 하고 연구 추진 중이다(71회 총회 활요에서). 나선정, "한국기독교장로회 여목사 제도", 「한국여교역자회 20주년 기념회보」(1987), 53.

4 1990년에 졸업생 25명을 배출한 이후 2011년까지 이어졌다. 2003년부터 목회자 전문화 과정으로 명칭을 변경하고 여자전도사 과정에 신도지도자 과정을 추가하였다. 2002년 「제87회 총회회의록」, 693.

과정 출신까지 복잡하게 얽히게 되었다. 교단에서 이 과정을 만든 것은 일선 교회 현장에서 교단 신학대학 출신 여교역자들을 기피하고 타 교단 신학교나 성경학원 출신 여성들을 전도사로 청빙하는 것보다는 교육원을 통해 기장 성격에 맞는 교육을 해 기장성을 갖고 현장 욕구를 채울 수 있는 여전도사를 배출하자는 의도가 컸다. 그러나 선교교육원 여전도사 교육과정은 여성 목회자 사역을 전도사로 고착시킬 수 있다는 비판에 직면해서 그 과정이 개편되었다.

### 3) 여성 목회자 진로 모색과 여신도회 옥합운동

여성 목회자에게 목회지 확보는 쉬운 문제가 아니었다. 한신대학교 출신 여목회자를 꺼려하는 풍토에서 여교역자들은 부교역자로 가기도 어려워 단독목회를 구상할 수밖에 없었다. 남자목사들도 개척교회를 하기 힘든 상황에서 여성 목회자가 단독목회를 한다는 것은 더욱 힘든 일이었다. 남성 목회자가 교회를 개척할 때는 관련 교회에서 지원을 많이 하지만, 여성 목회자가 교회 개척을 할 때는 이런 지원이 전혀 없다고 해도 과언이 아니다. 이런 현실에서 여교역자회는 여목회자 진로 모색과 더불어 단독목회를 하는 여교역자를 지원하는 일에 적극적으로 나섰다. 창립 초기부터 단독목회를 하고 있는 회원에게 연수교육이나 수련회 참가비를 지원해 오고 있던 여교역자회는 1986년 개척교회를 시작하는 회원들에게 기금에서 프로그램비를 지원하기 시작하였다. 일차적으로 전병임 전도사(서울남노회 열린문교회)와 서애란 준목(인천 해인교회)의 프로그램비로 월 10만 원씩을 지원하였다.

자체 힘만으로는 여교역자 진로 모색에 한계를 느낀 여교역자회는 여신도회전국연합회와 공동으로 여성 목회자 교회 개척에 대한 지원을 모색하였다. 당시 여신도회전국연합회는 1974년부터 '선교365일 옥합 운동'을 시작해 1980년 전국으로 옥합운동을 확산하였다. 이 헌금은 여교역자 목회지원비 또는 특수선교 사업비로 사용하도록 권장하였다. 여신도회 옥합헌금을 통해 도서지방의 단독목회자나 개척교회 목회자들이 많은 도움을 받았다. 1985년에는 한국교회 100주년 기념사업으로 전국교회 여신도회에서 모아진 옥합을 깨뜨려 '첫 새벽의 집'에 약 2천만 원 가량을 헌금하였다. 첫 새벽의 집은 인천 삼능교회 김정희 목사가 출소 여성들을 위해 세운 선교센터[5]이다.

김정희 목사는 "첫 새벽의 집을 위하여"라는 제목의 특수목회 수기에서 이렇게 소감을 밝히고 있다.

… 한번은 출소자가 그날로 붙잡혀서 구치소로 넘어왔다. 그 분에게 붙여진 혐의는 가게에서 국수 한 묶음을 훔쳤다는 것이었다. 이 사람의 얘기를 들어보니 기가 막혔다. "어디 갈 곳도 없고 감옥 안에서 전도 받았던 하나님도 날 버리신 것 같았어요. 날 받아주는 것은 그래도 감방밖에 없는 것 같았습니다. 그래도 그곳에 가면 밥걱정, 잠자리 걱정은 안할 것 아니겠는가 생각했죠." 이렇게 출소하여 갈 곳이 없는 여자들은 재범하여 다시 감옥에 들어오거나 아니면 윤락가에 빠져 들어간다.

---

[5] 한국신학대학을 졸업한 김 목사는 1977년 준목고시 합격 후 단국대학교 특수교육과에 편입하여 교회사(教誨師)가 되었다. 1978년부터 여신도회 파송을 받아 대전교도소에서 여성수감자를 상대로 상담을 하는 교회사로 일하였다. 교도소 측의 거부로 이 일을 중단하게 되자 김정희는 인천에 삼능교회를 개척하였다. 삼능교회를 시작하면서 어린이교회학교를 먼저 시작하였다. 출소한 여성들이 어렸을 때 교회에 다닌 기억이 그들이 갱생하는 데 도움을 준 사례들을 들었기 때문이다. 어린이교회학교를 시작하고 이어 장기 수감 출소 여성을 위한 '첫 새벽의 집'을 열었다. 첫 새벽의 집은 가족과 사회로부터 버림받은 출소 여성들에게 재활프로그램을 통해서 새로운 삶을 개척하는 통로가 되었다. 수의를 제작하고 판매해 여성 출소자들의 재활을 지원하였다.

가족관계가 강한 우리나라에서는 범죄로 형을 받은 여자들은 집안 망신시켰다 하여 대부분 형을 받은 그날로부터 가족(시가뿐만 아니라 친가조차도)들로부터 버림받는다. 여자 수형자들이 출소하면 설사 가족이 있다 하더라도 하룻밤도 의탁할 데가 없다. 그렇다고 생활할 수 있는 기술을 익힌 것도 아니고, 설사 기술이 있다 해도 누가 이들을 받아주겠는가? 이들 출소한 여성들을 받아 재교육시켜서 사회와 연결시켜 주는 중간보호소가 필요함을 너무 절감하였다.

출소 여성을 위한 중간보호소를 세우기로 마음먹고 그 준비 작업을 하였다. 준비가 끝나고 착공(1982년 10월 20일 기공식)하기 까지 3년이 걸렸다. 건물 이름은 '첫 새벽의 집'이다. 예수님이 미명에 부활하신 것을 생각하며 이 집에 와서 교육받는 모든 이들이 죽음에서 부활하는 구원의 삶을 살기를 바라며 이름을 붙인 것이다. 첫 새벽의 집에서는 형기 5년 이상 복역한 사람을 대상으로 하고 있다. 이 첫 새벽의 집 탄생은 감옥에 있는 수형자들, 특히 장기 수형자들에게 소망이 되고 있다. 수형자들에게도 우리가 출소하면 갈 곳이 있구나 하는 소망도 주고 사회적으로 출소 여성들을 위해서 무엇인가 구체적으로 할 수 있는 윤곽이 잡혀지지 않겠는가? 감옥 안에서 첫 새벽의 집을 기대하며 간구하고 있다는 기도를 접할 때마다 새로운 힘이 솟구치곤 한다.[6]

여교역자회는 1983년 10월 여신도회전국연합회 회원활동위원회와 공동으로 여교역자 진로 개발을 위한 간담회를 실시한 바 있었으며, 1987년 여교역자 진로를 위해 작은교회운동을 연구하기로 한 바 있다. 여교역자회는 여신도회전국연합회에 선교사업으로 여교역자 진로를

---

6 김정희, "첫 새벽의 집을 위하여,"「여교역자회 20주년 기념회보」(1987), 38-41.

위해 작은 교회에서 시무하는 여교역자 목회 지원을 채택하고 지원할 것을 건의하였다. 여교역자회 건의를 받은 여신도회전국연합회에서는 47회 총회에서 이를 선교사업으로 채택하였다. 여교역자회가 작은교회운동과 여성 목회자 진로를 연계하게 된 것은 시대상황과 밀접한 관계가 있다. 광주민중항쟁 이후 한국 사회에서 민중운동이 생성되었고, 한국교회에서 민중신학이 전개되었다. 민중신학 전개와 더불어 민중교회들이 생겨났다. 이 민중교회 운동에 기장여성 목회자들이 합세하였다.[7] 이들 작은 교회들은 자립을 하기 힘들었고, 여교역자회가 이들을 지원하기에는 여력이 부족하였다.

인천 해인교회 서애란 준목의 글을 통해 민중목회 상황을 살펴보자. 서애란 준목의 글은 당시 노동자들과 민중교회 상황 그리고 민중목회에 대한 사명감을 잘 드러내 준다.

> 우리 교회 노동자 교인을 방문한 적이 있습니다. 그 방은 사람 사는 방 같지 않게 우중충하고 퀴퀴한 냄새가 나며 너무 좁았습니다. 여자 한 명 도 편안하게 살 수 없는 방에 장정 세 사람이 기거하고 있었습니다. 우리 교회는 "이 현대 사회 속에서 교회가 선교의 초점을 맞추어야 할 때 그 대상은 누구인가?"라는 질문에 "이 땅의 민중이다"라고 응답함으로써 교 회를 개척하였습니다. 이 세상의 주인은 민중임에도 불구하고 민중이 소 외되는 현실 앞에서 진정 평화로운 세상을 위해서는 민중이 주인 되는 세상을 하루 빨리 건설해야 한다는 사명감을 느꼈습니다. 이는 민중을

---

7 노동자와 도시빈민을 위해 인천에서 서애란 준목이 해인교회, 조인영 목사가 송현샘교회, 문장영 전도사가 예림교회, 전규자 목사가 구로에서 늘푸른교회, 정현순 목사가 광주에서 발산교회를 세우고 작은 교회 목회를 시작하였다. 뒤이어 김제에서 송경숙 전도사가 한우 리교회를, 서울에서 박수현 전도사가 새뜻교회(후에 여민교회)를 개척하였다.

대상화, 개체화하는 것이 아니라 예수님의 선교활동을 본받아 민중과 더불어 하나의 민중, 하나의 민중교회로서 선교활동을 하고자 합니다. 민중 중에서도 특히 생산의 주체이며 역사발전의 원동력임에도 불구하고 가난하고 소외된 노동자에게 우리 교회는 주된 관심을 가집니다.

민중교회의 어려운 점으로는 재정문제가 심각합니다. 또 하나의 어려운 점으로는 반민중적 집단에 의한 탄압입니다. 이 집단은 전세나 월세를 내는 교회의 집주인에게 압력을 넣는 것에서부터 교회를 감시하고 목회자 및 교인들을 구속하는 일까지, 여러 각도에서 선교활동을 방해하고 있습니다. 이외에도 여러 가지 어려운 점은 많지만 기쁘고 보람된 일이 더 많습니다. 열등감과 소외감에 짓눌린 노동자가 자기 자신을 찾고 기쁨을 가지고 노동자로서 자부심을 가지게 되는 일보다 더 기쁜 일이 무엇이겠습니까? 하나님의 재창조 사업을 직접 피부로 느끼며 사는 우리들은 하나님께 저절로 감사 기도가 나오고 있습니다 . … 이 땅의 교회가 진정 가장 가난하고 소외된 자들의 교회가 될 때 이 세상은 멀지 않아 하나님 나라가 될 것을 우리는 신앙으로 고백합니다.[8]

### 4) 초교파 여교역자 모임의 병합과 재탄생

한국교회여교역자연합회[9]는 1981년 10월 19일에 열린 총회(회장 박성자)에서 한국여신학자협의회에 병합하기 위해 해산하는 문제를 논의하였다. 한국여신학자협의회는 창립할 때 단체 이름은 여신학자협의회이지만 '신학자'를 학문에 종사하는 사람만이 아닌, 신학을 전공한 사람은 모두 신학자라고 정의했다. 여신학자협의회[10](회장 박순경, 총무 안

---

8 서애란, "노동자선교," 「창립 20주년 기념회보」(1987), 43-44.
9 한국교회여교역자연합회는 1974년에 여교역자회가 주선해서 결성했다.

상님)는 여성신학 정립과 확산을 통하여 여성의 존엄성 회복, 사회와 교회의 민주화, 이 땅의 정의, 평화, 창조의 보전에 이바지하겠다는 목적을 갖고 세워졌다. 두 단체는 여교역자의 '권익증진과 교회와 사회의 민주화'라는 가치가 상호 통하고, 두 단체 회원 구성원들 역시 신학공부를 한 사람들이라는 데서 맥이 닿아 있었다. 여신협이 창립 초기부터 교회민주화 기치 아래 여교역자 지위 향상 문제에 매진했기 때문에 굳이 두 단체가 따로 활동할 필요가 없었다. 그리하여 박성자 회장 제안으로 한국여교역자연합회를 해산하고 여신협(회장: 주선애, 총무: 정숙자)에 합치게 되었다. 기장여교역자회 회원들도 이에 따라 여신협에 결합되었고, 김황옥 회장이 기장여교역자회를 대표해서 여신협이 실시하는 여교역자 실태조자를 위해 모임에 참석하였다.

여교역자회는 여신협에서 실시하는 여교역자 실태조사에 적극적으로 참여하고 회원이 되어 각종 교육 모임에 참여하여 여성신학에 대한 인식과 지도력을 높여갔다. 그런데 1986년 12월에 예장 통합측이 실시한 초교파 여교역자대회의 모임에 초청을 받아 참석하게 된다. 이 모임에서 초교파 여교역자 모임을 부활하자는 의견이 제시되고 이를 연구하는 기구가 구성되었다. 여신협은 여교역자를 포함한다고 하더라도 목회를 하지 않는 회원들이 많았다. 여교역자들의 문제는 일선에서 목회를 하는 여교역자들이 더 잘할 수 있다고 판단이 되어 초교파 여교역자회 부활이 대두된 것이다. 일차적으로 1987년 5월 18~19일 초교파 단독목회자 대회가 열렸고, 이를 기해 초교파 여교역자 모임이 한국여교역자회연합으로 재탄생하면서 개인이 아니라 각 교단 여교역자회가 회원이 되었다.

---

**10** 이후 '여신협'으로 칭함.

## 2. 여교역자 역량 강화를 위한 활동

### 1) 한국교회백주년 여성기념사업회

1984년은 한국교회 선교 100주년을 맞는 해였다. 교회여성들은 진보와 보수를 망라해서 15개 교단과 3개 기관이 모여 한국기독교100년 기념사업회 여성분과를 구성하여 독자적인 기념사업을 실시하였다. "여성, 깰지어다, 일어날지어다, 노래할지어다!"라는 표어 아래 ① 전쟁 희생자로서 피폭 후유증을 앓고 있는 피폭자 자활을 돕고 반전·반핵운동을 전개하여 민족적 모성애, 사랑의 실천운동을 실시하기 위한 평화마을 설치사업, ② 교회 일치와 평화를 위한 어머니 기도, ③ 지역별 기념대회와 선교대회, ④ 사료편찬사업기념사업을 추진하였다.

여성분과위원회는 8월 이화여자대학교에서 "기독교 2세기를 향한 여성들"이라는 주제로 선교대회를 연 것을 시작으로 전국 10개 지역에서 지역별 대회를 열었다. 교회 일치를 위한 음악회를 열고 임진각 다리 앞에서 남북통일을 위한 금식기도회를 열었다. 10월 13일에는 한국기독교100주년기념관에서 "교회 민주화와 여성 참여"라는 주제로 세미나를 개최하였다. 모든 모임에서 박순경이 쓴 "드보라여, 깰지어다, 일어날지어다, 노래할지어다!"라는 한국기독교 100주년에 드리는 여성의 기도가 드려졌다.

과거에도 이 민족을 일본의 억압에서부터 구원하신 하나님,
다시금 이 민족을 강대국들의 억압에서부터 구원하소서.
민족 분단의 비극과 불의에서부터 이 민족을 구원하소서.
이 땅의 교회들이 이 민족의 구원을 증언하도록 하소서.

이 땅의 불의와 거짓을 증언하게 하소서.

낭비와 부패와 폭력이 난무하는 세계에서,
남성들에 의해 계획대고 실행되고 조정되는 세계에서
여성들이 억압되고 있는 세계에서
이 땅의 드보라여, 깰지어다! 일어날지어다! 노래할지어다!
이 땅의 어머니, 당신들이 일어서기까지,
이 땅은 죽어 있었다는 하나님의 말씀으로
오늘 이 땅의 여성들이 일어나게 하소서.

하나님, 이 땅의 여성들이 새로운 세계를 대망하고 있습니다.
이 땅의 여성들이 가정과 교회와 사회와 이 민족의 새로운 미래를 선포하
게 하소서
이 민족의 위기에서 이 땅에 용감한 드보라와 에스더가 나타나게 하소서.
하나님, 우리는 예수 그리스도 안에서 옛 세계가 지나가고
새로운 질서가 이미 시작되었음을 믿습니다.[11] (이하 생략)

"어둠 속에 있던 이 겨레에게 빛과 구원이 되신 하나님!"으로 시작되
는 백주년에 드리는 여성 기도는 가부장제 아래에서 억눌려 지내던 여
성들이, 가난 속에서 가족 생존을 위해 뼈를 깎아야 했던 어머니들이,
기독교 복음의 빛으로 놓임과 구원받음을 감사하는 말로 시작해서 이
땅의 여성들이 구원을 선포하게 해달라는 요청으로 끝나고 있다. 여기
서 구원이란 여성들이 가정과 교회와 사회와 이 민족의 새로운 미래를

---

11 박순경, 『여성, 깰지어다, 일어날지어다 노래할지어다』 (한국기독교백주년 기념사업회 여
　성분과위원회, 1985), 6.

선포하는 것이다. 여성들이 교파를 초월해서 한 목소리로 민족을 위기에서 구한 드보라처럼 민족의 지도자, 민족의 어머니가 되겠다고 결단을 하는 기도다.

선교 100주년을 기념하며 선교 2세기를 향한 교회여성 행사의 정점은 1985년 8월 15~16일 양일간 영락교회에서 행해진 '한국기독교백주년기념 여성대회'였다. "여성, 깰지어다, 일어날지어다, 노래할지어다!"라는 주제하에 24교단과 3개 기관에서 약 4천여 여성이 참여했고, 여성의 날 선포, 여성선언문 채택, 사랑의 실천운동 전개 등을 결의하였다.[12] 이 대회에서 "어둠 속에 있던 이 겨레에게 빛과 구원이 되신 하나님"으로 시작하는 한국기독교 백주년에 드리는 여성의 기도가 공동으로 드려졌다.

이 대회에서 크게 이슈가 된 것은 여성안수가 허용된 대한기독교감리회와 한국기독교장로회 여목사들과 여장로들이 집례하는 성찬예식이었다. 여성안수가 허용되지 않는 보수교단 참여자들에게는 그야말로 충격이었다. 성만찬 예식을 거부하고 나간 이들도 있었지만, 한국최초로 보수와 진보가 초교파적으로 모인 예배에서 여성들이 집례하는 성만찬 예식에 참여하는 사람들에게는 깊은 인상을 남겼고, 감격스러워 하는 이들도 있었다. 이 성만찬 예식에 박성자 목사를 비롯한 기장여교역자회 여목사들이 집례자로, 여장로들이 배병자로 참례하였다.

이 대회에서 선포된 선언문에는 선교 2세기를 향한 교회여성들의 인류 구원을 향한 열망, 한국교회와 사회의 민주화와 민족통일을 성취하고 평화운동에 민족의 어머니로서 참여하겠다는 다짐과 자각이 들어있었다. 선교 2세기를 향한 기독여성 과제로 ① 남성지배의 가부장

---

12 한국염·이문숙·정해선,『한국기독교교회협의회 기독여성운동 30년사』(한국기독교교회협의회 양성평등위원회, 2014), 56.

제를 극복하고 하나님 형상으로서의 인간성 실현을 위한 여성인간화운동, ② 선교와 교회일치 운동, ③ 민족통일운동, ④ 단순한 생활운동, ⑤ 평화운동 등을 전개할 것을 선포하였다.

여성분과의 괄목할 기념사업 하나는 한국기독교여성백년사 『여성, 깰지어다, 일어날지어다, 노래할지어다』를 펴낸 것이다. 여성백년사는 "한국교회 여성 100년사 개관과 전망"(이효재), "기독교와 여성의 개화"(박용옥), "기독교학교와 여성교육"(윤혜원), "민족의 고난과 기독교 여성운동"(최민지), "광복 이후의 기독교여성운동"(주선애), "여성 사역의 의의"(장상), "기독교 여성들의 현재적 증언"(임상빈), "한국 민족과 기독교 선교의 문제"(박순경) 등 다양한 분야에서 기독교 여성운동을 집대성한 것으로 기독교여성 100년의 자취를 잘 파악할 수 있는 중요한 자료로서의 가치를 지닌다.

한국기독교백주년 여성대회는 한국교회 여성들의 역량 강화와 일치운동의 방향을 확인한 중요한 계기가 되었다. 이 대회를 이끈 한국기독교백주년 여성분과는 15개 교단 여신도회전국연합회와 한국기독교교회협의회 여성위원회가 참가단체였다. 여교역자회는 교회협 여성위원회 일원으로서 회원들이 예배순서를 담당하거나 단순 참여자로 참석하였다. 비록 여교역자회 단위로는 참석하지 않았지만 많은 회원이 참여했고, 백주년여성대회에서 선포된 운동과제들이 여교역자회 목적이나 과제와 맞물리는 것이기도 해서 여교역자회 활동에도 영향을 미쳤다. 참고로 이 대회에는 여교역자회 회원인 나선정 총무가 서기를, 박영주가 실무 간사로 이바지하였다. 한편 기독교백주년 여성선교대회에서 김중기 교수의 여성천시 발언에 대해 1984년 8월 29일에 열린 제17회 정기총회(회장 김황옥)에서 김 교수에게 공개서한을 보내 항의하기로 했다. 이런 공개서한을 받고 김중기 교수는 사과편지를 보내 왔다.[13]

## 2) 평등, 평화, 발전 그리고 유엔여성 10년 한국교회여성대회

1985년 나이로비에서 "평등, 발전, 평화"라는 표어로 열린 제3차 세계여성대회는 한국 여성과 한국교회 여성들에게 큰 영향을 미쳤다. 나이로비 세계여성대회를 맞이하여 한국교회 여성들도 한국에서 이 대회를 기념하는 행사를 하기로 하였다. 1985년 1월 7일에 서울 팔레스 호텔에서 교회 여성지도자 80여 명이 모인 가운데 유엔여성 10년을 위한 한국교회 여성 세미나를 개최, 세미나 종합토의에서 한국에서 '유엔여성 10년 교회여성대회'를 열기로 결정하였다. 이 세미나에 여교역자회 회원들과 여신도회 지도자들이 대거 참여하였다. 세미나에서 결의한 '유엔여성 10년 한국교회여성대회'는 1985년 2월 5일 연동교회에서 교회여성 5백여 명이 참석한 가운데 나이로비 세계여성대회와 같은 주제인 "평등, 발전, 평화"라는 주제로 열렸다.[14] 이 대회에서 한국 사회와 교회가 여성들의 평등과 평화, 발전을 위해 나설 것을 촉구하는 성명서를 발표하였고, 참여자들은 각기 자기 현장에서 여성들의 평등과 발전, 평화를 위해 노력할 것을 다짐하였다.[15] 이 대회에 여교역자회 김황옥 회장을 비롯해서 회원들이 참여하였으며, 여교역자회는 1986년 총회 주제를 나이로비 세계여성대회와 한국기독교100주년 여성대회의 영향을 받아 "한국교회 내일의 여교역자상"으로 정하고 여교역자들의 발전을 모색하였다.

---

13 사실만 기록에 있고 발언 내용이나 사과 내용은 확인이 안 됨.

14 이 대회에서 이태영 가정법률상담소 소장이 '평등', 김옥라 감리교여선교회 회장이 '평화', 박영숙 전 교회협 여성위원장이 '발전'에 대한 강연을 하면서 주제 의미와 그 주제들이 한국 교회 여성에 미치는 영향과 과제를 설명하였다.

15 한국염 · 이문숙 · 정해선, 위의 책, 55-56.

### 3) 회원 의식화와 역량 강화의 기틀을 마련하다: 선교교육원 교육과 여교역자 교육대회

여교역자회는 1978년 5월 선교교육원에서 열린 총회(회장 안계희)에서 여교역자 단기교육을 여신도교육원에서가 아니라 선교교육원에서 하도록 추진할 것을 결의하였다. 그동안 여교역자들의 자질 향상을 위한 교육은 베나니평신도교육원에서 주로 실시해 왔다. 교단 총회에 선교교육원이 설립되면서 베다니학원은 주로 여신도회원 훈련을 위한 기관으로 정착되었다. 이에 여신도회전국연합회는 1980년 실행위원 결의로 베다니학원을 여신도회 교육원으로 변경할 계획을 세웠다. 여신도회는 교단 초기부터 여교역자들의 복지와 지도력 육성에 관심을 가져왔고 이를 위해 많은 기여를 하였지만, 여신도들을 위한 교육원에서 여교역자들이 교육을 받는 것은 여교역자 위상에도 걸맞지 않게 되었다. 선교교육원은 교단 교육기관이고 다양한 그룹의 교육을 하고 있기에 이 기관에 여교역자 교육을 요청하기로 한 것이다. 이후 여교역자 교육은 선교교육원에서 실시하게 되었다.

여교역자회는 1984년 8월 총회에서 여교역자 자질 향상을 위해 선교교육원에 선교신학대학원 코스를 1년 수료형으로 공부할 수 있게 해줄 것을 청원하고 참가하는 회원들에게 장학금을 지원하여 공부할 수 있도록 결의하였다. 1985년 선교교육원에서 여교역자회 건의를 받아들여 1년 대학원 연구과정을 설치하였다. 교육기간은 2학기제로서 매주 월요일 오후 1시~21시까지, 교육과정은 2학기 과정으로 실시되었으며 총 22명이 등록하여 19명이 수료하였다.[16] 이 과정을 위해 김황옥

---

16 교과과정 제1학기 목회심리학(정태기 박사), 여성신학(이우정 교수), 실천신학(박근원 교수), 제2학기 심방사례연구(정태기 박사), 성서연구방법론(이상범 목사), 공관복음서(김

회장이 많은 수고를 하였다. 교육원 여전도사 연구과정에 처음 자원등록한 회원은 15명이었다. 김황옥 회장이 회원모집을 위해 회원들을 일일이 방문하거나 전화로 독려한 결과 22명이 참석하게 되었다. 김 회장은 수업 분위기를 좋게 하기 위해 전화로 출석을 독려하였으며, 대추차를 끓여와 교수와 학생들이 따끈한 차를 마실 수 있도록 하였다.[17]

한편 여교역자회는 선교교육원을 통한 교육뿐만 아니라 자체적으로도 교육 프로그램을 실시하였다. 여성학 강좌(강사: 이현숙 선생)를 3월과 4월 월례회시에 열었으며, 여성신학적 성서연구(강사: 정숙자 목사)를 1986년 10월부터 12월까지 4개월 동안 실시하였다. 또한 여신학자협의회나 초교파 여교역자 모임에 참가하여 지도자로서 역량을 키웠다.

여교역자회 교육 중 중요한 부분이 총회시에 이루어지는 주제강연을 비롯한 강좌들이다. 이 시기 특별히 중요한 총회는 1986년 7월 1일에 실시된 총회와 1987년 6월 30일에 이루어진 20회 기념총회다. 두 총회 때부터 지금까지 틀을 유지하고 있는 총회와 여교역자 교육대회가 아울러 실시되기 시작했다.

1986년 총회(회장 김황옥)는 6월 30일부터 7월 3일까지 경기도 양평에 있는 예장 여교역자 안식관에서 "한국교회의 내일의 여교역자상"이라는 주제로 교육대회와 병행하여 진행되었다. 비록 총회를 겸하기는 했지만 4박 5일 동안 열렸다[18]는 점으로 미루어 이 시기 여교역자회 회

---

득중 교수), 교육목회론(문동환 박사), 공동성서연구(김영운 목사). 수료자 명단: 김황옥, 김숙희, 유신재, 박지선, 송정자, 지양자, 박옥선, 김현대, 권영순, 한주은, 한금희, 현말렬, 은일수, 김필여, 김경희, 김영숙, 박명남, 김신희, 오은균이다. 「여교역자회 19회 총회보고서」(1986), 8.

17 김황옥 회장의 회고담에서(50주년 전회장단 좌담회에서).

18 이때 교육 프로그램은 개회예배 설교(유병찬 부총회장) , 주제강연 1(박근원 선교교육원 원장), 성서연구 1, 2(박성자 목사), 주제강연 2(이우정 교수), 특강 1: 현 시국에 있어서의 여교역자의 자각(황산성 변호사), 특강 2: 바람직한 목회 동역관계(서도섭 목사), 사례보

원들의 교육 열정이 얼마나 대단했는지 알 수 있다. 창립20주년 기념총회와 교육대회는 1987년 6월 29~7월 2일까지 선교교육원에서 "아직도 자고 있느냐? 일어나 함께 가자!"라는 주제로 열렸다.[19] 이런 주제와 강연제목들은 당시 시대상과 앞에서 열린 두 대회에서 자극을 받은 여교역자들의 욕구를 반영한 것이다.


## 3. 민주화와 여성인간화를 위한 80년대의 사회선교 활동

1980년대는 5공화국 군부 독재의 탄압에 맞선 민주화 투쟁과 여성인간화를 위한 여성들의 투쟁 시기였다. 한국 사회의 시대적 요청에 직면해 여교역자회는 사회선교 일환으로 민주화운동에 들어서게 된다. 대표적인 사회참여로 25세 여성조기정년제 철폐 서명운동, 여대생추행사건대책위원회 활동, 부천서 성고문사건 대책활동, 가족법 개정운동, KBS-TV 시청료 거부운동, 최루탄 반대운동 등이 있다.


### 1) 25세 여성조기정년제 철폐운동

25세 여성조기정년제 철폐운동이란 교통사고를 당한 한 여성이 손

---

고: "여교역자의 지도력 행사 사례보고"(이영숙 목사), 특강 3: 신앙과 의학(원금순 장로), 여신도회와의 대화, 목회현장 사례발표, 공동과제 작업(나선정 회원) 등으로 진행되었다.
[19] 대회 프로그램은 다음과 같다. 개회예배 설교(박근원 원장), 주제강연(문동환 박사), 여교역자회 자체평가와 전망(박성자 목사), 성서이해와 방법론(김이곤 박사), 창립20주년 기념예배와 주제강연(이우정 교수), 제자직의 사명과 과제(박종화 박사), 임상상담의 실제(신상철 복음병원장), 목회상담의 실제(정태기 박사), 나라를 위한 기도회(김상근 교단 총무), 목회 성공발표의 시간(조화순 목사), 한국전통사상과 여성(김상일 박사).

해배상 청구를 한 소송에서 비롯되었다. 1985년 피해 여성(23, 영업직 외무사원)은 교통사고 손해배상 청구소송에서 55세까지 직장에 다니며 받을 수 있는 수입을 기준으로 3,590만 원을 지급할 것을 요청했다. 하지만 재판부는 여성 근무를 25세까지만 인정하고 26세부터는 결혼하여 퇴직하므로 가사노동에 대한 일당을 4천 원으로 계산해 846만 원을 지급하도록 판결했다. 이는 결혼에 의한 퇴직을 국가가 예상하고 여성 정년을 25세로 제한했다는 점, 가사노동 가치를 일당 4천 원으로 계산했다는 점에서 여성사회에서 큰 문제가 되었다.

여성의 전화, 여성평우회, 또하나의 문화, 한국교회여성연합회, 한국기독교교회협의회 여성위원회, 한국여신학자협의회 등 6개 여성단체가 '25세 여성조기정년제 철폐를 위한 여성단체 연합회'를 결성하였다. 여성단체연합회는 여성 정년에 대한 3차례 연속토론회와 공청회, 여성 취업과 가사노동에 대한 조사연구를 통한 캠페인 등으로 여성조기정년제에 대한 불복, 항의 운동을 전개하였다. 1985년 9월 10일 1차 '여성노동현실과 여성운동', 9월 23일 2차 '조기정년제의 현실과 극복', 10월 8일 3차 '가사노동과 여성운동'이었다. 그 결과 여성도 남자와 같이 50세가 정년이라는 판결을 얻어내었다. 여교역자회는 교회협 여성위원회가 회원단체로 여기에 가담하였기에 독자적으로 들어가지 않고 교회협 여성위원회의 일원으로서 회원들이 공청회 참석과 캠페인 등에 직·간접적으로 참여하였다.

## 2) 여대생추행사건대책위원회 참가 활동

1984년 공권력이 시위에 참가한 여대생을 성추행하는 사건들이 드러났다. 이에 10개 여성단체는 '여대생추행사건대책위원회'를 구성하고 공권력에 의한 여대생 추행 근절을 위한 운동에 나섰다. 여러 시위 장[20]에서 연행된 학생들이 청량리경찰서와 서대문경찰서에서 폭행, 욕설, 성희롱, 성추행을 당한 사건들이 발생하였다. 여학생들을 나체로 만들어 기합을 주고, 누워서 다리 벌리고 흔들며 노래 부르기, 유방 주무르기 등 야만적인 성추행을 자행해 여학생들을 수치심에 떨게 하였다. 10개 여성단체로 구성된 여대생추행사건대책위원회(위원장 박영숙)는 1984년 11월 23일 기자회견과 성명서 발표를 통해 추행사건 관련 폭행자 처벌과 책임자 문책을 요구하였다.

이때 내건 요구사항은 ① 피해 학생들과 여학생연합 여학생추행사건진상조사위원회 임원들에 대한 수배와 협박 중단, ② 경찰의 사실인정과 공개사과, ③ 국회 진상조사와 해명, ④ 추행 당사자의 형사처분 등이었다. 그러나 당국은 오히려 사건보도를 왜곡하고 사실을 은폐하려고 했다. 이에 대책위원회는 관련자들에 대한 고발장을 발표하고 법원에 고발하여 처벌을 요구하였다. 기장여교역자회도 고발인 자격으로 고발장 제출에 참여하였다. 이 고발사건은 증거불충분으로 1년 후 기각되고 말았으나 향후 여성들의 정치투쟁운동 교두보가 되었다.[21]

[20] 9월 4일에 미국방일 반대시위 현장에서, 11월 3일 학생의 날 시위에서, 10월 10일 서울대학교 교문 앞 평화시위 현장에서, 10월 12일 신문로 거리 시위에서, 11월 8일 가리봉 시위에서 등.

[21] 이때 고발인 자격으로 고발장 제출에 참여한 단체는 한국기독교교회협의회 여성위원회, 한국교회여성연합회, 한국여신학자협의회, 한국기독교장로회 여교역자회, 천주교사회운동협의회, 한국기독교장로회 여신도회전국연합회, 여성평우회, 여성의 전화, 한국기독학생회총연맹 여성부, 민주화운동 청년연합 여성부, 인천지역사회운동연합 여성부, 한국기독교청년협의회 여성선교위원회였다. 여교역자 단체로서는 기장여교역자회가 유일하게 대책위원회에 참가하여 활동했다.

### 3) 부천서 성고문공동대책위원회 활동

여교역자회는 1986년 9월 '성고문공동대책위원회' 회원으로 가입하고 성고문에 항의하는 운동에 나섰다. 당시 12.12 총선으로 전두환 정권의 제5공화국이 들어서자 민주세력은 이에 반대하고 개헌 서명운동을 벌이는 등 장외 투쟁을 전개하였다. 전 정권은 인천에서 일어난 민주화운동을 좌익 불순세력으로 매도, 문익환과 이부영 등 57명을 국가보안법으로 기소하고 수배 중인 45명을 국가전복 획책 용공좌익 조직원으로 몰아 특별검거령을 내렸다. 체포된 민주인사들에게 모진 고문이 자행되는 가운데 1986년 6월 6일 부천서에서 문귀동이라는 경찰이 인천 5.3사태 관련자 행방을 알아내기 위해 권인숙이라는 22세 여학생을 성고문한 사건이 발생하였다. 이 사실을 알게 된 조영래, 홍성우, 이상수 변호사는 1986년 7월 3일 문귀동을 인천지검에 고발하면서 진상규명을 요구하였다.

변호인을 통해 이 사실을 알게 된 여성단체와 종교단체는 7월 9일 공동대책위원회를 소집하여 사건의 진상을 알고 부천서에 항의했으나 부천경찰서 서장 옥봉한은 사실 무근이라고 잡아뗐었다. 보다 강력한 대응을 위하여 부천경찰서 성고문공동대책위원회(위원장 박영숙)를 발족하였고 여교역자회도 대책위원회 회원이 되어 항의운동에 나섰다. '고문·성고문·용공조작 범국민폭로대회'를 시작으로 최루탄이 난무하는 가운데 성고문과 용공조작 폭력정권을 규탄하는 대회가 전국에서 잇따라 열렸다. 하지만 8월 22일 인천지검에서 문귀동에 대한 기소유예 결정이 내려지자 166명의 변호인단이 재정신청을 내고 공개된 재판을 요구하였다.

여성단체 회원들, 기장여신도회전국연합회 회원들과 여교역자들이 권인숙 재판에 방청과 항의 시위, 진상을 알리는 홍보 활동, 권인숙 석방 운동을 벌였다. 권인숙은 고등법원에서 1년 6개월의 실형을 선고받았고 1987년 6월 민주화 투쟁의 결과로 석방되었다. 권인숙에 대한 성고문 사건은 박종철 사건과 더불어 6월 항쟁의 기폭제가 되었다. 여교역자회가 성고문 항의운동에 나선 것은 여교역자들이 교회 안에만 머무르는 것이 아니라 여성 인권운동을 통해 사회 구원을 향한 걸음을 내딛은 것을 의미한다.

### 4) 가족법개정여성연합회 가입, 가족법 개정 청원서 국회 제출

여교역자회는 1986년 12월에 가족법개정여성연합회에 가입하고 가족법 개정운동에 동참하였다. 가족법 개정운동은 반세기 동안 지속된 한국 사회의 대표적 여성운동으로 1970년대 가장 많은 여성단체가 결집되어 투쟁한 운동이다. 당시 우리나라 가족법은 남성 혈족 중심의 가부장적 가족법으로 여성차별적 법제도였다. 남성만이 호주가 될 수 있고, 가족 부양과 상속은 모두 호주 중심으로 여성은 설 자리가 없게 만드는 법이었다. 가족법 개정운동은 1956년 가정법률상담소(소장 이태영)가 설립되면서 시작되었다. 1973년 6월 28일 61개 여성단체가 연합해 '범여성가족법개정촉진회'를 결성하고 본격적인 개정운동을 전개해 나갔다.

촉진회가 개정하려는 조항은 호주제도의 폐지와 동성동본 불혼제도 폐지 등 10개 조항[22]이다. 이 10개 조항이 국회에 제출되자 찬반 의

---

[22] ① 호주제도 폐지, ② 친족범위 결정에 있어서 남녀평등, ③ 동성동본 불혼제도 폐지, ④ 소유 불분명한 부부재산에 대한 부부공유, ⑤ 이혼배우자의 재산분배 청구권, ⑥ 협의이혼 제도 합리화, ⑦ 부모의 친권공동행사, ⑧ 적모서자 관계와 계모자 관계 시정, ⑨ 상속제도

견이 벌어졌는데, 가장 쟁점이 되는 조항은 위의 두 가지 조항이었다. 유림회에서 강하게 반대를 했으나 1977년 12월 국회에서 가족법 일부 개정이 의결되었다. 「혼인에 대한 특례법」이 제정되어 1979년 1년 동안 한시적으로 동성동본 간의 혼인신고 및 자녀입적 신고가 허용되었고, 상속 규정이 일부 개정되어 법적 상속에서 처와 미혼 딸의 비율을 높이고, 피상속인이 사망 전에 재산을 제3자에게 증여하더라도 일정 비율을 보전하여 상속권자들에게 물려주는 유류분 제도가 신설되었다. 또한 부모가 공동으로 친권을 행사할 수 있게 되었고, 소유불명 및 귀속이 불분명한 재산에 대해서는 부부공유 추정이 가능해졌다. 가장 문제가 되는 독소조항은 그대로 남은 상태였으나 가족법 일부가 개정되자 촉진회는 해체되었다.

1984년 7월 18일 41개 여성단체 발기로 '가족법개정을 위한 여성단체연합회'를 결성하여 미완의 가족법을 개정하기 위한 운동에 들어갔다. 가족법 개정 촉진대회를 개최한 후 서명운동과 계몽운동을 계속하였다. 유림이 또다시 강력한 반대에 나섰으나 1988년 11월 여성단체의 개정안은 153명 국회의원의 제안으로 국회에 제출되었고, 여성연합회는 51,630명의 찬성자 서명을 첨부한 청원서를 국회에 제출하였다. 여성단체 개정안을 반영하여 국회 법사위가 마련한 수정안[23]이 1989년

---

합리화, ⑩ 유류분 제도 인정이었다.

23 개정된 내용은 ① 호주제는 존치하되 호주 상속을 승계로, 유명무실한 호주 권리와 의무 삭제 등 개정, ② 친족범위는 부, 모계 8촌, 인척 4촌으로 개정, ③ 이혼배우자 재산분할청구권 신설, ④ 친권제도상 부모 친권 공동 행사, 부모 의견 불일치 때는 가정법원 결정, 이혼한 어머니나 혼인 외 자(子)의 생모도 협의 또는 가정법원 결정으로 친권행사 가능, ⑤ 이혼부부 자녀양육에 관하여 부모 평등 면접교섭권 신설, ⑥ 재산상속제도에서 직계비속이면 아들 딸, 장남 차남, 기혼 미혼 차별 없이 균분 상속, 배우자에게는 고유 상속분의 5할 가급, 상속인의 범위 축소 등 개정, ⑦ 적모서자와 계모자 사이의 당연 법정 혈족 관계 성립 폐지, ⑧ 부부 공동생활 비용 부부 공동부담 등이다.

12월 19일 제13대 정기국회 본회의에서 통과되고, 1991년 1월 1일부터 시행되었다. 하지만 가장 핵심 의제였던 호주제도와 동성동본 금혼제도는 폐지하지 못하였다.

기장여신도회는 가족법 개정운동 초기부터 이 운동에 참여하였으나 여교역자회는 1984년에 만들어진 '가족법개정을 위한 여성단체연합회' 초기부터 참여하지 못하고 2년 후인 1986년 12월에 와서야 뒤늦게 참여했다. 여교역자회가 뒤늦게라도 가족법 개정운동에 참여해 한국여성의 평등한 가족을 위한 법 개정에 기여할 수 있었던 것은 다행이었다.

## 5) KBS-TV 시청료거부 범시민운동 여성연합 활동

전두환 정권이 1980년 2월 1일 언론통폐합을 단행하여 방송매체는 MBC(주식 70%를 KBS가 차지)와 KBS만 남게 되었다. 전두환 정권은 이를 통해 전파매체를 통제하였고 KBS를 통해 왜곡과 편파방송, 조작보도, 여성의 상품화를 주도하였다. 국민들은 이런 방송에 시청료를 내어야 했다. 이에 한국기독교장로회 총회에서 불붙기 시작한 시청료거부 운동에 응답하여 1985년 9월 2일 교회협 시국대책위원회가 1986년 1월 20일에 'KBS-TV 시청료거부 기독교 범국민운동본부'를 결성하였다. 교회협과 연대하여 KBS-TV 시청료거부운동을 벌여오던 18개 여성단체가 연합하여 1987년 5월 15일 'KBS-TV 시청료거부 범시민운동 여성연합'(회장 박영숙)을 발족시켰다. 여성연합은 KBS-TV 시청료거부운동을 전개하면서 KBS는 편파 왜곡방송 조작보도를 즉각 시정할 것, 여성을 상품화하고 퇴폐 소비문화를 조장하는 광고방송 철폐할 것, 시청료 징수와 광고방송으로 이중부담 강요하는 한국방송공사법 폐지할 것 등을 주장하고 공영방송 민주언론이 쟁취될 때까지 KBS-TV 시청료거부운동을 벌이기로 했다.

이 범시민운동 여성연합의 회원단체로 개신교에서 한국기독교교회협의회 여성위원회, 기장여교역자회, 한국여신학자협의회, 기장여신도회전국연합회, 한국교회여성연합회, 한국기독교노동자총연맹 여성부 등 제 단체들이 참가하였다.

### 6) 최루탄 추방운동

1986년 아시안게임 이후 민주세력에 대한 탄압이 강화되었다. 이무렵 전국 25개 대학 학생 1,500여 명이 건국대학교 민주광장에 모여 '전국 반외세 반독재 애국학생 투쟁연합' 발족식을 갖고 구국행진에 들어갔다. 그러나 이 행진은 최루탄에 밀려 학생들이 건국대학교 건물에 갇히게 되었다. 학교 건물은 전기와 수도가 끊기고 학생들에게 제공되는 먹을 것도 차단되었다. 교회여성들이 먹을 것을 준비해 갔지만 반입이 금지되었다. 경찰은 건물을 봉쇄한 후 전원 연행 방침을 세우고 농성 나흘 째 되는 날 헬기를 동원해서 최루탄과 쇠파이프 등으로 진압에 들어갔다. 이때 1,265명 연행 학생 중 한신대학교 학생이 104명이나 포함되어 있었다.

1987년 1월 14일 서울대학교 학생 박종철이 경찰의 물고문으로 타살되었다. 분노한 민주화운동 가족 어머니들과 기장여신도회 지도자들 그리고 23개 민주여성단체로 이루어진 여성단체연합 생존권대책회원 150명이 머리에 삼베수건을 두르고 박종철이 타살된 남영동 대공분실 앞에 모여 추모식을 갖고 "종철이를 살려 내라"고 절규하며 가두시위를 벌였다. 이때 사용된 삼베수건은 여성 민주운동의 상징이 되었다.

박종철의 죽음은 전 국민에게 분노를 일으켜 전국적인 시위로 번졌고 "종철이를 살려내라"는 외침이 방방곡곡에서 쏟아졌다. 박종철 고문치사사건으로 6월 항쟁의 견인차가 된 국민운동본부가 결성되었고, 4.13 호헌반대운동에 들어갔다. 6월 10일 호헌철폐국민대회가 전국에서 전개되는 한편에서 연세대학교 학생 이한열이 최루탄에 맞아 사망한 사건이 발생했다. 이에 교회여성연합회와 여성단체연합 주도 아래 최루탄 추방운동이 전개되었다. 최루탄을 쏘는 전경들에게 꽃을 꽂아 주며 최루탄 반대운동을 벌였다. 여교역자회도 박종철 고문치사 사건에 항의하는 운동에 참여했고, 최루탄 반대운동 등 민주화운동에 일익을 담당했다. 여교역자회 회원들의 모습을 6월 항쟁이 일어나는 곳곳의 거리에서 만날 수 있었다.

## 4. 여교역자회 조직 강화와 동지적 공동체 형성

### 1) 유대 강화와 동지적 공동체 형성을 위한 활동

발족 초기 10년 동안 여목사 안수제를 위해 투쟁해 온 여교역자회는 10년이 지나면서 여목회자의 진로와 목회 지원을 위한 활동, 여교역자들 간의 유대강화와 친목을 강화했다. 여교역자회는 설립 초창기부터 벽지에서 목회를 하는 회원들에게 도서를 보내는 등 지도력 향상과 회원들 간의 유대강화를 위해 힘써 왔다. 월례회를 통해서 회원들의 자질 향상을 위한 길을 넓힘과 동시에 회원들 간의 친목을 도모하였다. 회원들이 목회지를 이동하거나 새로 개척할 때 여교역자회 임원진이 방문하여 회의 존재감을 드러내기도 하였다. 1980년 초대 목사인 양정신 목사 회갑축하예배와 자서전『먼동이 틀 때까지』출판기념회를 한신여동문회와 공동으로 주관하였다. 1984년에는 여신도회전국연합회와 공동으로 선교100주년기념 은퇴 여교역자 초청 모임을 가졌다. 또한 해마다 베다니집을 방문해 은퇴 여교역자들을 위로하고 격려하였으며, 은퇴 여교역자를 찾아보는 일과 은퇴 여교역자와의 간담회 등을 진행하였다.

## 2) 자립을 위한 여교역자회 기금모금 운동

여교역자회는 여교역자들의 지도력을 키우기 위해 1969년 제2회 정기총회에서(회장 박성자)에서 100만 원 교육기금 모금을 시작하였다. 1980년 7월 제13회 정기총회(회장 김숙희)에서 여교역자들이 교회에 내는 10일조 1개월분을 1년에 1회 여교역자회에 헌금하는 제도를 시작했다. 여교역자회에 십일조 헌금을 한 회원들은 약 25명 정도로 해마다 100만 원 정도의 헌금이 걷혔다. 십일조 모금제도는 초기에는 회원들의 자질 향상을 위한 장학금에 사용되었으나 창립 20주년을 기해 기금으로 적립되기 시작하였다. 여교역자회는 창립 20주년을 맞으면서 1987년 선교기금 3,000만 원 모금운동을 전개하였다. 10명의 회원이 100만 원씩을 약속하고 모금운동의 마중물이 되었다. 이들은 이영숙, 안계희, 강신순, 김숙희, 박지선, 박성자, 송정자, 현말렬, 한주온, 한송죽 등이다(김옥자 예장서울연합회 회장이 100만 원을 찬조하였다).

한편 1986년 총회의 결의에 따라 유급 총무제가 실시되면서 실무자 인건비를 위해 실행위원들을 중심으로 회원들이 월 5,000원씩 특별헌금을 실시하였다. 이 헌금은 독일교회에서 지원금이 올 때까지 계속되었다. 그때 참여한 회원들은 이영숙, 송정자, 현말열, 박지선, 한송죽,

강신순, 박정식, 지양자, 박준옥, 한금희, 박성자, 박옥선 등이다. 3,000만 원 기금과 인건비 특별헌금에 참여한 이들의 이름이 중복되는데 이를 미루어 당시 여교역자회에 열심인 회원들의 면모를 알 수 있다. 여교역자회는 이런 선배들의 애정과 열정으로 성장하였다.

### 3) 상근총무제 도입

여교역자회는 1985년 제18회 정기총회에서 회의 활성화를 위해 유급 총무제도를 둘 것을 결의하고 연구부에 이에 대한 검토를 하도록 요청하였다. 내일을 위한 여교역자상을 모색하면서 자원봉사 체제로는 여교역자회가 발전하기 어렵다는 연구위원회 안을 받아들여 상근총무제를 두기로 하였다. 1986년 제19회 총회(회장 이영숙)에서 초대 상근총무에 나선정을 선임하였다. 나선정은 여교역자회 회원으로 창립 때부터 관여해 적극적인 활동을 해왔다. 여신도회전국연합회 순회총무와 상임총무를 역임할 때도 여신도회를 통해 여교역자들을 지원하는 일을 하였고, 한국교회백주년 기념사업에 여성분과 서기로서 모든 실무를 총괄한 능력이 뛰어난 분이라 여교역자회 총무로서 최고의 적임자라고 의견이 모이진 것이다.

상근총무제가 되면서 여교역자회는 조직 발전과 사업 활성화를 위한 큰 걸음을 내딛게 되었다. 회원 활성화를 위한 전략으로 회의 소식과 회원 간의 정보 공유를 위해 소식지를 1987년 4월부터 발간하기 시작했다. 월례회를 격월로 젊은 회원들과 중견 회원들이 교대로 모이도록 해 젊은 회원들이 참여할 수 있는 길을 열었다. 그리고 1986년 9월에 기독교회관 소회의실에서 기관 실무자 초청모임을 열었으며 48명이 참석하였다. 기관실무자 대부분이 여교역자회 회원이지만, 회에 적극적으로 참여하지 않고 있기 때문에 시도된 모임이었다. 또한 미래의 여교역자 회원인 한신대학교 여학생들과의 간담회를 시작했다. 1986년 총회부터 총회보고서가 제작되었고, 회의 문서와 자료가 정리되고 연혁도 정비되었다.

여교역자회의 조직도 변화하였다. 연구부, 교육부, 친교부, 재정부 4개 부서이던 것이 1986년에 국제부와 선교부가 생겼고, 협동총무 제도, 부서기와 부회계 제도가 마련되었다. 1994년에는 지역 회장이 실행위원에 포함되었고 1997년에는 부서 체제가 위원회 체제로 바뀌면서 회원활동위원회와 은퇴여교역자위원회 두 부서가 증설되었다. 총회와 교육대회가 4박 5일로 늘어나고 여신도회와 연결하여 미자립 목회자 지원을 비롯한 재정확보와 사무실 마련, EZE(Evangelische Zentrum Fuer die Entwicklung)에서의 교육훈련비 확보를 통한 여교역자 역량 강화와 결집 등 회가 발전하는 면모가 드러나기 시작했다.


## 5. 아직도 자느냐? 일어나 함께 가자 – 창립 20주년

여교역자회는 1986년부터 창립 20주년을 기념하기 위한 준비에 들어갔다. 1987년 총회를 20주년 기념총회로 열기로 하고 기념행사로 기념예배와 강연회, 기념회보 발행, 기념잔치를 열기로 하였다. 20주년 기념사업으로 여교역자회 발전정책 연구, 미자립 단독여교역자 후원 정책 연구, 여신도회전국연합회에 베다니집 발전을 위한 공동연구기구 구성 건의, 선교기금 모금 결의, 여목사 진로개척을 위한 작은 교회 운동 연구, 20주년 기념교회 설립 등을 실시키로 하였다. 20주년 주제를 "아직도 자고 있느냐? 일어나 함께 가자!"로 정했다. 이는 1986년

총회 주제 "한국교회 내일의 여교역자상"과 맞물린 것이다. 여교역자들이 선교백주년 여성대회의 '교회여성선언'과 '유엔여성 10년 교회여성대회'에서 제시된 과제를 이행하기 위해서는 잠에서 깨어나 시대의 부름과 함께 가야 한다는 사명감에서 비롯된 것이었다.

1987년 6월 30일 여교역자회는 제29회 정기총회(회장 이영숙)를 맞아 20회 기념예배를 드렸다. 이우정 교수가 "내일의 여교역자에게 거는 비전"이라는 제목하에 바람직한 여교역자상을 위한 과제로 "신학의 재정립, 창의적인 목회자가 되기 위해 권위에 대한 개념 재정립, 소명감을 갖고 소신껏 일하는 목회자, 남자들이 만들어 놓은 목회자상에서 해방 받은 목회자가 되어야 함"을 역설했다. 창의적인 목회자의 예는 ① 색다른 설교, ② 새로운 예배의식, ③ 민주적인 새로운 방식의 교회행정, ④ 목사 혼자서 창의적인 목회를 구상할 것이 아니라 교인과 더불어 창의적인 목회를 연구할 일, ⑤ 교인들에게 '평신도 사도직'의 소명을 갖도록 할 일, ⑥ 팀목회 구상: 과도적인 시험단계로 여성교회 구상 시도, ⑦ 우상타파와 새로운 상징을 만드는 것 등이다. 여기서 우상타파란 하나님을 남성으로 우리 마음에 새겨 놓는 언어라든지 예배시에 사용되는 기구들을 재검토할 필요가 있다는 것이다. 20회 기념총회 주제강연에서 제시된 이 과제는 오늘도 여전히 유효하다.

박성자 목사가 강의한 "여교역자협의회의 반성과 전망"도 주목해야 할 부분이다. 박 목사는 지난 20년간의 여교역자회 자취를 돌아보면서 "여교역자들이 새로워지려는 의욕에 불타 새로운 신학을 배우기 위해 월요강좌, 강습회 등을 개설하며 초교파 여교역자연합운동에 힘썼지만 교회와 남성 동역자들이 반기지 않는 상황에서 여교역자들의 열기가 식어 가고 있다. 여목사와 준목들이 생겨났지만 여교역자 진로가 열려지지 않고 있다. 순종 잘하는 여교역자들을 양성하기 위해 개교회가 신학원을 개설하여 여전도사를 육성하고 있다"라고 여교역자들이 직면하고 있는 현실을 지적하였다. 박 목사는 이런 현실의 중요 원인으로 한국교회가 물적 성장위주로 되었기 때문으로 분석하였다. "한국교회 일각에서 작은교회 운동이 일어나고 있는 상황에서 여교역자들이 초대교회로 돌아가 성령의 능력 안에서 은사대로 함께 새 세계를 건설할 때"라고 전망을 하면서 20주년 행사가 그 첫걸음이 되어야 한다고 강조하였다.

창립 20주년 기념사업에서 주목할 것은 20주년 기념교회를 설립하기로 한 것이다. 20주년 기념교회를 설립하기 위한 준비위원회를 구성하였다. 그 준비위원들은 직책위원으로 회장, 선교부장, 여신도회 총무와 선교부장, 해 지역연합회 선교부장, 총무이며 개인위원으로 박성자, 박지선과 여장로 대표로 원금순을 선정하였다. 창립 20주년을 기해 또 하나 눈에 띄는 것은 연구부, 교육부, 선교부, 친교부, 재정부 등의 기존 부서에 국제적 연대를 위해 국제부를 신설한 것이다. 국제부를 신설하고 한국, 일본, 중국 등 3개국 여교역자회 교류를 시작하고, 세계교회협의회나 아시아기독교협의회 등 국제모임이 한국에서 열릴 때 한국의 여교역자와 교류의 장을 만들자는 비전이다.

창립 20주년 기념회보는 출판위원 이영숙, 정숙자, 박준옥, 현말렬, 한송죽, 강성혜, 나선정의 노고로 발간되었다.[24] 20주년 기념 교육대회

---

[24] 기념회보는 인사의 말씀(이영숙), 기념시 스무 돌에(한송죽), 축사(원금순), 여교역자 찬양의 페이지 - 그 빛도 찬란하게(박순금), 강단: 내일의 여교역자에게 거는 비전(이우정), 우리의 발언 - 여교역자협의회의 반성과 전망(박성자), 창립 스무 돌에 여교역자에게 바라는 말(김상근), 한신이 배출하는 여교역자(정대위), 새 시대 여교역자상(박근원), 동역자로서의 여교역자(서도섭), 여성신학연구 - 내 삶의 지표로서의 여성신학(정숙자), 편지 - 나의 동역자 여교역자님께(이무자), 특수 목회수기 - 첫 새벽의 집을 위하여(김정희), 여신도회 실무자로서(유근숙), 노동자선교(서애란), 회원의 소리 - 여교역자의 실상(송정자), 목회유감(현말렬), 보통사람(강신순). 자료연구 - 한국기독교장로회와 여목사제도

에서 발표한 강연 내용들과 회원 발언들이 실렸다. 20주년을 맞아 한송죽 회원은 "스무 돌에"라는 축시에서 여교역자회가 창립되던 날부터의 감격을 회상하면서 창립 20년을 맞는 그날의 감회를 다음과 같이 서술하였다.

스무 돌에

작은 다락방이 있었네
봉원동을 바라보는 한 길 옆
아마 늦은 봄이었을까?
초여름이었을까?
사람 홍수 속에서
두메산골에서
바닷가와 강변에서
작고 큰 일터에서 일에 지친 얼굴들이 모여들었네

만나면
고향 길목이 열리는
얼굴들을 보려고
풍선만큼 부푼 마음에
벗에게 줄 이야기를 꾸려 담고
다락방으로 줄행랑을 친 사람들

(나선정), 여교협 연혁과 회칙, 알아야 할 총회 규정, 회원명단 등이 실려 있다.

옛 스승의 강의에서
더불어 태어날
필요를 배운 이들
봉원동을 바라보는 한 길 옆
그 작은 다락방은
산실이었네
함께 태어날 산방이었네.


기 · 장 · 여 · 교 · 협
그렇게 불리던 날
만나면
고향을 읽던 얼굴에서
먼동이 트는 것을 보았네.
모여 배우고
흩어져 일하며
자라온 스무 해
모양도 맵시도 없지만
다시 태어날 시간에
진통을 겪는 잔치


아직은
자신의 말을 익히지 못한 입
아직은
나갈 터가 흔치 않은 몸
비록 지진아처럼

더디 자라도
기어이
神은 우리를 키우실터


유충의 때와
무덤 같은 고치의 날은
나비로의 변신을 위함이었네


충정로 언덕길
작은 강의실
거기 비상(飛上)을 위하여
날개를 키우는 적은 모임에
하늘은
은총을 내리소서

# 제5장

# 누가 바윗돌을
# 깨뜨릴 것인가?

## (1988~1997)

1988년부터 사회여성운동은 더욱 활발하게 진행되었고 기독여성들도 이러한 여성사회운동에 적극 참여했다. 차별적 남녀고용평등법을 개정하는 운동, 가족법개정특별위원회 구성, 모성보호와 탁아입법제정촉구 운동, '아시아의 평화와 여성의 역할 서울토론회' 및 평양토론회, 성폭력특별법제정추진위원회 구성, 방위비 삭감운동, 윤금이 살해사건 공동대책위원회 구성, 서울대조교성희롱사건 공동대책위원회 결성, 우루과이라운드 협상 무효운동, '95북경 여성회의'를 위한 NGO한국위원회 결성, 북한여성과 밥 나누기 운동 등 다양한 주제로 여성 사회운동이 전개되었고 이러한 사회여성운동에 기독여성들이 많이 참여했다.[1]

---

[1] 여성의 '평생 평등노동권 확보'를 위해 1988년 7월에 성차별적 남녀고용평등법을 개정하는
운동이 전개되기 시작했고, 1989년 10월 25일에는 잔존하고 있는 호주제 폐지와 동성동본
불혼제도 등을 폐지하기 위한 가족법 개정을 위한 여성대회를 열고 가족법개정특별위원회
를 구성하였다. 1990년 인천에서 부모가 방을 잠그고 나간 지하실 셋방에서 불에 타 죽은
두 아이 사건을 계기로 저소득 근로여성 문제에 관심을 갖고 모성보호와 탁아입법제정촉구
운동을 시작하였으며, 1991년에는 서울 라마다 올림피아 호텔에서 '아시아의 평화와 여성
의 역할 서울토론회'를 열었다. 남측과 북측 여성 700여 명이 분단 이후 46년 만에 처음 만나
는 민간차원의 남북여성 만남과 교류였다. 이 행사에 한국의 여성 그리스도인들 대표들과

한국 기독여성운동에서 1990년대는 매우 중요한 때였다. 세계교회협의회가 1988년 "교회가 여성과 함께 하는 에큐메니칼 10년(기독여성 10년)"을 선포하였고 교회협 여성위원회도 '기독여성10년'운동을 전개하였다. 교회협은 남북 분단 50년이 되는 1995년을 통일희년의 해로 정하고 '95 통일희년 선포'와 아울러 인천에서 '한반도 평화와 통일을 위한 세계대회'를 열었다. 이 세계여성대회에서 기독여성들이 사전대회로 '한반도 평화와 통일을 위한 여성협의회'를 열고 평화통일운동 여성 과제를 제시하였다. 이에 발맞추어 여신학자들은 '통일희년을 향한 한국여신학자선언'을 발표하였다. '정의, 평화, 창조의 보전(JPIC) 세계대회'가 1990년에 서울에서 열렸고, '95통일희년교회여성협의회'가 1995년에 결성되는 등 중요한 대회들이 잇달아 열렸다. 이러한 대회를 통해서 한국 기독여성운동도 활성화되기 시작했다.

북측 조선그리스도교 연맹 여성대표도 참석하였다. 서울토론회에 이어 1992년 9월 1일 '92 평양토론회'가 평양에서 개최되었는데 남측 여성대표들이 민간인으로는 처음 판문점을 거쳐 북을 방문해 김일성 주석과도 만나 대화를 한 놀라운 사건이기도 했다.

1992년에는 한국 사회에 만연한 성폭력을 추방하기 위해 '성폭력 추방의 해'로 정하고 '성폭력특별법제정추진위원회'를 구성하여 성폭력추방운동을 시작하였고, 방위비를 삭감하여 여성복지를 확대하자는 방위비 삭감운동이 평화운동의 일환으로 추진되었다. 이 해에 주한 미군 케네스 마크에 의해 동두천에서 윤금이라는 미군 접대부가 무참히 참혹하게 살해당하는 사건이 일어나 '윤금이 살해사건 공동대책위원회'가 구성되었고, 가해자 처벌과 불평등한 한미행정협약(SOFA) 개정운동을 전개해 범인이 한국 재판에 회부되어 징역 15년을 선고받았다. 한미행정협약(SOFA)의 불평등조약이 다소 개정되었다. 1993년 10월 19일 서울대조교성희롱사건 공동대책위원회가 결성되어 학내 성희롱 사건에 대응하기 시작하였다. 1994년 3월에는 쌀을 비롯한 기초농산물 수입 전면개방을 반대하는 우루과이 라운드 협상 무효운동, 우리 농축산물 먹기 운동을 전개하였다. 1995년에는 베이징에서 제4차 세계여성대회가 열렸다. 한국 여성단체들이 '95북경 여성회의'를 위한 NGO한국위원회를 결성했는데 여기에 종교여성분과가 마련되어 교회 여성들도 대거 참석하였다. 1996년에는 가정폭력방지법 제정운동을 추진해서 1997년 11월에 제정되었다. 이 해에 어려움을 겪고 있는 북한 여성을 위해 여성단체연합과 교회협 여성위원회가 공동으로 '북한 여성과 밥 나누기, 사랑나누기 운동'을 전개해 북에 분유 26만 톤을 보내기도 하였다.

한국교회에서 큰 대회들이 열리는 시기와 때를 같이 하여 새로운 여성신학 관련 기독여성 기관들이 설립되었다. 1989년에 여성교회와 아시아여성신학교육원, 기독교여성평화연구원이 출범하게 되는데 이 여성 기관의 지도력들이 기장여성들이었기 때문에 여교역자회와 긴밀한 관계를 맺게 되었다.[2] "종군위안부 업무는 일본 정부와 무관하고 민간 차원에서 행해진 일"이라고 한 일본 노동성 관계자 망언에 분노해서 37개 여성단체가 1990년 11월 16일 정신대문제대책협의회(약칭 정대협)를 만들었다. 정대협의 주춧돌을 놓은 것이 한국 교회여성운동이었고 현재까지 한국교회여성연합회를 비롯해 13개 기독여성 단체가 참여하고 있다. 일본군 '위안부' 문제 해결을 위한 활동은 기독여성 에큐메니칼운동의 중요한 장이다.

1988년 이후 전개된 한국 기독여성운동은 '기독여성10년' 선언대회, '한반도의 평화와 통일을 위한 세계여성대회'와 여성 선언, '정의, 평화, 창조의 보전'(JPIC) 여성 사전대회, '95통일희년 교회여성대회 등을 통해서 교회여성들의 역량을 강화했다. 이 대회들은 한국 기독여성들의 이정표로서 역할을 다하였다.

1990년대 여교역자회를 비롯한 에큐메니칼 교회여성들에게 가장 큰 영향을 미친 것은 '기독여성10년운동'이다. 세계교회협의회는 1988년부터 1998년까지 향후 10년간을 "교회가 여성과 함께하는 에큐메니칼 10년(기독여성10년)"으로 선포하고 가부장 교회를 성평등 교회로 전환하기 위한 작업에 들어갔다. 세계교회협의회 여성분과는 1988년 부

---

2 여성교회는 훗날 남양주에 이주노동자여성센터(현재 남양주 이주여성교회)를 건립했다. 또한 아시아여성신학교육원은 아시아문화센터를 거쳐 기독여성살림문화원으로 명칭이 바뀌었다. 기독교여성평화연구원은 평화를 만드는 여성회 설립을 위해 발전적으로 해체되었다. 평화를 만드는 여성회는 기독교여성평화연구원과 기독여민회 평화통일 분과가 합쳐서 결성된 것이다.

활절을 기해 전 세계 교회에 "누가 바윗돌을 옮길 것인가?"라는 주제로 부활절 메시지를 선포하였다. 한국 기독여성들도 세계교회협의회 여성분과 제안을 받아들여 교회협 여성위원회 주관으로 1988년 4월 4일 이화여자대학교에서 300여 명이 참석한 가운데 "누가 바윗돌을 옮길 것인가?"라는 주제로 '기독여성10년 선언대회'를 열고 성평등 교회를 향한 행진을 시작하였다.

기독여성10년 운동에서 주된 목표는 여성 지도력 향상으로 남성들에게 독점된 의사결정권을 함께 나누고, 교회 활동에 여성 관점과 행동을 적극적으로 반영하며, 여성을 차별해 온 관습들을 없애는 일에 교회가 여성과 연대하는 것이다. 이 목표를 달성하기 위해 우선적으로 할 일은 첫째 교회와 사회 전역에 여성 참여 증진을 모색하고, 둘째 여성들이 정의, 평화, 창조의 보전을 위해 활동하며, 셋째 여성들이 스스로 신학하고 영성을 고양하는 일에 나서는 것이다.[3] 여교역자회 목적도 이 범주에 속함으로 여교역자회가 기독여성10년 목표 달성을 위해 한국 교회와 한국 사회에 가로막힌 바윗돌을 어떻게 제거했는가를 살펴보고자 한다.

## 1. 교회에서 여성 참여 증진을 위한 활동

여성 참여 증진을 위한 활동은 여성들의 지위 확보와 맥을 같이 하는 것이다. 왜 여성 참여를 넓혀야 하는가? 일반적으로 한 사회에서 여성 인권이 어떠한지를 알아보기 위해서는 여성들이 그 공동체에서 차지

---

[3] 한국염, 「기독여성 10년이란?」, 『누가 바윗돌을 옮길 것인가?』(한국기독교교회협의회 여성위원회, 1997), 15-16.

하고 있는 위치가 어떤지를 보아야 한다. 한국교회 경우 여성안수가 금지된 교회가 많고 비록 허락된 교단이라 할지라도 그 비율은 겨우 2% 미만이었다(2006년 기장의 경우). 여성안수 비율을 중요하게 여기는 이유는 목사와 장로들이 교회 결의기구에 참여해서 모든 것을 결정하기 때문이다. 여성 목사가 당회나 노회, 총회 등의 결의기구에 있을 때 교회에서 여성 지위와 역할이 강화된다. 그동안 권력구조는 모두 남자들이 독점해서 여성의 운명이 남자들에 의해 결정되었다. 여성들이 하나님의 형상으로서 참 인간답게 살기 위해서는 여성 스스로 여성 운명을 결정해야 한다. 이 일은 공동체에서 여성이 결의기구에 참여하는 폭이 넓을 때 가능하며, 여성 참여를 넓히는 일이 무엇보다 중요하다.

## 1) 여교역자 위상을 위한 제도개선 연구와 활동

여성 목사 제도는 마련되었으나 여성 목사를 비롯한 여교역자들의 교단 내 지위는 매우 열악하였다. 남성 목사와 남성 장로가 주로 총회 총대가 되어 결의권을 갖고 있는 현실에서 여성 목소리를 교단 총회에 반영할 여지가 전혀 없었다. 다만 여교역자 목소리가 여신도회전국연합회를 통해서 간접적으로 총회에 전달될 수 있었다. 여교역자회는 여교역자 목소리를 교단 총회에 반영하기 위해 1987년 7월 21일 여교역자 1인을 교단 총회에 언권회원으로 초청해 달라는 것과 은급제도에 여교역자를 가입시켜 주도록 전국교회에 촉구해 달라는 청원서를 여신도회를 통해 총회에 제출키로 하였다. 또한 1988년부터 여교역자의 지위 안정을 위해 헌의안 2개를 준비하였다. 전도목사, 부목사, 전도사 1년 임기제도를 폐지하는 안건과 당회장 사임시 교역자 전원이 사임하는 제도를 폐지하는 안건이었다. 여신도회전국연합회는 1994년 교단 총회에 이 건의안을 헌의하였다.

여교역자회는 1991년 열린 24회 총회에서 여교역자 지위 향상과 더불어 복지향상운동을 전개하기로 결의하였다. 그 내용은 월 급여를 교단 생활보장제 최저선을 지키도록 할 일(당시 목사 30만 원, 전도사 23만 원), 은급과 의료보험 가입을 추진할 일, 출산휴가 2개월 제도, 안식년 제도와 교육 기회, 생활보장선 대우 등에 관한 내용이 실린 복지제도 마련 정책에 관한 것이다.[4]

여교역자들의 열악한 처우는 비단 기장 여교역자 문제만이 아니라 전 한국교회 여교역자들이 겪는 문제였다. 적은 생계비, 미비한 노후대책으로 여교역자 복지 문제가 심각했다. 교회협 여성국 주관으로 1993년 10월 18일 기독교회관에서 여교역자 복지 상황을 밝히고 대책을 모색하기 위해 '여교역자 복지문제 협의회'를 열었다. 주요 쟁점으로 여전도사 임시직 문제가 제기되었다. 기장여교역자회에서는 김성희 목사가 발제를 했고 서정록 총회연금재단 사무국장이 기장 연금 상황을 발표하였다. 이 모임을 통해 각 교단별로 실시되고 있는 교역자 복지 상황을 알 수 있었다. 여교역자 복지 문제를 범교단적으로 비교, 검토해보며 문제점을 발굴하였다. 다양한 교단에서 참석한 여교역자 80여 명이 여교역자들이 처한 임시직 규정 철폐를 비롯해서 지위 개선을 위한 작업을 지속적으로 펼치기로 결의하였다.[5]

4 「여교역자회 24차 총회보고서」, 24.
5 「여교역자회 보고서」(1993. 12.), 44; 『기독여성운동30년사』, 118.

## 2) 여성 목회자 진로를 넓히기 위한 전략 모색

여목사 안수제도가 1974년에 교단 총회에서 인정되어 여목사들이 배출되었으나 그 수는 매우 미미했고 여성 목회자 입지 역시 굉장히 좁았다.[6] 교인들의 가부장 의식과 남성중심 교회제도에서 교회들이 여성 목사를 청빙하지 않기 때문에 목사안수를 받기 어렵고, 안수 받은 목사 경우도 목회지를 찾기가 힘든 상황이었다. 여교역자회 입장에서 여성 참여를 넓히는 길은 기장교회를 성평등 교회로 만들어 여성 목회자 진로를 넓히고 교단에서의 입지를 강화하는 것이다. 여성안수를 위해 매진하던 여교역자회는 여성 목회자 진로가 험난한 현상을 타개하기 위해 다각적인 활동에 나섰다. 그 일환으로 20주년 기념교회 설립과 여목회자 진로를 위한 전략협의회, 여신도회와 공동선교 추진, 특수 목회를 통해 여성 목회의 장을 넓히는 방안을 추진하였다.

### (1) 여교역자회 20주년 기념교회로 갈릴리교회 개척
여교역자회는 창립 20주년이 되는 한 해 전인 1986년에 20주년 기념교회 설립추진위원회를 구성하여 기념교회 창립을 위한 준비에 들어갔다. 추진위원회는 여교역자회 회장, 총무, 선교부장, 박성자 목사, 여신도회전국연합회장, 총무, 선교위원장, 해교회 지역연합회장과 선교부장, 여장로 대표인 박순금 장로로 구성되었다.[7] 추진위원회는 기념

---

[6] '기독여성10년'이 선포되고 여교협 20주년을 맞은 시점인 1988년에 기장 여교역자 통계상황은 다음과 같다. 여목사 14명(단독 개척교회 목회 9명, 부목사 2명, 박사과정 1명, 기관 목사 2명), 준목 21명(단독 개척교회 목회 2명, 부교역자 3명, 박사과정 2명, 해외 유학 3명, 대학 강사 1명, 기관 3명, 목사 부인 3명, 기타 2명), 전도사 128명(단독목회 25명, 부교역자 103명), 기관 실무 27명(대내기관 19명, 대외기관 8명), 원로 17명, 퇴임 10명, 해외교회 6명.

교회 교역자로 현말렬 준목을 선임하고 교회개척을 추진, 1988년 1월 10일 의정부시 가능4동 36-1에서 창립예배를 드렸다. 교회 이름을 처음에는 가능교회로 정했으나 지역에 같은 이름이 많아 예수님이 부활하시고 제자들에게 갈릴리로 가라고 하신 말씀에 연유하여 '갈릴리교회'로 변경했다. 갈릴리교회는 창립예배를 드린 지 5개월 만인 5월 13일 경인노회에서 설립공인을 받고 현말렬 준목이 목사안수를 받고 임직하였다.

갈릴리교회는 단순한 20주년 기념교회가 아니라 여교역자회 회원 역량이 집대성되어 이루어진 것으로, 여성 목회자 교회 개척의 한 사례이기도 하다. 비록 안수제도가 인정되어 여성들이 목사가 될 수 있는 길이 열렸어도 담임으로 청빙을 받지 못하는 상황에서 기념교회를 통해 여성 목회의 입지를 강화해 보자는 것도 하나의 전략이었다. 기념교회 이름을 최종적으로 갈릴리로 잡고 도시 외곽으로 나간 것은 여성 목회는 기득권층을 위한 것이 아니라 소외받는 이들과 함께하는 것임을 드러내 주는 거울이기도 하다. 부활의 첫 증언자인 막달라 마리아가 제자들에게 "갈릴리로 가라"는 예수의 사명을 전한 것처럼, 여교역자들이 그 소명을 감당하겠다는 다부진 꿈을 갖고 의정부에 기념교회를 세웠던 것이다. 갈릴리교회 담임 현말렬 목사는 "할 수 있다는 믿음으로"라는 제목의 현장목회 이야기에서 이렇게 보고하고 있다.

지난 88년 1월 10일 창립예배를 드리고 그 다음주 1월 17일에는 한 분의

---

[7] 기념교회 교역자 자격은 한신대학교를 졸업한 여목사나 준목 중에서 1년간 생활비와 주택을 자부담할 수 있는 이로 하고, 예산 충당은 우리 회의 힘으로 하는 것을 원칙으로 하였다. 최종적으로 기념교회에 든 경비는 여교역자회 기념교회 설립예산 1,000만 원과 여교역자회 회원, 여신도회, 개교회 독지가 후원으로 마련되었다. 이 기금 마련을 위해 여교역자회 회원 1인당 10만 원 이상 헌금을 의무화하였다.

여자집사와 함께 예배를 드리면서 시작한 우리 갈릴리교회는 경기도 의정부시 가능4동에 위치한 주택가 지하실을 예배장소로 하고 목회를 하게 되었습니다. 제가 77년부터 노동선교를 7년 가까이 하면서 정치 경제 교육 행정 등 사회 전반에 걸친 구조적으로 저질러지는 독재와 비리들과 모순의 현장을 바라보면서 일반목회를 꼭 해야겠다는 생각이 간절했습니다.

개신교 100주년을 넘기면서 세계사에 불가사의한 금자탑을 쌓아올렸던 한국기독교의 양적 팽창은 가져왔지만 개교회주의, 왜곡된 말씀 해석과 말씀 적용, 권력주의, 물량주의 또 잘못된 신앙지도 기복신앙 등 진리와 하나님의 말씀에 입각한 사랑에서 많이 빗나간 교회들도 있는 현실이지만 전인구 25%를 차지한 기독교인들이 주일이면 각 교회마다 가득가득 채워지는데 월요일부터 토요일까지는 교인 부재의 현실에서 가장 급선무가 바로 교회가 교회되게, 말씀이 말씀되게, 신앙의 삶이 신앙인의 삶답게 재정의 되어야 할 것이라 여겨졌습니다.

그리고 많은 교회들이 개척 당시의 어려움에서 교회가 좀 더 크면 선교와 사랑에 동참할 것이라 말하면서 교인이 몰려들면 성전 건축에 온힘과 정성을 다 쏟고 이제 안정권에 접어들면 그동안 교회생활이 훈련되어 있지 않아 하나님의 선교와 이웃사랑에는 등한시할 수밖에 없는 상황이 되어 전체 예산 몇 %를 편성해 놓아 그저 명목만 유지할 뿐인 현실입니다. 그래서 지역과 사회에서 가장 질타를 받는 교회로 전락했고 지역에 교회가 들어가면 연판장을 돌리고 진정서를 내면서 극구 반대하고 있습니다.

우리 여교역자들의 교회 갈릴리는 처음부터 선교와 사랑에 동참하기로 전 교우들이 결정하고 전체 예산의 10분의 1을 선교비로 장학금, 이웃과 사랑을 나누는 일에 정성을 쏟기로 하여 그렇게 실행하고 있습니다.

88년과 89년에도 모두 그대로 실행하고 있습니다. 그랬더니 놀라운 일이 일어났습니다. 놀이방 운영하는 집사님과 협력해서 아파트 한 채를 분양받게 되었습니다. 지금 우리 교회는 어른 20명, 중고등학생 8명이 모여 예배를 드리고 있습니다. 어쩌면 개척을 시작한 가장 어렵고 힘든 때 "너희는 먼저 그 나라와 그 의를 구하라. 그리하면 이 모든 것을 너희에게 더하시리라"(마 6:33)고 하신 우선순위의 결정은 곧 성령의 놀라운 은혜를 체험케 하였습니다. 여러 교회 여신도들의 헌금으로 900만 원의 건축헌금이 예금되었습니다.

그러나 목회자의 가장 어려운 점은 교인 확보에 있음을 절감합니다. 아무래도 교회의 힘은 성도들의 단결된 모습과 교회의 양과 질의 부흥에 있습니다. 우리 갈릴리교회가 하나님의 뜻과 시대적 요청에 따라 이 땅에 세워졌고 거대한 세상의 물결 위에 항해를 시작했습니다. 우리 교회는 빨리 달려가서 목적지에 도달하고 싶습니다. 오고 있는 우리들의 동역자에게 더 큰 힘이 되고 싶습니다. 여성 목회자가 아름다운 목회를 하는 것이 곧 시대적 요청이며, 성서의 아가페 사랑의 원형이기 때문입니다. 얼마나 줄 수 있고 섬길 수 있을까가 곧 목회 승패의 열쇠라고 생각됩니다. 우리 갈릴리교회가 안고 있는 현실적 문제는 90년까지 아파트 입주와 지상의 교회로 이전하는 경비조달입니다. 지금까지 함께 하신 야훼께서 어떻게 이루어 가실지 기도하면서 우리에게 주어진 이 길을 훌륭하게 선한 싸움을 싸우면서 믿음을 지키며 달려가고 싶습니다….[8]

현 목사의 글에는 여성 목회라는 사명과 더불어 개척교회의 어려움과 후배 여교역자들에게 모범이 되어야 한다는 부담이 읽혀진다.

---

[8] 현말렬, 「할 수 있다는 믿음으로」, 『목회현장』(여교역자회, 1990), 71-72.

### (2) 미자립교회와 단독목회자를 위한 선교전략협의회

여교역자회는 1987년 10월 26~27일 선교교육원에서 '여성 목회자 진로를 위한 선교전략협의회'를 개최하고 여신도회전국연합회에 공동 선교를 제안하였다. 여전도회로 불리던 초창기부터 여교역자 지위 향상과 위상 강화를 위해 꾸준히 연대해 온 여신도회에게 여교역자회가 공식적으로 여성 목회자 진로를 위한 선교 파트너가 될 것을 요청한 것이다. 여교역자회는 공동선교를 제안하면서 지원해야 할 대상으로 ① 여목사나 후보생 중에 교회나 특수선교 개척을 위하여 구체적인 계획으로 추진하려는 사람, ② 이미 개척했으나 미자립 중인 목사나 목사후보생, ③ 기성교회 중 단독으로 목회하는 약한 교회 여교역자, ④ 특수선교를 하며 미자립 중인 여교역자로 정하였다. 이때 협력이 필요한 여교역자를 유형별로 보면 새로 시작하는 여교역자 6명, 이미 개척한 여교역자 6명, 기성교회 중 단독목회 6명으로 파악되었다.

이듬해 현장 여성 목회자 20명이 11월 9~11일 선교교육원에서 "모성목회의 정립"이라는 주제로 모여 '여성 목회 선교전략'을 모색하는 작업을 하였다. 이 모임 주제를 '모성목회'로 정한 것은 20주년 기념예배를 준비하면서 기장 여교역자들이 하는 목회를 '모성목회'로 정의했기 때문이다. 모성목회라 함은 생물학적 모성이 아니라 '민족의 어머니, 평화를 낳고 키우는 사회적 모성'의 뜻이 담겨 있다. 여교역자회가 1990년에 여성 목회 지원을 위해서 '모성목회'라는 이름으로 프로젝트를 작성한 적이 있는데 이 프로젝트에 제출된 명단을 보면 여교역자가 하는 대부분 목회를 모성목회라는 이름으로 명명함을 볼 수 있다.[9]

---

[9] 이때 모성목회 이름하에 목회 분류를 보면 ① 달동네 목회: 늘푸른교회, 발산교회, 나눔교회, 새뜻교회, 송현샘교회, ② 노동자 목회: 해인교회, 새움교회, ③ 출소자 목회: 삼능교회, 새뜻교회, ④ 상담선교: 참사랑교회, 새움교회, 해인교회, ⑤ 군선교: 상노내산교회, ⑥ 개척

여교역자 경우 목사로 교회를 개척해도 담임목사가 되지 못한 경우가 많고 농어촌에서는 여전도사들이 홀로 교회사역을 하고 있는 경우가 많아 단독목회자로 분류하였다. 단독목회란 동역자 없이 혼자 목회를 책임지고 하는 경우를 말한다. 기장교단 제도에 따르면 비록 교회를 혼자 책임지고 목회를 하고 있어도 당회가 구성되지 못하면 담임목사라 칭할 수 없고 전도목사로 호칭된다. 이 단독목회자들의 경우 대부분 도시빈민 목회이거나 농어촌 벽지 목회라서 자립이 힘들다. 이런 문제를 해결하기 위해 전략 모색 프로그램을 하게 된 것이다.

선교현장 보고를 통해 발굴한 단독목회 여교역자의 특징으로 민중교회 목회자가 계속 배출되고 있으며, 폐쇄 직전의 교회를 다시 일궈 성장시키고 있고, 교회 대내적인 일에 머물지 않고 대외적인 일에도 적극적이며, 치유목회자로 순수하며 율법주의적 독재성이 비교적 적고, 성도 훈련을 자율적으로 시키는 경향이 있고 모성적인 목회를 하는 것으로 집약되었다. 이들이 겪는 어려운 점으로 재정적인 문제와 남편 임지에 따른 불편, 여성교역자 임신·출산 문제가 제기되었다.[10]

### (3) 여신도회와 공동선교협의회 개최

여교역자회는 1993년 11월 18일 대전교회에서 여신도회전국연합회와 함께 공동선교협의회를 열었다. 이 협의회는 여교역자 선교전략협의회에서 제안된 것으로 공동선교라는 용어를 사용한 것은 관계 전환을 위한 것이었다. 즉 여신도회는 지원을 하고 여교역자는 지원을 받

교회: 열린문교회, 갈릴리교회, 갈보리교회, 화정동교회, 충효교회, 남문교회, 온누리교회, ⑦ 기성교회: 은성교회, 저전리교회, 좌포교회, 사후도교회, 학장교회, 대전교회, 대명교회, 월포교회, ⑧ 자립교회: 잠실중앙교회, 평화교회, 삼일교회, 정방교회, ⑨ 부부 동사목회: 이혜신 목사, 이강실 목사로 구분을 하였다. 「제23회 총회보고서」(1990), 31-32.
**10** 「제22회 총회보고서」(1989), 22-24.

는 그런 관계가 아니라 지원보다는 선교 협력, 보조보다는 공동선교라는 말을 사용함으로써 협력하는 주체와 협력을 받는 주체를 가름 없이 선교 주체 지평을 넓혀 가자는 뜻에서다. 이 모임에서 여교역자 현황과 구체적인 현장 소개가 있었다. 여교역자들이 시무하는 교회들은 평균 역사가 11.4년으로 농촌교회일수록 오랜 역사가 있지만 자립하기가 어렵고 도시빈민 지역에 창립된 교회는 평균 4.6년인데 다양한 프로그램을 충실히 하고 있지만 역시 자립이 어려운 실정이었다.[11] 월포교회 이정자 전도사가 선교정책협의회에서 제시한 사례를 통해 농촌교회 미자립교회의 여성 목회 현장을 살펴보자.

1988년 전북노회 선교원 1학년으로 입학하여 수업 중 동년 11월 3째 주일에 월포교회 교역자 사임으로 몇 분 집사님들이 저에게 찾아와서 교회를 맡아주기를 간청하였습니다. 저는 모든 것이 부족하고 연령도 많아 목회자 자격이 없으니 다른 분을 알아보라고 했으나 그분들은 기어코 저를 청하고자 하여 저는 교회 수습을 위해 할 수 없이 허락하고 다음 주일

---

[11] 미자립 13개 교회를 중심으로 파악한 여교역자의 현장을 보면 ① 교회 역사는 평균 11.4년이다. 농촌교회일수록 오랜 역사가 있지만 자립하기가 어렵고 도시빈민 지역에 창립된 교회는 평균 4.6년인데 다양한 프로그램을 충실히 하고 있지만 역시 자립이 어려운 실정이다. ② 자산 규모는 월세 보증금, 전세, 자가 등 모두 합하여 평균 3,680만 원이고 부채가 평균 900만 원이다. ③ 사례비는 총회가 기준한 목사 최저 생계비가 43만 원, 전도사 최저생계비가 33만 원인데 여교역자의 경우 목사, 전도사 구분 없이 평균 27만 원이었다. 자녀에게 의지해서 아예 책정을 하지 않은 교회도 1교회가 있었고, 책정이 되어 있지만 전혀 지출되지 못하는 2교회를 빼면 평균 사례비는 훨씬 적다. 심지어 책정되었으나 지출이 되지 않는 데가 있었으며, 노회 산하 개교회 가입헌금 85% 미달로 총회 생활보장제 지원마저 끊어진 경우도 있다. ④ 외부 헌금은 총회 생활보장지원헌금을 빼고 평균 28만 원 정도이고 농촌교회는 대부분 사례비를 외부 헌금으로 충당하고 있으며, 도시 외곽에서 빈민선교를 하는 경우는 선교 프로그램비를 외부 헌금으로 충당하고 있다. 대체적으로 선교 프로그램을 많이 하는 교회가 외부 헌금을 많이 받고 있다. 전규자, "여신도회와 여교역자회의 공동선교를 위한 제언," 「기장여교역자회 회보」(창간호, 1993. 12월), 28.

에 교회에 갔습니다. 교인들도 많이 낙심해서 나오지 않고 재정적으로도 교역자를 모실 형편이 못 되어 당분간 교통비 정도(당시 5만 원)를 받고 신학교를 다니며 공부하면서 통근목회를 하게 되었습니다. 그러던 것이 어언 4년이라는 세월이 흘렀습니다. 4년 동안 제가 전력을 다해 힘을 쏟고 또 배후에서 하나님께서 역사하셔서 오늘에 이르러 교인 수가 조금 늘었습니다. 그러나 해마다 여러 가정이 타 지역 혹은 도시로 이사 가며, 학생들과 청년층들은 도시로 전출하기 때문에 크게 발전이 되지 못합니다. 그리고 재정적으로도 현상 유지할 생각조차 못 하고 있습니다.

교회 집회는 낮 예배 50명 정도, 밤 예배 40명, 새벽예배 20명 정도이며 제직은 남자 6명, 여자 15명이고 중고등부 23명, 주일학교 어린이는 25명 정도입니다. 한 분을 택하여 장로 임직까지 마쳤습니다. 농촌교회 어려움은 어느 곳이나 다 같을 줄 압니다. 앞으로 농촌교회 어려움을 극복하려면 도시교회가 돌보지 않으면 힘들 것으로 봅니다. 농촌교회는 도시교회의 산모 역할을 하고 있다는 것을 아시고 우리 기장교회 발전을 위해서 상호 협조, 협력하여 이 어려운 문제를 타개할 수 있는 계획을 세워주시기 바랍니다.

이 협의회를 통해 총회 생활보장제 수혜를 받는 여교역자 50명이 여신도회 18개 연합회와 공동선교협력으로 좀 더 안정적인 목회를 할 수 있게 되었다.

## 3) 한국여교역자회연합 창립과 여성 목회 발전

세계개혁교회연맹(WARC) 제22차 총회가 1989년 8월 14~17일 연세대학교 루스채플관에서 82개국 대표와 교계인사 1천여 명이 참석한 가운데 개최되었다. 세계개혁교회연맹 서울총회에서는 한반도 통일문제를 비롯해서 정의·평화·창조질서의 보존(JPIC), 남아프리카 인종차별 문제들에 대한 토론과 성명 채택이 있었다. 이 대회에 WARC 가맹교단인 기장여교역자회와 여신도회전국연합회 그리고 예장 여교역자회와 여전도회전국연합회 주관으로 여성분과가 구성되었다. 여성분과는 8월 14일 세계개혁교회연맹(WARC) 사전 여성대회를 열었다. 이 사전 대회에 앞서 기장과 예장 공동주관으로 한국여성대회로 열었고 이 대회에서 여교역자들이 '한국교회 여성 목회자 대회'를 열었다. 한국의 기장과 예장만이 세계개혁교회연맹의 회원단체이긴 하지만 한국교회 여성 목회자 대회는 타 교단 여성 목회자들도 초청해서 열었다. '한국교회 여성 목회자대회'를 실시한 것은 세계개혁교회연맹에 한국 여성 목회자들이 직면하고 있는 성차별 현실을 알리고 가맹교회인 예장통합에서 여성안수제도를 추진하도록 하기 위해서였다.

한국교회여성 목회자대회는 한국여교역자회연합 창립대회로 이어졌다. 창립대회는 기장여교역자회, 예장 여교역자회 그리고 여신협의 주관으로 실시되었다. 조화순 목사의 "내 자매 형제들에게 갈릴리로 가라 하라"(마 28:16)라는 주제 강연, 여교역자 실태보고 및 여성 목회 현장보고로 진행되었다. 가입단체는 기장전국여교역자회, 기감전국여교역자회, 예장통합전국여교역자회, 한국여교역자연합선교회, 한국여신학자협의회다.[12]

한국여교역자회연합[13] 창립총회에서 회장에 조용순(기감), 부회장

---

12 후에 한국여교역자연합선교회가 탈퇴하고 1996년 예장합동정통교단 여교역자회가 가입하였다.
13 한국교회여교역자연합이 초교파적으로 여교역자 개인 참여로 이루어진 모임인 데 비해 한국여교역자회연합은 각 교단 여교역자회가 회원인 연합체이다.

에 박성자(기장), 배정진(예장), 총무에 최혜자 전도사(기감)가 선임되었다.[14] 이후 한국여교역자회연합은 여성안수공동대책위원회에 가입하여 여성안수운동을 전개하였다. 연 1회 정책협의회를 열고 여교역자의 위상 강화와 복지 증진을 위해 노력하였고 여신협, 한교여연, 교회협 여성위원회와 함께 '희년세미나'를 주관하며 희년운동과 평화통일운동을 전개하였다. 한국여교역자회연합은 1995년 2월 20일 제4차 총회를 "여성 목회와 통일"이라는 주제로 열었다. '통일희년을 준비하고 있는 교회' 사례 발표를 박성자 목사가 하였다. 예장통합에서 여성안수가 실현되고 '95통일희년교회여성협의회'가 해산된 이후에 한국여교역자회연합은 여교역자의 지위 향상과 복지 증진을 위한 과제에 전념한다.

## 4) 일본 여성교직자회, 캐나다연합교회 여교역자회와의 연대 교류

1980년대 후반부터 여교역자회는 국제교류를 시작하였다. 국제교류는 주로 일본 여성교직자회와 캐나다연합교회 여성 목회자와 연대였다. 일본 여성교직자회와 교류는 잠실중앙교회 박성자 목사와 나선정 총무 활약으로 가능해졌고, 캐나다연합교회 여성 목회자들과 교류는 총회에서 실시하던 캐나다연합교회와의 교류 프로그램이 계기가되었다.

### (1) 일본 여성교역자와의 교류와 연대
여교역자회는 1987년 20회 총회에서 국제위원회를 만들고 그 첫 사

---

14 「제23회 총회보고서」(1990), 22.

업으로 6월 20~23일까지 선교교육원에서 열린 제21차 총회 및 여교역자 대회에 일본 여성교직자 회장 도쿠다 미지코(德田美智子) 목사와 신영자 목사를 초청하였다. 해외 여교역자 현장보고 시간에 "일본 여성교직자와 사역"이라는 제목으로 도쿠다 목사가 특강을 하였다(박성자 목사 통역). 이날 저녁에 열린 국제 친교의 밤 수요예배 시간에 신영자 목사가 '재일교포 목회에 대한 현장보고'를 하여 참석자들에게 일본교회 현황에 대한 인식을 높였고, 같은 동역자로서 국경을 초월한 연대의식을 갖게 하였다. 1989년 8월에는 일본 기독교단 여성교직신학연구회 모임에 현말렬 목사와 나선정 총무가 참석하였다.

한일여교역자 제1차 목회협의회가 1990년에는 6월 21일 총회교육원에서 일본(4명), 여교역자회, 예장통합, 기감, 여신협, 한국여교역자연합선교회 등에서 여교역자들이 참가하여 열렸다. 이 협의회에 한국 측에서 최영실 준목이 "화해와 평화의 직무를 위한 한·일 여교역자의 사명과 과제"를, 일본 측에서 야소카와 마사요(八十川昌代) 목사가 "동북아시아에 있어서의 한일 여교역자의 사명과 과제"를 각각 발제하였다. 토의에서 화해의 사역자로서 양국 교역자들이 한일 공동관심사를 협의하고 기장과 일본의 교류를 통해 추진하기로 하였다.

여교역자회 대표들이 다음 해 1991년 6월 4~13일 일본 히로시마(廣島)의 가든 팔레스(Garden Palace)에서 열리는 일본여성교직신학연구회를 방문하였다. 이 모임에 한국 측에서 명노선, 윤수경, 이정자, 나선정, 박영림 등 5명이 참석하였고, 일본 측에서 14명이 참석하였다. 이 모임 주제연구는 "요한계시록에 있어서 교회와 국가", "로마의 황제예배", "요한계시록 서설", "7교회에의 편지"에 관한 것이었다. 현장 보고는 목회에 대한 이야기와 원목과 부목, 교회 시설에 대한 토의가 있었다. 한국 측에서 공동연구와 새벽기도회를 맡았는데, 윤수경 준목이 공동연구 "교회와 국가" 한국 측 발제를, 나선정 총무가 새벽기도를 담당하였다. 현장 방문으로 평화공원을 탐방하였다. 한국 측 참가자들은 한국인 피폭자 위령탑이 평화공원 경내에서 밖으로 밀려난 현장을 목도하고 죽어서도 차별받는 한인 원폭피해자들에 대한 아픔을 공유하였다. 한일 여성 목회자 교류는 한 해는 일본에서, 그 다음 해는 한국에서 교차로 시행되었다.[15]

### (2) 캐나다연합교회 여성 목회자들과의 교류와 연대

기장교단과 캐나다연합교회 선교협력 역사는 수십 년이 되었다. 그동안 목사, 평신도, 청년들 간의 교류는 있었지만 여교역자들 간 교류는 없었다. 여신도회 유근숙 간사가 1988년 7월부터 1년간 캐나다에서 연수를 받는 동안 양국 여교역자 교류를 제안하였다. 여교역자회는 국제화 시대에 발맞추어 캐나다연합교회 여성 목회자들과 교류를 합의하였다. 여교역자회는 1988년부터 캐나다연합교회 여교역자회와 서신을 왕래하였다. 1989년 8월 캐나다에서 열리는 세계여교역자 모임

---

[15] 1993년 6월에는 일본여성교직신학연구회 제10주년 기념식에 여교역자회에서 나선정 총무와 박수현 목사가 방문해 축하를 하였다.
• 1994년 3월에는 한일 여성 목회자 공동신학연구협의회에 일본 측에서 6명이 참석하였다.
• 1995년에는 안옥청, 강은화, 정숙자, 나선정, 차양례 5명이 6월 27~29일 일본 하마마츠에서 열리는 일본여성교직신학연구회 총회와 수련회에 참석하였다. 이때 국제부장 정숙자 목사가 "계시록에 나타난 그리스도론"을 여성신학 입장에서 발제를 하였고, 일본 측은 "종말사상과 계시록 22장에 나타난 새하늘 새 땅"을 주제로 비교연구하는 발제를 하였다. 안옥청, 강은화 전도사와 차양례 준목이 현장보고를 하였다.
• 1997년 5월 27~30일에는 일본여성교직신학연구회 회원들을 제주동부교회에서 열리는 여교역자회 총회에 초청하여 한일교류를 하였다.
• 1998년에는 6월 24~27일까지 일본 나고야 가톨릭연수원에서 열리는 일본여성교직신학연구회에 박성자 목사, 나선정 전 총무, 박성자 전도사(회장), 김화자 총무 4명이 참석하였다.

에 초청을 받았으나 참석하지 못하고 캐나다연합교회 예비 여교역자 9명이 1990년 10월 27일부터 2주 동안 한국을 방문하였다. 이들은 에드몬트에 있는 신학대학 훈련과정에 속한 사람들로서 한국의 여러 형태의 선교 프로그램을 돌아보고 여교역자들과 서로의 목회 상황과 경험들을 나누었다.[16]

  1991년 5월 25~6월 20일 약 한 달간 한국 측 여교역자들이 캐나다 연합교회를 방문하는 프로그램이 이루어졌다. 한국에서 단장 현말렬과 인솔자 강성혜를 필두로 김숙희, 강은화, 김경희, 김성희, 신윤옥, 유복님, 박수현 등 9명의 회원이 참여하였다. 캐나다연합교회 측에서 여비를 제공하였다. 북부 앨버타 주의 에드몬트와 온타리오 주의 토론토 지역을 중심으로 교회와 기관을 탐방하였다. 한인교회와 도시빈민 선교센터인 비셀센터(실업자, 에이즈 환자 돌보기, 탁아업무 등을 하는 선교기관), 사회정의에 관련된 기관과 캐나다 원주민을 위한 센터, 이민여성을 위한 센터와 성폭력 피해 여성을 위한 기관들을 방문하였다. 한국 측 방문자들은 토론토 임마누엘 교회를 비롯해 방문한 교회예배에서 설교를 하고 교인들과 간담회를 통해서 한국 여교역자들의 목회현장에 관해 대화하는 시간을 가졌다. 한국의 민주화운동을 비롯해서 기생 관광 문제, 한반도의 분단과 통일 문제, 주한미군 주둔과 기지촌 문제, 도시빈민과 착취당하는 노동자 문제 등 다양한 문제들을 비롯해서 그 속에서 일하는 여성 목회자들의 목회현장에 대해 소개를 하였다.[17] 이

---

**16** 「총회회보」(한국기독교장로회, 1991년 10월, 11월호 합본), 48.
**17** 여교역자회 참가자 대표는 1차 캐나다연합교회 방문을 마치고 총회회보에 게재한 소감문을 이렇게 적고 있다. "이번 일정에서 얻은 교훈 첫째는 캐나다연합교회 목회자들의 지극히 목회자적인 품성과 열정, 진지함과 성실성이었다. 제도적인 면이나 실력 면에서 요소요소에 필요한 양질의 여성 목회자를 육성하는 일이 시급하다고 보았다. 둘째는 기장 출신 목회자가 목회하는 한인교회 목회현장에서 이민사회의 다양하고 복잡한 현안들을 보면서 기장

번 교류 모임에서 한국 측에서 캐나다연합교회에게 "기장 여교역자의 국제지도력 향상을 위해 6개월 연수의 길을 열어 주면 좋겠다"는 요청을 했고, 캐나다 측에서는 "민중교회 목회자들이 함께 참여해서 좋았다. 앞으로 한국에 가서 민중신학 공부나 두레방에 가서 일하고 싶다"는 제안이 있었다. 1차 교류 후 캐나다연합교회에서 여교역자회 교육훈련비로 8,000달러를 보내 왔다.[18] 이 교류의 결과 캐나다연합교회 로리 크로커(한국명 고은혜) 목사가 한국에 선교사로 오게 되었고, 여교역자회와 파트너십을 이루어 활동하게 되었다.

1993년에는 7월 6일부터 11일까지 캐나다연합교회 여교역자들 9명이 연합교회에서 파송된 여신학생 카렌 맥닐과 함께 서울, 경인 지역에서 목회하는 여목회자 현장을 탐방하였다. 해인교회, 송현샘교회, 성수교회, 청암교회 등 민중교회와 평화교회, 한신교회, 갈릴리교회, 삼능교회를 방문하였다. 인솔자 카렌 맥닐은 부목사 7명 중 여목사가 단한 명만 시무하는 한신교회와 민중교회들을 비교하면서 그 경험을 이렇게 소개하고 있다.

내가 탐방한 교회 탁아방들은 맞벌이 부모들의 필요를 충당하기 위해 아

의 선교신학이 얼마나 외롭고 고달픈가를 다시 절감했다. 그러나 그 길을 성실하게 지켜온 교회는 그 어떤 교회 유형과 달리 놀랄 만큼 성숙해 있는 것을 보고 올바른 방향을 포기하지 않는 것이 중요함을 체감하였다. 소수 민족에 대한 인종차별 속에서 한인교우들이 직면한 과제를 실감하게 되었다. 셋째는 캐나다 원주민과의 만남을 통해서 그들의 한이 우리의 것이라는 느낌을 받았다. 오늘의 과제로 세계여성들과 연대하고 우리의 실력과 결집력을 기르는 일, 전통 종교와 기독교의 만남, 혹은 종교다원주의 문제, 토착화 문제 등 큰 과제를 경험하게 되었다." 「총회회보」(1991년 10월, 11월호 합본), 46-47.

18 캐나다 방문을 마치고 강성혜 국제부장과 유복님 두레방 관장이 미국 그리스도교회를 방문하였다. 미국에서 유복님 관장은 두레방 목회에 대한 소개를 하고 강성혜 부장은 미국 그리스도교회와 기장여교역자회 교류와 연대 가능성을 타진하였다.

침 8시부터 저녁 7시까지 문을 열고 있었다. 탁아방 시설상태는 참으로 다양했다. 어떤 탁아방에서는 좁은 장소와 손이 부족한 현실에도 불구하고 어린이들에게 더운 점심을 제공하여 놀랬다. 그 탁아방은 사글세도 제대로 못 내고 힘겨워하는 곳이었다. 대부분의 탁아방은 봉사하려고 애쓰는 교회와 연관되어 있었다. 이런 탁아방을 보며 기쁜 마음이 많았지만 탁아방을 운영하는 데 재정적인 어려움을 겪고 있는 현실에 슬픔과 안타까움을 느꼈다. … 나는 이 주간에 여목회자들을 만나 진정으로 깊이 감동받았다. 한편 이분들의 목회가 좀 더 큰 교회들에 의해서 정서적으로나 재정적으로 지원이 이루어지지 않는 것에 대해 분노를 느꼈다. 목사들 간에도 경제적 차이가 있다는 것은 심각한 문제다. …

도시의 가난한 많은 사람들은 불합리한 사회구조 속에서 살고 있다. 또 어떤 이들, 즉 의정부에서 만난 갈릴리교회 교인 같은 사람들은 이 어려운 과정을 거의 마친 사람들이라 볼 수 있다. 인천에 있는 노동자들은 이 중간쯤에 머물러 있는 사람들로 생각된다. 어떤 경우든 간에 여목회자들이 그 어려운 사람들과 함께 나누며 애쓰며 동거동락하며 함께 가고 있다. 그들은 그렇게 어렵고 힘든 일을 이루어내면서 인간을 구원하시는 하나님 사랑의 복음을 전파하며 살고 있다.[19]

### (3) 캐나다연합교회 성 스티븐스 대학 신학생들과의 교환 프로그램

캐나다연합교회 스티븐스 대학 신학생 21명이 1995년 6월 1~16일까지 동아시아 담당 베티 목사 인솔하에 한국에 왔다. 이들 신학생들은 주로 현장에서 일하며 공부하는 40~50대 중년 여성들로 사회봉사 분야에서 일을 하기 때문에 민중목회에 관심이 많았다. 방문자들은 환영

---

[19] 「기장여교역자회보」(창간호, 1993), 38-39.

오찬을 겸한 국악으로 드리는 개회예배를 통해 한반도의 아픔과 희년의 기쁨을 함께 나누었다. 여교역자회 회원들은 이들이 한반도 평화통일을 위해 기도하며 갖고 온 평화리본 800개와 민중교회와 구속자 가족에게 전하는 헌금으로 인해 큰 감격을 맛보았다. 교환 방문 프로그램은 현장 방문 프로그램이 주를 이루어 개교회 주일예배와 구역예배, 철야기도회, 여성교회 드라마 예배 등을 경험하게 하였다. 또한 방문자들이 특수목회 현장을 돌아보는 프로그램인 민중교회와 민중현장 방문, 일반적인 한국교회 탐방, 두레방과 주한미군범죄대책위원회 등 여성단체와 기관 탐방, 한국문화 체험을 하였다. 특히 불국사 설조 스님의 설법 등 타 종교와 만남으로 방문자들이 우리 전통문화와 종교의 다양성에 대해 인식을 넓힐 수 있는 시간을 갖게 하였다.

### (4) 여신도회전국연합회 회원들과 공동 진행된 캐나다연합교회와의 교류와 연대

여교역자 교류와 연대 프로그램은 이후 여신도회와 캐나다연합교회 사이에 연대교류가 추진되면서 캐나다연합교회 차원의 프로그램으로 발전해 여신도회와 함께 참여하는 공동 프로그램으로 되었다. 1996년 4월 9일~5월 1일까지 여교역자회 12명과 여신도회전국연합회 회원 9명이 캐나다 선교사 고은혜 목사와 함께 캐나다연합교회를 방문하였다. 여교역자회에서는 캐나다연합교회 방문자를 선정할 때 회원 의무를 다하고 현장에서 목회를 하는 회원을 우선적으로 하되 같은 교회와 분야의 중복을 피한다는 원칙을 세워 선정하였다. 일반 목회자 2명, 민중목회자 2명, 농어촌 목회자 2명, 실행위원 2명, 실무자 2명씩으로 선정하였다.[20]

캐나다연합교회 방문 목적은 한국 여성들의 삶과 경험, 캐나다 교회

여성들의 삶과 경험을 나누는 데 목적을 두었다. 특히 한국 측에서 한국에 없는 디아코니아 목회자 제도와 그들의 사회선교사업을 이해하고 경험을 나누는 데 관심을 갖고 이에 대한 이해의 폭을 넓혔다. 방문자들은 다양한 선교기관을 방문하고 노회도 참관하였다.[21] 또한 하성순 전도사, 전규자 목사, 전윤희 목사, 홍성윤 목사가 방문한 교회에서 주일예배 설교를 하고 지역 목회자들에게 북경에서 열린 세계여성대회 보고와 한국 여성운동에 대한 소개를 하였다. 마지막 날 토론토에서 연합교회 낸 허드슨 총무, 캐나다에서 목회하고 있는 한신대학교 출신 선배들, 한국에서 선교사로 일하다가 귀국한 캐나다연합교회 선교사들과 함께 대화하는 시간도 가졌다.

참가자들은 캐나다 사회보장제도에서 깊은 인상을 받았고, 캐나다연합교회와 도시산업 봉사기관, 원주민 센터 등을 방문하면서 소외된 사람들을 위해 다양한 모습으로 지원하고 있는 것을 보고 감동을 받았으며, 민중목회라는 말은 사용하지 않으면서도 민중들에 대한 깊은 관심과 애정을 쏟는 것을 보고 동질성을 느꼈다. 또한 하나님 모습으로 창조된 인간에 대한 신뢰로 시혜 차원이 아닌, 같이 나누어야 할 당연한 것으로 살아가는 모습을 보면서 부끄러움을 느꼈다는 소감들이 나왔다.

참가자들이 특히 깊은 인상을 받은 것은 캐나다연합교회의 성평등

---

[20] 최종적으로 박성자 부회장, 정숙자 목사, 전윤희 목사, 전규자 목사, 하성순 목사, 최화택 전도사, 홍성윤 목사, 주정일 전도사, 박상희 목사, 최현남 목사, 심은정 간사와 캐나다 현지에서 명노선 목사가 함께했다.

[21] 브리티시 콜럼비아주 - 밴쿠버, 앨버타 주 - 캘거리와 에드먼튼, 마티토바 주 - 위니펙, 온타리오 주 - 토론토 4개 노회에서 캐나다연합교회가 하는 도시산업선교회, 빈민사목, 사회봉사기관, 원주민 센터, 도시봉사기관, 메노나이트 이민자 센터, Bissell(환경미화원) 센터, 성폭력 예방센터, 도시선교기관, 여교역자 회원인 신윤옥 준목이 목회하는 교회와 주교회 등.

적인 모습이었다. 교직 자체가 평등적이었고 교회 안의 분위기 또한 성역할 고정관념이 없는 듯하였다. 참가자들은 캐나다연합교회 총무가 여성 목사라는 사실에 놀랐고 "기장에서는 언제 이런 일이 가능할까, 그날이 오기는 할까?"를 물으면서 한국교회 교회 성평등 과제를 절실히 인식하게 되었다.

캐나다연합교회와 교류는 여신도회와 공동 만남을 끝으로 더 이상 진행되지 못했다. 캐나다연합교회에서 여교역자회 운영비나 프로그램을 위한 지원을 간간히 해오다가 여교역자회의 요청으로 명노선 목사의 유학비, 최현남과 심은정 간사의 학업을 위한 장학금을 지원해 왔고 1999년으로 완료되었다.

1995년 여교역자회는 독일교회와 미국교회 여목회자와 교류를 추진하였다. 독일 세계기도일위원회에 박상희 목사가 연 성폭력 예방센터 프로젝트를 추천하여 지원을 받았다. 스위스교회와 기장교회의 교류협력 프로그램에 스위스교회가 여성의 참가를 요청해 여교역자회 회원들이 참여를 하게 되었다. 한국·스위스교회 협력 프로그램에 이강실 목사가 참가한 것을 시작으로 매번 여교역자들이 참석하고 있다.

여교역자회 활동에서 여성 참여 상황을 살펴보면, 여교역자회가 여성 참여의 폭을 넓힌다고 할 때 여교역자들이 처한 현실 때문에 결의기구 참여나 여성 목회 환경 개선에 집중되어 있고 상대적으로 교회 내 남녀평등공동체 문화에 대한 관심이 부족했다. 세계교회협의회에서 제안한 여성 참여를 위한 물음 가운데 "전통적으로 여성의 일이라고 인정되는 것 가운데 남성들은 무엇을 동등하게 분담할 수 있는가?"라는 물음이 있다. 교회의 민주화는 결의기구 참여뿐만 아니라 교회생활에서 평등성도 함께 다루어야 할 것이다.

## 2. 정의, 평화, 창조의 보전을 위한 활동

1988년은 한국 기독교통일운동에서 한 획을 긋는 해였다. 교회협은 1988년 2월 29일 연동교회에서 열린 한국기독교교회협의회 제37회 총회에서 '민족통일과 평화에 대한 한국 기독교선언'을 발표, 민족 분단의 고통을 평화로 극복해야 하는 것이 교회 사명임을 천명하고 분단 50년이 되는 1995년을 '민족평화와 통일을 위한 희년'으로 선포하였다. 이에 맞추어 여신협이 '민족통일과 평화에 대한 여신학자 선언'을 발표, 한국교회 여성평화통일운동 이정표가 될 6개항의 실천방안을 제시하여 큰 반향을 일으켰다.

1988년 4월 25~26일에는 교회협이 세계교회협의회(WCC)와 아시아기독교협의회(CCA)의 협력을 얻어 인천에서 세계교회 대표 300여 명이 모인 가운데 '세계기독교 한반도평화협의회'를 열었다. 또한 세계교회협의회 여성부와 교회협 여성위원회가 구심점이 되어 세계 17개국 여성 114명이 참석한 가운데 사전대회로 '세계기독교 한반도평화를 위한 여성협의회'를 열고 여성선언을 발표, 한반도 평화통일을 위한 '통일희년'의 대장정을 시작하였다. 이해 11월에 열린 제2차 글리온 회의에서 남북한교회가 함께 통일희년운동을 전개해 나가기로 합의, 통일희년운동은 남북교회의 공동과제가 된다.

세계적 에큐메니칼 행사인 '정의·평화·창조의 보전'(JPIC) 대회가 1990년 서울에서 개최되었다. 이 대회를 통해 한반도 분단과 통일, 희년 문제는 다시금 세계교회 관심을 불러일으키게 된다. 또한 이 대회를 통해 여성 문제가 단순히 여성만의 문제가 아니라 정의, 평화, 생명 전반에 걸친 문제임이 직시되었고, 생명 담지자로서 여성의 역할과 가능성이 부각되었다. 교회협 여성위원회와 세계교회협의회 여성부는 공동주관으로 이 행사 전인 3월 3~5일 반도 유스호스텔에서 '정의 · 평화 · 창조의 보전(JPIC) 여성대회'를 열었다. 여성대회 목적은 여성들의 자매애 고취와 JPIC 세계대회에 여성 시각을 반영하기 위해서였다. 이 대회에 제시된 사례들 대다수가 여성들의 사례였다. 정의 · 평화 · 창조의 보전(JPIC) 대회는 여성들이 기존에 소극적으로 해오던 정의평화생명운동을 촉진하는 기폭제 역할을 하였으나 유감스럽게도 정작 한국교회에서 여성들을 위한 정의, 평화, 창조의 보전을 위한 자리가 되지 못하였다.

여교역자회는 교회협 여성위원회의 전문위원 단체로서 여성위원회가 전개하는 정의 · 평화 · 창조의 보전운동에 참여하였다. 기독여성들은 1988년 4월 25~26일 인천 송도에서 열린 '세계기독교평화협의회' 이틀 전에 '세계기독교 한반도평화협의회를 위한 여성협의회'를 열고 성명서에서 세 가지 실천과제를 발표하였다. 이 3개의 실천과제는 사실상 향후 기독여성 통일운동의 이정표가 되었다. 그 세 가지 실천과제는 다음과 같다.

첫째, 교육 행사로 통일에 대한 그룹 연구를 구성하는 것, 분단으로 인한 고통을 겪어 온 한국여성들의 사례를 수집하여 함께 나누어 읽을 것, 평화에 대한 여성들의 비전을 담은 시 · 노래 · 연극 · 사진전 등을 작성하여 한국과 외국에 보급할 것, 평화와 통일을 위한 토론에 타 종교의 여성들과 젊은 여성들을 대폭적으로 참여시킬 것, 금년 부활절을 기해 시작된 '기독여성10년' 기간 동안에 한국의 통일 문제를 적극 강조할 것, 교회여성들에게 성서적 입장에서 본 통일 문제를 교육시키고, 1995년 희년에 앞서 1년 동안 철저한 공부할 수 있도록 할 것, 1988년 올림픽에 참여하는 외국인들을 위해 한국의 분단 상황과 통일의 필요성에 대한 정보를 준비할 것.

둘째, 특별 행사로는 북한의 백두산에서부터 남한의 한라산까지 닿을 수 있는 '평화리본'을 만들 것, 1988년부터 1995년까지 매년 국제적으로 '평화와 통일을 위한 한국주일'을 정해 지킬 것, 한국의 평화와 통일을 위한 기도문을 작성하여 세계기도일 국제위원회에 보낼 것과 교회여성들이 통일을 위해 기도하는 시간을 설정하여 지킬 것.

셋째, 남북의 만남에 대한 것으로서, 초교파 교회기구 또는 세계교회협의회의 도움을 받아 제3국에서 북한과 남한 여성들의 만남을 가질 것, 통일을 위한 모든 국제 에큐메니칼 협의회에 한국여성들을 참여시킬 것, 추석과 같은 명절에 남북한 여성들이 같이 할 수 있는 문화적 행사를 거행할 것.[22]

이 세 가지 실천과제는 기독여성10년 한국대회 선언에서 발표된 다짐들 중 마지막 과제인 분단과 증오와 전쟁과 공포의 바윗돌을 하나씩 제거하고 극복해 나간다는 선언과 일치하는 것이기도 하다.

### 1) 평화통일을 위한 교육과 희년 세미나

여교역자회는 교회협 여성위원회 주관으로 해마다 열리는 기독여성정책협의회를 비롯한 각종 모임에 참석하여 제시된 과제들을 회원교육을 통해 확산하고 이행하고자 노력하였다. 또한 서울에서 열린 '정의·평화·창조의 보전' 세계대회에 참여하여 이 문제에 대한 중요성을 각인하고 '정의·평화·창조의 보전'을 회원들의 삶에서 실천하기 위해 힘썼다. '95통일희년교회여성협의회'에서 희년운동을 펼치면서 교인들의 보수성 때문에 '운동'이라는 말을 쓰기보다 '활동'이라고 써야 했

---

22 한국염, "기독여성 평화통일운동 성찰과 전망," 「양성평등위원회 30주년 기념 기독여성 평화통일포럼 자료집」(한국기독교교회협의회 양성평등위원회, 2012), 11-12.

지만 여교역자회에서는 거부감 없이 이 용어들이 사용되었다.

여교역자회가 '정의·평화·창조의 보전'을 위한 운동으로 전개한 것은 교회협 여성위원회의 기독여성정책협의회에서 논의된 과제, 한국여교역자연합의 회원으로 공동 주관한 희년 세미나, '95통일희년교회여성협의회' 주관 단체로서 참여하여 과제를 수행한 것이다. 교육적 행사로 주목할 것은 해마다 총회와 교육대회 주제를 평화통일과 관련된 것으로 설정하여 회원들의 의식화를 꾀했고, 그룹 토의를 통해서 실천 과제와 이행 방안을 모색하였다.[23] 여교역자회 총회와 교육대회에 참석한 회원들은 총회의 주제를 자신들의 목회현장으로 갖고 가 교인들에게 평화통일에 대한 설교와 기도, 성경공부를 통해서 확산시켜 나갔다. 여신학생 교육도 1994년에 "황무지야, 내 기쁨을 꽃 피워라"(사 35:1)라는 주제로, 1995년에 "희년의 나팔을 온 땅에"(레 25:9, 눅 4:18)로 희년정신에 비춰 본 교회와 학교에서 우리의 모습 성찰과 과제 모색이 이루어졌다.

또한 여교역자회는 교육뿐만 아니라 예배 예식에 색동 스톨과 색동 강단보를 만들어 보급하여 모임에서 사용하며 평화에 대한 감수성을 증진시켜 나갔다. 특히 새롭게 여성 목사가 배출될 때마다 안수식에 색동 스톨을 선물로 걸어 줌으로 기독여성10년과 희년정신을 고취시켰다. 또한 여교역자회는 교회여성단체 17개가 연합하여 설정한 평화기도 기간을 정하고 연속기도 행진에 참여하였다. 여교역자회의 이러한 활동들은 통일에 대한 신학화 작업과도 이어졌다.

---

[23] 1990년에 "정의·평화·창조의 보전", 1991년에 "성령이여 오소서, 우리를 새롭게 하소서", 1992년에 "평화목회 실현을 위한 목회 설계", 1993년에 "광야를 지나 약속의 새 땅으로", 1994년에 "약속의 땅에 의를 심어 사랑을 거두라", 1995년에 "희년의 나팔을 온 땅에", 1996년에 "막힌 담을 털고 화해하는 공동체", 1997년에는 "먼저 그의 나라와 의를 구하라" 였다.

한편 여교역자회는 교회협 여성위원회, 교회여성연합회, 여신학자협의회 그리고 한국여교역자회연합이 공동으로 주관하는 희년 세미나를 통해서 통일희년의 정신을 확산시켜 나갔다. 여교역자회가 교회협 여성위원회의 전문위원 단체이고, 여신학자협의회 회원이기도 하며, 한국여교역자회연합의 중추 단체이다 보니 자연히 희년 세미나에 관심을 갖고 임하게 되었다. 희년 세미나에서 교회여성들이 바라는 통일상, 희년상에 대한 대안을 논의하고 여기에서 제시된 과제로 교회개혁운동, 군축반핵운동, 경제정의운동, 민주화운동, 환경운동, 희년축제 예배의식 등이 토의되었다.

## 2) '95통일희년교회여성협의회를 통한 희년운동

1992년부터 16개 기독여성단체가 매년 기독여성운동 정책협의회를 실시하면서 1995년 희년을 맞이하기 위한 교회여성의 실천과제와 전망에 대한 논의를 하였다. 이 논의에서 교회여성들이 힘을 모아서 희년운동을 활성화할 수 있도록 하는 교회여성 기구가 필요하다는 데 뜻을 같이 하여 1994년 8월 10일 동대문 감리교회에서 '95통일희년교회여성협의회 창립대회를 열게 되었다. 1994년 결성된 '95통일희년교회여성협의회는 상임공동대표와 각 단체 대표들로 구성된 실행위원회를 위시하여 희년정신구현기획위원회 등 9개 위원회[24]를 중심으로 활동하였다. 그동안 통일희년을 준비하는 교회여성들의 노력으로 다양한 사업을 펼쳤다.

---

[24] 희년정신구현기획위원회, 교회여남평등공동체위원회, 교육과 교회여성연대위원회, 여성 통일문화제위원회, 남북한교회여성만남위원회, 평화통일리본위원회, 나눔실천위원회, 리본잔치위원회, 홍보출판위원회, 재정위원회.

'95통일희년교회여성협의회는 통일희년교회여성전국대회를 1995년 8월 8일 한국교회백주년기념관 대강당에서 "새 날을 낳으리라"는 주제로 개최했다. 여는 마당은 '95통일희년교회여성들의 새 날을 여는 예배로 시작하고 이어 부름마당에서 친구이신 예수 오심을 노래하며 1995년 희년통일을 위한 교회여성들의 기도를 함께 드리고 하나 되는 마당에서 희년의 말씀을 향한 우리의 행진을 노래하며 나눔마당을 열었다. 메시지로 여인 3대가 희년 이야기를 엮어 가다가 어린아이가 준비해 온 떡과 멸치를 모두 함께 나누고 준비해 온 희년 예물을 드리며 나눔의 기도를 했다. 다짐마당에서 교회여성들이 희년의 정신으로 통일운동에 적극 참여할 것을 결의하는 희년선언문을 채택하였다.

이 선언문을 통해 여성들은 남북 분단의 극복은 물론 희년법이 지시하는 해방, 평등, 땅의 휴식 등을 구체적으로 성취하도록 부름 받았으며 인종, 여성, 민족 간의 모든 차별에서 해방과 경제정의 실현, 생태계 회복, 교회개혁, 민족의 샬롬 공동체적 통일에 앞장서자고 다짐하였다. 그리고 희년정신으로 민족공동체를 이루기 위해 교파주의 극복과 평화협정 조성을 한국교회와 정부에 각각 촉구하였다. 이어서 '여성통일법정'에서 분단 50년과 남북 군사적 대결구조의 피해를 당해 온 여성들의 고발, 소송에 의해 남북 대결구조의 종식을 구현하였다. 마감은 비가 억수로 쏟아지는 속에서 종묘까지 행진해 남과 북이 하나 되는 통일 댕기(리본) 잇기를 하고 우리의 소원은 통일 노래와 통일희년 평화해방 만세로 대장정의 대회를 마쳤다.[25]

'95통일희년교회여성협의회에서는 10월 11일부터 13일까지 남북한 해외여성 만남의 광장을 개최, 해외에 흩어진 남북한 여성들이 분단

---

**25** 「여교역자회 29회 총회보고서」, 76.

의 아픔을 극복하고 통일 이후의 새로운 사회를 전망하며 교회여성들의 역할과 과제를 토론하기 위한 장을 마련했다. 정부 불허로 북한여성들은 오지 못하였으나 중국 연변, 재일동포, 미국 캐나다에서 여성들이 참여하여 국내외 통일희년운동과 함께 연대하는 계기가 되었다.

또한 11월 30일 "교회 공동체 이대로 좋은가?"라는 주제로 교회민주화보고대회를 열어, 한국교회 현실을 진단하고 교회의 민주화와 여성과 남성에 의한 평등공동체로서의 교회를 이룩하기 위하여 설문작업을 한 결과를 보고하였다. 이 보고대회에서 "한국교회는 여·남 평등공동체인가 - 한국교회 여성들의 의식과 교회 내에서의 위치"에 대한 연구발표가 있었다.

설문분석 결과 개선되어야 할 점으로 ① 교회여성들의 신학적 의식의 미성숙, ② 교회여성들의 의식화 작업 요청, ③ 여성들의 의식 형성과 교회 내 위치에 있어서 가장 중요한 변수가 되고 있는 목회자들의 의식 전환 요청, ④ 교단적 차원에서 신학교육과 목회현장에 있어서 여성 고용과 참여 할당제 같은 제도적 장치 마련 요청이다.

여교역자회는 '95통일희년교회여성협의회가 전개하는 모든 사업[26]

---

[26] '95통일희년교회여성협의회에서 위에 보고된 사업 외에 다음과 같은 사업을 했다. ① '통일희년월례기도회'를 단체들이 매월 1회 돌아가며 주관하고 통일희년기념사업을 위해 헌금을 드렸고, 희년협의회 모임마다 박순경 박사가 쓴 '95년통일을 위한 교회여성들의 기도 "골짜기 마다 돋우어지며, 산마다 작은 산마다 낮아지며"라는 기도를 드렸다. ② 통일희년 강사교육(94. 11~12월)을 각 교단에서 추천받아 교육하여 강사로 활동할 수 있도록 훈련하였으며, 희년 소책자를 발간하고 교회여성백서를 발간하였다. ③ 사랑의 복음송 대축제 (94. 12. 1)를 창천감리교회에서 하여 한 부모, 조손 위기가정 돕기 희년장학기금 마련을 하고 초중고 학생 50명에게 장학금을 지급하였다. ④ '95통일희년을 여는 교회여성음악회 (95. 2. 27)를 광림교회에서 각 교단연합합창단 전문인을 초청하여 1,000여 명의 참석자들과 함께 실시하였다. ⑤ 교회여성의 민족통일과 희년사업을 전국적으로 확산할 수 있도록 지역별로 교회여성연합 조직을 구성하고 교육하며 각 지역별로 통일희년대회와 사업을 하도록 하였다. ⑥ 6월 30일 춘천대회를 시작으로 10월 10일 전북지역대회가 열렸고, 헌금

에 참여를 하였다. 특히 주관 단체의 하나로서 여교역자회 사무처가 총동원되다시피 하였다. 공동대표에 안옥청, 실행위원으로 최현남, 명노선 등이 역할을 맡았다. 여교역자회는 평화의 통일댕기(리본) 잇기와 남북여성과 해외여성의 만남의 광장, 전국대회, 교회민주화를 위한 의식 실태조사를 비롯한 각종 모임에 참여하였다. 특히 지역대회의 경우 전북과 전남 여교역자회원들이 대거 참석하여 기장여성들의 면모를 과시하기도 했다. 여교역자회는 총회를 비롯한 각종 교육에서 평화리본 잇기를 하였다. 이 활동이 캐나다연합교회 여교역자들에게도 알려져 교류와 연대 프로그램으로 한국에 왔을 때 평화리본을 갖고 와 전달하는 시간을 가지기도 하였다. 여교역자회는 일본교회 여성 목회자와의 교류 모임에서도 한반도의 평화가 동북아 평화에 미치는 영향 등을 이야기하며 기도회를 통해 평화리본 잇기를 하였다. 모든 기장 여교역자들에게 평화리본 잇기는 통일희년 모임의 기본이었고 여교역자들의 목회현장에도 이어져 개교회에서 리본 잇기가 진행되기도 하였다.

### 3) 남북여성의 만남

1991년 11월 서울에서 분단 이후 최초로 민간 차원에서의 남북여성의 만남이 이루어졌다. "아시아의 평화와 여성의 역할" 서울토론회라는 이름으로 11월 25~27일 서울 라마다 올림피아호텔에서 역사적 남북여성 만남의 자리가 성사되었다. 북에서 여연구 대표 외 5인, 일본과 재일한국인 여성 대표, 한국 대표 등 300여 명이 참여했는데, 서로의 입장 차이가 매우 컸다. 북쪽 참가자들이 흡수통일에 대한 두려움이 상

은 북한수해헌금으로 전달되었다. ⑦ 11월 9일 열린 광주, 전남지역대회 헌금은 일본교회 여성들이 건축 중인 '색동의 집' 양로원 건축기금과 두레방 선교를 위해 사용되었다.

당히 있음도 알 수 있었지만 이 자리에 많은 기독여성이 참가하여 통일 의지를 확인했다. 특히 북한 대표로 온 최옥희 전도사가 찬송가를 4절까지 불러 깊은 인상을 남겼고 같은 기독인으로서의 공감대를 키우는 자리가 되었다. 그러나 당국의 과잉보호와 반공집단들의 항의로 북측 대표단이 일정을 마치기 전에 일찍 돌아가서 아쉬움을 남겼다. 그럼에도 불구하고 남북여성 교류의 가능성을 볼 수 있었다는 점에서, 모든 비용을 민간 여성의 힘으로 충당했다는 점에서 통일에서 여성의 역할을 가늠할 수 있는 뜻깊은 만남이었다. 남북여성들과의 만남은 여교역자회 회원 자격으로는 아니지만 소수의 기장 여교역자들이 참석해 북조선 그리스도교 교역자를 만난 의미 있는 모임이었다.

북경세계여성대회 한국종교여성분과는 1995년 8월 30일~9월 7일까지 '남·북·해외여성 만남'을 준비하였다. 이 모임을 위해 방 한 칸을 빌려 한국교회 여성들의 통일운동 상징인 색동 머플러를 깔고 만남을 준비했으나 북한여성들이 참석을 하지 않아 만남이 성사되지 못했다. 남한의 종교여성들과 해외여성들이 만나 한국여성들의 분단으로 인한 아픔을 나누는 장이 되어버렸다. 이 모임에 참석한 한국 측 개신교여성들 가운데 여교역자회 회원인 정숙자(여성교회 목사)가 통역을 맡았고, 한국염(아시아여성신학 교육원장)이 분단의 아픔을 증언하였다. 모임에 참석한 해외 대표들이 한반도 분단의 아픔과 통일의 당연성에 대해 눈물을 흘리며 공감을 하였다. 이 모임에는 해외라는 특수한 상황 때문에 여교역자들이 많이 참석하지 못하였다.

본격적인 남북한 여성들의 만남은 '95통일희년교회여성협의회의 사업으로 구체화되었다. '95통일희년교회여성협의회는 1995년 10월 10일부터 14일까지 한국기독교100주년 소강당에서 남북한여성들과 해외에 흩어져 사는 디아스포라 여성들이 분단의 아픔을 극복하고 통일 이후의 새로운 사회를 전망하는 만남의 광장을 마련하였다. 정부 불허로 북에서는 오지 못하고 중국 연변, 재일동포, 미국, 캐나다에서 온 12명과 87명의 남측 기독여성이 함께 모여 "세계평화와 여성의 역할"이라는 주제로 만남의 광장을 열었다. 조화순 목사의 주제강연, 분단으로 인한 고통의 경험 나누기, 문충일[27] 가족과 장기수 할아버지와 일본군 '위안부' 할머니가 함께 만날 수 있는 시간을 가졌으나 이념의 벽을 넘어서지 못한 채 과제를 모색할 수밖에 없었다.[28] 이 만남의 광장에도 여교역자회가 추진위원으로 참여하였다.

### 4) 일본군 '위안부' 문제 해결을 위한 운동

정대협이 발족[29]할 때 참가한 37개 단체 중 기독여성 단체는 교회여성연합회와 한국기독교교회협의회 여성위원회를 비롯해 13개 단체였다. 여교역자회는 정대협 초창기 회원단체는 아니었으나 정대협이 결성된 후 수요시위에 부정기적으로 참여하거나 '한일여성 목회협의회' 시 헌금한 후원금을 보내고 '정신대할머니 생활기금 모금운동' 본부가 전개하는 '1,000인 공동회의' 10만 원 이상 위원회에 회원 3명이 가입하는 등 적극적으로 참여했다. 1992년 말에 정대협으로부터 회원단체 가입 권유를 받고 1993년 1월 18일 월례모임에서 "본회가 역사적 사명을 다하기 위해 가입키로 결정"하고 회원단체가 되었다.[30] 이후 회원단

---

27 문충일 씨는 1994년 쿤사 마약왕국을 탈출한 뒤 유엔의 난민 판정을 받고 일가족이 귀국하였다. 교회협에서는 문씨 가족의 구명과 정착을 도왔다. 1995년 6월 10일 일가족 중 장남 문철 군이 한강에서 변사체 발견되었다.

28 「여교역자회 29회 총회보고서」, 79.

29 앞의 책, 48 참조.

30 「26회 총회보고서」(1993), 36.

체로서 수요시위 연 2회 주관, 할머니 장례시 조문, 기자회견, 캠페인 전개, 서명운동, 항의집회, 할머니 돕기, 2000년 여성법정 참가, 아시아연대를 비롯한 각종 대회와 집회에 참석하고 있다.

(1) 일본군 '위안부' 문제 해결 운동에 초석을 놓은 교회여성들

일본군 '위안부' 문제 해결을 위한 운동 중심에는 현재 피해 생존자 할머니와 함께하는 '한국정신대문제대책협의회'가 있다. 그렇지만 정신대(일본군 '위안부') 문제를 처음 언급하고 이에 대한 사죄와 배상을 요구한 첫 시작은 바로 한국 교회여성이고 정대협의 초석을 놓은 사람들도 교회여성들이었다.

1984년 8월 23일 당시 일본 방문을 앞 둔 전두환 대통령에게 한국교회여성연합회(회장: 안상님, 이하 한교여연)와 한국기독교교회협의회 여성위원회(위원장: 박영숙, 이하 교회협 여성위)가 공동으로 한·일정상회담에서 정신대 문제와 기생관광 문제, 한국의 원폭피해자와 사할린 교포에 관한 문제를 의제로 삼을 것을 건의하였다. 이 건의서는 "여자정신대에 대하여 일본은 사죄하여야 합니다"라는 제목으로 "양국의 우호관계를 맺으려면 여자정신대 문제를 조속히 해결할 것"을 건의했다. 이 문서는 한국에서 정신대 중 '군위안부' 문제를 성 착취로 규정하고 일본에 사죄를 촉구한 첫 공식문서라는데 큰 의의가 있다. 교회협 여성위와 한교여연은 이듬해 1985년 3월 9일 일본 여성의 날에 교회협의 파트너인 일본그리스도교협의회에 기생관광 문제를 현대판 신정신대 문제라고 규정하고 일본에서 이를 거부하는 운동과 일본 정부에 사과를 촉구하도록 하는 운동을 벌여 줄 것을 요청하였다. 이 요청서에서도 거듭 군위안부 해결에 일본교회가 적극 협력할 것을 강조했다.[31]

기생관광이 '현대판 정신대'라는 인식을 하고 있던 한교여연은 당시

평화통일위원장 이효재 교수를 통해 일본군 '위안부' 문제에 관심하던 윤정옥 교수를 만나게 되고, 한교여연 내에 '정신대' 문제 답사팀을 구성하게 되었다. 정신대 조사위원들은 "정신대 발자취를 찾아서"라는 이름으로 1988년 2월 12일부터 보름 동안 오키나와를 비롯해서 규슈, 홋카이도, 도쿄, 사이타마현까지 조사활동을 벌였다. 그 답사 결과가 1988년 4월 21~23일까지 제주도에서 10개국 130명이 참석한 가운데 열린 '여성과 관광문화' 국제세미나에서 발표되어 회의 참석자들을 충격에 빠뜨렸다. 이 회의에 참석한 세계교회 여성들이 인권활동가들이었기 때문에 일본군 '위안부' 문제에 대한 국제연대의 다리를 놓게 되었다.

이 세미나를 계기로 1988년 5월 16일 한교여연 교회와 사회위원회에 정신대연구위원회가 만들어졌다. 1989년 1월 한교여연은 히로히토 일왕의 사망과 아키히토의 즉위에 즈음해 일본의 전쟁 책임 및 위안부 문제에 대한 사과와 배상을 촉구하는 성명서 발표하였다. 1990년 5월 18일 한교연과 한국여성단체연합, 전국여자대학생대표자협의회가 노태우 대통령 방일에 앞서 기자회견을 열어 "일본의 과거 범죄 중 특히 묻혀 있는 '정신대' 문제에 대한 일본 당국의 진상규명, 사죄와 배상이 반드시 이루어져야 한다"는 내용의 성명서를 내어 일본군 '위안부' 문제에 대한 여론을 불러일으켰다.[32]

### (2) 한국정신대문제대책협의회 탄생과 김학순 할머니 신고

한교여연을 중심으로 움직이던 일본군 '위안부' 문제가 전국적인 여

---

[31] 이현숙, 『한국교회여성연합회 25년사』, 385; 정대협20년사 편찬위원회 엮음, 『한국정신대문제대책협의회 20년사』(한울, 2014), 34-35.

[32] 한교여연, 「제18회 정기총회보고서」(1989), 96-97.

성운동으로 전개된 것은 "종군위안부 업무는 일본 정부와 무관하고 민간차원에서 행해진 일"이라고 한 일본 정부의 망언 때문이었다. 이에 분노한 한교여연 정신대연구위원회는 1990년 8월 25일 긴급회의를 열고 이 문제는 역사적 사안임으로 사회적으로 공유해야 할 문제임을 확인하고 범여성 차원에서 위안부 문제를 해결하자고 여성단체들에게 제안했다.

37개 여성단체가 1990년 10월 17일 기자회견을 열어 일본과 한국 정부에 항의하는 공개서한에서 "조선인 여성들을 종군위안부로서 강제 연행한 사실을 인정하고 공식 사죄할 것" 등 6개항을 요구했다.[33] 공동기자회견을 마친 37개 여성단체 대표들은 일본군 '위안부' 문제 해결을 위한 협의체를 구성키로 하였고, 1990년 11월 16일 '정신대문제대책협의회'를 만들었다. 정대협은 일본이 계속 위안부의 강제연행을 부인하고 한일문제는 한일협정에서 다 끝났다고 주장하자 피해 생존자 찾기에 나섰다. 1991년 7월 한교여연의 반핵평화한마당에서 김학순 할머니(동대문감리교회 교인)를 만나게 되었고, 마침내 8월 14일 처음으로 생존자 증언이 이루어졌다.

나는 김학순이요. 요즘 신문을 보니 나 같은 사람이 시뻘겋게 살아있는데 천인공노할 저놈들이 이렇게 거짓말을 하니 도저히 참을 수가 없소. 나는 남편도 없고 자식도 없고 오직 나 홀몸이니 거칠 것도 없소. 그 모진 삶 속에서 하나님이 오늘까지 살려둔 것은 이를 위해 살려둔 것 같으니 내 말을 다하리다.[34]

---

[33] 이현숙, 『교회여성연합회 25년사』, 385.
[34] 앞의 책.

김학순이라는 산 증인이 나오자 정대협은 한교여연 사무실에 1991년 9월 18일 정신대 신고전화를 개설하였다.[35] 위안부 피해자들의 신고전화 확대 필요성을 느낀 정부가 1993년 8월부터 대한적십자를 통해 피해 신고를 받았다. 정부에 등록한 피해자는 2018년 현재 총 239명이다. 이러한 조사는 정부가 할머니 생활지원법을 만드는 데 촉진제 역할을 하였다.

이렇게 해서 결성된 정신대문제대책협의회는 매주 수요시위를 주최하는 한편, 피해자가 있는 아시아 나라 단체들과 일본의 양심적인 세력들이 결합한 일본군 '위안부' 문제 해결을 위한 '아시아연대회의'를 이끌었다. 2000년에는 일본 도쿄에서 '여성법정'을 열어 "히로히토 유죄!" 판결을 받아내기도 하였다. 비록 상징적인 법정이기는 하지만 남과 북, 아시아의 피해 국가들이 함께 참여해 일궈낸 성과였다.

1992년부터 유엔인권위원회에 일본군 '위안부' 문제를 제기해 인권 관련 국제기구로 하여금 일본 정부에게 일본군 '위안부'에게 사죄하고 법적 배상을 하라는 권고를 하도록 이끌어내었다. 또한 미국 의회를 비롯한 여러 나라 의회 결의를 도출해내었다. 그리하여 세계에 일본군 '위안부'에 관한 전쟁범죄가 알려지기에 이르렀다. 이에 대해 일본은 민간단체가 한 것이고 국가 주도로 한 것이 아니라고 계속 부인하고 있다.

---

[35] 윤영애, 「정신대문제 해결운동에 관한 역자적 고찰과 전망」, 『이우정 선생 고희기념논문: 여성 평화 생명』(경세원, 1993), 230.

## 5) 정의, 평화, 창조의 보전을 위한 운동에 대한 성찰

이 시기는 여교역자회를 비롯한 기독여성운동이 '95통일희년운동, '95통일희년교회여성협의회에 매진하던 시기였다. 여기서 정해진 사업 외에 당시 사회가 부과하는 정의, 평화, 창조의 보전을 위한 운동에도 다양한 참여를 하였다.[36]

정의, 평화, 창조의 보전을 위한 활동은 여교역자회에서 사회선교로 전개하던 활동들이다. 앞에서 살펴보았듯이 세계교회협의회는 기독여성 10년에서 우선순위로 정의, 평화, 창조의 보전을 위하여 여성들의 결단과 헌신을 촉구하였다. 그뿐만 아니라 '정의, 평화, 창조의 보전'을 위한 세계대회에서 정의, 평화, 창조의 보전은 기독교인들의 삶의 양식이며, 신앙의 결단이어야 함을 선언하였다. 특히 세계가, 교회가 정의,

---

[36] 전국목회자정의평화실천협의회 주최 평화와 통일을 위한 금식기도회 참가, 한겨레신문사에 격려광고 후원금 보내기, 문익환 목사님 방북과 구속에 즈음하여 우리의 선언을 발표하고 문 목사 석방 진정서를 낸 일, 일본 교과서 왜곡 문제에 대한 우리의 입장 발표, 박순경 교수 석방대책위원회에서 실시하는 기도회와 유치장과 교도소 방문, 석방환영모임에 참석, 걸프 전쟁중지와 평화를 위한 교회여성기도회 참석, 한국군의 PKO(평화유지군) 파병 반대와 "전쟁의 위기를 고조시키고 한반도 평화정착을 깨뜨리고 국민의 부담을 가중시키는" 패트리어트 미사일 설치에 반대하는 운동, 방위비 삭감 캠페인 참여, 재일동포 선교현장 탐방 - 오사카와 교토, 재일동포 3, 4세 모국 방문 여신도회전국연합회와의 공동선교 프로그램으로 실시, 군축과 여성복지·방위비 삭감과 여성복지 세미나 참가, 걸프 전쟁 중지·국가보안법 폐지 서명운동, 고문철폐 서명운동, 자주평화통일민족회의와 연대, 안기부법 개악 반대 기자회견, 거리시위에 참석, 재일동포를 위한 색동의 집 건립 모금운동과 준공식에 참여, 북한-대만 핵폐기물협정 반대 기도회 참석, 가족법개정촉진대회 참석, 우루과이라운드 대응활동 - 우리농축산물 먹기 국민운동본부에 준비회의, 창립총회, 집행위원회, 운영위원회, 공청회 등 참석, 민주주의 구현운동, 기독교대책협의회에 참가단체로 참가, 공명선거 범기독교 단체에 동참활동, 성폭력 피해자 김부남 후원 활동, 여성노동자회관 건립 후원 활동, 바나나 수입 반대 및 불매운동 결의대회 참가, 철도노동자들의 농성기도회 시 경찰 난입사건에 대한 기도회 참석, 노동법 개악에 관한 기자회견과 비상기도회, 거리행진에 참석, 전두환 외 50명을 내란목적 살인으로 고소·고발 등.

평화, 창조의 보전을 위해 행동하는 것은 여성에게도 매우 중요하다. 단순히 여성으로 태어났다는 이유로 차별받고 억압당하며 사회의 변두리에서 사는 여성들의 삶은 여성 자신의 발전에 지장을 줄 뿐만 아니라 그들의 가정과 사회에도 역효과를 주기 때문이다. 기독여성의 활동 과제로 인종차별, 군국주의, 빈곤, 실업과 같은 특수한 억압을 규명하고 다국적 기업, 전쟁, 추방, 폭력, 매춘으로 생긴 경제적 억압을 제거할 것을 제시했다. 그런 점에서 그동안 한국여성들이 벌인 활동들은 기독여성10년의 정신에 부합하는 것이었다.

그러나 정의, 평화, 창조의 보전을 위한 기독여성의 활동은 교회협과 기장총회를 중심으로 한 '95통일희년운동에 치어서 여성과 사회 전반을 위한 운동으로 전개되지 못하였다. 여교역자회도 예외는 아니어서 교회협 여성위원회가 전개하는 통일희년운동, 범 교회여성들의 '95통일희년교회여성협의회 주관 단체로서 여기에서 전개하는 활동에 참여하는 것에 무게축이 실렸다. 정의, 평화, 창조의 보전을 위한 여교역자회 활동은 여교역자들이 목회하는 일선교회 여성 밑바닥까지 의식화를 이루지 못했다는 점도 아쉽다. 여교역자회와는 별개로 회원들이 목회하는 교회는 여전히 치유 일변도의 사업을 벌이고 있고, 통일운동도 운동의 차원이 아니라 협의회 참석이나 기도회 등 행사 위주로 사업을 벌인 곳이 많았다. 국가보안법 폐지나 방위비 삭감 운동에 여교역자회 회원들이 소극적으로 대처했는데, 아마 반공주의 후유증이 아닌가 생각된다. 운동이라는 말을 쓰면 마치 비기독교적인 것 같고 선교나 사회봉사라는 말을 써야 기독교적인 것 같이 생각하는 일부 회원들의 정서는 이 땅에 정의, 평화, 창조의 보전을 위해 교회여성의 힘을 모으는데 장애 요인이 되고 있다.

## 3. 여성의 눈으로 신학하고 영성을 나누는 일

여성들이 스스로 신학하고 영성을 나누는 일은 "신앙과 영성을 어떻게 표현하는가?" 하는 질문에 답하는 작업이다. 이 작업은 여성들이 여성들의 억압과 해방 그리고 희망이라는 맥락에서 성서를 새롭게 읽기를 촉구한다. 이제까지 남성신학자의 가르침을 받고 살아 온 여성들이 여성의 경험을 토대로 스스로 신학 작업을 하고 여기서 얻은 통찰과 영성을 함께 나누는 일을 하는 것이다. 이를 위해서 선행되어야 하는 것이 여성신학적 인식이다.

### 1) 여성신학적 인식을 넓히는 일

여교역자회는 여신학자협의회가 하는 여성신학 통신교육을 비롯한 강좌와 세미나 참석, 교회협 여성위원회와 한국여교역자회연합 모임에서 하는 여성 목회와 관련된 교육, 아시아여성신학교육원의 여성신학 강좌, 기독교여성평화연구원의 자료 등을 통해서 회원들의 여성신학적 인식의 틀을 넓혀 왔다. 여교역자회에 지도력개발원이 설립되면서 이동강좌를 통해 여성의 눈으로 신학하는 강좌를 많이 열었다. 신학하기 작업을 보면 1992년부터 1997년까지 총 36회의 이동강좌에서 여성신학과 관계된 것이 20회 이상이다.

창립 초기부터 여교역자들의 자질 향상과 지도력 육성을 위해 애써 온 여교역자회는 1992년 독일교회 개발도상국 원조본부(EZE)로부터 지원을 받아 부설기구로 '지도력개발원'을 설립하여 여교역자의 지도력과 전문성 향상을 위한 교육훈련을 시작하였다. 프로그램은 크게 여교역자의 자질 향상과 지도력계발, 여교역자 계속교육, 지역사회 선교교육과 훈련 세 과정으로 이루어졌다. 교육기간은 1991년부터 97년까지 6년 동안 이루어졌다. 여교역자들의 자질 향상과 지도력계발을 위한 프로그램은 이동강좌와 월례강좌, 상담훈련과 심성계발, 여교역자 교육대회, 미래지도자 여신학생 교육으로 실시되었다.

### (1) 이동강좌와 미래세대를 위한 교육

여교역자회는 회원 지도력 심화를 위한 계속교육이나 여전도사 과정, 선교대학원 과정은 선교교육원에 계속 위탁했지만 여교역자 기본교육은 지도력개발원을 통해서 실시하였다. 지도력개발원이 맨 처음 시도한 것은 지역과 목회현장을 찾아가는 이동강좌였다. 그동안 대부분의 교육이 서울에서 실시되는 관계로 시간과 비용관계상 지역 여교역자들이 교육에 참여하기 어려운 경우가 많았다. 이를 위해 지역과 현장을 찾아가는 이동강좌 프로그램을 개설하였다. 이동강좌는 지역에서 목회하는 여교역자를 위해 취해진 방안으로, 사실상 여신도교육원의 이동강좌를 벤치마킹한 것이다.

이동강좌의 목적은 여교역자들의 자질 향상과 지도력계발이다. 지역 이동강좌의 목표는 지역회 조직의 활성화와 회원들 간의 유대를 통해 교회 안에서 여교역자들이 가진 공통적인 과제를 발굴하며 함께 해결할 수 있도록 돕는 것이었다. 이동강좌는 1박 2일, 또는 하루 동안 진행되었으며, 중요 내용은 여성신학, 여성 목회, 목회상담, 여성사 찾기와 성폭력 등 여성 인권현실에 관한 주제였으며 지역 요청에 따라 농어촌 문제나 환경 문제 등을 다루었다.[37]

---

[37] 다룬 내용: 창세기 설화에 대한 여성신학적 성서연구, 가정 내에서의 성폭력 문제에 대한 여성 문제 접근, 여성신학 입문강좌: 여성신학적 배경, 여성신학의 성격과 방법론, 여성신학적 성서해석: 신·구약, 여성신학의 하나님, 예수, 성령과 구원, 기독교 가부장제의 역사

이러한 주제로 교육내용을 삼은 것은 기독여성10년의 영향이 크다. 개발원은 이동강좌 초기에 서울에서 강사를 파견했으나 노회가 있는 모든 지역에 지역회가 생기자 지역회의 지도력을 이용한 이동강좌로 전환하기 시작했다. 예를 들어 1997년의 경우 수도권 지역회 월례강좌에서 "21세기 목회와 찬양"이라는 주제로 수도권 지역의 회원인 조건희 목사가, 충북지역회에서는 "한국교회의 여성 목회 신학정립을 위한 연구"라는 제목으로 충북지역회의 회원인 고은영이, 전북지역회의 경우 "나그네와 같이 삶"이라는 주제로 박옥신이 강사로서 활동한 것이다. 지도력계발교육을 통해 역량이 강화된 회원들이 배우는 사람에서 가르치는 사람으로 발전한 것을 보여준다. 이동강좌 강사진 전체를 보면 총 48명에서 30명이 여교역자회 회원으로 포진되어 이미 여교역자회 회원들이 지도력으로 성장했음을 드러내 주고 있다.

여교역자회는 초기에는 회원의 지도력 육성에 초점을 맞추었으나 1993년부터 미래의 여교역자들인 여신학생 지도자 육성에 관심을 가졌다. 미래지도자 교육은 한신대학교 신학부 재학생들과 신학대학원

와 여성 해방의 단서들, 한국여성신학의 과제와 전망, 정보화 시대와 여교역자, 통일희년과 여교역자, 여성 목회의 과거·현재·미래, 한국기독교 역사 안에서 여전도사와 현재 우리의 위치, 여교역자로서의 위치와 위상, 바람직한 여성 목회의 모색, 노회 안에서의 여교역자의 위치, 여성의 눈으로 드리는 주의 기도, 여성신학의 이해, 지혜문학과 여성, 하나님의 증인들과 이야기를 전하는 사람들, 파트너십과 여성 목회, 예수의 증인들, 기장 역사와 여교역자협의 역사들이다.

이동강좌 강사진은 1992년: 신윤옥, 한국염, 이재훈, 양미강, 박승화, 1993년: 박성자(목사), 명노선, 한국염, 김거성, 최병상, 김애영, 1994년: 장기찬, 이병창, 명노선, 양미강, 정숙자, 김대선, 박수현, 한국염, 박성자(전도사), 최현남, 1995년: 김기범, 이영숙, 양미강, 허완심, 이순태, 최우열, 1996년: 조건희, 정숙자, 이문숙, 고은혜, 고은영, 곽분이, 이병창, 박옥신, 김은수, 나선정, 1997년: 한정애, 고은혜, 심구오, 김진수, 이강실, 김화자, 허완심, 장길섭, 이길구, 정화진, 오영석 등이었다. 시행 지역은 1992년부터 98년까지 서울·경인 지역, 전북, 전남, 광주, 충청, 충경, 수도권 지역, 경상, 충남 지역에서 해마다 연 2회 이상의 이동강좌를 실시하였다.

여학생, 총회교육원 여전도사 과정에 있는 사람들을 대상으로 진행되었다. 이 교육의 취지는 현재 재학 중인 여신학생들과 신학대학을 졸업한 젊은 여신학도들이 한국교회의 미래 교역자로서 정체성을 갖게 하는 데 있다. 진로에 대한 희망, 여성지도자로서의 기반을 다지게 한다는 목적으로 10회의 교육을 실시하였다. 교육내용은 여성신학과 통일·평화, 여성 목회에 관한 발제와 토론, 선배들과의 대화, 여성 목회자로서의 미래 설계 등으로 이루어졌다.[38]

---

[38] ① 한신 학부여학생 훈련:
- 제1차 모임(93년): 주제 - 우리의 미래, 여성신학적 성서연구, 우리가 누구인지, 왜 신학을 하고 있는지, 우리의 진로, 여교역자로서의 미래는 어떠한지, 공동작업을 거쳐 미래 여교역자의 상을 모색해 보기 위함.
- 1차 교육(94년): 3월 18일~6월 17일까지 4개월 동안 격주 금요일, 프로그램: (여성신학입문과정 - 여성신학의 배경, 여성신학의 흐름들, 여성신학적 신·구약 이해); 2차 교육: 주제 - "우리가 새 날을 낳으리라", 프로그램 - 목회와 우리의 자세, 여성신학 강좌와 실천과제 토론, 인간관계 훈련과 결단 예배; 3차 교육: 여성신학 훈련을 위한 준비모임
- 1995년도 1차 교육: 주제 - "막힌 담을 헐고 화해하는 공동체", 프로그램 - 주제강연, 선배와의 대화, 현장 교회에서의 여교역자 역할, 개회예배와 폐회예배, 그룹토의
② 신학대학원 여학생과 교육:
- 1차 교육(93년): 여성 목회자의 위치와 역할에 대한 미래 전망, 현재 목회 현장에서 일하고 있는 부교역자의 현실, 앞으로의 진로와 결혼 문제
- 2차 교육(94년): 여성신학 입문, 성서 속에서 찾은 파트너십 모형
- 3차 교육(95년): 주제 - "나의 목회관 정립을 위하여"
- 4차 교육(97년): 주제 - "21세기를 준비하는 여교역자", 프로그램 - 주제강연, 현장과 삶의 이야기, 그룹토의, 질의응답, 대화
③ 21세기를 향한 미래 여성지도자 여신학생(한신대학부, 신학대학원) 연대 훈련
- 1차(94년): 주제 - "황무지야, 내 기쁨을 꽃 피워라"(사 35:1), 프로그램 - 예배, 주제강연, 인간관계 훈련, 교회여성운동에 대한 발제와 분반토의, 성서연구, 종합토의, 평화기도 리본 잇기, 결단예배
- 2차(95년): 주제 - "희년의 나팔을 온 땅에"(레 25:9, 눅 4:18), 프로그램 - 예배, 주제강연, 성서연구, 희년정신에 비춰본 교회와 학교에서 우리의 모습에 대한 발제와 토의, 친교, 아침명상, 폐회예배

(2) 지역사회 선교교육과 목회자 훈련

당시 많은 여교역자가 농어촌 벽지교회와 특수선교 현장에서 목회 활동을 하고 있었다. 도시빈민 목회와 농촌지역 목회는 지역에 맞는 지역사회 선교와 함께 교회공동체를 만들기 위한 선교 프로그램 개발이 필요하였다. 또한 여성 목회자들이 지도력을 발휘하며 한국교회를 갱신할 수 있는 여성 목회 모델들을 제시할 필요가 있었다. 이를 위해 지역과 목회에 적합한 선교훈련이 요구되었다.

지역사회 선교교육은 이론과 현장훈련으로 이루어졌다. 현장훈련은 도시빈민과 민중목회 전문 훈련, 농촌문제 전문 훈련, 단독목회자 선교 훈련, 기관실무자 훈련으로 이루어졌다. 훈련방법은 각 선교 훈련의 모델이 되는 곳을 방문하여 이론공부와 함께 경험과 실습을 하는 프로그램으로 훈련이 이루어졌다.

▶ **도시빈민 목회자 훈련:** 도시빈민 목회자 훈련은 도시빈민과 공단지역 민중목회자를 중심으로 이루어졌다. 1992년 7월 5~8일에 시작된 프로그램은 현장문제 토론과 결속을 위한 영성수련과 민중목회에 대한 강의, 현장보고, 대안모색을 위한 토론으로 진행되었다. 처음 훈련에는 민중교회 여성 목회자 7명이 참석하였다. 1994년 3월 6~8일에는 전남 여수 오동도에서 도시빈민을 위한 결속과 토론 모임으로 진행되었으며 전규자 목사가 진행하였다.[39] 1995년 무렵에 도시빈민 목회를 하던 민중교회 여성 목회자들이 민중목회자 반을 구성하였으며 도시빈민 목회자 훈련은 민중교회 여성 목회자 교육으로 이루어지게 되

---

[39] 당시 민중목회 여성교역자는 조인영(인천 송현샘교회), 전규자(구로 늘푸른교회), 서애란(인천 해인교회, 후에 김성희 목사로 바뀜), 박수현(새뜻교회, 후에 여민교회), 박상희(전주 나눔교회), 정현숙(광주 발산교회), 명노선(서울 새움교회)였다.

었다. 10명의 반원들이 1997년 2월 26~27일 기독교농촌개발원에서 도시와 농촌 민중목회자와의 만남을 실시하였다.

▶ **농촌문제 전문 훈련:** 농촌문제 전문 훈련은 농어촌 지역 목회자를 대상으로 실시하였다. 특히 피폐화되어 가는 농촌문제에 초점을 맞추면서 훈련을 실시하였다. 제1차 교육은 농어촌 여성 목회자 25명이 참가한 가운데 1992년 9월 14일에 충청북도 중신교회에서 열렸다. 프로그램은 환경보전 유기농법과 우리 농수산물 먹기 운동, 농촌교회와 도시교회와의 연대, 현장답사 과정으로 구성되었다. 농촌문제 선교 훈련은 1996년 6차까지 다양한 주제로 매년 열렸다.[40]

초기에 농어촌문제 전문 훈련과 민중목회 전문 훈련으로 실시되던 목회 영역은 '특수목회'라는 이름으로 자리매김되었다. 여교역자 회원들은 1997년의 경우 특수목회를 30% 이상 하고 있는 것으로 조사되었다. 특수목회의 범주는 도시빈민 목회·농촌 목회·장애인 목회·민중

---

**40** • 제2차 교육은 1993년 12월 13~14일 대전 유성 경하장에서 농어촌 지역에서 단독목회를 하는 회원들을 대상으로 "생명을 살리는 농촌목회를 어떻게 할 것인가?"를 주제로 실시되었다. 프로그램은 주제강연과 나의 농촌목회 전략 나누기로 진행되었다.
• 제3차 훈련은 1994년 1월 18일, 25일, 2월 1일, 2월 15일, 2월 22일, 3월 8일, 3월 15일 7회기에 걸쳐 대전교회에서 성서와 농민신학, 환경 문제, 우루과이라운드 이후의 한국 농촌과 유기농, 농촌 여목회자의 사명에 대해 교육을 받았다. 참석자는 연인원 105명이었다.
• 4차 훈련은 같은 해 10월 27~28, 11월 7~8일, 11월 28~29일에 농촌 목회 회원 11명이 참석하여 경북 의성 효선농장, 충북 괴산 흙살림연구소, 전남 백운교회에서 유기농법, 흙살림연구, 죽어 가는 농촌을 살리는 길에 대한 훈련을 하였다.
• 제5차 훈련은 1995년 2월 21~24일 경북 영광군에서 농촌 목회 훈련 전 과정을 마친 회원 4명이 참여하여 복음서와 사도행전을 중심으로 성경공부와 노동을 집중으로 하고 목회현장을 방문하였다.
• 제6차 훈련에는 1996년 새 하늘과 새 땅을 여는 모임 교육강좌반에 파송하여 교육을 받았다.

목회 등을 포괄하고 있다. 여교역자회는 각 지역에 맞는 지역사회 선교
와 함께 교회공동체를 만들기 위한 선교 프로그램을 개발하도록 돕는
프로그램을 실시하였다. 그 첫 시도로서 1996년 9월 9~10일 예수재
활교회에서 장애특수목회 현장보고 및 경험 나누기 프로그램을 했
고, 1997년 1월 20일에는 "사회복지 선교의 과제, 발산교회를 중심으
로" 경험 나누기를 하였다.

### (3) 기관 실무자 모임

여교역자회는 1991년 8월 30~31일 양평 예장 여교역자회 은퇴 여
교역자를 위한 안식관에서 "기장여성 어디쯤 가고 있나?"라는 주제로
기관 실무자 21명이 모인 가운데 세미나를 실시하였다. 프로그램은 개
회예배, 주제강연, 문제제기, 우리들의 이야기, 아침명상, 토의, 폐회예
배로 진행되었다. 이날 세미나 토의 결과 전문인력 양성을 목표로 장기
계획을 수립하는 안을 모색하고 여자교수 양성 및 채용, 한신대학 안에
여성연구소 설치, 여성대학을 설치하여 전문인력 양성이 필요하다는
데 의견일치를 보았다.[41]

제2차 기관 실무자 수련회는 1992년 9월 4~5일 영보수녀원에서

---

[41] 이 날 합의된 사항은 다음과 같다. ① 기관 실무자 그룹을 조직, 정기적 모임을 갖고 활성화
하기 위해 대표에 한국염, 서기에 유근숙을 선정함, ② 전문인력 양성을 목표로 장기계획을
수립하는 안을 모색할 것, 여자교수 양성 및 채용, 한신대학 안에 여성연구소 설치, 여성대
학을 설치하여 전문인력 양성이 필요하다는 데 의견일치를 보았다. ③ 추진방법으로는 기
장 범여성연대구조를 형성하되 1단계로 여교역자회와 여동문회가 논의하고 2단계로 여신
도회와 연결하는 안으로 추진한다. ④ 기장여성발전 연구위원회 구성을 건의하기로 하고
기관실무자 연구위원은 이현숙, 김윤옥, 나선정, 정보영, 서애란과 2명은 추후 선정하기로
하다. ⑤ 다음 모임은 기장여성운동의 조직 이론과 실제를 다루되 비민주적인 현장을 개선
하여 실무구조를 민주화 하는 일을 연구키로 함, ⑥ 기관 목회 실록을 발간키로 하고 실무자
양성을 위한 훈련을 여교역자회에 요청키로 하였다.

"나와 우리의 위치와 역할, 내일의 설계에 대해"라는 주제로 기관 실무자 15명이 참석하여 영성수련으로 이루어졌다. 1993년에는 10월 21~22일 설악산에서 교회기관에서 일하는 회원 10명이 참가하여 기관 실무자들의 결속을 위한 제언과 전망에 대해 이야기와 친교를 나누었다. 이후 기관 실무자 모임은 더 이상 진행되지 못했다.

### (4) 여교역자 교육대회와 총회교육원 위탁 여교역자 계속교육

여교역자들의 자질 향상을 위한 중요한 장의 하나는 총회시에 실시하는 교육대회다. 총회와 교육대회의 주제는 특별한 경우를 제외하고 세계교회협의회와 교회협의 주제를 참고해 교단 총회가 정한 주제를 받아들였다. 총회기간에 열리는 교육대회는 여교역자회 총회 3시간을 빼고는 모두 교육에 할애하였다. 개회예배와 폐회예배, 기도회 등 예배의식과 내용도 곧 회원들의 의식에 깊은 영향을 주기 때문에 중요한 교육의 일환이 되고 있다. 여교역자회 예배 형식과 내용은 교회협의 기독여성10년 선포와 한국대회 이후 에큐메니칼 여성기관들이 개발한 예배의식과 내용을 참조해서 구성되었다. 프로그램은 예배와 주제 강연, 현실 문제에 대한 특강, 여성의 눈으로 하는 성서연구, 목회현장 보고, 여교역자의 지위확보와 지도력 향상을 위한 방안 모색, 여성 목회 현장과 여성 목회자상 모색 등이었다. 교육은 강의와 워크숍, 토론으로 진행되었다.[42]

---

[42] • 1988년에는 6월 20~23일 선교교육원에서 "나를 사랑하느냐? 내 양을 먹이라!"라는 주제하에 주제강연 1 '평화통일과 한국교회', 주제강연 2 '나를 사랑하느냐? 내양을 먹이라', 성서연구 1, 2, 공동연구작업, 박물관견학, 현장보고 – 해외교회 여교역자 현장(일본과 독일), 특강 – 영성의 정립과제, 폐회예배로 진행되었다.
• 1989년에는 6월 19~22일 선교교육원에서 "너희는 나를 누구라 하느냐?"라는 주제로 열렸다. 프로그램은 주제강연, 세계교회와 북한선교, 짓밟히는 여성의 현장, 성서연구

여교역자회는 교단 선교교육원에 여전도사 계속교육과정과 선교신학대학원 1년 연구과정을 위탁해 여교역자들의 지도력 계발을 지원하였다. 여교역자 계속교육은 총회교육원 위탁교육으로 여전도사 1년 과정과 선교신학대학원 과정으로 1992년부터 시작하여 93년 상반기까

1,2, 통일교의 실태, 나의 목회현장, 교단의 선교방향, 영성훈련과 목회, 여성신학 연구발표, 목회정보교환, 종합정리, 나라를 위한 예배, 폐회예배로 진행되었다.

- 1990년에는 6월 18~21일 선교교육원에서 "정의, 평화, 창조의 보전"이라는 주제로 열렸다. 프로그램은 주제강연, 특강 – 한국여성의 한, 모성목회의 재발견, 시사강연, 통일과 여성, 우리 농축산물 먹기, 성서연구 1, 2, 토의, 여교역자의 소리로 진행되었다.
- 1991년에는 5월 14~17일 선교교육원에서 "성령이여 오소서, 우리를 새롭게 하옵소서!"라는 주제로 열렸다. 프로그램은 주제강연, 인간관계 훈련, 성서연구 1, 2, 바람직한 교회성장, 환경문제 해결방안, 기장신학과 교회행정, 목회현장 보고 및 공동연구, 희년과 여교역자의 과제, 종합토의, 폐회예배로 진행되었다.
- 1992년에는 5월 27~30일 총회교육원에서 "평화목회 실현을 위한 목회설계"라는 주제로 열렸다. 프로그램은 주제강연 1: 평화실현 목회 신학과 실제를 위한 제언, 주제강연 2: 여성과 평화운동, 성서연구 1: 여성신학적 해석 연구 –호세아의 아내, 성서연구 2: 평화의 복음, 성서연구 3: 민족들의 평화 – 각자의 포도나무와 무화과나무 아래서, 교단과의 대화(총회, 교육원), 그룹별 토의, 영성훈련, 여예언자의 소명예배, 폐회예배로 진행되었다.
- 1993년에는 수원 아카데미 사회교육원에서 "광야를 지나 약속의 새 땅으로"라는 주제로 열렸다. 프로그램은 주제강연 1: 생명목회를 위한 목회신학, 주제강연 2: 여성성의 회복과 생명목회, 성서연구 1: 성서와 생명, 성서연구 2: 여성신학적 방법론, 생명목회를 위한 목회상담, 특강: 재일한국인 문제, 선교현장 보고와 목회대화, 교단 새역사 40주년 보고로 진행되었다.
- 1994년에는 5월 10~13일 수원아카데미 사회교육원에서 "약속의 땅에 의를 심어 사랑을 거두라"라는 주제로 열렸다. 프로그램은 하나님 창조의 동역자로서의 여성 목회, 땅에 심는 정의, 심방과 여교역자, 21세기 전망과 민족의 통일, 미리 보는 북녘과 북한의 실상들, 성서와 현장(치유목회), 공동체시간 – 문화한마당, 예배와 경건회, 자유대화와 토론으로 진행되었다.
- 1996년에는 5월 28~31일 제주 동부교회에서 "막힌 담을 헐고 화해하는 공동체"라는 주제로 열렸다. 프로그램은 주제강연, 일본과 한국의 목회현장 보고, 공동체 훈련, 성서연구, 선교유적지 탐방으로 진행되었다.
- 1997년에는 5월 20~23일 충주 서남교회에서 "먼저 그의 나라와 그의 의를 구하라"라는 주제로 열렸다. 프로그램은 주제강연, 성서연구, 특강 1, 특강 2, 30주년 기념예배로 진행되었다.

지 진행되었다. 이 교육과정은 교육원에 2년제 여전도사 양성과정이 만들어지고, 목사고시 자격에 신대원 이상의 학업 이수가 의무화되면서 폐지되었다. 여전도사 과정은 목회상담과 실제, 에큐메니칼운동의 동향, 여성신학, 한국교회와 사회운동사, 기독교윤리학, 성서연구방법론, 성인교육론, 한국사, 발달심리학, 기독교신학사상사, 민중신학 등으로 구성되었고 한 학기에 10명 정도가 참가하였다.

선교신학대학원 과정은 1992년에는 예언서 연구, 바울신학, 한국현실과 기독교윤리, 기독교와 사회주의, 기독교교육방법론, 종교사회학, 민중신학, 목회심리와 상담론, 공동연구로 선교신학과 목회임상, 선교신학, 민중연구, 한국 사회와 생명목회 창조, 현대신학, 원시교회 연구 등이 본 과정이었다. 화요특강으로 교회개혁의 대안공동체, 통일운동과 한국교회, 현재기술과학의 문제와 기독교가 실시되었다. 강사들은 주로 선교교육원 교수진들이다.

## 2) 여성신학적 영성을 표현하는 일

여성들이 신학하고 영성을 나눈다는 말에는 여성신학에 근거한 영성을 어떻게 표현하느냐 하는 것이 포함되어 있다. 여성들의 경험을 근거로 정의, 평화, 창조의 보전과 관련되는 찬송, 노래, 기도문을 만드는 일이 제안되었다. 몇 시간의 강의보다 한 번의 예배가 주는 효과를 감안한다면 예배 형식이나 찬송, 노래, 기도문 등 여성들의 영성을 담는 작업은 매우 중요하다.

### (1) 예배에 여성의 영성을 담아내는 일
여교역자회의 예배 양식은 1988년 이후 많은 변화를 겪는다. 교회협 여성위원회나 여신협이 주관하는 예배 형식과 내용이 여교역자회 예배에 가미되었다. 공동기도문 내용에 평화와 일치, 분단 극복이 들어가고, 예배 말씀 선포도 공동선포 형식으로 여성의 소리가 전달되고 있다. 예를 들어 여교역자회 예배연구팀은 1990년 6월 18~21일 '정의, 평화, 창조의 보전'이라는 주제로 드리는 '여교역자의 소리' 예배에서 마가복음 14장 3-9절의 예수께 향유를 부은 이름 없는 여인에 대해 여성의 눈으로 읽고 이런 메시지를 마련하였다.

여교역자의 소리

① 목적지향적이고 권위지향적인 사람들은 인간의 심연을 보지 못하기가 쉽습니다.
② 예수님의 제자들이 그랬습니다.
③ 가난한 사람들은 그들에게 언제나 큰 부담이기도 했습니다.
④ 예수님의 평소의 가르침을 충실하게 실행하기 위함이기도 했을 겁니다.

① 그러나 예수님의 제자들은 예수님의 심연을 보지 못했습니다.
② "너희는 나 때문에 법정에 끌려가게 될 것이며, 회당에서 매를 맞을 것이다"는 말씀을 믿을 수 없었고 당황스럽기만 했습니다.
③ 수난의 길, 예루살렘 입성을 대관식 하러 가는 것으로 착각했습니다.
④ 수난의 길, 도상에서까지 제자들은 자리다툼을 하고 있었습니다.

① 어떤 여자가 남성 중심의 가부장적 사회에 전통과 예법을 무시하고 비집고 들었습니다.

② 마가, 마태에서 예수님의 머리에 부어진 여자의 향유가, 요한에서는 예수님의 발에 부어집니다.

③ 그때 당시 어떤 사람이 누구에게 향유를 부었습니까?

④ 손님들의 기분을 상쾌하게 하기 위해서 주인이 손님에게, 죽은 사람에게서 향내가 나게 하고 경의를 표하기 위해서, 병자를 치유하기 위해 향유를 부었습니다.

다같이: 왕이나 메시야로 선택된 자에게, 하나님께서 세우심을 나타내기 위해서 예언자가 향유를 부었습니다.


① 어떤 여인은 예수 그리스도에게 향유를 부어 메시아의 임무를 잘 감당하게 하는 여예언자입니다.

② 어떤 여인은 예수님의 상처받은 인성 곁에서 향유를 부어 고독한 인성을 치유하는 놀라운 역할을 합니다.

③ 어떤 여인은 예수 그리스도의 수난을 확실하게 믿고 받아들이며, 제자들처럼 그 길을 막고 나서는 것이 아니라 주검에 경의를 표하는 예수님의 참 제자였습니다.

④ 어떤 여인은 주인을 대신해서 손님을 극진히 대접하는 본을 보였습니다.

다같이: 그러나 후기 기독교는 어떤 여인의 행위를 방탕한 삶에 대한 속죄행위로 규정지으려 했습니다.


① 우리 여교역자는 예수 그리스도의 머리에 향유를 붓는 여인이 되고자 합니다.

② 우리 여교역자는 남자 제자들이 상상조차 할 수 없었던 고독한

예수님 곁에서 평생을 살고자 합니다.

③ 우리 여교역자는 십자가를 지고 가신 예수님의 뒤를 따라 우리 의 십자가를 지고 따르고자 합니다.

④ 우리 여교역자는 내 이웃을 내 몸 이상으로 극진히 섬기고자 합 니다.

**다같이**: 우리 여교역자가 어떤 여인이 되는 소리가 납니다. 그 소리 가 바로 '여교역자의 소리'입니다. 우리 여교역자는 언제라도 어 떤 상황에 처하더라도 '여교역자의 소리'를 낼 수 있기를 주님의 이름으로 축원합니다. 아멘.

❖ 서로가 서로의 머리에 향유를 발라줌: 두 팀으로 둘씩 나와서 "여교역자의 소리"로 인사한 후에 서로의 이마에 기름을 발라준 다.

❖ "여교역자의 소리" 노래… 혼자 소리로는… (다같이) 혼자 소리 로는 할 수 없겠네, 둘의 소리로도 할 수 없겠네 둘과 둘이 모여 커다란 함성될 때 저 어리석은 자 깨-우-칠-수-있네

❖ 공동축도 (모두 손을 잡고)

이제는 우리에게 삶의 모범을 보이시며 사시다가 죽음을 앞두고 어떤 여인으로부터 머리에 기름부음을 받으신 예수 그리스도의 크신 은총과 우리 인간들을 위해 예수 그리스도를 십자가에 내 어 주신 하나님의 크신 사랑과 예수님께서 부활하시어 보혜사로 오신 성령의 감동 감화하심이 이 자리에 모여 '여교역자의 소리' 로 예배를 드리며, 어떤 여인처럼 예수 그리스도에게 향유 붓기 를 원하고, 서로의 이마에 기름을 바른 여교역자들 위에 영원히 함께 있기를 축원합니다.[43]

여교역자회 회원들은 에큐메니칼 기독여성들이 하는 프로그램에 참여하면서 여성신학적 인식의 지평을 넓혀 가게 되었고 이를 통해서 많은 역량을 키웠다. 여성의 눈으로 성서읽기를 하고 그 텍스트에서 설교문과 기도문을 작성하고 적합한 노래를 도출해내는 작업을 해왔다. 이렇게 역량이 쌓여 처음에는 짜인 예배에 참석하던 데서 예배문을 만드는 능동적인 참여자로 바뀌었다. 1990년대 기독여성 행사의 예배문을 만드는 데 여신학자협의회, 기독여민회와 함께 여교역자회 회원들이 많이 참여했다. '95통일희년교회여성협의회 여성대회의 예배문도 그 결과였다.

(2) '목회현장' 발간을 통해 여교역자들의 영성을 담아낸 일

여성학이나 여성신학에서 중요하게 생각하는 것 하나가 여성들의 이야기를 담아내는 것이다. 남자들의 역사만을 역사(History)로 인정하는 세상에서 '여성들의 이야기'(Herstoy)를 만들어내는 것도 여성들이 스스로 신학하는 일과 영성을 나누는 일에 속한다. 이런 '허스토리' 작업은 예술의 형태로 담아낼 수도 있고, 문학의 형태로 담아낼 수도 있다. 여교역자회는 여성 목회자 허스토리의 하나로 여성 목회지를 발간하였다. 1990년 여성 목회 현장이야기를 진솔하게 담은 『목회현장』을 발간하였다.

목회현장 이야기는 1987년부터 준비했으나 1990년에야 출간하게 되었고 이름도 '목회실록'에서 '목회현장'으로 바뀌었다. 총 350부를 발간했고 참여한 집필자 수는 21명이다. 『목회현장』을 발간하게 된 취지는 "여목사 제도가 만들어져서 우리의 지위도 하나님 창조의 본래 모습

---

43 「제23회 총회보고서」(1990), 8-10.

을 누리며 새 역사를 살게 되었다. 오늘날 2백여 회원이 각계에서 일하면서 우리 나름의 생과 사역에 종사하고 있다. 자기가 한 일을 중심으로 준 자서적인 글을 남겨 한국선교 100년과 기장여교역자회 20년의 여교역자 발자취를 남기려 함"이었다."[44] 처음 구성과는 달라졌지만 다양한 목회현장에서 일하는 회원들의 진솔한 이야기를 담는 데 초점을 두었다. 가난한 이웃들의 이야기에서부터 지나온 이야기와 한국교회 속에서 여교역자의 뜻을 심어가는 이야기까지 교회 안과 교단 그리고 연합기관에서 또는 여성운동의 광장에서 뜻을 펴가는 기장인들의 소리를 담았다.[45]

## 3) 상담과 영성훈련을 통한 여교역자들의 자기계발

상담훈련은 회원들의 자매애를 강화하는 데 큰 역할을 했다. 프로그램은 기초과정과 전문과정으로 진행되었으며, 전문과정은 3개월 단위로 기본과정, 중급과정, 협의과정으로 진행되었다. 기초과정은 심성 및 영성계발을 위한 훈련과정으로 여교역자들의 자아발견과 치유 그리고 목회현장에서 올바른 상담자로서 역할을 감당하도록 도우며, 여교역

---

[44] 「21회 총회보고서」(1988), 22 참조.

[45] 논단은 "여성 목회: 목회현장의 재발견"(박성자), "여성신학: 성서가 가르치는 해방된 여성"(김윤옥), 강연은 "생명문화운동과 목회"(김경희), "여자와 남자의 공동체"(이현숙), "뜻을 편 삶에 교육자로서의 삶을 되새겨본다"(이우정), "지극히 작은 사람으로"(정숙자), 해외 교류에 "일본 여성교직자 연구회 참가 보고"(나선정), "일본 여성 교직의 역사와 실태"(도꾸다 미찌꼬), 현장의 소리로 "노동자 선교: 해인교회"(서애란), "농촌선교: 시흥교회"(정점례), "어촌교회: 사후도교회"(임칠현), "도시빈민선교: 늘푸른교회"(전규자), "20주년기념교회: 갈릴리교회"(현말렬), "기성교회: 봉화교회"(하성순), 선배란에 "김원자 전도사 편"(윤경애 전도사/김영희 전도사), 목회수상에 "출발 착한 양"(김정묵), "함께 하리라"(박수현), 석사논문 "Thomas H. Groom의 Shared Praxis 방법과 한국교회 여성교육"(김지선). 『현장목회』(한국기독교장로회 여교역자협의회, 1990).

자들 회원 간의 친교와 유대 강화에 목표를 둔 교육훈련이다. 총 10회기로 한 과정에 4박 5일 기간으로 진행되었으며 한 회기에 12명~15명회원이 참석하였다. 훈련은 상담이론 공부와 집단상담 형식으로 진행되었으며 기초과정 후에는 기초과정에 참여했던 회원을 대상으로 후속 훈련이 실시되었다. 후속 훈련은 역시 3박 4일의 심화과정으로 진행되었다. 기초과정에 참여한 회원은 16기에 걸쳐 180여 명에 달했다.

심성(영성)계발 수련일정은 4박 5일 기간으로 진행되며 아침 5:30분에 기상해서 밤 10시에 취침하는 훈련으로 이루어졌다. 내면 성찰과침묵, 나는 누구인가 묵상, 여가와 명상, 자연과의 대화로 새벽 수련을하고 아침 식사 후에는 참 만남 수련, 나눔 수련, 총정리, 새로운 출발로진행되었다. 기본과정 프로그램은 다음과 같다.

| 회차 | 강의 주제 | 경험학습 내용 | 예습 과제 |
|---|---|---|---|
| 1차 | 매체로서의 상담자 | 상담자의 자질과 역할 | 상담과 심리치료의 원리와 실제 12장 |
| 2차 | 상담의 기본문제들 | 성격유형분석 | 제2장 |
| 3차 | 정신분석치료 | 나는 누구인가? | 제6장 |
| 4차 | 형태치료 | 게슈탈트 심리치료의 이해 | 제5장 |
| 5차 | 인간중심치료 | 효과적인 상호소통의 요소 | 제9장 |
| 6차 | 합리적·정서적 치료 | ABCD이론 | 제8장 |
| 7차 | 행동치료 | 이완훈련 | 적극적 청취법 |
| 8차 | 집단상담 1 | 적극적 청취법 | 만남이란 |
| 9차 | 집단상담 2 | 만남이란 | 목회위기상담 1-5장 |
| 10차 | 목회상담 1 | 상담요령 | 제6-10장 |
| 11차 | 목회상담 2 | 종합평가 | |
| 12차 | Training Group | 집단경험학습 | 훈련일지 쓰기 |

이렇게 기초과정을 이수한 자를 대상으로 상담훈련 전문과정을 개설하였다. 전문과정은 초급, 중급, 협의과정 세 과정으로 진행되었으며

주 1회 8회기 이론과 실제에 대한 공부를 하고 3개월마다 4박 5일의 집중훈련으로 이루어졌다. 이 전문과정에도 한 과정마다 약 15명의 회원들이 참여하였다. 전문과정에 때로 음악치료 등 특강이 곁들여지기도 했다. 강사로는 조원욱 교수, 이재훈 박사, 정태기 교수가 주 강사였다. 이 과정에 참여해 훈련을 받은 회원들이 이동강좌의 강사로 나가는 사례들이 생기기도 했다.

사실상 여교역자회 회원 대부분이 상담과 영성개발 훈련에 참여해 회원들 간의 일치감과 연대감을 다졌다. 지금도 그런 경향이 있지만 당시 여교역자회 회원들은 매우 다양하였다. 우선 교단신학대학인 한신대학교 출신, 타 교단 신학교 출신, 교단의 한 개교회가 만든 신학원 출신, 교단 총회교육원 여전도사 과정 출신 등 다양한 배경을 갖고 있었다. 여기에 목사와 전도사 사이의 위계감은 회원들 사이에 거리를 두게했고 일치에 장애가 되었다. 상담훈련과 영성계발 과정에 참여하면서 신학교나 직분에 상관없이 여교역자들 간에는 호칭을 서로 언니, 동생으로 부르기로 하였다. 이때 형성된 일치감은 후에 여교역자회가 시련을 극복하는 데 큰 힘이 되었다. P총무 사건으로 회가 깨질 위기에 직면했을 때, 그 위기를 넘길 수 있었던 것도 어떻게 해서라도 여교역자회를 살려야 한다는 회원들의 의지와 영성훈련에서 다져진 회원들의 자매애가 위기를 극복케 하는 원동력이 되었다.

## 4. 여교역자회 조직 강화를 위한 활동

1980년대 후반과 90년대는 여교역자회 조직 강화의 시기였다. 조직 강화의 내용은 사무처 강화와 회원 활성화로 이루어졌다. 교육과 더불어 실행위원회가 강화되었고, 사무처도 총무 외에 간사를 두어 실무진이 강화되어 여교역자회 제반 사항들이 활성화되기 시작하였다. 그야말로 여교역자회 처음 10년간이 자리매김하는 시간이었다면 20년까지는 발돋움하는 시기였고, 30년은 날갯짓을 시작한 시기였다.

## 1) 내실을 강화하는 활동

1986년 상근총무제를 도입해 나선정을 총무로 세운 여교역자회는 그가 여신도회전국연합회에서 총무로 활동한 경험을 통해 사무처 내실과 조직 강화를 추동해 나가기 시작하였다. 여교역자회가 경제적 빈곤으로 사무처를 운영하기 힘들고 무엇보다도 여목사제도가 마련된 후 회원들의 자질 향상을 통한 지도력계발이 급선무였다. 이를 위해 독일교회에서 개발도상국에 개발원조를 하는 EZE에 기장 여교역자들의 지도력계발을 위한 지원을 요청하였다. 당시만 하더라도 한국이 제3세계 범주에 속해 있던 차라 EZE에서 여교역자회의 지원 요청을 수락해서 1992년부터 1998년 8월까지 1회기에 35만 마르크씩 2회기 동안 지원받았다. 이 지원으로 이동강좌를 비롯한 그룹별 훈련, 회원들 간의 결속을 강화시킨 상담훈련과 심성계발, 지역회 활성화를 위한 활동, 회원들의 목회현장 개발과 강화가 이루어졌다.

여교역자회는 1987년 총회에서 여교역자들의 목회실록을 편찬키로 하고 월례강좌를 시작하였다. 창립 20주년 기념교회를 설립하였고, 모성목회와 작은 교회 운동을 통한 여목사 진로를 모색하였다. 여신도회를 추동해서 미자립 교회 단독여교역자를 지원해 안정적인 목회 기반을 쌓도록 하였다. 적극적인 사회선교를 통해 한국 사회를 개혁하는 일에 동참했다. 해외 여교역자들과의 교류 연대를 통해 여성 목회 발전을 도모하는 일을 비롯해서 교단 헌법을 여성 친화적으로 바꾸는 일 등 여교역자회 활동의 지평을 넓혀 가기 시작했다.

또한 여교역자회는 1988년 기독여성10년 운동과 JPIC 여성대회, '95 통일희년교회여성협의회 등에 적극 참여하여 기장 여교역자들의 위상을 높였다. 이는 여교역자회의 역량이 그만큼 성장했음을 보여준다. 이렇게 에큐메니칼 관계 모임에서 여교역자회가 적극적으로 활동할 수 있었던 것은 사무처가 강화되었고 임원들을 비롯한 실행위원회의 지도력이 향상된 데다 회원 간의 결속이 단단해졌기 때문이다.

여교역자회 지도력이 강화되면서 여신협 모델처럼 작업반이 만들어졌다. 관심별로 작업반이 조직되었고 개발원 이동강좌도 지역회뿐만 아니라 작업반의 필요성에 따라 이동강좌가 진행되었다. 목사회원반, 단독목회자반, 전도사회원반, 특수목회반 등이었다. 목사회원반은 기장총회 안에서 여목사들의 역할이라는 주제로, 단독목회자반은 설교 나누기를 내용으로, 전도사반은 심방목회와 상담, 청소년 문화와 성, 회의 방법의 이론과 실제 등을 주제로 이동강좌를 실시하였다. 이 작업반은 주로 서울권에서 진행되었다.

## 2) 여교역자회 안정 기반 다지기

### (1) 사무처 인력 확보와 사무실 구비

상임총무제를 제도화한 여교역자회는 사무실 구비를 위해 박차를 가한다. 사무실 마련을 위해 기독교연합회관에 20평을 신청하고 해당 비용 6,000만 원을 모금하기 위해 나섰다. 여교역자가 시무하는 교회에 지원을 요청하고 평회원은 1인당 50만 원, 실행위원과 목사회원은 1백만 원을 결의하고 전 회원이 합심하여 사무실 마련을 위한 모금운동에 돌입하였다. 그 결과 기독교연합회관에 20.61평을 매입하였다.[46] 1993년에 10평, 1996에 3평을 추가 매입하여 총 33.61평의 지분을 연합회관에 마련하였다. 여교역자회는 이렇게 마련한 연합회관은 회의 운영비를 위해 타 기관에 임대해 주고 1992년에 기독교회관 604호를 임대하여 사무실로 사용했다. 1992년 11월 24일 10시 사무실(20.61평)을 개소 예배를 드린 후 오후 2시에 첫 모임으로 월례회를 열었다. 이후 이곳에서 지도력개발원의 교육과 여교역자회 각종 모임이 이루어졌다.

사무실이 마련되고 지도력개발원이 설립되면서 실무진도 강화된다. 총무 1인 체제에서 총무와 지도력개발원 원장과 간사제도가 마련되었다. 나선정 총무, 명노선 원장, 인금란(파트타임), 오수혜, 심은정, 최현남이 간사로 교체되어 실무력을 강화하게 되었다. 1994년 나선정의 사임에 따라 명노선이 2대 총무로 역임하고 명노선 총무가 학업 문제로 사임함에 따라 1996년 하반기부터 1997년 상반기까지 10개월 동안 정숙자 목사가 총무직을 대행하였다. 1997년 30회 총회에서 김화자 목사가 총무로 취임하였다.

### (2) 다양한 재정 확보 방안 마련

여교역자회는 십일조 기금과 20주년을 맞으면서 3,000만 원의 자립기금 운동을 시작하였다. 그러나 20주년 기념교회와 맞물려 모금이

---

[46] 사무실 기금 보고에 따르면 1991년부터 93년까지 사무실 기금 납입자는 회원들 116명과 307명의 외부 개인과 단체들이 모금에 참여하였으며 모금액은 총 70,654,063으로 회원들이 30,517,139원, 기타 교우들이 34,266,763원이었다. 또한 기독교회관 604호실에 입주하기 위한 사무실 보증금 마련을 위한 모금 보고에 따르면 외부에서 4,490,000원, 회원들이 738,000원을 모금해서 총 모금액이 5,228,000원이었다. 사무실 비품은 외부 기증품으로 충당하였다. 「26회 총회보고서」(1993), 43. 나선정 총무는 기금 모금 때 특별히 경동교회와 충북연합회가 열심히 지원한 것으로 기억하고 감사를 표했다.

잘 되지 않았다. 필요한 경비는 그때그때마다 특별후원금으로 지탱할 수밖에 없었다. 독일교회의 지원이 온 후에야 재정 상황이 나아졌다. EZE 지원으로 지도력개발원 운영비와 회원 교육비를 충당하고 인건비가 보충되었고 기독교연합회관 열매 등으로 살림이 나아졌다. 미자립 목회자 지원은 여신도회전국연합회와의 공동선교 협력을 통해서 민중교회와 개척교회, 농어촌 벽지목회를 하고 있는 회원들에게 선교지원을 하였다. 캐나다연합교회와 교류를 시작하면서 2년 동안 캐나다교회의 선교후원금을 받아 도시빈민 선교와 민중목회자들을 지원하였다.

여교역자회는 1994년 12월 옥합운동을 전개하기 시작했다. 이 옥합운동의 모델은 여신도회전국연합회. 여신도회는 전 회원이 옥합운동에 참여해서 일정 부분은 전국연합회에 보내고 일정 부분은 연합회가 선교활동에 사용하는데, 지역연합회는 이 옥합헌금으로 지역 여성 목회자의 교회를 지원하였다. 여교역자회는 옥합헌금의 십일조는 통일을 위한 기금으로 적립하고 나머지는 선교활동에 사용키로 하였다.

### (3) 지역회 분화

이 시기 여교역자회 조직 강화에서 제일 눈에 띄는 것은 지역회가 강화되었다는 점이다. 1991년 이동강좌를 시작할 때 서울·경인지역, 전북지역, 전남지역, 충북·경남지역 4개이던 지역회가 93년에는 서울지역, 경기중부지역, 경인·경기북지역, 전남광주지역, 전북·전북서지역, 충경지역으로 증가했다. 1994년에 이르러 광역지역회가 임원회 구조를 갖고 시군 단위의 지역으로 분화되면서 광역지역회는 회장제로, 시군 단위 지역회는 지역장 제도를 둘 정도로 지역회가 발전하였다.[47]

---

47 예를 들어 전남지역의 경우 전남지역 회장(길은복), 광주지역장(김광자), 목포지역장(전윤희), 무안·함평지역장(김인순), 완도지역장(이강자), 해남지역장(박옥순), 장흥·강진

이때부터 광역별 지역회장이 여교역자회 실행위원으로 결합되었고 총회에서 지역회 보고가 시작되었다.

그러나 이렇게 회가 분화되어 발전한 것은 좋으나 여교역자회 전체 차원에서 보면 우려되는 지점도 있었다. 1996년 총무 공백시에 직무대행을 맡았던 정숙자 목사는 총무대행 1년을 회고하면서 이런 소감을 밝혔다.

지역회 조직의 활성화로 지역회 내 회원들의 연대와 지역별 단합이 잘 진행되어 왔습니다. 회원 수가 늘어나고 하부조직이 강화된 것은 바람직하지만 전에는 전국단위의 결정에 모두 뭉쳐서 하나가 되어 나갔다고 생각되는데 회원들이 시간을 지역과 중앙에서 이중으로 빼앗은 관계 때문인지 중앙에서는 모든 일이 사무실 중심으로 진행되고 회원들의 의무나 활동이 희박해진 것은 아닌가 하는 염려를 하게 됩니다.[48]

### 3) '여성 목회' 발간과 회보 '여성 목회, 생명목회' 발간

여교역자회는 1993년에 이동강좌 강의 중 일부를 선택하여 『여성 목회』를 발간하였다. 『여성 목회』를 발간케 된 것은 이동강좌가 지역마다 다른 차원에서 진행되었기 때문에 전 회원들이 공통된 인식을 넓힐 수 있도록 하기 위함이다. 『여성 목회』는 회원들의 프로그램과 관계된 것만을 택하였으며 교단 새역사 40년을 기해 편찬했다.[49]

---

· 영암지역장(최화택), 전북의 경우 전북지역 회장에 김화자, 완산지역장(최강현), 덕진지역장(최순애), 군산·옥구지역장(김신의), 이리·익산지역장(김양묵), 부안·정읍·김제지역장(송경숙), 남원·임실·순창지역장(홍유진), 진안·오수·장수지역장(송말례)이다.

**48** 「30회 총회보고서」, 18.

**49** 『여성 목회』의 목차는 다음과 같다. 1. 여성과 성서: 한국여성신학 입장에서 이스라엘의

1987년부터 소식지를 발간하기 시작하였다. 여교역자회의 알림 사항이나 회원 동정, 월례회 단신들이 실렸다. 이 소식지를 1993년부터 회보의 성격으로 바꾸어「기장여교역자회」라는 이름으로 1년에 두 차례 발간을 시작하였다. 회보의 구성은 소식지 성격에서 회원들의 의식을 고취하고 역량을 강화할 수 있는 부문들을 많이 편성하였다. 강연, 특강, 여성신학 코너, 목회상담, 목회현장 사례, 현장탐방 등 이동강좌 시의 내용들이 들어가고 여기에 사무실 일지와 소식, 안내문들이 첨가되었다.

회보 발간의 취지는 여교역자들의 활동과 소식, 교회여성과 교단소식 등을 전 회원에게 알림으로 서로에게 힘을 주고 유대관계를 강화하며, 각 훈련 내용을 자료화하여 개교회에서 활용하는 교육지로 역할을 하도록 하기 위함이었다. 또한 대외기관과 교회들에 여교역자들의 활동을 홍보하는 목표가 있었다. 30주년이 되기 전까지 여교역자들의 지위 향상과 최저생활 보장을 받기 위한 여교역자 실태조사서 발간과 회보를 7호까지 발간하였다.

가나안 정착 이야기를 읽는다(정숙자), 고멜을 변호함(한국염), 2. 여성과 역사: Herstory를 되찾자(양미강), 정신대(강제종군위안부) 문제의 실상과 해결의 과제(윤미향), 3. 여성과 목회: 이웃과 함께 하나님 앞에 - 나의 목회철학(박성자), 여성 목회의 이념(도꾸다 미찌꼬), 4. 여성과 목회상담: 여성 목회훈련(정태기), 심성계발수련(조원욱), 목회상담에 임하는 기본자세와 통찰(이재훈), 5. 여교역자와 희년운동: 통일희년운동과 여교역자(김애영), 여성과 평화운동 - 보습으로서의 실천과제들(김윤옥), 6. 여성 목회현장: 늘 푸른 교회편(전규자), 여교역자 회원들이 선 자리(나선정, 명노선, 조인영).

## 5. '먼저 그 나라와 의를 구하라': 창립 30주년 기념총회

### 1) 기념예배와 총회

여교역자회는 1997년 5월 20~23일 충주 서남교회에서 "먼저 그의 나라와 그의 의를 구하라"라는 주제로 30회 총회를 기념하였다.[50] 증경 회장과 총무를 초청하여 감사의 선물을 드리고 새로운 총무로 김화자 목사를 인준하고 총무 취임식을 실시하였다. 총회기간 여는 예배에서 여교역자회 30회 총회를 상징하는 30개의 초를 회원들이 밝히고 주제에 맞춘 희년과 정의, 평화 찬송, 함께 드리는 축도로 회원들이 옆 사람의 손을 잡아 올리며 "사랑과 정의와 평화가 우리와 함께 하기를!" 하는 외침으로 함께 하는 축도를 하였다. 결단예배에서는 박영주 회원이 작사한 〈우리가 새날을 낳으리라〉 노래로 30주년을 넘어서 여교역자로서의 사명을 다짐하였다.

30회 총회에서 기구개혁과 여교역자회 발전위원회(회장 박성자, 부회장 김화자, 교육부장 전규자, 국제부장 정숙자, 연구부장 김성희)에서 제안한 안들을 회원들이 한 마음으로 채택하고 새로운 내일을 향한 걸음을 내디뎠다. 한편 헌장을 개정해 기구개편을 단행하였다.[51] 위원회 구조로 조직을 개편한 것은 5~6명의 위원이 함께 하는 구조로 바꾸어 전 회원들

---

[50] 1996년 6월 24~25일 여전도회관에서 열린 29회 1차 실행위원회에서 30주년 기념사업준비위원회(위원: 회장 박성자, 국제부장 정숙자, 선교부장 김나영, 친교부장 임광자, 재정부장 하성순)를 구성해서 30주년 총회를 준비하였다.

[51] 현행 연구부, 교육부, 선교부, 친교부, 국제부, 재정부 6개 부서 체제를 12개 위원회 체제로 재편하였다. 기획위원회, 교육위원회, 심방상담위원회, 농어촌목회위원회, 단독목회위원회, 협동목회위원회, 기관목회위원회, 사회선교위원회, 국제선교위원회, 재정위원회, 은퇴여교역자위원회, 홍보출판위원회.

이 여교역자회 사업을 사무처에만 맡기는 것이 아니라 위원회 구조에 편입하여 함께 일하는 구조를 갖는 것이 바람직하다고 보았기 때문이다. 총무대행 정숙자 목사의 표현에 따르면 각 부서를 위원회 구조로 바꾼다는 것은 회원 중심의 책임구조로 바뀜을 의미하며 30회를 맞이한 총회를 기해 여교역자회 새 출발의 터를 마련한다는 의미도 있다.[52]

## 2) 30주년 기념문집 발행과 그 속에 담긴 향후 여교역자회의 과제

30회 기념총회 사업으로 기획된『30주년 기념문집』이 5월 6일에 출간되었다. 30회를 맞아 편찬한 기념문집에는 교단 총회장들과 총무, 여신도회전국연합회 회장의 30회 축하의 글, 선배 여교역자들이 후배 여교역자들에게 보내는 글, 그동안 회보에 실렸던 글 중에서 다시 읽어 보았으면 하는 글들, 6곳의 다른 목회현장에서 경험한 우리 여교역자들의 현장 이야기들 그리고 여교역자회 발자취를 엮은 연혁과 회원들의 현황 분포도, 한국기독교장로회 총회와 여교역자회 약사를 엮은 역사자료가 수록되었다. 전국을 나의 목회교구로 삼고(정보영)의 글과 김영희, 박성자, 황치순, 안계희, 김숙희, 정숙자, 김황옥, 이영숙, 김정희, 현말렬, 안옥청 전임회장들의 격려와 당부가 실려 있다. 그 당부는 새로운 도약을 위한 좋은 안내가 됨직하다.[53]

여교역자회 30회 총회를 맞이한 1997년은 '기독여성10년운동' 마감을 한해 앞둔 해였다. 1994년 기독여성10년에 대한 중간작업을 위해

**52** 정숙자, "총무보고,"「30회 총회보고서」, 18.
**53** 강의자료로 막힌 담을 열고 화해하는 공동체(김애영), 성서연구/성서연구방법론(정숙자), 목회상담/문화, 중간대상, 그리스도(이재훈), 청소년 문화와 성(변종명), 공동체 예배문(Lori Crocker), 목회현장 보고로 나의 첫 목회에서(김영숙), 예수재활교회(송기순), 내가 경험한 협력목회 어제와 오늘(송정자), 부부목회는 '한 몸 목회'이다(이강실).

한국을 방문한 세계교회협의회 여성프로그램 담당자인 아루나는 한국에는 "여성문제를 해결하기 위해 일하고 있는 단체들이 다른 나라에 비해 전문화되어 있고 서로 간에 연합도 잘되고 있는 편"이라는 긍정적인 평가를 내렸다. 그러나 탄탄한 조직에 비해 운동 성과는 "전체 여성이 아닌 교회 내 여성들에게 한정이 되어 있고 교회와 교단, 일반사회에는 확산되지 못하고 있다"고 지적하였다. 이는 교단별로 조직되어 있는 여전도회나 여선교회, 여신도회가 소속 교단 여성들을 위한 재교육사업이나 교회 내 권리 향상에만 관심을 갖고 경제와 정치 부분의 불평등과 인종차별 문제에 대해서는 큰 움직임을 보이지 않고 있는 것에 근거한다고 할 수 있는데,[54] 여교역자회도 이 비판에서는 자유롭지 못하다.

또 하나 중간보고 평가에서도 지적이 되었지만 기독여성10년의 취지는 '여성'들이 무엇을 하느냐가 아니라 '교회'가 여성들과 함께하기 위해서 행동을 해야 한다는 것이었다. 한국의 경우 교회가 행동하지 않고 여성들의 행동만 있었다는 점이다. 기독여성10년 마감예배 중에 여성들이 교회와 사회에서 겪는 갖가지 차별 경험을 커다란 바윗돌을 형상화한 구조물에 붙이고, 예배가 끝날 무렵에 이 돌을 예배당 밖으로 굴려내는 퍼포먼스가 있었다. 여교역자들 앞에 여전히 차별의 바윗돌이 가로막고 있는 현실을 상징한 것이다.

여교역자회 30회 총회를 맞으면서 여교역자 앞에 가로막힌 장애물 앞에서 "누가 바윗돌을 옮길 것인가?" 하고 묻는다면, 여전히 그건 여교역자들이 할 수밖에 없을 것이다. 지난 30년간 기장의 여교역자들은 바윗돌을 치우기 위해 많은 노력을 해왔다. 30년이 주는 의미는 앞으로도 교회와 사회에서 억압과 차별받는 여성들을 위해 여교역자들의 바

---

[54] 한국염, 『누가 바윗돌을 옮길 것인가?』, 26.

윗돌 옮기기 행진이 이어져야 한다는 의미다.

회장 박성자 전도사의 대회사를 통해 여교역자회 30회 총회를 정리해 본다.

서른 살이 되도록 우리의 둥지를 힘들게 일구어 오신

선배님들께 깊은 감사를 드리고,

자신들의 삶도 그렇게 힘든데

우리 둥지를 그렇게 마음을 다해 사랑해 주는 모든 회원들께 고마움을

전합니다.

우리 모임을 하필이면 왜 5월에 하게 되었을까?

그래서 우리 둥지도 역시 한 가정이 아닐까

마치 시집갔다 친정에 다니러 온 딸을 보고

'시댁 식구들 모시느라 그동안 얼마나 힘들었니?' 하며

안쓰럽게 손을 쓰다듬어 주시는 어머니가 있는 그런 집…

밤이 깊어 가는 줄도 모르고

언니와 아우들이 모여 앉아 그냥 이야기꽃을 피우는 그런 집,

때로는 웃음소리도 까르르 나고 때로는 소리 없이 흐느끼는…

그러느라 고된 시집살이도 잊어버린 채

마냥 행복해 하다가 다시 마음을 추슬러

시집으로 발걸음을 힘차게 내딛는 그런 딸들이 있는 집!

그렇게 행복이 넘치는 곳!

바로 그런 우리 둥지가 먼저 그의 나라와 그의 의를 구하는 곳이지 않을

까?

# 제6장

# 평등과 나눔의
# 생명공동체를 향하여

## (1998~2007)

1. 기장교회 여성 참여 증진을 위한 활동

2. 정의, 평화, 생명을 위한 활동

3. 여성 스스로 신학하고 영성을 나누는 일

4. 조직 정비 작업과 회원 결속 강화

5. 성차별 40년의 광야를 지나: 창립 40주년 기념총회

여교역자회 창립 30주년 무렵 세계교회협의회는 2000년부터 2010년까지 10년을 '폭력극복을 위한 에큐메니칼 10년'으로 선포해 세계교회에 폭력 종식을 위한 운동에 나설 것을 촉구하였다. 한국 기독여성운동은 새로운 밀레니엄, '21세기'라는 시대적 전환 앞에서 급변하는 상황과 신자유주의 세계화로 인한 위기에 직면해 새로운 도전을 받게 되었다.

1997년 한국 사회는 국가부도 사태로 국제통화기금(IMF) 관리를 받는 위기에 봉착하게 되었고 신자유주의 경제체제 급물살로 인해 노동계는 물론 전 국민이 극심한 고통을 받게 되었다. 특히 빈곤의 여성화 현상과 여성노동자의 비정규직화 현상이 급증해서 여성노동자들이 해고되었고 가족 해체로 인한 여성과 아이들의 고통이 심화되었다.[1] IMF 여파는 교회에도 영향을 미쳐 여교역자들이 일차적으로 해직되는 상황이 발생하였다. 교회사적으로는 기장교회가 출애굽 50년을 맞아 희년총회가 열렸다.

---

[1] 이랜드 비정규직 여성, 한국고속철도(KTX) 여승무원, 재능교육 해고노동자 등 비정규직 해고노동자 문제가 심각하게 대두되었다.

한편 대한민국 김대중 대통령과 조선민주주의인민공화국 김정일 국방위원장이 2000년 6월 15일 평양에서 역사적인 상봉을 하고 정상회담에서 남북관계 발전과 평화통일 실현을 위한 '6.15 남북공동선언'을 발표하였다. 이후 한국 통일운동은 남북공동선언 실천을 위한 운동으로 자리매김하였다. 한국교회도 '95통일희년에 집중하던 역량을 몰아 6.15 공동선언 실천에 매진하게 되었다. 2005년 6.15민족공동선언 실천 남측위원회 여성본부가 결성되어 기독여성들도 여성본부의 일원이 되었다.

이 시기에 한국 사회에서는 가정폭력방지법, 돌봄 서비스 공공성 확보운동, 직장 내 성희롱 금지와 예방 법제화, 성매매방지법 제정, 호주제 폐지, 이주여성 인권보호운동 등 다양한 여성운동[2]이 전개되었고 기독여성운동도 여기에 발맞추어 평등과 나눔에 활발히 참여했다. 교회협 양성평등위원회는 2008년 기독여성10년을 마감하면서 '섬김과 나눔을 향한 제2 기독여성10년'을 선포하였다.

---

[2] 1998년~2007년에 전개된 중요한 여성운동
- 1997년 가정에서 폭력이 일어나도 가족 사이의 문제나 부부 사이의 문제라고 해서 범죄로 인정되지 않았던 가정폭력이 폭력 범죄로 인정되어 처벌받는 가정폭력방지법이 제정되었다.
- 1998년 IMF를 맞아 여성 실업극복을 위한 운동으로 빈곤의 여성화 해소 운동본부를 구성, 사회서비스분야 일자리 창출, 돌봄 서비스 공공성확보를 위한 활동이 전개되었다.
- 군 가산점제에 대한 헌법소원심판청구소송이 시작되었고, 1999년 12월 25일 헌법재판소에서 군 가산제에 대한 위헌결정이 났다.
- 1999년 직장 내 성희롱 금지와 예방 법제화가 실현되었다.
- 1999년 호주제폐지운동 시작, 전국 50여 개 단체에 호주제 불만 및 피해 사례 신고전화가 운영되었고 2005년 2월 3일 헌법재판소가 호주제 헌법불합치를 선언했고 3월 2일에 호주제 폐지를 골자로 한 민법개정 법률안이 통과되었다.
- 2004년 2월 24일 성매매방지법이 제정되었다.
- 2006년 결혼이민자와 그 자녀의 사회통합 지원정책 발표와 폭력피해 이주여성 지원정책이 발표되었다.

## 1. 기장교회 여성 참여 증진을 위한 활동

한국 기독여성들은 1988년 9월 29일 연동교회에서 기독여성 550명이 참가하여 "누가 바윗돌을 옮길 것인가 – 1988년을 넘어서 새 꿈을!"이란 주제로 '기독여성10년 대회'를 열었다. 폐회예배에서 행사 참가자들은 섬김과 나눔의 생명공동체를 향한 '제2의 기독여성10년'을 선언하였다.[3]

교회협 양성평등위원회는 1999년 3월 2일 기독교연합회관에서 전체 기독여성들이 참여하여 여성협의회를 열고 교회여성들이 겪고 있는 차별을 극복하고 여성 참여확대 과제를 해결하기 위한 방안을 논의하고 다양한 제안을 도출하였다.[4] 같은 해 5월 4일 열린 기독여성정책협의회에서는 여성 문제 관련 교회지침서를 만드는 데 있어서 '교회 내 여성 참여', '여성에 대한 폭력', '성차별적 언어와 관행', '여성의 신학과 영성' 등을 담기로 하였다. 구체적으로 '여성 참여'와 관련해서는 각 교단 총회 등 의사결정 기구, 위원, 사무처 직원 등에 여성을 30% 할당하도록 제안하기로 하였다. 여성에 대한 폭력을 방지하기 위해 교회 성정의 지침서를 만들고 교회 내 성폭력 관련 규정을 교회헌법에 포함시킬 것과 성폭력 추방주간 또는 성평등 주일을 제정할 것 등을 지침서에 싣기로 하였다. 또한 '성차별 언어와 관행'에 관련해서는 설교에서 드러나

---

3 한국염·이문숙·정해선,『한국기독교교회협의회 기독여성운동 30년사』(한국기독교교회협의회 양성평등위원회, 2014), 131.

4 ① 교회 의사결정 기구에 여성 참여를 늘리기 위해 법적, 제도적 장치 구축 방안을 모색할 것, ② 개교회주의 타파를 위한 새로운 교육 프로그램을 만들 것, ③ 교단과 단체의 정보소통을 위한 매개 역할을 할 것, ④ 여성지도력계발 프로그램을 발전시킬 것 등이 제시되고 정의, 평화, 창조 보전에 관한 과제로 ① 북한여성과 만남을 통한 통일운동을 전개할 것, ② 실업문제 등 경제정의와 관련된 사업을 펼 것, ③ 영월 동강댐 건설 등 환경문제에 대한 대안을 마련할 것 등. 한국염·이문숙·정해선, 위의 책, 153-154.

는 여성 비하적 표현, 모성 이데올로기를 강요하는 내용들을 적시해 다루고 '여성신학과 영성'에 관련해서는 여성신학의 대중화를 염두에 두기로 하였다.[5] 이 여성 관련 지침서는 교회협 총회 문서로 채택되었고 세계인권선언일 주간을 남녀평등교회 실현을 위한 '교회 여남 평등주간'으로 제정하였다.

교회협 양성평등위원회가 전개하는 기독여성운동 물결에 따라 여교역자회는 기장여성연대, 한국여교역자회연합 등과 함께 여성 참여 증진 활동을 전개하였다. 여교역자회는 기장여성연대를 통해서 교단 여성 지위 향상을 도모했고 교회협 여성위원회를 통해서는 운동 방향을, 한국여교역자연합을 통해서는 여성 목회 실천방안을 모색하고 추진해 나갔다.

### 1) 기장여성연대를 통한 여성 참여 확대

기장여성들은 일찍부터 교회와 사회에서 여성의식화, 여성인권과 여성 지위 향상을 위해 함께 일해 왔다. 시대의 흐름과 더불어 기장 내 4개 여성단체인 여교역자회, 여장로회, 한신여동문회, 여신도회전국연합회가 함께 연대하여 일할 필요성을 느끼게 되었다. 4개 여성단체는 교단 여성들의 지도력을 넓히고 여성 목소리를 교단 정책에 반영하기 위해 모임을 해왔다. 이 모임 이름을 2005년 '기장 내 4개 여성단체 모임'에서 '기장여성연대'로 바꾸었다. 이는 기장여성연대로서 교단 내 4개 단체뿐만 아니라 어떤 여성단체와도 연대하여 일할 수 있는 개방성을 뜻한다. 기장여성연대가 제일 먼저 한 일은 기장교회를 양성평등

---

[5] 앞의 책, 134.

적으로 개혁하고자 기장여성정책 10년 달력을 만든 일이다.

(1) 연대의 물꼬를 튼 기장 4개 여성단체

여성신학과 여성 목회를 위한 기장여성모임이 1994년 11월 28일 한신대학원 효촌관에서 기장여성 1백여 명이 모여 "한국여성신학과 기장여성"(강사 이우정)이라는 주제로 세미나를 열었다. 이 세미나에서 수많은 교회여성지도자를 배출해 온 교단 신학교인 한신대학교가 세계 신학조류인 여성신학을 제대로 가르치는 풍토가 되어 있지 않다는 점이 지적되었다. 또한 여성신학적 안목을 지닌 기장여성지도력 배출 문제가 논의되었다.

이듬해 여신도회전국연합회 주선으로 교단 내 여교역자회, 여장로회, 한신여동문회 소속 회원 등 40명이 11월 14일 용산제일교회에서 "기장여성, 함께 가고 있는가?"라는 주제로 모였다. 나선정 전 총무가 주제 발제를 통해 여신도회, 여교역자회, 여장로회, 여동문회 자취에서 네 단체가 보여준 부정적인 측면과 긍정적인 측면을 이야기하며 향후 가야 할 길에 대해 방향을 제시하고 분과 토의에서 여러 가지 제안이 도출되었다. 여기서 제안된 과제를 이행하기 위해 지속적인 연대모임을 결성키로 함에 따라 기장 4개 여성단체 모임(이하 4개 단체)을 발족하게 되었다. 4개 단체는 "기장여성들이 함께 모여 지도력을 키우고 기장에서 여성 입지를 강화하기 위해 힘을 모은다"라는 분명한 목표 아래 출발하였다.

(2) 기장여성연대의 헌의안 제출 운동 전개

4개 단체 1차 모임이 2년 후인 1997년 11월 27일 한신교회에서 열렸다. 이 모임에는 4개 단체 외에도 한신대학교 여학생회와 신학대학원 여학생회가 같이 모였다. "21세기를 함께 갈 기장여성"이라는 주제로 ① 기장 내 미래 여성지도자 양성을 위한 팀 티칭 육성 연구, ② 21세기를 향한 교회개혁의 문제로 여성총대 20% 할당제와 여장로 20% 할당제 추진, ③ 기독교문화창조운동 연구, ④ 조직 강화를 위한 연구 등을 과제로 정하였다.

1998년 3월 2일 여교역자회 사무실에서 4개 단체 대표 2명씩 모인 회의에서 여장로 선출 할당제를 총회에 헌의키로 결정하였다. 여장로 선출 할당제는 여신도회 이름으로 총회에 헌의되었으나 부결되었다.

제3차 4개 단체 만남이 2001년 3월 14일 "21세기를 함께 갈 기장여성"이라는 제목으로 한신대학교 신학대학원 효촌관에서 열렸다. 이 모임에서 4개 여성단체 모임을 매해 정기적으로 열기로 하였다. 각 단체 사업에 공동사업을 정식으로 반영하도록 하고 단체가 돌아가면서 모임을 주관하고 소위원회를 구성해 운영하기로 결정하였다. 4개 단체는 2001년 6월 18일 경동교회 사회선교관에서 교단 헌법과 규칙개정위원장인 김준부 목사를 초청하여 헌법에 대한 전반적인 공부를 하였다. 6월 25일에는 교단 헌법에서 불평등 조항에 관한 연구를 하였다. 박수현 목사가 목사에 대한 항목을, 이문우 장로가 장로에 대한 항목을 조사하여 발표하였다.

제4차 모임은 2002년 3월 14일 경동교회 장공예배실에서 모여 "여교역자 진로 활성화를 위한 방안연구"(발제 김정희 목사)라는 주제로 여목사 청빙 문제, 교단 인턴십 제도에 대한 대책을 논의하였다. 4개 단체 모임은 총회에서 실시하고 있는 목사후보생 인턴제도가 여성 목사후보생을 소외시키고 배제할 수 있는 위험성이 있다고 판단하고 4월 15일 4개 단체 이름으로 남성으로만 구성된 교단 인턴십 제도 연구를 위한 소위원회에 '여성위원 보강' 건의사항을 제출하였다.[6]

### (3) 공개토론회 "이런 총무를 원합니다"

기장여성 4개 단체 모임은 2004년 4월 19일 한국교회백주년기념관 4층에서 "교단의 미래와 지도력 – 우리는 이런 총무를 원합니다"라는 주제로 모였다. 이 모임은 9월 총회에서 실시되는 교단 총무 선거에서 명실공히 기장 교단에서 희년정신을 살릴 수 있는 선거가 되길 바라면서 이와 같은 주제를 정한 것이다. 기조발제(한국염 목사)에 이어 "기장의 선교정책에 대하여"(채수일 신학대학원 원장), "기장의 복지정책"(김광수 생명선교연대회장)란 제목으로 소발제가 있었다. 한국염 목사는 "교단이 선포한 희년선언 방향이 교단의 지향점이 되어야 한다. 교단 지도력도 이 선언에 대한 비전을 갖고 실현할 수 있는 능력을 가진 사람이어야 한다. 교단 총무는 희년문서 내용을 체화할 수 있고, 그 내용을 중심으로 교단 정책을 세우고 제도를 개혁할 수 있도록 추동해낼 수 있는 사람이어야 한다. 교단에서 요구되는 지도력에서 건강한 여남 평등을 지향하여 미래사회로 나아가는 지도력이 필요하다"[7]고 강조하였다.

이 모임에서 4개 단체 대표들은 토의를 통해 기장총회 총무후보자는 확고한 정체성과 정책 선명성이 중요하다고 뜻을 모았다. 또한 '헌의안 중심인 위계적 구조를 민주적이고 선교공동체로서 전환하기', '총회

---

[6] 「여교역자회보」 15호(2003. 6), 40-41.

[7] "한국교회에서 가장 진보적이라고 하는 우리 교단의 경우 여성안수는 법적으로 허용되어 있으나 제도 미비와 관행 때문에 여성 참여가 매우 저조하다. 우리 교단의 경우 여성 참여 30%는 법제화되지 못하고 권장사항으로 되어 있어 실제로는 아무런 힘을 발휘하지 못하고 있다. 교단 총회에서의 여성 참여는 1/70이며, 교단 위원회의 여성 참여는 1%밖에 안된다. 우리 교단은 여성과 남성이 함께 하는 교단이 아니라 남성이 결정해 놓은 것을 여성은 따르기만 하고 여성은 지도력이 아니라 보조자로 섬기는 일만 신앙이라는 이름으로 강요당하는, 남성 중심적 가부장적 행태를 벗어나지 못하고 있다. 교단에서 이런 불평등은 불의요, 여성에 대한 폭력이며 죄악이라는 인식이 전혀 없다. 이런 현상은 '에큐메니칼 여성지도력 산실'이라는 우리 교단 위상을 실추시킬 뿐만 아니라 기장여성지도력 쇠퇴로 이어지고 있다."

교육원에서 실시하고 있는 여전도사대학 운영 재고', '총회 내에 여성국 설치' 등을 문제로 제기하였다. 특히 여교역자들이 농어촌 미자립교회 대부분을 담당하고 있는 현실에서 3천 교회 운동이 지닌 허와 실을 규명하고 개척교회 목회자 복지 문제 해결이 우선되어야 한다는 정책을 대안으로 제시하였다.

4개 단체는 총무후보들에게 '교단여성정책에 관한 질의서'를 공개적으로 보내 개교회에서 여성 장로 30% 확보 방안, 교단 총회 기구에 여성 10% 참여 방안, 교단 내에 여성특별위원회를 설치하는 안 등 교단여성정책 당면과제에 대한 답변을 요청하였다.

### (4) 기장여성정책 10년 달력 만들기

4개 여성단체는 2005년 4월 11일 크리스천 아카데미 대화의 집에서 "해방 60주년, 분단 60주년이 되는 오늘, 교회 여성에게 주는 의미는 무엇인가?"라는 주제로 세미나를 열었다. 이 모임에서 기장 내 4개 여성단체 명칭을 '기장여성연대'로 개칭하고 '양성평등적 교회 구조와 제도 확립을 위한 기장여성정책 10년 달력'을 만들었다. 기장여성연대가 이 달력을 통해 추진할 과제를 분명히 하고 실천 일정을 구체적으로 정함으로써 과제 달성을 이룰 수 있는 로드맵을 그렸다는 점에서 큰 의의가 있다.

이 달력에 따라 기장여성연대는 양성평등적 교회 구조와 제도 확립을 구체적으로 달성하기 위해 7월 7일 교단 총회장과 총무를 초청하여 '여성과 함께 가는 기장교단을 위한 대화 모임'을 교단 총회 회의실에서 열었고 7월 9일 기장여성 전문 활동가들이 모였다. 8월 19일 '기장 총회 결의기구 개혁을 위한 공개토론회'를 기독교회관에서 열었으며, 9월 9일 '교단 총회 여성총대 모임'을 실시해 총회에서 할 일에 대한 안내를 하였다. 특히 9월 27일 교단 총회가 열리는 광주 양림교회에서 헌의안 관철을 위한 금식기도회와 캠페인을 전개했다. 90회 총회에 여성문제와 관련하여 올린 헌의안은 2건으로 '상임위원회로 여성위원회 신설 헌의의 건'은 총회 헌법위원회로 넘겨 1년간 더 연구하기로 허락되었으며, '여장로 30% 할당제' 헌의의 건은 기각되었다.

● 양성평등적 교회 구조와 제도 확립을 위한 기장여성정책 10년 달력

양성평등적 교단을 향한 여성정책 세우기

교회의 60% 이상을 차지하고 있는 교회여성들은 지도자가 아니라 추종자로, 의사를 결정하는 존재가 아니라 결의된 의사를 따르기만 하는 수동적인 위치에 놓여 있으며 성차별적 교회신학과 제도하에서 교회여성들은 제2의 성으로 머물러 있습니다. 교회여성들의 위치가 이렇게 열악한 것은 단순히 남녀 불평등의 문제뿐만 아니라 정의의 문제이기도 합니다. 한국에서 가장 진보적인 교단이라고 자타가 공인하는 우리 교단도 여전히 가부장적인 신학과 제도, 기구들을 유지하고 있습니다. 이는 우리 교단에서 여성들의 지위는 매우 열악합니다. 총회 총대원 구성은 감리교보다도 떨어지고 있으며, 여장로와 여목사 비율은 여성안수 5년의 역사밖에 되지 않는 예장통합의 경우보다 높지 않습니다. 실행위원 비율은 2%밖에 되지 않습니다. 교단에서 여성의 참여 비율이 이렇듯 낮다 보니 교단은 성차별적이고 가부장적 교단으로 머물 수밖에 없습니다. 이에 교단이 양성평등적인 교단으로 거듭나게 하기 위하여 우리 기장여성연대는 "양성평등적 교회 구조와 제도 확립을 위한 기장여성정책"을 세우고 교단의 협조를 구합니다.

1. 교단의결기구에 여성 참여를 위한 법과 제도 장치

여성이 교단 총회와 노회 교회의 결의기구에 참여한다는 것은 여성이 교회의 책임적 존재로서 주체자로서 진정한 교회의 구성원이 됨을 의미합니다. 세계교회협의회는 모든 기구에 50% 여성 할당을 실시하고 있고 정부와 국회 등 사회에서는 30% 여성할당제를 추진하고 있습니다. 한국기독교교회협의회는 여성 30%를 권장 사항으로 하고 있으며 우리 기장은 결의기구에서 여성 참여가 5%도 안 되는 실정에 있습니다. 따라서 30% 여성할당제가 명실공히 이루어지기를 촉구

합니다. 우리가 세계교회협의회의 50% 할당제를 30%로 낮추는 것은 20% 포기가 아니라 그 20%를 소외되고 있는 청년들에게 돌리고자 함입니다. 청년들은 교단의 미래를 이끌고 나갈 이들이고 교단이 노화되지 않도록 하기 위해서도 젊은이들의 의견이 반영되는 제도와 기구 마련을 해야 한다고 봅니다.

## 2. 양성평등 교단을 향한 여성위원회 설치

세계교회협의회는 2001-2010년을 "폭력극복을 위한 에큐메니칼 10년"으로 선포, 특별히 차별이 곧 폭력임을 선언하고 여성에게 가한 차별을 회개하고 교회가 여성에 대한 폭력을 극복할 것을 주문하고 있습니다. 세계교회협의회의 "폭력극복을 위한 에큐메니칼 10년"이 마감하기 전에 우리 교단 조직과 내용이 평등적이고 정의, 평화적으로 바뀌지기를 희망합니다. 뿐만 아니라 교단여성들의 지도력을 넓히고 여성들의 영성을 나누며 이를 교단에 반영하기 위해서는 교단여성들의 목소리와 지도력을 집약해내고 추동할 기구가 총회 안에 제도화되어야 합니다. 이를 위해서도 교단에 여성위원회가 필요합니다. 이 여성위원회의 설치는 기장여성들만을 위한 것이 아니라 교단을 양성평등적이고 생명평화적인 공동체로 발전시키는 데 큰 역할을 할 것입니다.

1) 기장여성의 교회와 사회적 참여를 위한 정책수립과 추진에 관한 사항
2) 기장여성들의 역할과 공헌, 활동과제에 대한 모색
3) 폭력 등 여성차별에 대처하는 정책수립과 추진에 관한 사항
4) 여성신학에 관한 연구 및 교육 사항
5) 기장 에큐메니칼 여성지도력의 육성과 협력에 관한 사항
6) 생명평화적인 가치로 교단을 변화시키는 일
7) 양성평등 기장을 위한 조사연구사업


## 3. 법과 제도

1) 총회 공천위원회 여성 50% 의무화 – 2007년까지 10% 2009년까지 30%. 2011년까지 40%, 2015년까지 50%
2) 총회 여성총대 30% 의무화 – 2008년까지 10%, 2011년까지 20%, 2015년까지 30%
3) 총회 상임위원회 등 의결기구 여성 30% 의무화 – 2005년까지 10%, 2007년

까지 20%, 2010년까지 30%

4) 여성위원회 신설 - 2008년까지

5) 최저생계비 현실화와 교역자 사례 평준화 제도 마련 - 2015년까지


4. 여성전문 인력 배양과 배치

1) 여성인력 뱅크 - 2006년까지

2) 총회 여성총무 준비 - 2007년까지 후보 물색


3) 장학금 지원 사업

- 박사과정 여학생 1명, 3년(4년) 전액
- 어학연수와 인턴과정 - 2007년에 시작

4) 여성지도력계발원 - 2008년에 시작: 교수, 교역자, 현장활동가, 에큐메니칼 리더 등을 훈련

5) 교단 교재개발 전문인 발굴과 배치


5. 총회 총무 선거 정책토론회, 공청회 정착 - 2008년


6. 평화통일운동

1) 북한 여성 지원사업 브랜드 만들기 - 2005년, 조선 그리스도교연맹 여성 교류 정례화 작업 - 2005년


7. 조사연구 사업

1) 교단발행 문서 검토와 대안모색

2) 교단 구조에 대한 분석

3) 교단 지도력에 대한 분석

4) 교단 교회교육 평가와 대안모색 (교재검토 포함)


8. 연구지 발간 - 년 1회(2005년)

■ 여성 참여 연차별 계획

1) 총회 상임위원회 등 의결기구 여성 30% 의무화 - 2005년까지 10%, 2007년 까지 20%, 2010년까지 30%

2) 총회 여성총대 30% 의무화 – 2008년까지 10%, 2011년까지 20%, 2015년까지 30%

3) 총회 공천위원회 여성 50% 의무화 – 2007년까지 10%, 2009년까지 30%, 2011년까지 40%, 2015년까지 50%

## 2) 양성평등위원회 설치

기장여성연대는 양성평등위원회[8] 설치를 위해 모임을 지속하였다. 2006년 3월 27일 기독교회관에서 "기장여성 지도력의 전망과 과제"라는 주제로 정기모임을 개최하였다. '여성 참여, 양성평등 교회구조와 법적 제도 마련'을 위한 여성총대모임이 7월 13일 한신교회에서 열렸다. 이어 7월 20일 총회장실에서 기장여성연대 대표들과 총회장, 총무가 참석하여 '여성과 함께 가는 기장 교단'을 위해 격의 없는 대화를 나누었다. 기장여성연대는 9월 19일 '양성평등위원회 설치의 건' 헌의안 관철을 위해 총대들을 설득하는 노력을 기울였다. 또한 헌의안 통과를 위해 청년회, 여신도회 인권위원회와 연대하여 총회가 열리는 동수원교회에서 기도회를 실시하고 총회 장소에 홍보 전시물을 설치하였다. 이러한 활동 결과로 교회와 사회위원회 이름으로 헌의한 '양성평등위원회' 설치안이 총회에서 통과되었다. 이 양성평등위원회 설치 헌의안은 기장교단 조직과 내용이 평등하고 정의, 평화롭게 변화되어야 함을 아래와 같이 분명히 제시하였다.[9]

---

[8] 처음에는 여성위원회가 목표였으나 교회협 여성위원회가 이름을 양성평등위원회로 변경함에 따라 기장여성연대도 양성평등위원회 설치로 바꾸었다.

[9] 교회와 사회위원회를 통해 '양성평등위원회' 설치를 위해 헌의한 내용이다. 비록 교회와 사회위원회 이름으로 헌의되었지만 이에 필요한 문서는 기장여성연대에서 작성하였다.

세계교회협의회는 1988년 에큐메니칼 여성10년을 보내고 이어 2001~
2010년을 '폭력극복을 위한 에큐메니칼 10년'으로 선포하고 교회가 이
를 향해 노력할 것을 선포했다. 특별히 차별이 곧 폭력임을 선언하고 여
성에게 가한 차별을 회개하고 교회 안에서 행해지고 있는 여성에 대한
차별과 폭력을 극복하고 양성평등의 시대를 열어가야 한다. 세계교회협
의회에서 선포한 '폭력극복을 위한 에큐메니칼 10년'이 마감하기 전에
우리 교단 조직과 내용이 평등적이고 정의, 평화적으로 바뀌기를 희망한
다. 뿐만 아니라 교단여성들의 지도력을 넓히고 여성들의 영성을 나누며
이를 교단의 각종 제도와 정책에 반영함으로 차별을 극복하고 평화를 나
누는 일에 적극적으로 나서야 한다. 이를 위해서는 교단여성들의 목소리
와 지도력을 집약해내고 추동해내는 일이 필요한바, 특히 남성과 여성이
함께 지혜를 모아낼 수 있는 기구가 총회 안에 제도화되어야 한다. 따라
서 남성과 여성이 함께 모여 양성평등의 문제를 전문적으로 다룰 뿐만
아니라 교회 구조를 양성평등 구조로 만들어 가기 위해 연구하고 정책을
세우고 이를 수행할 수 있는 양성평등위원회가 필요하다. 이 양성평등위
원회의 설치는 교단의 여성들만을 위한 것이 아니라 교단을 양성평등적
이고 생명평화적인 공동체로 발전시키는 데 큰 역할을 할 것이다.

교단 제91회 총회에서 양성평등위원회 설치가 허락된 후 위원을 선
정하여 제1차 양성평등위원회가 조직되었다.[10] 이렇게 양성평등위원

---

**10** 양성평등위원회는 총회 직선위원(6인) •1년조: 김유식(강원) 김연심(광주), •2년조: 김
별배(전북동) 민경자(서울), •3년조: 김종태(충남) 전규자(경기북). 위원회 추천위원(9
인) •1년조: 한국염(전문인) 한희창(군산) 박현주(청년), •2년조: 박유철(충북) 송영자
(서울) 황재순(경기남), •3년조: 유근숙(전문인) 임희숙(전문인) 이수열(대구)로 위원
이 구성되었고 2007년 11월 19일 총회 회의실에서 열린 양성평등위원회에서 위원장에 한
국염 목사, 서기에 이수열 목사를 선임했다.

회 설치를 이끌어낸 기장여성연대는 젊은 세대 여성지도자를 육성하기 위한 일환으로 교단에서 소외받는 청년여성 상근자를 위한 재정보조를 실시하였다. 기장여성연대에서 기장 청년회 여성 상근자 활동비를 월 40만 원씩 지원키로 하고 각 단위에서 부담키로 하여 여교역자회에서도 5만 원씩 현재까지 지원하고 있다.[11]

### 3) 교회개혁을 위한 기장인 모임

교단에 속해 있는 NGO인 기장여교역자회, 생명선교연대(전 민중교회운동연합), 농민선교협의회, 새 시대를 여는 목회자 모임 등 4개 단체와 뜻을 같이 하는 개인들이 모여 2000년 9월 18일 '교회개혁을 위한 기장인 모임'(이하 기장인 모임)을 결성하였다. 여교역자회는 33회기 1차 실행위원회에서 기장인 모임에 함께하기로 결의함에 따라 여교역자회 실무자가 집행위원으로 활동하였다. 2001년 3월 19일 향린교회에서 열린 기장인 모임 1차 포럼에서 교단 총회의 선거공영제를 논의하였다. 이후 교단 총회 헌법과 규칙개정위원회가 기장인 모임 포럼 결과를 수용하여 보다 민주적이고 선거공영제가 실현되는 방안을 연구하기로 하였다. 기장인 모임은 2001년 3월 26일에 교단 총회 실행위원회를 방청해 선거법 개정 논의를 지켜보았다. 기장인 모임 2차 포럼은 4월 26일 광주 무진교회에서 목사와 장로 임기제에 관한 내용으로 실시하였다. 3차 포럼은 5월에 부산 남부산 용호교회에서 최저생활보장제와 연금제도에 관한 내용을 다루었다. 2001년 11월 22일 서울 향린교회에서 2차 정기총회로 모여 교단 헌법 개정과 기장인 모임의 조직

---

11 여신도회전국연합회 20만 원, 여장로회 10만 원, 여교역자회와 한신여동문회 각각 5만 원씩 부담하기로 했다.

적 연대 강화, 교단 내 다양한 의견 수렴 창구로서의 기능과 교회개혁에 대한 대중화 작업을 논의하였다.

기장인 모임은 2002년 4월 8일에 한신대학원 효촌관에서 "희년을 맞는 기장 50년 어디로 갈 것인가?"라는 주제로 포럼을 개최, 기장 교단이 새역사 50주년이 되는 2003년을 희년총회로 열기로 한 시점에서 교단이 가야 할 길을 모색하였다. 여교역자회 대표가 논찬을 하면서 "2003년에는 명실공히 교단 내에서 가장 열악한 현실에 처해 있는 여성 목회자들에게 진정한 해방과 평등의 희년정신이 실현될 수 있어야 한다"고 강조하고,[12] 희년 7가지 지침에 대사회, 대교회적인 캠페인은 있으나 교단 내 제도 개선이나 교단을 치유하고 갱신하는 캠페인이 없으므로 이를 보완해야 한다고 지적하였다.

2003년에 기장 교단은 새역사 50주년을 기리면서 희년선언을 채택하였다. 이 선언에서 교회가 이루어야 할 삶으로서 '은총, 생명, 섬김의 신앙'이라는 희년신앙선언을 주창하고 희년신앙을 교회교역 원리와 지침으로 삼겠다고 제시하였다. 기장 교단은 희년행진선언 지침들이 끊임없이 실천되고, 기장인의 모든 삶에 적용되도록 하기 위하여 예전, 교육, 헌법, 신학교육을 새롭게 마련하겠다고 밝혔다. 또한 목회자 사

[12] 한국염 회장이 강조한 내용은 다음과 같다. 첫째, 기장 50년 희년대회는 햇수로 50이 아니라 성서적 의미를 담보한 대회, 희년정신과 희년신학이 담보된 대회가 되어야 한다. 둘째, 2003년에 발표될 희년문서에는 반드시 여성 불평등에 대한 죄책 고백이 포함되어야 하며 희년문서 작업 과정에도 위원 중 3분의 1은 여성이 들어가서 동참해야 한다. 셋째, 목회자 사례비 평준화가 선포되어야 하며 여전도사 처우 개선을 실질적으로 선포하는 해가 되어야 한다. 희년대회는 교단이 갖고 있는 남성 중심 위계질서를 어떻게 극복할 수 있을 것인지 고민하는 작업이 필요하다. 넷째, 50주년 희년행사에 여성이 단지 동원 대상이 아니라 희년 주체가 되도록 해야 한다. 준비하는 과정에서부터 여성을 포함시켜야 하고 신학학술대회를 한다고 할 때 현재 한신대학교 신학과에 여성 교수가 단 1명인 것을 감안하면 남성신학자들 중심으로 한 학술 심포지엄이 되기 쉬우니 여기에도 여성이 참여할 수 있도록 해야 한다.

이에, 교회 사이에 희년의 정의와 평화가 제대로 자리 잡도록 하나씩 개혁하고 희년행진을 통해 새로운 구원역사를 펼쳐 가는 제2의 종교개혁을 이루겠다고 선언하였다. 그러나 이 희년선언에 여성을 위한 자리, 성평등을 향한 다짐은 없었다.


## 2. 정의, 평화, 생명을 위한 활동

### 1) 기독여성들의 북녘 여성, 어린이들과 나눔 운동

여교역자회를 비롯한 기독여성들이 1998년 '섬김과 나눔을 향한 제2 기독여성' 선언 이후 우선적으로 한 나눔 운동은 북녘 동포와 나눔이었다. 북한은 1995년과 1996년 연이은 홍수에 이은 1997년 가뭄과 해일 영향으로 극심한 식량 위기를 겪었다. 1997년 9월 12일 기독여성들과 여성단체연합, 평화를 만드는 여성회가 함께 '평화를 만드는 여성연대'를 결성하여 '북한 동포와 밥 나누기·사랑 나누기 운동'을 전개하였다. 그 결과 1억 5천만 원 어치 분유 26톤을 마련해 8월 27일 인천항을 통해 '북조선민주여성동맹'과 '아시아 평화와 여성의 역할 북측위원회'에 지정 기탁을 하였다.

2차 나눔시에는 교회협 여성위원회가 주축이 되어 1997년 9월 12일 기독교회관에서 '평화의 쌀 보내기' 기독여성운동본부 발족식을 거행하였다. '쌀 보내기'를 결정한 것은 한국교회의 성미 전통을 살려 어려운 이웃과 밥을 나누자는 취지에서 비롯되었고, 끼니마다 한 줌씩의 쌀을 떠서 따로 모으는 방식으로 운동을 펴기로 하였다.[13] 여교역자회도 실행위원 단위로 쌀 주머니를 나누어 주고 모아서 본부로 보낸 한편,

30회 총회시 아침 금식과 수요예배시에 헌금한 1,022,000원을 모아 보냈다. 기독여성운동본부는 1998년 4월 15일 이 쌀을 북한에 보내며 쌀 선적 현장인 인천항에서 북한 동포 안녕과 평화통일을 위한 기도회를 개최하였다.

평화의 쌀 보내기 운동은 이후 '북한어린이에게 분유보내기' 운동으로 이어졌다. 2000년 6월 26일 교회협 여성위원회와 한교여연이 '북한 어린이돕기 교회여성연대'를 발족하였다. 교회여성연대는 북한 어린이를 돕기 위해 1구좌 1,000원으로 하고 1인당 이유기 어린이의 한 달분 이유식 가격인 5,000원씩을 모금하여 북한 어린이에게 보내기로 하였다. 그 결과 2001년 1월 19일에 1차분을, 2002년 4월 3일 분유 2차분을 인천항에서 배에 실어 보냈다. 여교역자회에서는 북한어린이돕기 2차분 1백만 원을 할당받아 회원 모금을 통해 이를 감당하였으며, 여교역자회 총회 개회예배 시에 북한어린이돕기 특별예배를 드리고 헌금하였다.

교회여성연대는 2004년 참사로 고통을 당하는 북한 동포를 지원하기 위해 '용천돕기 여성행동발대식 및 거리모금 캠페인'을 벌였다. 2007년 9월 5일에 종각 국세청 앞에서 북한수해복구지원 거리 캠페인을 시작으로 모금운동에 나섰다.[14] 이렇게 모금한 돈은 한국국제보건의료재단에 기부, 북의 영유아 양식과 보건의료사업에 사용토록 결의하였다. 평화기도회에서 모은 1백만 원 상당은 교회협을 통해 대북지원사업에 사용토록 했다.

한편 여교역자회는 교회협이 주최한 금강산 남북교회 기도회에서

---

13 쌀 3kg를 담을 수 있는 비닐 주머니 75,000개를 만들어 각 교단과 기관 여성 단체를 통해 전국에 배부하였다. 이렇게 모은 쌀이 43톤(3,600만 원 상당)이었다.

14 원래 700만 원을 목표로 했으나 실제 모금액은 300여만 원밖에 되지 않았다.

회장 이종원 목사가 북한 그리스도교연맹 이성숙 전도사에게 북한 동포들을 위한 모금과 통일기금을 합하여 미화 2,000달러를 전달하였다.

## 2) 남북여성들의 만남운동

### (1) '2002 남북여성 통일대회'에서 남북기독여성 첫 회합

남북기독여성 만남은 '2002 남북여성 통일대회'를 통해 처음으로 이루어졌다. 이 대회에 남쪽에서 350여 명, 북쪽에서 300명, 해외에서 20여 명이 참가하였다. 통일대회 둘째 날 아침에 각 분야별 만남이 8시부터 열렸다. 북에서 조선그리스도교련맹 김혜숙 씨와 천주교 여성대표 이산옥 씨 등 4명이 기독교인 자격으로 참여했으나,[15] 남쪽에서는 개신교 대표로 온 사람이 한 명도 없었다. 부랴부랴 남쪽 여성단체연합 소속 대표로 이 대회에 참석한 한국염 목사, 여성단체연합 공동대표 이강실 목사, 익산의 김은경 목사, 기독여민회 정태효 목사(예장통합), 여신학자협의회 공동대표 윤명선 전도사, 캐나다에서 온 서진옥 씨, YWCA 회원 한 명을 긴급히 모아서 일곱 명이 조선그리스도교련맹에서 온 여성들과 인사를 나누고 대화를 이끌었다.

한국염, 이강실, 김은경이 기장 목사라고 소개하니 북의 김혜숙 전도사가 "문익환 목사님 교단에서 온 기장여성들은 역시 다르다"며 반갑게 인사를 했다. 김혜숙 전도사는 "현재 북에는 평양에 봉수교회와 칠곡교회 2개 교회가 있고 전국에 513개소의 가정교회가 있다"고 소개하였다. 김 전도사는 미국이 "북한에 종교와 신앙의 자유가 없다"고 발표한 데 대해 분노하면서, 북조선 헌법에 엄연하게 신앙 자유가 선언되어

---

[15] 김혜숙은 조선그리스도교련맹 국제위원으로 영어를 잘해 통역으로 국제회의에 많이 참석하는 북한교회 여성대표이고, 이산옥 씨는 가톨릭 대표였다.

있음을 밝히고 "기독교인들이 힘을 합쳐 6.15 공동선언을 실천하기 위해 앞장 서야 한다"고 역설하였다. 이런 경험 이후 남북여성들 만남에 종교분과 특히 개신교 여성대표들이 참여하는 구조를 만들었다.

(2) 6.15남북공동선언실천을 위한 여성본부 결성과 남북여성 만남

2000년 6.15남북공동선언 이후 남한 내에서는 '6.15남북공동선언 실천을 위한 추진본부'를 결성하였다. 여성들도 종단, 통일연대, 평화를 만드는 여성회, 한국여성단체연합, 한국여성단체협의회, 민족화해범국민협의회 여성위원회 등 남한 내 여성 관련 최대 조직으로 '6.15 공동실현을 위한 여성본부'를 결성하였다. 기독여성들은[16] 종단 여성 범주에 들어가서 활동했으며, 종단 측 대표로 첫 해에 한국염 교회협 여성위원장이 공동대표로, 정해선 부장이 집행위원장으로, 여교역자회 박수현 총무가 집행위원으로 활동했다.

남북여성들은 이후 몇 차례 만남을 통해 통일 의지를 높였다. 분단 60주년이 되는 2005년 서울에서 8.15 민족대축전이 열렸을 때, 여성들은 8월 16일 여성정책연구원에서 '8.15 남·북·해외여성 연대모임'을 가졌다. 이 대회에 북측에서 여성위원 7명, 남측에서 55개 소속단체 대표와 임원, 해외동포 약간 명 등 총 150명이 참석했다. 부문별 주제발제로 북에서 김경옥 부위원장, 남에서는 한국염 공동대표가 발표를 하였다.

---

[16] 한국교회는 6.15 공동선언 실천과제로 ① 교회가 평화와 화해를 선포할 일, ② 북녘 교회를 지원하고 민족 나눔 운동을 펼칠 일(특히 여성과 어린이들을 위해), ③ 화해와 평화교육을 실시하고 갈등해소를 위해 노력할 일, ④ 남북평화통일 공동예배를 드릴 일을 병행해 나가기로 하였다. 이에 기독여성들은 6.15 공동실천과제와 교회의 실천과제를 적극적으로 수용하면서 동시에 6.15 공동선언 실천을 위한 남측 여성본부에 가담하여 함께 실천운동을 벌여 나갔다.

2005년 10월 14일 묘향산에서 열린 '6.15공동선언 실천과 반전평화를 위한 남북여성 통일연단'에는 남측 여성 대표 100명, 북측 여성 500명이 참여했다. 한국염 공동대표와 김경옥 부위원장이 공동으로 사회를 보았다. 이 행사에 정해선 집행위원장을 비롯한 많은 기독여성기관 대표들이 참석하였다. 2006년 3월 9~11일 '3.8 세계여성의 날'을 기념해 금강산에서 남측 30명, 북측 30명이 모여 '6.15 공동선언 실천을 위한 남북여성대표자회의'를 개최하였다. 이 모임에서 2006년도 여성 통일운동 방향을 논의했다. 이해 6월 15일 6.15 민족공동행사가 광주에서 열렸다. 여성들도 광주문화예술회관에서 남북여성상봉모임을 개최해 대표연설과 호소문을 채택했다.

### 3) 기독여성 평화통일문화제와 한반도 평화통일을 위한 기독여성 성명 발표

6.15 남·북 정상들의 만남과 공동선언은 한반도에 평화의 서광이었다. '6.15공동선언실천을 위한 남북 공동행사'를 비롯해서 남·북 여성들의 만남은 남과 북이 서로 차이를 확인하고, 이를 수용하며, 거리를 좁혀가는 데 큰 기여를 했다. 이어 2007년 10월 4일 노무현 대통령과 김정일 위원장은 정상회담에서 10.4선언을 발표, 서해평화협력지대 수립 등의 과제[17]를 설정해서 6.15선언이 더욱 현실화할 것으로 예상되었다. 그러나 애석하게도 2008년 정부가 바뀌면서 남과 북의 관계가 경색되었고, 공동행사를 비롯해서 여성들이 만날 수 있는 장이 폐쇄되어버렸다. 금강산에서 벌어진 한 여성의 피살 사건과 2010년 3월 발생

---

**17** 서해평화협력지대 수립, 개성공단 사업, 금강산 관광, 남북 경협, 철도와 도로, 통신 등 연결, 이산가족 상봉, 국군포로 문제, 사회문화 교류 등.

한 천안함 사건으로 남북대화 단절은 물론, 어렵게 일군 화해와 평화 무드가 실종되는 위기를 맞게 되었다.

이런 위기 속에서 한·일 강제병합 100년, 한국전쟁 60년, 6.15 남북 공동선언 10주년을 맞았다. 기독여성들은 2010년 6월 10일 교회협 양성평등위원회와 교회여성평화연대 이름으로 '기독여성 평화통일문화제'를 개최하고 "한반도 평화통일을 향한 기독여성 성명서"를 발표했다. 선언서 내용은 천안함 침몰로 희생된 장병 46명의 죽음을 애도하고 이 사태 이후 불신과 갈등의 위기로 치닫고 있는 남북관계에 대한 우려를 표명하였다. 정부에게 인도적 대북지원을 지속하고 생명을 살리는 데 앞장설 것, 막혀 있는 교류와 협력을 활성화할 것, 남북 간 군사적 긴장을 완화하며 민족 동질성을 회복하는 계기를 마련할 것을 촉구하였다. 또한 기독여성들은 갈등 해소 중재자로, 인도적 대북지원을 지속하고, 일상에서 평화살기를 실천할 것을 다짐하였다.

한편 한국여교역자회연합은 회원들을 대상으로 평화통일 의식을 고취하는 활동을 전개하고 실천행동으로 음악회와 교회여성연대에 참여하여 나눔 사업에 동참하였다. 통일의식 고취사업으로 '평화통일과 여성 목회'라는 주제로 두 차례 지역대회를 실시하였다.[18] 여교역자회 연합은 두레방과 공동 주최(사랑의 문화봉사단 주관, 문화관광부와 의정부 YMCA 후원)로 1999년 12월 3일 의정부 시민회관에서 '평화통일을 열어가는 사랑의 음악회'를 개최하였다. 역시 2000년 9월 26일 열린 북한 어린이돕기 교회여성연대가 발족하자 여교역자회연합도 동참하였다.

---

[18] 호남지역대회가 1999년 11월 29일 전주고백교회에서 황인복 교수(한일 장신대)와 한상열 목사(전주 고백교회)를 강사로, 서울·경기지역대회는 2000년 1월 10일 기독교신학대학 원대학교에서 홍찬화 목사(예장정통 증경 총회장), 박규영 목사(예합정 선교국 북방선교 부장)를 강사로 열렸다.

정대협 소속 기독여성단체들 주관으로 11월 18일 기독교회관에서 열린 '2000년 일본군 성노예전범 국제법정'을 지지하는 특별기도회에도 함께하였다. 여교역자회연합은 2004년 2월 16일에는 한길교회(기감)에서 '평화를 일구는 여성 목회'라는 주제로 회원대회를 실시하였다. 노정선 박사 주제강연에 이어 '남·북한에서 여성평화문제'(기장 이김현숙 준목), '가정폭력'(예장통합 한은교 목사), '교회 내 성폭력'(기감 홍보연 목사)에 대한 발제를 듣고 토론하였다.

### 4) 폭력 극복을 향한 활동

세계교회협의회는 2000~2010년까지를 '폭력극복 10년의 해'(Decade to Overcome Violence, DOV), 부제로 '화해와 평화를 일구어 가는 교회'를 선포하고 지역별, 교회별로 이를 실천하도록 권고하고 장려하였다. 폭력극복 10년 선포는 단순히 프로그램 개발과 실행이 아니라 폭력 현상을 묵인해 온 죄책 고백과 회개 그리고 교회들에게 철저한 헌신을 요청하는 영성 회복에 역점을 둔 운동이다. 폭력극복 10년 선포는 폭력을 교회 주변 문제가 아닌 중심 문제로 전환하고, 갈등 해소와 정의로운 평화를 만들기 위한 적절한 접근들을 실험하고 개발하는 것이다. 세계교회협의회는 폭력극복 선언을 통해 평화를 위한 여정(a pilgrimage of peace)인 에큐메니칼운동의 중요성을 재차 강조하였다.[19]

세계교회협의회는 "① 직접적인 폭력, 구조적인 폭력, 가정폭력, 공동체 안에서 폭력, 국제사회에서 폭력 등 현대에 자행되는 모든 폭력을 다루고, 폭력에 대한 세계 각 지역 분석과 폭력극복을 위한 방법들을

---

19 한국염·이문숙·정해선, 위의 책, 178.

배운다. ② 교회들은 폭력에 대한 신학적 정당화를 폐지시키고 화해와 비폭력 영성을 새롭게 확인한다. ③ 지배와 경쟁이 아닌 협력에 기초한 공동체 내 공동안보에 대한 새로운 이해를 창조한다. ④ 공동체 내의 다른 종교와 협력하고 다른 종교로부터 평화건설에 대한 영성을 배우고 자료들을 얻는다. ⑤ 세계 군사문화와 소형무기 확산에 도전한다"라는 것 등을 폭력극복 10년 과제로 제시하였다.

그러나 이 운동을 주도적으로 이끌어 갈 교회협이 세계적인 운동인 폭력극복 10년 선언은 했지만 회원교회들에게 이 캠페인의 목적과 의의에 부합하는 사업과 활동들을 하도록 이끌어내지는 못하였다. 교회협 여성위원회 역시 기독여성정책협의회를 통해 이 운동과 주제를 알리고 과제를 모색하며 간담회, 토론회 등을 실시하였다. 그러나 기독여성들이 전개한 JPIC운동들이 사실상 폭력극복 10년 운동과 맥을 같이함에도 폭력극복과 관계된 여성의 문제를 교회로 확산하는 데 집중하지 못했다. 소수 기독여성 기관들만 교육, 캠페인 관련 사업들을 전개하였고, 여교역자회도 그렇게 활발하게 이 운동에 참여하지 못했다. 이런 한계에도 불구하고 교회여성평화연대가 전개한 반전평화운동, 평화기도회운동, 기독여성 보안법 철폐운동, 교회 내 성폭력 추방운동, 호주제 철폐운동은 폭력극복 10년 운동의 선상에 있었다.

### (1) '교회여성평화연대'와 반전평화운동

기독여성들은 1992년 7월 한국 평화유지군(PKO) 파병 반대, 1994년 4월 '패트리어트 미사일 설치'에 반대하는 목소리를 내면서 각 단체별로 반전과 평화에 관심을 표명해 왔다. '북한어린이돕기 교회여성연대'에 참여했던 기관과 단체들이 모여 2003년에 '반전평화기독여성연대'를 구성하고 평화운동을 벌여 나갔다. 여교역자회도 이 연대에 참여해서 평화활동에 함께했다. 2월 28일에 국회 앞에서 열린 반전·파병 반대 시위에 참가했다. 3월 10일 이라크 전쟁 반대와 평화 정착을 위한 기도회에서 김지선 회장이 5분 평화메시지를 선포하였다. 4월 25일에는 천안디아코니아자매회 본원에서 열린 반전토론회에 함께했다. 7월 22일에는 '전쟁방지를 위한 기독교 평화대회'를 참여해서 정전협정을 평화협정으로 전환하는 운동을 시작하였다. 7월 25일에는 탑골공원에서 열린 미군 장갑차에 의해 숨진 심미선과 신효순 학생(2002년 6월 13일 사건 발생) 추모제에 서울에 있는 회원들이 다수 참여하였다.

12월 15일에는 기독교회관 앞마당에서 이라크 전쟁 중지 평화기도회에 참석하였고 이라크 평화를 위해 회원들이 모금한 55만 원을 전달하였다. 이라크 파병 철회 범국민청원에 여교역자회 회원 34명이 서명하였고 실행위원들이 파병반대 국민행동 1만인 선언에 동참하였다.[20] 교회협 여성위원회와 교회여성연합회가 공동으로 2003년 4월 30일 기독교회관에서 "평화통일과 기독여성"이라는 주제로 기독여성운동정책협의회를 실시하였다. 이 토론회에서 탈북여성과 북한 관련 여성문제가 논의되었고 교회여성들이 통일운동과 더불어 세계 평화를 위한 군사화에 반대하는 운동을 펼치자고 다짐하였다.[21]

기독여성들은 6.15 공동선언 5주년을 기해 교회여성평화연대 활동을 다시 가동하기 시작했다. 첫 활동으로 정기적으로 한 달에 한 번, 매달 둘째 주 수요일 오후 2시 '평화를 위한 기도회'를 열기로 하고 연대하는 단체가 돌아가며 주최하였다. 그 첫 기도회가 2006년 10월 18일 시작해서 2008년 2월까지 이어졌다. 여교역자회는 2007년 9월에 기도회를 주관하였다.[22] 특별히 2006년 11월 15일에 열린 기도회에서는 한

20 「37회 총회보고서」(2004), 39-40.
21 「36회 총회보고서」(2003), 70.

반도 위기를 해소하기 위해 북한의 6자 회담 복귀와 동북아 평화, 한미 FTA와 경제정의 실현, 군부에 의해 목회자, 시민활동가, 신부 등이 살해당한 필리핀의 평화를 위해 간절히 기도를 드리기도 했다.

한편 '국가보안법완전폐지를 위한 2004 성직자선언'에는 회원들의 자율 의지에 맡겨 원하는 회원 40명이 참여하였고, 성직자 걷기대회에도 역시 원하는 회원들이 참여하였다. 2005년 북핵 관련 한국교회지도자 선언에 회원 41명이 동참하였으며, 성매매 반대를 위한 방지법 제정 서명운동에 지역별로 서명을 받아서 서명운동본부로 보냈다.[23]

(2) 이 땅의 가난한 이들과 생명살림을 위한 12제자 연속금식기도회

2007년 사순절 기간을 맞이하여 '이 땅의 가난한 사람과 생명살림을 위한 12제자 연속금식기도 운동'[24]이 기장생명선교연대, 여교역자회, 21세기 목회자협의회를 중심으로 전개되었다. 3월 1일부터 시작하여 부활절 다음 날인 4월 9일까지 40일간 진행된 금식기도운동에는 매일

---

[22] 기장여교역자회, 기장여신도회전국연합회, 교회협양성평등위원회, 교회여성연합회, 새가정사, 성공회어머니연합회, 디아코니아자매회, 여신협, 복음교회여성신도회 등 13개 단체가 기도회를 주관하여 기독여성의 저력을 보여주기도 했다.

[23] 「38회 총회보고서」(2005), 37.

[24] 기도 제목은 다음과 같다.
가난한 이들과 생명을 위하여: ① 한미 FTA협상 중지를 위하여, ② 정의로운 국제경제 질서를 위하여, ③ 폭력 앞에서 고통당하는 여성과 어린이를 위하여, ④ 비정규직 노동자들을 위하여, ⑤ 위기에 처한 농촌과 농업을 위하여, ⑥ 우리 민족의 일용할 양식 확보를 위하여, ⑦ 이 세상에 신음하는 피조물들을 위하여, ⑧ 북한 형제자매와 우리 민족의 평화통일을 위하여.
교회를 위하여: ① 우리 사회의 가난한 이들에게 소망이 될 수 있는 교회가 되도록, ② 생명과 평화를 사랑하는 교회가 될 수 있도록, ③ 우리 사회에서 소금과 빛의 역할을 할 수 있도록.
목회자 자신을 위하여: ① 그리스도의 수난을 사모하는 목회자가 되기 위하여, ② 이 땅의 가난한 이들에게 기쁜 소식을 전하는 목회자가 되기 위하여, ③ 농촌을 사랑하고 생명을 돌보는 목회자가 되기 위하여, ④ 섬기는 교회를 위해 순교할 수 있는 믿음을 갖기 위하여.

목회자 12명이 하루씩 금식기도하고 40일간 연속해서 목회자 총 480명이 기도 행진에 참여하였다. 기도운동은 목회자가 금식하는 날에 그 목회자가 담임하는 교회에서 교인들도 함께 금식기도에 참여하는 방식으로 진행되었으며, 기도회 관련 실무는 기장 농목과 기독교농촌개발원이 담당하였다. 이 생명살림 12제자 기도에 여교역자회 회원 40명이 참여했으며, 중보기도에 참여한 회원 교회는 10교회였다.[25]

### (3) 교회 내 성폭력추방운동

1998년 여신학자협의회 기독여성상담소에 충격적인 사건이 제보되었다. 성결교 교단 소속 한 목사가 자기 교회 여전도사를 비롯해서 여신도 여러 명을 성폭행한 사건이었다. 기독여성들은 사건의 심각성을 인식하고 '○○목사 여신도 성폭행 사건 대책위원회'를 구성, '교회 내 성폭력의 실태와 과제' 공청회를 열었다. 이날 정숙자 목사가 발표한 '목사 바로 알기 10계명'은 "목사도 인간이다. 하나님처럼 믿지 말라"는 말로 시작해서 참석자들에게 큰 호응을 얻었다.

1999년 5월 MBC에 보도되어 문제를 일으킨 만민교회 L목사에게 성폭력을 당했다는 신고가 여성민우회 가족과 성 상담소에 접수되었으나 가족과 성 상담소에서는 그것이 종교문제라 여신협에 이관했다. 만민교회 L목사 성폭력 사건은 사안이 워낙 커서 성폭력상담소, 여성의 전화, 민우회 가족과 성 상담소, 교회여성연합회, 교회협 여성위원

---

25 참여 회원: 이종원, 하성순, 홍성윤, 김은경, 전규자, 임병이, 김광자, 김병순, 임칠현, 민옥만, 한혜주, 박정애, 김성란, 이혜정, 양기정, 조인영, 이춘선, 김정분, 박옥순, 김태옥, 박미미, 문성자, 심은정, 채혜원, 오애순, 이혜진, 정유진, 김연심, 윤옥선, 고애신, 전기정, 이종원, 김화선, 김금자, 박영주, 최화택, 조경자, 박사순, 조희경, 김규순.
참여 교회: 새빛(이종원), 학장(박미미), 돌단(양기정), 한울(김광자), 진천(고은영), 익산중앙(김은경), 풍산(김태옥), 두평(하성순), 한남(김화선), 해인(김영선).

회, 여신협이 공동으로 대처하였다. 만민교회 신도들의 행패를 미연에 방지하기 위해 경찰 5개 중대가 지켜보는 가운데 공청회를 열었다. 이 날 공청회는 최영애 소장 사회로 한국염 목사가 "교회 내 성폭력의 실태와 특성"을 발표하고 이원규 교수(감신대)가 "교회 내 성폭력에 대한 종교사회적 분석"을 하고 최은순 변호사가 "성폭력에 대한 법률적 접근"을 발표하였으나 이날 예정되었던 피해자 증언은 불발되었다.

2000년에 여신협 기독교여성상담소 주최로 '교회 내 성폭력 추방을 위한 교회법 토론회'가 열려, 성폭력을 근절하기 위해 구체적인 교회 정책 필요성, 신학적 이해, 성윤리 확립 등이 강조되었다. 이를 계기로 2001년 4월 16일 교회협 여성위원회, 한교여연, 여신협이 '교회 내 성폭력 추방을 위한 공동대책위원회'를 결성하고 교회 내 성폭력 추방운동에 나섰다. 성폭력 추방을 위한 공동대책위원회가 결성된 후 감리교단 모 목사가 저지른 성폭력 신고가 접수되어 그 교회 앞에서 항의집회를 열었다. 해당 목사가 그 교단에서 영향력이 큰 실세라서 그 교회나 교단에서는 전혀 대응하지 못했다. 사건이 해결되지 못해 교회 내 성폭력 문제의 벽을 절실히 실감하였다.

2002년 교회협 여성위원회가 주최한 기독여성운동정책협의회에서 「기독교인을 위한 성폭력 예방지침서」를 만들 것이 제안되어 초안을 작성하였다. 교회협 여성위원회는 「성폭력 극복과 예방을 위한 교회선언」을 2002년 11월 18일 교회협 제51회 총회에 제출해서 총회에서 공식문서로 채택하였다. 이 문서는 선언의 배경과 목표, 성폭력 극복과 예방을 위한 신앙고백, 교회 내 성폭력 극복과 예방을 위한 지침, 부록 등으로 구성되었다. 여교역자회는 임원회 결의에 따라 교회협 여성위원회와 연대하기로 정하고 사무처와 수도권 임원 차원에서 대응활동에 참여하였고, 박수현 총무가 예방지침서 초안위원으로 교회 내 성폭력 방지법 제정을 위해 노력하였다. 그러나 교회 내 성폭력 추방운동은 소강상태에 접어들었고, 2018년 미투운동에 힘입어 다시 전개되기 시작한다.

### (4) 예장합동 총회장 임태득 목사의 '기저귀 발언'에 대한 대응 활동

2003년 대한예수교장로회 합동측(예장 합동) 총회장 임태득 목사가 총회신학대학 학부 수요예배시에 여성 목사안수를 반대하는 입장을 밝히면서 "우리 교단에서 여자가 안수 받는다는 것은 택도 없다. 여자가 기저귀 차고 강단에 올라와? 우리 교단에서는 택도 없다!"라고 말했다. 이 설교는 총신대 여학생뿐만 아니라 교회여성들은 물론 사회여성들에게도 큰 충격을 주었다.

여신협으로부터 보고를 들은 11개 기독여성단체가 11월 19일 '예장합동총회장 여성비하발언대책위원회'를 조직하고 행동에 나섰다. 교계신문에 칼럼 기고, 여성 목회와 여성안수에 관한 심포지엄 개최, 임태득 총회장이 관여하고 있는 기구나 연합단체에 항의의견서 제출, 방문 항의, 국가인권위원회에 진정서 제출, 임태득 목사 총회장 직무가처분신청 등 다양한 행동을 펼치기로 하였다. 대책위원회는 한국기독교교회협의회 총무 백도웅 목사를 면담하고 교회협 회원 교단에서 임태득 총회장 발언에 대한 각 교단의 입장을 성명서로 발표하도록 요청했다.

한국여교역자회연합도 31개 여성단체와 사회단체로 구성된 '여성비하 생명경시 발언 대책위원회'에 참가하여 활동하였으며, 대책위원회는 12월 3일 여성안수를 제도적으로 막는 것은 명백한 성차별이며 인권 침해라고 국가인권위원회에 제소하였다. 임태득 총회장 기저귀 발언 사태에 대해 교역자의 문제이니만큼 여교역자회에서 풀어 달라는 요청이 있어 한길교회에서 긴급히 한국여교역자회연합 실무자 모임을 갖고 임태득 총회장에게 항의하는 특별기도회를 12월 29일 기독교회관에서 열었다. 2004년 3월 26일 임태득 목사 총회장 직무집행정지 가처분 신청을 서울 중앙지방법원(사건번호 카합951)에 제출하였으나 4월 8일 기각되었다.

## 5) 호주제 폐지를 위한 기독여성연대 활동

여성계 숙원으로 가족법이 개정되었지만 호주제는 남겨 놓은 상태였다. 이에 평범한 시민들이 주체가 되어 '호주제 폐지를 위한 시민의 모임'(호폐모)이 결성되었고, 1999년 한국가정법률상담소, 한국여성단체연합, 한국여한의사협회 등이 '호폐모'와 광범위한 연대를 이루었다. 종교계 여성들도 일반 사회여성들과 함께 '호주제 폐지 기독여성연대', '호주제 폐지 종교여성연대'를 조직해서 호주제 폐지 운동에 동참하였다. 호주제 폐지 종교여성연대는 불교, 원불교, 천도교, 천주교, 개신교의 진보적 여성단체들이 연대해서 결성하였으며 국회헌정회관에서 세미나를 열고 국회 앞에서 가두행진을 하며 캠페인을 벌였다. '호주제 폐지 기독여성연대'는 기독여민회, 교회협 여성위원회, 교회여성연합회, 여신협이 함께 2001년 10월에 결성하였다.

여교역자회는 2001년 7월 12일에 열린 임원회에서 발족될 범교단 여성기구와 연대하기로 함에 따라 호주제 폐지를 위한 운동에 참여하고 활동을 전개하였다. 기독여성들은 호주제 폐지를 위한 서명운동 등을 비롯해 다양한 방식으로 호주제 폐지를 위한 운동을 전개하였다. 특별히 5월 가정의 달을 맞아 여신협과 '호주제 폐지를 위한 기독여성연대'가 공동주최로 2001년 5월 16일에 경동교회 여해문화관에서 '평등한 가족문화 만들기 기독여성문화제로 '호주제 폐지를 위한 기독여성

예배'를 실시하였다.[26]

'민주사회를 위한 변호사모임(민변)'과 같은 전문가 집단이 호주제 폐지에 동참하여 2000년에 '호주제 위헌 법률심사제청'을 준비하였다. 이 노력은 2005년 2월 3일 헌법재판소에서 호주제 핵심 조문인 민법 제778조, 제781조 제1항, 제826조 제3항에 대한 헌법 불합치 결정을 얻어내는 결실을 맺었다. 마침내 2005년 2월 28일 국회 법제사법위원회는 해당 민법 개정안[27]을 찬반 표결 끝에 찬성 11표로 가결하였고, 3월 2일 개최된 국회 본회의에서 재적의원 296명 중 235명이 참여하여 찬성 161표를 기록했다.

이로써 1953년부터 시작된 반세기에 걸친 호주제 폐지 운동은 마침내 마침표를 찍게 되었다. 호주제도가 폐지됨에 따라 부속법인 호적법도 폐지되어 2007년 5월 17일 「가족관계 등록 등에 관한 법률」이 제정되어 2008년 1월 1일부터 시행되고 있다. 새로운 신분등록제도는 호주나 '가'(家)란 개념이 없이 개인별 편제를 따르고 있어 혼인이나 이혼, 재혼, 입양 등에 의해 가(家)를 옮긴다는 개념이 완전히 사라졌다.

---

**26** 이 예배에서 다음과 같이 우리의 선언을 하였다. ① 우리는 여성의 온전한 '하나님 형상' 회복을 위해 호주제는 마땅히 폐지되어야 함을 선언한다. ② 우리는 성차별이 대물림되지 않도록 자녀들의 성씨 선택권 확보에 나서야 함을 선언한다. ③ 우리는 여아낙태를 조장하고, 남성중심의 부계혈통을 강화하는 호주제 폐지를 위해 힘쓸 것이다. ④ 우리는 예수 그리스도가 부계혈통주의를 넘어선 모범이라 고백하며, 호주제 폐지와 평등한 가족문화를 만들기 위해 노력할 것이다.

**27** 본 개정은 ① 민법 제4편 제2장 '호주와 가족'이 삭제되고 민법 제4편 제8장(호주 승계의 장)이 완전히 삭제됨, ② 자녀의 성과 본에 관한 규정 개선, ③ 동성동본 금혼규정이 삭제되고 새로운 금혼규정 마련, ④ 친생부인의 소는 제소권자를 부뿐 아니라 처로 확대, ⑤ 여성에 대한 6개월의 재혼금지 규정 삭제, ⑥ 친양자제도(親養子制度) 도입, ⑦ 피상속인 부양자에 대한 상속 기여분 제도 도입 등을 포함한 대변혁이었다.

## 3. 여성 스스로 신학하고 영성을 나누는 일

여교역자회에서 진행하던 신학하고 영성을 나누는 일과 관련된 교육 프로그램은 30주년을 보낸 그 다음 해부터 위기에 직면하게 되었다. 독일교회 지원으로 운영하던 지도력계발 프로그램이 마감되었기 때문이다. 88올림픽을 기해 한국이 더 이상 개발도상국(제3세계)에 속하지 않게 되면서 한국교회에 제공해 오던 개발국들의 지원들이 끝난 경우가 많았다. 여교역자회 프로그램은 여성 문제이기 때문에 독일교회 지원을 받다가 약속된 6년이 지나 연장이 되지 않았다. 여교역자회는 1999년 상반기까지 프로젝트로 지도력계발 프로그램을 실시하고 그 이후는 자구책을 강구했다. 즉 서울권을 중심으로 시행하던 월례모임을 지역회 월례모임으로 확대하고 회원들이 자기 전문영역을 계발해서 강의를 하는 방식으로 전환하였다. 위기가 곧 기회가 된 셈이다.[28]

### 1) 회원 지도력 계발 프로그램

회원들의 신학과 영성을 계발하는 일은 1999년 상반기까지 독일교회(EZE) 지원으로 이루어졌다. 회원들의 전문성을 강화하는 훈련, 지도력을 계발하기 위한 기초상담 훈련, 지역사회 선교 훈련과 이동강좌를 실시하였으나 상반기까지만 진행되었기 때문에 여러 지역에서 교육이 실시되지 못하였다. 이 시기에 진행한 여교역자 지도력 계발을 위

---

[28] 사실상 내부 강사 등용은 이미 시행된 바 있다. 1990년 '정의·평화·창조의 보전' 서울대회에서 자극을 받은 회원들이 1990년 총회와 교육대회에서 "언제까지 남에게 의지할 것인가? 우리 힘으로 하자!" 하고 교육 프로그램 강사를 모두 회원들이 맡아서 한 일이 있다. 즉 성서연구를 김애영 회원이, 특강 "모성목회의 재발견"을 박성자 목사가 맡아 한 일이 있다. 이런 전통을 되살린 것이다.

한 전문 훈련, 지역사회 선교 훈련, 상담 훈련, 지도력을 위한 기초 훈련, 미래지도자 훈련 등은 흩어져 있는 회원들을 여교역자회라는 조직으로 묶을 수 있는 자리매김을 했다. 여성 시각으로 성서를 읽고 신학을 하여 여교역자들이 교회와 사회에서의 여성 지도자로 우뚝 설 수 있는 기회를 제공하였다.

여교역자 지도력 계발을 위한 전문 훈련은 목회연구반, 특수목회반, 정의·평화·창조의 보전을 위한 교육강좌로 이루어졌다. 목회연구반 전문훈련의 목표는 목회현장에서 필요한 성서연구, 예배와 설교, 목회행정 등을 위한 강의와 토론, 창조적인 새 모델을 연구·개발하는 데 있었다.[29] 특수목회자반의 훈련목표는 여교역자들의 30%가 도시빈민 목회나 농촌 목회 등 특수목회를 하고 있는 현실에서 각 지역에 맞는 선교프로그램을 개발하여 한국교회를 갱신할 수 있는 목회 모델들을 제시하는 데 두었다.[30] 정의·평화·창조의 보전을 위한 훈련목표는 정의·평화·창조의 보전(JPIC)에 근거하여 사회문제를 인식, 전문화와 계발을 통해 교회 평신도를 지도하고 역량을 키워 교회와 한국 사회의

---

[29] 1997년에는 서울·경기, 충북, 충남, 전북, 전북서, 전남지역 등에서 총 10회 교육이 이루어졌다. 내용은 21세기와 여성 목회, 강해설교 필요성, 인간관계 회복, 임다의 서원이 주는 의미, 초대교회 공동체, 성서읽기 방법, 목회와 영성, 민중신학에 관한 것이었다. 강사는 한정애, 고은혜, 심구오, 김진수, 이강실, 김화자, 허완심, 장길섭 목사와 김경옥 준목이었다. 1998년 목회연구반 훈련은 서울경기지역에서 "여성 목회와 해외관계모색"(채혜원 목사)이라는 주제로, 전북서지역에서 "초대교회 공동체 모습"(김경옥 준목)이라는 주제로 실시되었다.

[30] 특수목회자반을 위한 훈련은 1998년 전남지역회에서 '청소년 문화'(강사: 전윤희 목사), '바람직한 여성 목회자상'(강사: 최화택 목사), '여성 목회 자립방안'(강사: 이경님 전도사), 충북지역회에서 '개척자 사명'(강사: 이창언 목사), 충남지역회에서 '바울의 화해 복음, 목회자의 자세'(강사: 박옥신 목사), 전북지역회에서 '초대교회 공동체 모습'(김경옥 준목), '전통풍습과 복음의 관계'(강사: 이옥자 목사), 전북서지역회에서 '복지사업현황'(강사: 허완심 목사), '생명목회란?'(강사: 허완심 목사), '해외선교 필요성'(강사: 임순심 목사), 경상지역회에서 '성서 속의 여성지도자상'(강사: 정숙자 목사)로 진행되었다.

민주화에 기여하는 데 두었다.[31]

상담 훈련 목표는 목회현장에서 가장 필요한 부분으로 여교역자 자신의 자아 발견과 목회현장에서 올바른 상담자로서 역할을 감당하도록 돕는 데 두었다. 여교역자회는 1998년 전원살림마을에서 장길섭 목사를 강사로 기초심성계발훈련을 실시했다. 지역사회 선교훈련 목표는 예수의 가르침을 따라 가난한 자들과 함께하는 여교역자들이 지역사회와 함께 하는 교회 공동체를 만들어 가기 위한 훈련으로 한국교회를 갱신해 갈 수 있는 목회 모델을 만드는 데 두었다. 구체적인 프로그램은 전남지역에서 "21세기를 준비하는 여성 목회"(강사: 곽노순 교수, 박성자 목사)라는 주제로 세미나를 2회 실시하였다.

지도력을 위한 기초 훈련인 이동강좌는 여교역자로서 정체성을 갖게 하며 목회현장에서 요구하는 분야를 훈련하여 자신감을 갖고 목회하도록 돕는 데 두었다. 교육은 여교역자 지위 향상과 지역여교역자회가 활성화되도록 하는 데 목표를 두었으며, 교육대상은 회원뿐만 아니라 미래세대 신학생들이었다.[32] 미래지도자 훈련 목표는 신학을 공부

---

[31] 1998년 담임목회자반은 "생명공동체를 향한 세대별 전도"라는 주제로 담임목회자들이 대화를 통해 실천 방안을 도출하였고, 목사회원반은 '회의진행법'(강사: 이길구 장로)을, 원로회원반은 '인체와 발의 건강에 대해'(강사: 정화진 선생), 여성신학영어연구반은 목회자와 여신학생들을 대상으로(강사: 고은혜 목사), 스토리텔링반(강사: 김영 목사)은 '목회 이야기와 성서의 나눔'으로 진행되었다. 또 담임목회자반은 '생명공동체를 위한 위로목회'(강사: 김원배 목사), 은퇴여교역자반은 '경륜의 평안과 축복'(강사: 박성자 목사), 목사반은 '무소유의 삶'(강사: 임낙경 목사), '교회 성장원리'(강사: 서재일 목사)를, 영어성경반은 '와스디 이야기', '여성신학자들의 삶의 이야기', '예배형식의 다양화'(강사: 고은혜 목사), 스토리텔링 반은 '몸으로 표현하는 기도'(강사: 김영 목사)로 진행되었다.

[32] 1997년에는 전북서지역회에서 '목회와 여성'(강사: 장길섭 목사), '영성'(강사: 오영석 교수)이라는 주제로, 전남지역회에서 '영성'(강사: 오영석 교수)으로 진행하였다. 1998년에는 전북지역회서 컴퓨터교육(강사: 김철수), 타종교와의 만남(강사: 상경 스님), 전남지역회에서 '인터넷기초, 사이버현상과 교회의 역할'(강사: 이수남)로 진행되었다.

하는 여신학생들이 한국교회의 미래교역자로서 정체성을 갖게 도와주며 선후배 간의 교류를 통해 진로에 대한 희망을 갖게 돕는 데 있었다.[33] 그리고 총회교육원 여전도사대학과정 학생과 여교역자회와 연계를 위한 일환으로 '여성 목회자 지도자론' 과목에 여교역자회 회원 중에서 강사를 선정하여 3개월간 강의를 진행하였다.[34]

김화자 총무는 독일교회 지원을 통한 프로그램을 마감하면서 이렇게 소감을 피력하였다.

우리 회는 1992년 1월부터 1994년 12월까지 1단계, 1995년부터 1999년까지 2단계로 EZE 지원을 받아 여교역자들의 지도력계발을 위해 다양한 프로그램을 운영해 왔다. 1단계 프로그램의 기장 큰 성과라고 할 수 있는 것은 심성계발훈련과 여성신학 도입으로 흩어져 있는 우리 회원들을 여교역자회라는 조직으로 묶을 수 있는 자리매김을 한 것이다. 전통적인 신학 바탕 위에 여성 시각으로 성서와 신학들을 보려는 노력으로 교회와 사회에서 여성지도자로 우뚝 설 수 있는 기회를 제공한 것이다. 2단계 프로그램을 살펴보면 예산과 지출현황을 살펴볼 때 가장 두드러진 면은 지역회 활동을 통해서 이루어진 목회반 연구와 지역 이동강좌 그리고 JPIC를 통한 자치반 활동의 활성화를 들 수 있다. 1단계에서 기초 조직으로 이루어진 지역회가 2단계에서 활발하게 활동하게 되었으며,

[33] 1997년 여신학생과 만남은 주제 강연 '21세기를 준비하는 여교역자'(강사: 현말렬 목사)를 들은 후 '현장과 삶 이야기'로 이강실 목사(부부목회), 원금자 목사(학원목회), 양미강 목사(기관목회)가 발제를 해서 진행되었다. 1998년에는 학부 여신학생들이 전북지역에서 '선배목회자들의 지역탐방'(송기순, 송말례 목사), 신대원 여학생들을 대상으로 주제 강연 '여성신학의 이해'(김애영 교수)과 '여성 목회자들과의 대화모임'으로 진행되었다.

[34] 서울 교실에서 김정희 목사, 인금란 목사, 박수현 목사가 각각 강의를 맡았고, 목포지역 교실에서 박영주 목사가 강의를 하고 송순호 전도사와 하성순 목사가 그룹 워크숍을 진행하였다.

각 분야별 전문성을 띤 자치회 활동으로 이어졌다. 특별히 지난 한 해는 21세기를 준비하는 정보화 시대와 국제화 시대에 뒤떨어지지 않는 목회 활동을 하기 위해 지역별로 컴퓨터 교육을 실시하고, 고은혜 목사(로리 크로커)와 함께 영어원서 독해 시간과 회화 시간을 가질 수 있었던 것은 큰 성과라고 할 수 있다.[35]

31회에서 40회 총회를 이루는 기간 동안 여교역자회 교육대회 핵심은 '여성 목회'에 관한 것이다. 비록 주제는 총회 주제를 따라 정한 것이 많았지만 '여성 목회'를 부제로 정하고 여성 목회에 대한 모색을 신학적으로, 목회적으로, 문화적으로 모색하고 자아발견을 하는 시기였다. 40주년을 맞을 때까지 10년 어간에 실시한 교육대회는 '여성 목회와 영성', '평화를 일구는 여성 목회자', '양성 평등을 향하여' 등 시대에 맞는 다양한 주제를 갖고 회원들에게 교육을 실시했다.[36]

---

[35] 김화자, "총무보고," 「32회 총회보고서」(1999), 45.

[36] • 1998년 주제: 하나님께 돌아오라! 소망 중에 기뻐하자!(강사: 조화순 목사), 부제: 여성 목회와 영성, 특강: IMF 시대의 삶의 위기와 희망(강사: 박정진 교수), 민속예배(강사: 채일손), 몸으로 드리는 예배(스토리텔링반).
• 1999년 주제: 새 땅의 복음으로 내 백성을 위로하여라!, 부제: 여성 목회와 문화(강사: 김희은 교수), 특강: 백년 묻어둔 달란트 – 우리 예배 찾기(강사: 이정훈 목사), 가정사역: (강사: 김정희, 추부길 소장), 성서연구 1: 새 하늘과 새 땅의 복음으로 내 백성을 위로하여라(강사: 최영실 교수).
• 2000년 주제: 새천년, 주여 나를 보내소서!, 부제: 여성 목회와 영성교육, 지혜문학과 여성의 여성(강사: 이순태 목사).
• 2001년 주제: 21세기 가장의 미래와 여교역자(강사: 박종화 목사), 특강 1: 믿음의 비전과 여교역자(강사: 김원배 원장), 특강 2: 지속가능한 교회와 여성 목회(강사: 이문순 교회협 여성부장), 영성훈련: 박성자 전도사, 손영자 전도사.
• 2002년 주제: 평화를 일구는 여성 목회자(강사: 한국염 목사), 특강 1: 성서 워크숍(강사: 이춘선 박사), 특강 2: 치유와 영성(강사: 이금만 교수).
• 2003년 한국여교역자연합 큰 모임, 주제: 여성과 목회: 여성, 평화 그리고 연대(강사: 권희순 박사), 성서연구 1, 2(강사: 배현주 교수).

## 2) '여성성의 목회', 21세기 새로운 목회인식

한국여교역자회연합은 창립 이래 초교파 여교역자들이 모여 연합해서 여교역자들의 지위와 복지 증진을 어떻게 높일 것인가에 대해 관심을 가져 왔다. 1년에 한 번씩 여교역자대회를 서울에서 열다가 1997년 서울지역에서 열리는 총회에 참석하지 못하는 회원들과 지역별 각 교단에서 일하는 여교역자들의 교류를 위해서 세 지방에서 제1회 지역대회를 실시했다.

기장여교역자회는 호남지역에서, 예장통합 여교역자회는 경상지역에서, 대한감리회 여교역자회와 합동정통여교역자회는 서울·경기지역에서 각각 여교역자회연합 제1회 지역대회를 개회하였다. 기장여교역자회는 1997년 11월 3일 광주양림교회에서 "21세기를 여는 여성 목회"라는 주제(주제강사: 박성자 목사)로 약 50명의 여교역자 회원이 참석한 가운데 여교역자연합 호남지역세미나를 실시하였다. 여교역자회 전남과 전북지역회 임원들이 세미나 준비를 하였고 기장여교역자회 지역회원들이 주로 참석하였다. 경상지역 여교역자회는 11월 17일 부산장대교회에서 같은 주제로(강사: 최만자) 열렸으며 70명이 참석하였

---

- 2004년 주제: 네 이름이 무엇이냐? 나의 모습 발견하기, - 네 이름은? 우리의 이름은? (역할의 목소리), 나는 무슨 문제와 씨름하고 있는가?(목회현장의 목소리), 브니엘의 아침 해는 떠오르는가?(희망의 목소리), 치유와 환희의 춤(강사: 박선영 춤 데라피스트), 성서연구(강사: 최은경 목사).
- 2005년 주제: 여성 목회와 건강(강사: 최형주 박사).
- 2006년 주제: 행복한 목회를 위하여 특강 - 웃음과 인간관계(강사: 이강순 대표), 춤 치료(강사: 김해권 목사).
- 2007년 주제: 나와 내 집은 여호와를 섬기겠노라, 부제: 양성평등을 향하여, 발제: 양성평등실현을 위한 포럼 - 최형묵 목사, 이문숙 목사, 조헌정 목사, 패널: 박희진 준목, 유근숙 목사, 김은경 목사.

다. 서울·경기지역은 12월 1일 한강감리교회에서 "성서를 통하여 본 남자와 여자"라는 주제(강사: 한정애 교수)로 열렸으며 60명이 참석하였다. 1997년 12월 15일 실행위원들이 모여 제1회 지역대회를 다음과 같이 평가하였다.

> 각 지역별로 처음 실시한 대회이지만 참석한 회원들이 타 교단 동역자들을 만날 수 있었던 것이 좋았다. 앞으로도 계속 이와 같은 모임을 갖기로 원하나 주최하는 교단에서 참석자는 그런대로 좋았지만 다른 교단 회원들이 적극적으로 참여하지 못해 아쉬웠다.[37]

호남지역대회에서 박성자 목사[38]는 "21세기를 준비하는 여성 목회"라는 주제강연에서 '여성성의 목회'에 대해 아래와 같이 분명하게 피력하였는데 21세기를 준비해야 하는 여성 목회자들이 귀담아 들어야 할 내용이었다.

> 내가 관심 갖고 일해 온 목회는 '여성성을 지향하는 목회'다. '여성성의 목회' 혹은 '모성목회'는 목회자 성별에 따른 구분이나, 남성과 여성 대립

---

[37] 「기장여교역자회보」 제9호(1998. 1).

[38] 박성자 목사는 1975년 잠실시영아파트 내에서 잠실중앙교회를 창립하고 일본 하쿠닌쵸오교회와 자매결연을 맺고 교류하였으며 본인이 은퇴하기 전에 시무목사 2대를 여성 목회자로 당회에서 내정하고 훈련시켜 목회자로 만들었다. 그 목회자가 박영주 목사다. 또한 시무장로 임기제를 취해 65세 이상 장로를 자원 은퇴하게 하였고 청년회원 2인을 제직회 언권위원회로 참여시키는 등 교회민주화를 꾀하였다. 또한 농어촌교회와 자매결연을 맺고 그 교회 지역의 농수산물을 교인들이 직거래하고, 희년기금을 만들어 북한지원활동을 전개하였다. 매월 1회 '기독교인의 세상살림을 위한 예배'를 통해 사회문제를 주제로 발제를 하고 응답토론을 하여 교회의 사회책임을 높여 왔다. 박 목사는 본인의 목회를 모성목회로 정의하였다. 앞의 책, 10-11에서 요약정리함.

개념이 아니라, 예수 그리스도의 목회 성격과 의미를 새롭게 받아들이자는 의도에서 표현된 것이다. 여성성의 목회는 단지 여성 목회의 배타적 특성으로 이해되어서는 안 되며, 새로운 목회인식과도 맞닿을 수 있는 보편적 개념이다. 우리는 지금 문명사적 전환점에 서 있다. 여성 목회의 본래적인 측면은 예수의 삶에서 가르치는 참된 가르침인 배려와 치유, 관계개선, 희생, 죽음을 두려워하지 않는 적극성, 악에 대한 철저한 비타협, 해방의 내용을 담고 있다. 따라서 오늘날 우리가 '여성성'을 강조하는 의미는 세 가지로 간추릴 수 있을 것이다.

첫째로 급성장 시대의 교회팽창 하에서는 강력한 추진력만이 능사로 여겨져 자못 부드러움과 포용력이 결여되었기 때문에 포용과 배려, 안식과 평온, 부드러움과 협력을 강조하는 것이다. 둘째로 신앙 혹은 믿음이란 타율적인 것이 아니라 철저히 자율적인 것이라는 점에서 생각해 볼 때 대상화된 여성이 아니라 주체적인 여성의 의미를 다시 생각해야 한다는 차원의 의미다. 셋째로 '여성성'과 대치되는 가부장적 남성성의 목표가 성장 또는 쟁취로 대표되는 목표지향적이라는 점에서 목표지향적인 신앙관이 초래한 무수한 문제점들을 해결하기 위해서는 과정 중시형의 신앙관이라 할 수 있는 '여성성'에 대한 적극적인 수용이 필요하다는 차원이다. … 하나님 나라를 이루어 가는 그리스도의 지체로서의 교회는 앞으로 약자들과 더불어 하나님 앞에 나아가는 여성 목회의 빛에서 교회, 세계, 지구의 문제들을 다뤄 가야 하기 때문이다. 그것은 여성성의 본질이라고 할 '돌봄과 치유'를 목적으로 삼고 그 목적을 위해 서로 연대하고 고민하는 교회공동체의 자기성찰이었다. 갈수록 복잡해져 가는 사회에서 '여성성'은 더욱 새롭게 요청되고 있다. … 바로 이 점에서 21세기를 준비하는 여성 목회는 여성 목회만으로 제한적인 차원에 놓여 있는 것이 아니라 새 세기를 맞는 목회 일반이 갖추어야 할 기본적인 문제제기다.[39]

### 3) 국제교류를 통한 신학과 영성 나누기

#### (1) 일본여성교직신학연구회와 교류 모임

1987년부터 시작된 한·일 여교역자 교류 모임은 매년 교환 방문으로 지속되었다. 1998년 6월 24~27일 일본 나고야 가톨릭연수원에서 열린 일본여성교직신학연구회에 한국에서 나선정 전 총무, 박성자 회장, 김화자 총무 등이 참여하였다. 일본 측에서는 전문적인 학문연구 세미나를 개최하기를 원했으나 한국 측에서 전에 결정한 대로 교류만 하기로 하였다. 제11차 한·일여교역자 교류모임은 1999년 10월 18~20일 "역사 속에 여목회자 사명"이라는 주제로 한국에서 열렸다. 일본 여성교직신학연구모임 대표 8명이 이 모임에 참석하였다. 프로그램은 한신대학교 국사학과 서굉일 교수 안내로 중부 이북지방의 한국 역사지를 답사하고 자료집을 발간하였다.[40]

2003년에는 나선정 전 총무와 박수현 총무가 6월 24~26일까지 교토 시마 지역 교회에서 열린 일본여성교직신학연구회 20주년 기념모임에 초청을 받아 다녀왔다. 양국 교역자들은 지난 12년간 양측 여성 목회자들이 교류할 수 있도록 도우신 하나님께 감사하고 양국 평화와 화해협력을 위해 더욱 노력하기로 다짐하였다. 이후 교류는 단체별 공

---

**39** 앞의 책, 3-9.

**40** 이 교류모임은 첫날 주제강연(강사: 서굉일 교수)이 있는 개회예배로 시작하였다. 둘째 날 오전에는 일본군 '위안부' 할머니들이 살고 계시는 나눔의 집 역사박물관을 방문하였다. 오후에는 경복궁과 창덕궁을 돌아보고 양화진 외국인선교사 묘지와 양화진 성당을 탐방하였다. 마지막 날에는 아산 현충사와 온양민속박물관, 삼일운동 학살유적지인 수원 제암리교회를 찾아보고 화성수원성을 돌아본 후 인근에 있는 기독동신회를 탐방했다. 이곳은 일본인 전도자가 1896년 한국에 와서 설립한 최초의 교회가 있던 곳이다. 교회 설립자 노리마츠는 한국에 속죄하는 마음으로 한국에서 복음으로 전하다가 그 뜰에 묻혔다고 한다. 이후 이종원 목사가 시무하는 신갈교회 수요예배에 참여하는 것으로 프로그램을 마감하였다.

식 모임보다는 필요에 따라 하기로 결정하였다.

### (2) 한·재일·일 교회협의회(NCC) 여성위원회 교류와 연대모임

한·일 교회협 여성위원회의 교류 모임은 여교역자회 사업은 아니나 여교역자회 대표가 참가하고 있다. 한·일 교회협 여성위원회 교류와 연대는 1996년에 시작되었다. 한국과 일본 양국 교회협 여성위원들이 태평양 전쟁 종식 50주년, 해방 50주년이 되는 이듬해 6월 25~27일 일본 와카야마 현 시라하마 에쿠시브 호텔에서 "광복 51년을 디디며 – 화해, 협력을 위한 교회여성의 역할"을 주제로 제1차 교류와 연대모임을 실시하였다. 이 모임에서 두 나라 위원들은 일본군 '위안부' 문제, 아시아 국민기금 문제, 원폭 피해자 문제, 조선학교 여학생들에 대한 민족차별 행위, 재일동포 2세 정향균 씨에 대한 도쿄도의 관리직 시험 자격 박탈 문제, 우토르 한국인의 주거권 문제 등 다양한 현안에 대해 논의를 하였다. 참가자들은 토론에 이어 일본 정부를 향해 선언문을 발표했다. 선언문 전문에서 일본 교회여성들이 침략전쟁에 대한 죄책고백을 하였다. 다음은 그 전문이다.

우리는 한·일 양국 '전후 50년'을 돌아보면서 일본이 한국·조선을 침략한 역사적 죄를 고백하고 회개하며 사죄할 때 비로소 양국 화해가 이루어진다고 믿는다. 그러나 전후 오늘에 이르기까지 침략전쟁 책임을 회피하려고 하는 일본 정치인들의 망언이 계속되고 있으며 아직 양국의 화해는 성립되지 않고 있다. 일본은 아직도 천황제를 보존해 온 결과 전중 전후 문제에 대한 책임을 다하지 못했으며 피해국에 대한 진지한 사죄, 배상을 하지 않았다. 또한 교회는 한반도 침략에 사상적 정치적으로 가담한 죄를 입으로는 고백하면서도 내실로는 그 책임을 다하지 못했다. 일본

교회여성들은 남성 교회지도자의 죄책고백 과정에서 제외됐다는 아픔은 있었다 하더라도 여성으로서 주체적인 회개의 결단을 하지 못한 채 오직 침묵해 왔음을 반성한다.

한편 대부분 한국 기독교여성들은 적극적으로 사회적·역사적 문제에 참여하지 못하고 교회생활에 안주해 왔다. 나아가서 자기 개인의 축복에만 관심해 이웃, 특별히 재일 한국·조선 동포와 재한 외국인 노동자들이 그 축복에서 소외되어 있다는 데 무관심했음을 반성한다. 또한 일본의 식민지 지배의 결과로서 일본에 거주하는 한국·조선인은 일본에서는 시민권을 박탈당하고, 모국으로부터는 무관심 속에 소외되어 왔다. 한편 이러한 상황에 있었다 하더라도 재일한국교회여성은 오직 '복음선교'에 종사하는 일을 우선으로 하고 동포의 아픔을 충분히 공유하지 못했음을 반성한다.

이렇게 죄책고백과 반성을 한 양국 여성들은 일본 정부에 다음과 같이 요구하였다.

- 일본군 '위안부' 문제에 대해 진상규명, 사죄배상하고 올바른 역사를 가르칠 것
- 아시아 국민기금을 철폐하고 중국 거주 정신대 할머니들을 모국으로 돌아오게 하는 일에 협력할 것
- 한국인 원폭피해자를 일본인 원폭피해자와 동동하게 대우할 것
- 정향균 씨에 대한 차별을 중지할 것
- 우토르 한국인에게 주거권리를 보장할 것[41]

---

41 『기독여성운동30년사』, 163-164.

이 모임에서 양국 교회협의회 여성들은 정기적으로 교류와 연대를 할 것에 합의하였다. 이 합의에 따라 서로 번갈아가며 연대와 교류 모임을 실시하였다. 처음 몇 년 동안은 해마다 교류 모임을 실시했으나 후에는 2년에 한 번씩 실시하였다. 명칭도 처음에는 '한·일 교회협 여성위원회 연대교류'에서 2001년 열린 제4차 회의에서 재일대한기독교회 전국교회여성연합회를 고려해 '한·재일·일 교회협 여성위원회 연대교류'로 바꾸었다. 이 연대와 교류 모임은 양국 사이의 활동 교류와 현안들을 논의한 다음 평화를 위한 활동과제를 모색하고 결의를 모아 성명서를 내는 방식으로 진행되었다.[42]

## 4. 조직 정비 작업과 회원 결속 강화

여교역자회는 1997년 김화자 목사를 3대 총무로 맞았다. 김화자 총

---

[42] 그동안 진행된 한·재일·일 교회협 여성위원회 연대와 교류의 일자, 장소, 주제는 다음과 같다.

- 제1차: 1996년 6월 25~27일, 일본 와카야마현, "전후 51년째를 내딛으며"
- 제2차: 1997년 6월 10~13일, 한국 경주, "누가 바윗돌을 옮길 것인가 – 동북아 화해를 위한 한일기독여성의 사명"
- 제3차: 1999년 10월 4~7일, 일본 아시꼬노, "동아시아 평화와 한일여성들의 역할"
- 제4차: 2001년 10월 31일~11월 3일, 한국 문막, "동아시아 평화와 한일여성들의 역할 – 새 역사를 창조하자"
- 제5차: 2003년 11월 26~30일, 일본 오끼나와, "오끼나와 땅에서부터 생명의 소리를 전하자"
- 제6차: 2005년 11월 1~4일, 한국 천안, "바른 역사교육을 통한 평화일구기"
- 제7차: 2007년 11월 26~29일, 일본 야마나까시, "여성폭력극복 – 기독교 관점에서 본 '위안부' 문제"
- 제8차: 2010년 11월 2~5일, "화해를 넘어 평화의 연대로 – 기독여성 관점에서 본 한일 강제병합 100년"

무는 총무 취임 후 첫해를 맞는 1998년도 총회보고에서 교단 총회 주소록을 살피면서 여교역자의 현주소에 대한 문제를 제기하였다.

목사 직분이 있는 회원들은 총회 주소록에 기재되어 있지만 부교역자로 있는 수많은 여전도사들의 이름이 빠져 있는 현실에서 여전도사의 이름을 어디에서 찾아야 하는가? 회원 이름을 확인하기 위해 교회에 전화를 하였을 때 많은 회원들이 그 교회를 사임했다는 소식을 들었다. 그 이유가 IMF로 교회에서 구조조정이 되어 실직하게 되었다는 것이다. 정부도 IMF로 인해 실직당한 노동자들을 위한 정책을 펼치고 있는데 교회에서 일터를 잃은 우리 회원들을 위한 정책은 어디에서 찾아야 하는가?

총무보고에서 이와 같이 안타까운 질문을 던진 김 총무는 회원 안수식에 참여한 소감을 다음과 같이 피력하였다.

솔직히 말해서 그때는 내가 목사 안수를 받게 되는 것은 과정을 통해서 당연히 받게 되는 수순으로 생각되었지 여성 목사들이 안수받기까지 지난 날 우리 여교역자회 선배 전도사들의 수고에 대해서는 알지 못하였다. 만약 우리가 여교역자회라는 조직이 없었다면 그리고 선배 전도사들의 노력이 없었다면, 다른 교단보다 일찍 여성안수를 받을 수가 있었을까? 이제 목사 안수를 받은 우리들은 우리가 목사가 될 수 있도록 힘이 되고 울타리가 되어 준 우리 여교역자회 전도사님들에게 고마움을 표하면서 전도사님들과 우리 여교역자회를 위해서 보답할 수 있는 일이 무엇인가를 노력하는 자세를 가져야만 된다고 생각한다.

이런 김 총무 소감은 여교역자회의 목적 마지막 부분인 "회원 간 친목과 유대를 강화하고 동지적인 공동체를 이루어"라는 부분과 맞닿아 있는 것이다. 독일교회 지원으로 이동강좌와 상담훈련, 다양한 그룹의 전문적인 훈련을 통해서 회원들의 지도력 육성과 영성을 키우는 일뿐만 아니라 회원 간 유대가 엄청나게 강화되었다. 사실상 동지적인 공동체를 이루는 데 큰 동력이 되었다. 그러나 독일교회 지원이 마감되면서 김 총무가 "앞으로 우리 여교역자회 자립과 유대강화 방안에 대해서 심도 있는 논의가 있어야만 되겠다"고 피력했는데, 그 고민은 여교역자회에서 당면과제가 되었다.

### 1) 전 회원 만남의 날을 통한 회원 결속 강화

1995년부터 여교역자회는 1년에 한 번씩 전체 회원이 만나는 날을 가졌다. 전체 회원 만남의 날은 정기총회 후 연합지역회 성격 모임으로 회원 상호 친목과 중간교육 기회로 삼아 회원 활성화를 위한 것이었다. 전체 회원 만남의 날은 1995년부터 1998년까지 3년 동안 전 회원 연합 월례회로 진행되다가 1998년을 끝으로 월례회는 지역회 사업으로 이관되었으며, 2002년 전체 회원 만남의 날로 재출발하였다. 전체 회원 만남의 날은 주제강연과 필요에 따라 특강이나 목회보고 시간이 할애되었으나 여교역자회 소식과 회원 유대 강화가 일차적인 목적이었다.[43]

---

43 • 1995년 1월 23일 주제: "여교역자로서의 정체성 확인"(강사: 이현숙 선생)
  • 1996년 1월 15일 주제: "내가 그들에게 비유로 말하는 이유"(강사: 이병창 목사), 공동체시간(강사: 김혜숙 선생)
  • 1997년 2월 3일 주제: "먼저 그의 나라와 의를 구하라"(강사: 김옥남 목사), 특강: "21세기를 바라보는 여교역자상"(강사: 김용복 교수)
  • 1998년 1월 19일 주제: "영성과 여성"(강사: 이금만 교수)
  • 2002년 2월 4일 주제: "산소 같은 목회"(강사: 구미정 박사)
  • 2003년 1월 20일 주제: "그림자와 영성"(강사: 고영순 박사), 중국 선교 보고: 이진숙

## 2) 장기발전위원회 구성과 회원 연대

　　2000년을 앞에 두고 여교역자회는 경제적 어려움에 봉착하게 되었다. 한국에 불어 닥친 국제 통화기금(IMF) 사태와 독일교회(EZE) 지원이 끝나게 됨에 따라 물적 토대가 약한 기장교단에서 여교역자회가 자생하기가 매우 힘든 상황이 되었다. 여교역자회는 20주년에 사무실을 구비하고 실무자를 확보했지만 교육 프로그램과 그에 따른 인건비를 해결할 수 있는 여건이 되지 못하였다. 이를 위해 30주년을 넘긴 여교역자회는 1998년 1월 19일 실행위원회에서 장기발전위원회를 구성했다.[44] 장기발전위원회에서는 재정을 절약하기 위해 사무실을 이전하고 실무자를 2인에서 1인으로 축소하기로 하였으며, 자립기금 1억 원을 목표로 3년 동안 모금운동을 펴기로 결의하였다. 이 결정에 따라 1999년 2월 사무실을 현재 총회교육원 201호로 이전하였고, 교단 총회와 여신도회가 크리스천 아카데미하우스를 매입한 것을 계기로 지분 마련을 위해 3,630,000원을 모금하였다.

　　자구책을 강구한 여교역자회는 장기발전위원회를 '기장여교역자발전위원회'로 바꾸었다.[45] 발전위원회가 일차적으로 착수한 것은 자

---

목사
- 2005년 1월 24일 주제: "여성 목회와 치유, 구약 요엘서에 나타난 치유와 여성 목회"(강사: 최은경 목사), 치유(강사: 김중호 박사)
- 2006년 2월 3일 주제: "우리를 새롭게 하소서!", 비상시기에 있는 우리 회를 위한 전 회원 기도회
- 2007년 2월 5일 주제: "우리 회 40년 걸어온 길 오늘에 서서 미래를 소망하며", 발제: 서울경인지역에서 전규자, 안수경 목사, 전북지역회에서 임병이 목사, 전남지역회에서 민옥만, 김태옥 목사.

44 장기발전위원회는 임원(회장 박성자, 서기 김태옥, 부서기 조선희, 회계 이종원, 부회계 손영자)과 교육위원장(조인영), 전임회장 중에 박성자 목사, 현말렬 목사, 회원으로 김성희 목사, 박수현 목사를 위원으로 선정하였다.

립 방안 모색이었다. 그 방안으로 회비 수입 외에 한 교회 10만 원씩 후원구조를 만들어서 매월 일정한 수입원을 만드는 안과[46] '우리회 살리기 헌금'이 제안되었다. '우리회 살리기 헌금'은 2년간 25명이 600만 원을 작정하였으나 실제는 더 많은 인원이 참여하여 17,008,000원이 모아졌다.[47]

여교역자회는 재정적으로 어려움에 봉착했음에도 불구하고 옥합헌금운동을 통해서 어려움에 직면한 회원들의 교회를 지원하고 동지적 공동체를 표하고자 하였다. 1988년에 설립한 여교역자회 20주년 기념교회인 갈릴리교회를 지원한 것을 시작으로 1년에 한 번씩 한 교회를 선정해서 일곱 교회를 지원하였다. 수해 지역 회원교회를 돌아보고 여섯 교회에 우리회원선교연대 헌금을 전달하였다.[48] 그뿐만 아니라 해외선교를 하는 두 회원을 위해 후원금을 모으고 선교헌금을 지원하였으며[49] 억울하게 일자리를 잃은 두 회원의 해임을 철회하도록 지원활동을 하였다. 회원들의 목회활동과 선교지 지원, 연대활동은 '동지적 공동체 형성'이라는 회의 목적에 부합된 일이기도 하였다.

여교역자회의 회원 돕기에는 교육을 통해서 다져진 지역모임의 강화가 큰 몫을 차지했다. 지역회 모임은 지역회원들의 목회현장 공유와

---

**45** 위원을 회장, 부회장, 기획위원회 위원장, 기획위원회 부위원장, 재정위원회 위원장, 총무, 전임회장 박성자 전도사, 지역회장 6 명 등 총 13인으로 구성키로 하였다.

**46** 교회를 통한 후원은 2002년부터 본격적으로 가동되어 총회와 교육대회시 교회의 후원금이 여교역자회의 중요한 재원이 되고 있다.

**47** '우리회 살리기 헌금'은 장기발전위원회의 제안으로 30회 총회에서 결의되어 2000년부터 추진되었다. 2001년 5월 26일 11,038,000원이 모금되었으며 15명의 실행위원, 7명의 원로선배, 14명의 전남지역회 회원서, 전북서 1명, 8교회가 힘을 보탰다. 2002년 우리회 살리기 헌금은 5,970,000원으로 29명이 참여하였다.

**48** 한남교회, 신흥교회, 두평교회, 신촌교회, 강운교회, 죽도죽림교회

**49** 김경희 전도사는 팔레스타인에, 김현숙 목사는 필리핀에서 그 지역 사람들과 삶을 함께 하고 있다.

여성 목회에 대한 정보 나누기, 지역 회원들 간의 목회지 변동을 비롯한 소식 나누기 등을 통해 회원들 간 친목이 증진되었다. 여교역자회 활동소개를 통해 여교역자회에 대한 애정도 진작되었다. 1999년 서울·경기지역회, 충북지역회, 충남지역회, 전북지역회, 전북서지역회, 경상지역회, 전남지역회 등 7개 지역회에서 2006년 광주지역회 노회 분화로 자동으로 광주지역회도 분화되어 8개의 지역회가 되었다. 초기 지역회 보고서에 회원들의 소식 나눔이 빈약했는데 2006년에서 2007년의 지역회 보고에 보면 지역회원들의 활동소식이 즐비하게 나타났다. 이는 지역회가 그만큼 발전했음을 뜻하며, 지역회 발전은 여교역자회 발전에 매우 중요한 동력이 될 수 있음을 의미한다.

### 3) 여성 목회자가 없는 여교역자회 20주년 기념교회

여교역자회 20주년 기념교회는 1988년에 설립(갈릴리교회, 설립자: 현말렬 목사)되어 자리를 잡아 가고 있었다. 1999년 설립자 현말렬 목사가 새벽기도를 인도하러 가다가 불의의 교통사고로 사망하는 사건이 발생하였다. 여교역자회는 곧바로 '갈릴리교회대책위원회'[50]를 구성하고 수습에 나섰다. 대책위원회에서는 갈릴리교회 채무 문제를 해결하기 위해 여신도회전국연합회장에게 협조청원서를 보냈다. 갈릴리교회와 여교역자회의 긴밀한 관계를 천명하는 기조를 작성하여 갈릴리교회에 보내는 한편, 박성자 목사와 김지선 목사를 주일 설교자로 파송하였다. 이렇게 사태를 긴급으로 해결한 후 여목사를 후임으로 한다는 실행위원회 결의에 따라 전규자 목사를 2대 목회자로 선정하였다. 그러

---

**50** 위원회는 위원장 박성자 목사, 김정희 목사, 김지선 목사, 박옥신 목사, 한국염 목사(서기), 송순호 전도사, 이종원 목사(회계), 김성희 목사, 재정위원장으로 구성되었다.

나 안타깝게도 겨우 여교역자 2대 이후 남성 목회자로 바뀌었다. 여교역자회 20주년 기념교회가 계속 여성 목회자로 담임교역자를 잇지 못한 것은 여교역자회 역량 부족과 무관하지 않다. 역사에 만일은 없다지만 현말렬 목사가 비명에 가지 않았다면 20주년 기념교회는 계속 지탱되지 않았을까?

현말렬 목사가 갈릴리교회 목회에서 보여준 헌신과 땀을 알기에 현 목사가 소천했을 때 김정희 목사는 다음과 같이 추도사를 하였다.

현말렬 목사님!
시월의 맑은 하늘, 넓은 벌판에 익은 곡식을 보며 목사님의 이름을 부릅니다.
목사님의 피가 짙고도 짙게 물들여진 길 위에서 다시 한 번 부릅니다.
현말렬 목사님! 무슨 일입니까? 어찌된 일입니까?
청천벽락이 그냥 단어인 줄 알고 지내는 저에게
현실이라 가르쳐 주심은 정말 감당할 수 없습니다.
저를 울게 하고 모습만 기억하고 살라고
동역자로 동문으로 세상의 연을 맺으셨습니까?
험난한 길을 택하여 힘들게 가시면서도
다시 태어나도 목사가 되겠다고 하시던
그 당당한 모습은 그림자로 길게 눕히고 어둠속에서 지우셨단 말입니까?
아무것도 없고 삶이 고달프시면서도 늘 땅을 마련하여 교회를 짓겠다며
성지순례의 길에서도 통곡의 벽에 기도문을 써넣으시며 함께 거르지 않고 기도하시던 목사님,
땅을 마련하셨을 때 하나님이 주셨다며 그렇게 좋아하시던
그리고 모든 사람들에게 보여주고 즐거워하시며

잔치로 시작한 기공식 때

그리도 환하던 그 얼굴이 지금 제 앞에 보입니다.

교회를 완공하시고 후배들에게는 고생을 시키지 말자,

땅도 사 주고 교회도 지어 주어 개척의 아픔을 주지 말자 하시며

정작 목사님께선 그 뒤치다꺼리로

유자차, 포도장사, 금융기관 대출, 이자 걱정

그 아픔 속에서도 찬송을 부르며 좌절치 않았던 그 당당함을 어디서 찾으

라고 그리 황망히 발길을 돌리셨나요.

선배 박성자 목사님의 "말렬아! 말렬아!" 부르시는 통곡에도

돌아오실 수 없단 말입니까?

허망, 허망, 통곡, 통곡, 하나님, 하나님, 하나님,

저는 정말 하나님의 크신 뜻을 감히 헤아리지 못하겠습니다.

현말렬 목사님,

준공식 때 고운 한복 입으시고 하나님께 찬송으로 보답하시겠다며

찬양하시던 모습을 기억하며 저도 시인의 마음으로 노래하렵니다.

사랑하는 교우들, 존경하는 동역자, 애틋한 모든 가족과 친지 그리고 목

사님을 기억하는 사람들.

못 다한 일, 남겨진 사연들 모두 잊고 편히 가시옵소서.

하나님 품에서 영원한 안식을 누리옵소서.

남겨진 모든 것들이 저희의 할 일이고 몫입니다.

하늘나라에서도 저희를 위해 늘 기도하여 주시옵소서.

저희들도 목사님을 항상 기억하여 기도드리겠습니다.

영원한 삶을 축복 드리오니 웃으며 보내옵니다.

—1999년 10월 15일 목사 김정희

## 4) 여교역자회 위기 극복을 위한 전임 회장들과 회원들의 노력

여교역자회는 창립 40주년을 맞아 장기발전위원회를 기장여교역자 발전위원회로 바꾸고 제3의 도약을 할 채비를 하였다. 하지만 발전위원회 활동을 제대로 시작도 하기 전 2005년 P총무에게 약 7,000만 원 이상의 기금을 횡령당하는 황당한 사태가 발생하였다. 발전은커녕 사태 수습과 재기를 위한 일에 나서야만 했다. 2005년 10월 6일 실행위원회에서 전직 회장단을 중심으로 대책위원회를 구성하고 횡령 기금에 대한 일부 결손처리 등 사태 해결에 나섰다. 대책위원회는 여교역자회 재기를 위해 회보를 발간하고 여기에 기장교회에서 격려 광고를 받기로 하였다. 격려 광고[51] 요청은 "대책위원장인 전직 회장 정숙자 목사, 전직 총무 나선정 장로, 전직 회장 안계희 장로, 이영숙 목사 올림"으로 되어 있다. 이런 전직 회장단 노력으로 14,456,099원(이자 6,099원 포함)이 모금되었다.

여교역자회 재기를 위한 모금활동은 회원들의 당면과제가 되었다. 이 사태에 좌절하고 회를 떠나거나 회원 활동을 중지한 교역자도 있었으나 회원 대부분은 회를 살려야 한다는 일념으로 마음을 모으고 뜻을 합하여 회 살리기에 나서서 12,452,465원을 모았다. 전직 회장단의 광

---

[51] 격려 광고 청탁 요지는 다음과 같은 내용이다. "여교역자회가 그동안 교회와 기관 목사님들과 장로님들의 성원으로 39회 총회를 맞게 되었습니다. 그런데 뜻밖에 여교협을 지탱하던 모든 동력인 각종 선교비를 잃고 말았습니다. 감독불찰로 불시에 모든 것을 다 잃고 실무자는커녕 사무실마저 폐쇄될 위기를 맞고 회원들은 깊은 실의에 빠져 있습니다. 이 위기를 슬기롭게 극복하고 여교역자들이 용기 백배 목회사역에 매진할 수 있도록 여교역자 재기를 위한 회보를 발간하려 하니, 여러 어른들의 격려를 통해 재기할 수 있도록 후배들을 일으켜 세워 주려고 사건대책위원으로 일했던 원로들이 이종원 회장의 동의를 얻어 나섰습니다. … 아파하는 여교역자회를 기도와 격려, 성금으로 일으켜 세우고 눈물로 닦아 주시면 고맙겠습니다." 「39회 총회보고서」(2006), 36.

고 활동과 회원 모금을 합하여 총 26,908,564원이 모금되어 회를 살리게 되었다. 위기에 처한 회를 살린 것은 전직 회장들과 회원들이 갖고 있는 회를 사랑하는 마음과 그동안 다져졌던 끈끈한 동지적 결속과 저력이었다. 몇몇 지역회의 자발적 주선으로 2006년 2월 3일 익산 새누리교회에서 "우리를 새롭게 하소서!"라는 제목으로 비상시기에 있는 여교역자회를 위한 전 회원 기도회를 열었다. 이 기도회를 통해서 여교역자회 자리를 새롭게 하고 기장에서 실추된 여교역자상을 회복하고 회원들 간의 사랑을 되찾는, 위기를 기회로 만드는 은총의 여교역자들이 되자는 결의를 다짐하였다. 이렇게 위기를 넘긴 여교역자회는 전규자 목사를 총무대행으로 1년간 시무토록 위임하였다.

39회 총회에서 여교역자회를 재정비하는 데 회원들이 힘을 합치기로 다짐한 후 2007년 40회 총회를 준비하였다. 여교역자회는 2월 5일 성남교회에서 "우리회 40년 걸어온 길 오늘에 서서 미래를 소망하며"라는 주제로 전 회원 만남의 날을 열었다. 회원들은 증경회장 김정희 목사 설교와 박성자 목사가 집례한 성만찬예식, 주제에 대한 발제(서울·경기지역회: 전규자, 안수경, 전북지역회: 임병이, 전남지역회: 민옥만, 김태옥)와 토론을 통해서 광야 40년 이후의 가나안 땅에 대한 전망을 하여 다시금 결속을 다짐하였다. 이날 나온 발전을 위한 제언들은 ① 회에 대한 사랑하는 마음과 소속감 부족, 선·후배 간 예의와 상호 존중하는 자세의 필요, ② 정기적인 만남과 공유할 프로그램 제시, 소통의 장 필요, ③ 여교역자 정체성 회복 – 남녀 간의 차별성과 여성지도력 배양, ④ 젊은 후배와 네트워킹 필요 – 후배 챙기기, ⑤ 지역회가 든든한 울타리가 될 수 있도록 서로 잘 챙기고 품어주는 사랑이 필요, ⑥ 여교역자들의 열악한 현장을 극복할 수 있는 대안 필요, ⑦ 미래를 바라보고 나아가는 회, 친정과 같은 회가 되어야 한다는 등이었다.

## 5. 성차별 40년의 광야를 지나: 창립 40주년 기념총회

이런 아픔 속에서도 새로운 희망으로 여교역자회는 40회 총회를 맞게 되었다. 다행히 전 해 교단 총회에서 양성평등위원회가 설치된 것은 실의에 빠져 있던 기장 여교역자들에게 성평등 교단을 향한 한줄기 빛이었다. 여교역자회는 가능성에 대한 믿음으로 40회 총회를 2007년 5월 14~16일까지 수유리 아카데미 다솜홀에서 열었다. 교단 총회 주제를 따라 "오직 나와 내 집은 여호와를 섬기겠노라!"로 정했지만 부제로 "양성평등 실현을 향하여"로 잡고 양성평등교단을 향한 비전을 세웠다.

양태윤 총회장은 개회예배에서 "복음의 동역자"라는 제하의 설교를 통해 "기장교회를 남자와 여자가 평등한 교회로 만들겠다"라는 의지를 표명하였다. 또한 "여성들은 예수 그리스도께서 선포하신 복음의 증인이었고, 바울의 동역자였다"라고 강조하면서 기장 여교역자 위상을 높이고 여교역자 사명을 다시금 북돋우어 주었다. 여교역자들은 성만찬 예식을 통해 지난 회기에 입었던 상처를 싸매고 싸매 주는 은혜로운 시간을 체험하였다. 여교역자 40년 역사와 힘내라는 축하인사들이 담긴 동영상을 통해 격려와 지지를 많이 받을 수 있었다.

교육대회는 대회 부제인 '양성평등'에 대한 발제와 패널토론으로 진행되었다. 총회 교회와 사회위원장으로 양성평등위원회 설치 헌의안을 제출하고 통과에 큰 공헌을 한 바 있는 최형묵 목사는 "양성평등위원회 설치 방향과 내용"이라는 제목의 발제에서 "총회 안에 양성평등위원회를 설치하여 교회 안에서 양성평등문화를 고양하고 각급 교회 단위에서 여성 대표권을 보장하는 방안을 모색할 수 있다"고 양성평등위원회 설치에 대한 의미를 부여했다.[52] 이문숙 목사(교회여성연합회 총무)는 "초대받지 않는 곳은 없다"라는 제목으로 "여성이 잊히고 있는 현실

속에서 양성평등이란, 남녀가 어떤 일을 하든지 동등한 조건을 가지게 하는 일이며, 성인지는 성적 조건 때문에 겪는 어려움, 불평, 특혜 등을 인식하는 능력"이라고 강조했다. 이문숙 목사는 "양성평등위원회가 양성평등위원회뿐만 아니라 모든 다른 논의구조와 활동에 여성들이 초대되어 일할 수 있도록 촉매역할을 해야 한다. 여교역자는 전문직 여성이라는 자아정체감과 직업의식을 확립하고, 자신의 정당한 욕구를 인정하며, 하나님이 부르시는 자리에 등잔에 기름을 채우고 의연히 나아가야 한다. 여성이 초대받지 않는 곳은 없다. 하나님의 부르심이 엄연한 자리이기 때문이다. 사회가 여성을 잊은 자리, 가부장제로 인해 하나님이 여성을 잃은 자리이기 때문이다"라고 여교역자 역할을 강조하였다.[53]

이어 교회협 양성평등위원회[54] 위원인 조헌정 목사는 "교회의 양성평등을 위한 제안들"이라는 발제에서 "교회 내 양성평등을 위한 법과 제도의 변화 노력은 사회 내의 양성평등을 위한 법과 제도의 개혁과 함께 가야 한다"라면서 구체적으로 아홉 가지 실천사항을 제안했다.[55]

---

[52] 최 목사는 양성평등위원회 과제로서 첫째, 교회 안에서 여성 자신의 주체성을 일깨우는 몫을 감당해야 한다는 것, 둘째, 교회 내 성차별, 나아가서 성폭력 현상에 적극적으로 대처해야 한다는 것, 셋째, 교회 안에서 양성평등 구현을 위한 제도 정착을 위한 정책개발에 힘써야 한다는 것, 넷째, 궁극적인 목적은 교회와 사회에서 양성평등 문화와 제도를 정착시키는 것이다. 이를 위해서는 신학적인 성찰과 연구, 신앙고백에 대한 재확인 작업이 필수라고 강조하였다. 앞의 책, 16-18.

[53] 이문숙, 앞의 책, 21.

[54] 2006년 교회협 여성위원회가 양성평등위원회로 명칭이 바뀌었다.

[55] 첫째, 양성평등을 위해 당회나 노회, 총회 총대에서 여성 비율을 높이는 법적 보완 장치(30%를 넘어서 50% 그리고 속죄하는 의미에서 여성 50% 이상이 되도록)를 해야 한다. 둘째, 교회 안에 양성평등주일을 선포하고 설교, 성서연구를 통해 서로 안에 있는 무의식적인 차별을 끄집어내도록 하거나 부부 간에 개선해야 할 점들을 논의하도록 한다. 셋째, 신은 인격적이지만, 성에 매이지 않는 분임을 이야기하고, 하나님 아버지라는 칭호를 '하나님' 혹은 그동안 하나님 아버지라는 호칭을 사용하여 왔으니 속죄하는 의미에서 '하나님 어머

1997년 여교역자회 30주년에 파악된 기장여교역자 통계상황[56]과 2007년 여교역자회 40주년에 파악된 기장여교역자 통계상황[57]을 비교하면 10년 사이에 여성 목사는 2배, 여성준목은 1.5배, 여전도사는 0.5배 증가하였다. 이렇게 양적으로 증가한 것 같으나 헌법에 의한 직분으로 구분하면 매우 낮은 성비를 보이고 있다. 2007년 교단 통계보고[58]에 따르면, 담임목사는 총 957명 중 남성이 936명, 여성이 21명으로 절대다수가 남성 목회자였고 성비 97.8 : 2.2%이다.[59]

　　여교역자회는 지난 40년간 성차별 교회라는 광야에서 지내 왔다. 이제 기장교회가 성평등한 가나안 땅이 될 수 있게 하기 위해 제도 개선과

<hr />

니'로 바꿔 부르자. 넷째, 교회 내에서 가족 이름을 기입할 때 아내 이름을 먼저 쓰자. 다섯째, 언어 평등화: 남녀-여남, 부모-모부, 형제자매-자매형제, 아들 딸-딸 아들 등으로 바꿔 부르자, 여섯째, 교회 내에 경쟁적이고 정복적인 남성적 군사문화 잔재들을 배제하도록 하자(예: 총동원주일, ○○전도특공대), 일곱째, 자녀 성에 어머니 아버지 성을 함께 쓰기, 여덟째, 서로 역할을 바꾸어 경험해 보자(예: 남성의 임신체험 − 일주일 동안 복대 안에 쌀 3kg 넣고 생활하기) 등 아홉째, 여성들만의 영역(예: 부엌)에 남성들을 참여시키자. 조헌정, 앞의 책, 23.

**56** 여목사 77명(담임 31명, 부교역자 16명, 기관 11명, 원로 4명, 선교사 3명, 휴무·퇴임 12명), 준목 40명(담임 1명, 부교역자 21명, 기관 9명, 휴무 9명), 전도사 443명(담임 49명, 부교역자 224명, 기관 27명, 선교사 1명, 휴무·퇴임 118명).

**57** 여목사 141명(담임 21명, 전도목사 44명, 부목사 37명, 기관목사 39명), 준목 67명, 전도사 220명.

**58** 교단 조직교회는 총 982교회이고 미조직교회는 584곳이다. 담임목사는 총 957명 중 남성이 936명, 여성이 21명으로 성비 97.8 : 2.2%이다. 담임전도사는 남성 2명, 여성 35명으로 성비는 5.5 : 94.5%이다. 전도목사는 남성이 452명, 여성이 44명으로 성비는 91.1 : 8.9%이다. 부목사는 남성이 276명, 여성이 37명으로 성비는 89.2 : 11.8%이다. 기관목사(군목포함)와 선교사는 남성이 149명, 여성이 39명으로 성비는 79.3 : 20.7%다. 은퇴목사는 남성이 319명, 여성이 10명으로 성비는 97 : 3%다. 무임목사는 남성이 75명, 여성이 31명으로 성비는 71 : 29이다. 준목은 남성이 78명, 여성이 67명으로 성비는 52.5 : 47.5%이다. 전도사는 남성이 194명, 여성이 220명으로 성비는 46.9 : 53.1%다. 전도사만 남녀 성비가 반대이지만 서로 비슷하다.

**59** 담임이란 개념을 총회에서는 당회가 있는 교회에서 시무하는 경우를 뜻하고, 여교역자회에서는 단독목회하는 목회자를 뜻함으로 단순 통계로 비교할 수 없다.

더불어 평등 문화를 진작시키고 여교역자 스스로 평등성을 살리고 지도력을 향상시켜 나가야 한다. 이것이 40주년을 지나는 여교역자회에게 주는 과제와 비전일 터이다.

이종원 회장의 '모시는 글'로 여교역자회 40회 총회를 정리한다.

어느덧 우리 회가 40이라는 불혹의 나이를 먹었습니다. 서로 얼싸안으며 위로하고 격려했던 아름다운 추억도, 한겨울 시린 된서리 맞듯 아픔도 겪었지만 그때마다 여러분이 함께해 주셨기에 이렇게 만나게 되었습니다. 아팠지만 상대방을 먼저 배려하고 아프기에 더 만남을 소중히 여겼던 지난 시간을 통해 역시 하나님의 사람들이구나 하는 자부심과 자랑스러움을 갖게 해주었습니다. … 피곤했던 광야를 벗어나 새 땅 가나안을 향한 믿음의 선배들처럼 이제 우리가 이 일을 해야 할 때입니다. 실망했다고 물러서면 꿈은 이루어지지 않습니다. 새로운 회복이 우리 안에서 일어나야 합니다. 여성의 정체성을 확립하고 변하는 시대와 올라오는 후배들을 위해 새로운 준비를 해야 합니다. 이제는 나를 넘어 저 북한 땅과 세계를 향하여 만나고 공부하고 나누는 우리 회를 만듭시다. 양성평등 실현에 동참하여 잃어버렸고 잊었던 우리를 확인하고 실현되는 시작점이 되었으면 좋겠습니다.[60]

---

[60] 이종원, "모시는 글," 「제40회 총회보고서」, 3.

# 제7장

# 기억을 되새기며
# 새 희년을 향하여

## (2008~2017)

1. 여성 참여 증진을 위한 활동과 결실

2. 정의, 평화, 생명을 위한 활동

3. 여성의 눈으로 신학하기와 영성을 나누는 일

4. 조직활성화와 동지적인 공동체 형성

5. 기억을 되새기며 새 희년을 향하여!

2008년부터 여교역자회 50주년 희년 총회를 맞을 때까지 여교역자회 활동에 영향을 미친 사건들은 다양하다. 교회사적으로는 기장교단 양성평등위원회 설치, 세계교회협의회 부산총회와 여성사전대회, 종교개혁 5백주년 기념행사, 성소수자 인권문제를 둘러싼 논쟁, 교회 내 성폭력 문제 등이 있었다. 특히 2013년 부산에서 열리는 세계교회협의회 10차 총회는 WCC에 여성과 남성 협력부가 설치된 지 60년이 되는 뜻깊은 해로서 여성사전대회를 통해 세계여성들과 성평등 교회와 사회를 만드는 중요한 계기였다.

사회적으로는 용산 참사, 세월호 참사, 제주 해군기지 건설사건, 4대강 개발, 밀양 송전탑 분쟁과 사드 배치, 2015 일본군 '위안부' 문제 한·일합의 사태, 남북관계 동결과 남북정상회담 등이 있다. 중요한 사회여성운동으로는 개복동 성매매업소 화재에 대한 국가·지자체 배상소송 지원활동,[1] 장자연 사건 대응활동,[2] 기지촌 여성 120여 명과 함께

---

1 2008 대법원에서 '개복동 성매매업소 화재 국가·지자체 배상판결'이 선고되었다. 2002년 1월 29일 20대 여성 14명이 희생된 '군산 개복동 성매매업소 화재 참사'가 발생하였다. 군산 대명동·개복동 성매매 화재 참사 이후 성매매가 개인 문제가 아닌, 여성들에게 가해지

국가배상청구소송 제기 활동,[3] 강남역 살인사건 추모운동,[4] 서지현 검사 고발로 촉발된 '미투운동' 전개 등이 있다.

## 1. 여성 참여 증진을 위한 활동과 결실

기장여교역자회에서 전개한 여성 참여 증진 활동은 창립 30주년 시기에는 주로 교회협 여성위원회와 한국여교역자연합을 통해 성평등 인식 저변화와 여성 지위 향상을 모색해 왔다. 40주년 이후는 기장여성연대를 통해 양성평등위원회 활동을 추동해내고 이를 통해서 기장교회를 성평등교회로 이끌어내는 데 주력하였다.

---

는 착취와 폭력으로서 인권 문제이며 동시에 사회구조적인 문제로 인식하여 2004년 3월 성매매 방지법이 제정되었다. 유가족들과 여성단체는 국가 및 지방 자치단체의 책임을 묻는 국가배상청구소송을 진행하여 6년여의 긴 소송 끝에 2008년 11월, 마침내 승소하였다.

[2] 장자연 사건이란 배우 장자연이 데뷔 후 성상납 강요와 폭력 등에 시달리다 2009년 3월 7일 자살한 사건이다. 자살 직전 실명과 지장이 찍힌 문서를 남겼다. 해당 문건에 언론계를 비롯한 유명 인사들이 언급되어 있다.

[3] 2014년 6월 20일 기지촌 여성 120여 명이 국가배상청구소송을 제기하였다. 2018년 2월 8일, 서울고등법원은 대한민국이 미군 기지촌(미군 주둔지 주변의 미군 상대 상업지구)에서 성매매를 조장하는 중간매개행위를 했으므로 국가배상책임이 성립한다는 최초의 판결을 선고했다. 원고들은 1957년경부터 2000년대 중반까지 미군 기지촌에서 '위안부'로 있었던 여성 122명이며, 의정부 두레방, 평택 햇살사회복지회, 동두천 새움터가 원고들을 지원했다

[4] 강남역 살인사건이란 2016년 5월 17일 서초동에 있는 노래방 건물 남녀 공용 화장실에서 30대 남성이 이유 없이 한 여성을 흉기로 찔러 살해한 '묻지 마' 살인사건이다. 강남역 10번 출구에서는 피해자를 위한 추모행렬이 이어졌으며, 이 사건은 여성 혐오와 젠더 차별의 경종을 울렸다.

## 1) 기장여성연대를 통한 성평등 교단으로의 참여 활동

### (1) 기장여성연대를 통한 양성평등위원회 헌의안 활동

기장여성연대 노력으로 2007년 기장총회에서 양성평등위원회 설치 헌의안이 통과되고 위원회 조직을 마친 후 2008년부터 본격적으로 가동되었다. 양성평등위원회는 총 위원 15명 중에 통상적으로 여성 8, 남성 7 성비로 구성되어 총회위원회 중에서 여성이 남성보다 숫자가 많은 유일한 위원회다. 위원 중에 여성 목사 비중이 높은데다 위원회 성격 때문에 여성 목사가 위원장이 되고 위원 역할을 주도적으로 할 수 있는 구조를 갖추고 있어서 양성평등위원회가 활성화되기 위해서는 여성 목사들의 지도력과 역량이 요구될 수밖에 없다.

기장여성연대는 양성평등위원회가 조직된 이후 해마다 정기모임을 통해 양성평등위원회에 제안할 사항들을 논의하였다. 4개 단위 대표 2인씩으로 구성된 운영위원회를 통해 논의된 사항을 추진하였다. 또한 양성평등위원회와 기장여성연대가 함께 양성평등정책협의회를 열고 양성평등교단으로 가기 위한 정책들을 협의하였다. 양성평등위원회가 제안한 헌의안이 교단 총회에서 통과되도록 하기 위해 몇 과정의 작업을 하였다. 먼저 총회 전에 교단장 초청모임을 열어 양성평등위원회가 헌의하는 내용의 중요성에 대해 설명하고 협조를 요청하였다. 여성총 대들의 사전모임을 통해 총회에 대한 안내와 성평등 교단을 위해 관철시켜야 할 헌의안을 설명하고 역할을 분담하는 한편, 총회가 열리는 장소에서 헌의안 통과를 위한 기도회를 비롯해 캠페인 전개 등의 활동을 벌여 왔다.

양성평등위원회[5]가 설치된 후 2008년 3월 34일 기장여성연대는 초동교회 청소년 예배실에서 "양성평등과 기장여성의 미래"라는 주제로 정기모임을 열었다. 이날 주제 발표에서 초대 양성평등위원장이 된 한국염 목사는 양성평등위원회 비전을 "교단의 양성평등적 파트너십 구축, 에큐메니칼운동을 주도할 기장여성 인력 배출, 정의·평화·창조의 보전을 위한 생명과 상생의 대안공동체 운동의 요람이 되는 것"으로 제시하였다. 양성평등으로 가기 위한 걸음과 교단 양성평등위원회 과제를 "교단 여성을 격려하고 지지하는 정책은 여성을 정책 결정기구에 전면 배치하기 위한 정책과 제도를 마련하는 것"이라고 강조하였다. 이를 위해 한 목사는 ① 정책 의결기구에 여성 참여 확보, ② 교회의 일상적인 삶에서 성차별적 관행 시정, ③ 교회교육에서 양성평등교육 평생교육의 장으로서의 교회, ④ 신학교교육에서 양성평등 교육과정과 양성평등적 신학교 만들기, ⑥ 보수적 목회관 탈피와 여성 목회지의 개발과 지원, ⑦ 교단 여성지도력 인력뱅크와 여성전문인력 배양과 배치 프로젝트를 제안하였다. 한 목사는 마틴 루터 킹목사의 "나에게는 이런 꿈이 있습니다"를 인용해 기장교단에 대한 한 여성으로서의 꿈을 제시하였고 참여자들은 한목소리로 읽으면서 이에 감응하였다.

이날 토의내용[6] 중 헌의사항으로 여성 목사 할당제(전임목회자 중 1명

---

[5] 역대 양성평등위원장은 1대 한국염 목사, 2대 임희숙 목사, 3대 이문숙 목사, 4대 이혜진 목사다.

[6] 이날 단위별로 행해진 그룹토의 중에서 여교역자 분과토의에서는 다음과 같은 사항이 제안되었다. ① 여교역자의 임·출산과 자녀양육권 등 모성보호권을 인정해야 한다. ② 다양한 목회 임지를 인정해야 한다(이 의견에 대해 "많은 여교역자들이 교회에서 목회할 수 있는 풍토를 만들어야 다양한 목회를 강조할 경우 여성 목회지가 특수목회로 고정될 우려가 있다"는 문제제기도 있었다). ③ 남성 중심, 가부장제 중심의 기성교회 안에서 성역할 고정적인 일밖에 할 수가 없다. 여성신학, 여성 목회, 페미니즘을 말하고 의식도 있지만 여교역자 역할 자체는 가부장제를 유지하기 위한 도구로 전락되고 있다. ④ 여교역자 할당제를 할 필요성이 있다. 인턴제 이후 전임전도사를 여성 목회자로 두는 것에 더 제한이 생기고 있다. ⑤ 여성 목사 총대 할당제가 필요하다(2008년 봄 향린교회에서 헌의안 제출 예정). ⑥ 부부목사 인정과 교육사 제도 재검토가 필요하다. ⑦ 먼저 총회에서 직원을 채용할 때

은 여성 목회자로, 여성 목사 총대할당제), 부부목사 공동목회 허락, 총회공
천위원회에 여성위원을 의무적으로 포함하기, 여장로 30% 할당제, 교
단 양성평등지수 조사 실시, 기장여성 10년 달력 재검토, 목회자 세미
나, 장로 교육대회 등에서 양성평등교육 실시에 대한 사항을 양성평등
위원회에 제안키로 하였다.

　　2008년 6월 17일 유성 레전드 호텔에서 열린 양성평등정책협의회
는 기장여성연대 제안을 검토하고 ① 양성평등지수를 조사할 것, ② 다
양한 목회지를 인정하여 여성 목회자 진로를 확장하도록 할 것, ③ 교
단 총회가 프로그램을 수행하는 간사급 이상의 직원을 여성 3분의 1
이상 채용하도록 하는 내용을 양성평등위원회에서 검토하여 헌의토록
하였다. 이에 양성평등위원회는 '교단 교육기관(한신대학교 신학대학원,
총회교육원, 인턴과정)에 양성평등과목을 필수과정으로 배정하는 건'과
'교단 양성평등지수(실태) 조사 헌의안'을 총회에 제출하였다. 제 92회
교단 총회에서 이러한 헌의안이 통과되어 2009년에 기장교회 양성평
등실태조사가 실시되었다. 또한 교단 산하 교육기관에서 양성평등 과
목을 필수로 개설하게 됨으로 한신대학교 신학대학원을 비롯한 교육
기관에서 양성평등교육이 이루어지는 초석을 놓게 되었다.[7]

남녀 같이 채용하도록 해야 한다. ⑧ 여교역자의 자질을 향상해야 한다. 여성 목회자 자신
이 성인지적 관점으로 설교하고 목회할 수 있어야 한다.
[7] 현재는 선택이며, 여성신학 교수 김애영 목사가 퇴임한 후 후속조치가 이루어지지 않고
있다.

## (2) 기장여성 80주년 기념 공동행사

▶ **기장여성연대 공동 심포지엄**: 2008년은 기장여신도회전국연합회가 80주년을 맞이한 해이다. 여신도회전국연합회는 이날을 단순히 여신도회만 기념하는 날이 아니라 '기장여성의 날'로 하자고 기장여성연대에 제안하였고 기장여성연대도 함께 동참하기로 하였다. 기장여성연대는 기장여성대회에 앞서 2008년 7월 8일 수유리 아카데미하우스 대화의 집에서 "기장여성인 당신, 생명을 택하고 더불어 평화를 이루라"라는 주제로 80주년 기념 심포지엄을 개최하였다. 이문숙 한국교회여성연합회 총무가 기조발제[8]를 하고 김광자 목사, 임희숙 목사, 이병희 장로, 나선정 전 총무, 박현주 간사가 4개 여성단체와 청년회를 대표하여 각 기관의 처지에서 소발제를 하였다. 발제에 이어 그룹토의와 종합토의를 하였다.

이 심포지엄에서 여교역자회는 "기장여성인 우리! 생명을 택하고 평화를 노래하리라"라는 제목으로 소발제를 하였다. 여교역자회 소발제[9]는 여성 목사제도 성취의 역사적 의미, 여성 교역자가 되는 과정과 그 과정에서 겪는 어려운 현장들을 고발하고 기장여성이 생명을 택하고 평화를 이루기 위한 6가지 활동을 제시하였다.

---

[8] 이문숙 목사는 발제에서 "기존질서에 이의를 제기하고 변화를 추구하는 이들은 자주 불온시된다. 생명과 평화를 선택한 기장여성들은 변화하는 세계와 마주하면서 기장의 원리를 재해석하며 38총회 선언의 전문에서 밝힌 대로 '소신에 용감하고' '우리 것을 절대화하지 않고' '과오가 있다면 시정에 인색하지 않으면서' 끊임없이 개혁해 가는 신앙공동체로 스스로를 담금질해야 한다. 그렇게 하는 만큼 기장여성에게는 '불온성'이라는 짐이 계속 따라다닐지 모른다. 그렇다 하더라도 그것이 하나님의 몸인 교회, 하나님 백성의 집인 세계의 온전 즉 생명을 향해가는 평화의 길 위에서 피할 수 없는 것이면 받아들여야 할 것이다. 기장여성인 당신, 생명을 택하고 평화를 이루라. 참 교회를 향한 절박감과 긍지로 더욱 불온해지라"고 당부하였다.

[9] 이 발제는 이종원, 김광자, 전규자, 이혜진, 임보라, 김성란이 심포지엄 준비위원회를 구성하여 공동작업한 것이다.

① 여교역자 간에 진정한 자매애를 위한 활동: 교역현장에서 어려운 점들을 상담, 격려, 영적인 교류, 협조, 목사 안수식이나 기념이 되는 경조사에 참석 축하.

② 여성전도사에게 목사안수과정 확대와 재교육: 목회 경력 10년 이상 여성 전도사인 경우 본인이 원하면 총회 위탁교육을 받아 한신대학교 신학대학원에서 교육을 받고 고시에 합격한 후 노회에서 안수를 받을 수 있는 제도 정착, 총회교육원과 함께 일 년에 1~2회 학점이 인정되고 의무적으로 이수해야 하는 집중 재교육 프로그램 설치, 성서연구와 설교, 교회 프로그램들을 서로 소통하고 공유.

③ 양성평등, 모성보호제도 수립과 정착 실현을 위한 노력: 양성평등위원회가 각 노회에서도 구성되고 활동할 수 있도록 할 것, 각 노회에서 여성 목사 1명 이상을 의무적으로 총회 총대로 파송할 것, 기혼여교역자의 유급출산휴가를 총회나 노회 법으로 명시하도록 할 것, 모든 전임교역자가 연금제에 의무적으로 가입하도록 할 것, 총회와 노회의 모든 교역자 정보에 불이익이 되는 경우를 제외하고 성별 표시란 만들고 표기할 것, 여전도사도 교단목회자 명단에 포함되도록 할 것, 모든 전임교역자가 당회에 참석할 수 있는 권리를 명시할 것, 성차로 인해 대우에서 차별받지 않도록 하는 노력을 할 것.

④ 목사후보생 수련과정: 양성평등교육이 필수과정이 되도록 할 것, 운영위원회에 여성이 위원으로 참석하도록 할 것, 교육 후 평가서를 제출하도록 하고 교회에 여성 전임교역자의 고용을 권장하도록 할 것.

⑤ 중장기 발전과 개척을 위한 준비: 긍정적인 여성 목회 모델링을 위해 연대를 통한 교회개척을 위한 준비.

⑥ 평화와 통일을 위한 사회선교연대활동: 여성, 환경, 민족, 사회 환경 등에 관한 다양한 사회 NGO, 기독교 NGO 지원과 연대 활동을 하도록,

여성의 국제연대가 필요한 경우는 함께할 수 있도록 하자.

▶ **기장여성의 날 감사와 축제**: 여신도회전국연합회는 2008년 9월 9일 여신도회 80주년을 기해 천안종합운동장에서 "성령 안에서 생명의 빛을 노래하라!"라는 주제와 "기장여성인 당신! 생명을 택하라. 더불어 평화를 이루라"라는 표어로 전국에서 1천여 명에 가까운 기장여성이 참석하여 기장여성의 날(기장여성대회)을 개최하였다. 여신도회전국연합회는 여교역자회의 아주 강력한 파트너[10]요, 기장여성연대의 중추적인 역할을 하고 있기에 모든 기장여성이 이날을 함께 기뻐하고 축하하였으며 여교역자도 66명이 참석하였다. 기장여성대회는 기장여성연대 4개 단체가 함께 순서를 맡아 진행하였다. 성찬례는 박계자 목사 집례 하에 여목사들과 여장로들이 배찬위원으로 참여하였다. 이날 예배는 모든 순서마다 기장여성들의 여성신학적 의식과 영성, 기장여성들의 능력을 드러내는 감격적인 예배였다. 참가자들은 기장여성선언과 함께 아래와 같은 기장여성 실천 10계명을 채택하였다.

〈기장여성, 생명·평등·평화 실천 십계명〉
① 물신숭배를 극복하고 하나님 신앙을 회복한다.(참신앙)
② 교회 분열과 타락을 청산하고 그리스도 안에서 연합과 일치를
　이룬다.(교회)

[10] 여신도회전국연합회는 기장 여교역자들의 인권과 노후 보장을 위해 힘을 썼고, 여전도회라는 이름을 갖고 있는 동안 여교역자들도 기장여전도회의 회원이기도 하였으며, 베다니평신도교육원 교육을 통해 여교역자 지도력 육성과 여교역자회의 산실로서 많은 공헌을 하였다. 또한 개척교회나 미자립교회 여교역자 목회를 지원하는 공동선교자로서 역할을 감당해 주었다.

③ 폭력을 근절하고 평화를 이룬다.(평화)

④ 피조물의 생존권을 존중함으로 생태계를 치유하고 회복한다.
(창조세계)

⑤ 전쟁과 분단을 극복하고 민족 생존권 함양과 평화통일을 위해
일한다.(민족)

⑥ 사회적 약자 소수자와 동행하고 나눔으로 예수 그리스도 사랑을
실천한다.(계급)

⑦ 교회와 사회의 성차별적 구조와 문화를 극복하고 양성평등을 이
룬다.(양성평등)

⑧ 세대 간의 갈등을 넘어 다음세대와 소통하고 지원하는 미래지향
적 화합을 이룬다.(세대)

⑨ 타문화·타종교·타자를 존중하고 배려하는 무지개빛 공동체를
이룬다.(다문화)

⑩ 개교회주의와 이기주의를 극복하고 더불어 사는 공동체성을 회
복한다.(공동체)

(3) 기장교회 양성평등실태조사 결과에 따른 과제

양성평등위원회는 2008년 교단 양성평등실태조사를 실시하고 그
결과를 2009년 3월 20일 성남교회에서 "양성평등과 교회"라는 주제로
열린 기장여성연대 정기모임에서 발표하였다.[11] 발제자 임희숙 목사는

---

11 ① 성역할에 대한 인식물음에 현재 교회 제직회에서 영향을 끼치는 사람은 남성이라는 응
답이 지배적(78.5%)이고 그 이유는 남성과 여성의 역할이 다르기 때문이라는 응답이 높았
다. ② 여성지도력에 대한 물음에 남녀가 모인 단체에서 여성이 대표가 되는 것에 97%가
지지하는 응답을 하여 현실과 괴리를 드러내고 있다. 여성지도력에 대한 인식으로 담임목
사를 여성 목사로 청빙하는 것에 대해 73.3%가, 임신중 여교역자의 강단 설교에 대해서도
75.5%가, 부부공동사역에 대해 58.8%가, 여장로 선출에 대해서 85.9%가 찬성을 하였다.

교단 양성평등실태조사 분석 결과를 중심으로 기장 교인들에게 양성평등의식 함양을 위한 교육이 중요하다고 강조하였다. 그는 한국교회 현실에서 요구되는 기독교 양성평등의 과제를 성 정체성, 성 역할 그리고 성인지적 재정의 필요성에 초점을 맞추어 조명하였다. 이를 통해서 한국교회가 양성평등 신앙공동체로 변화하기를 기대하였다. 실태조사[12]를 분석하고 평가한 임희숙 양성평등위원은 설문조사 분석 결과를

③ 성차별에 대한 인식과 감수성에 대한 응답은 교회 내 성차별이 없다는 대답이 69.2%임에도 불구하고 성차별 경험이 있다는 응답이 47.6%가 나와 성차별 감수성이 이론적 당위성보다 일상생활의 경험을 통해 함양되고 강화됨을 시사하고 있다. ④ 양성평등적 성서 해석에 대한 인식 물음에 대해 남녀차별적 구절은 양성평등 시각에서 새롭게 해석되어야 한다는 응답이 68.7%로 가부장 질서를 정당화하지만 하나님의 말씀이니까 따라야 한다는 응답(14%)보다 높게 나와 응답자들이 문자주의적 성서해석에서 자유롭지 않음을 시사한다. ⑤ 양성평등교육의 필요성에 대한 인식 물음에 대하여 교회여성들의 지위향상과 양성평등적 교회가 되기 위한 과제로 여신도들의 의식화교육(56.9%)과 목회자들의 의식 변화(41.7%), 교단 제도 개선(40.6%) 순으로 응답되었다. 의식화교육의 필요성은 남성보다 여성이 더 강조하였다. 양성평등적 교회가 되기 위해 시급한 사항은 신학교 양성평등교육의 필요성(97.1%)을 지지하였다. 교인들을 위한 성교육의 필요성은 56.8%가 인정하였고, 교회 내 성폭력 발생에 대한 대응은 '논의구조를 통해 해결방안을 모색한다.'에 50%, '소란 없이 은혜롭게 처리한다.'도 24.1%, 생각해본 적이 없다는 응답이 46.5%로 성폭력 희생자의 대대수가 여성이라는 점에서 교인들의 의식화 교육이 시급한 과제로 드러난다. 한국기독교장로회 양성평등위원회, 『한국기독교장로회 양성평등 실태조사 보고서』(2010), 40-61.

[12] 「양성평등실태조사 보고서」 제1부는 교단 여성 참여 현황으로
1. 결의기구에서 여성 참여 현황, ① 교단 총회 시 여성 참여 현황, ② 교단 실행위원회 여성 참여 현황, ③ 개교회 당회에서 여성 참여 현황
2. 위원회와 대외연합기관 여성 참여 현황에서는 ① 상임위원회 참여비율, ② 대외연합기관 여성 참여비율
3. 교단 기관에서 여성 참여 현황은 ① 한신대학교 신학부와 신학대학원 교수 성비, ② 총회 교육원 교재집필에서 여성 참여 현황, ③ 교단 총회 실무 인력에서 여성 참여
4. 교직에서 여성 참여 현황
5. 여성 참여 증진을 위한 과제 등을 교단 통계자료를 중심으로 살펴보았다.
제2부로 교단 양성평등의식 현주소를 밝히고 양성평등 설문조사를 다음과 같이 분석하였다. ① 성역할에 대한 인식, ② 여성지도력에 대한 인식, ③ 성차별에 대한 인식과 감수성, ④ 양성평등적 성서해석에 대한 인식, ⑤ 양성평등교육 필요성에 대한 인식 그리고 교단 양성평등 정책 수립을 위한 제언을 하였다.

기반으로 교단 성인지적 정책 수립에 도움이 될 과제를 제안하였다. ① 교단 여성 참여 비율을 지원하는 할당제 시행, ② 여성 지도력계발을 위한 정책적 지원, ③ 교단 양성평등 교육정책을 마련하고 이에 따라 교단 교재 개발과 총회 교육 실시, ④ 교단에서 발행하는 교재들에 대한 성 인지적 평가와 양성평등적 집필 제도 확립, ⑤ 양성평등적 관점으로 기독교 가정교육과 성교육 제공, ⑥ 총회 교육기관에서 양성평등 교육 필수, ⑦ 성 인지적 예산제도에 대한 교단 관심과 정책 보완이다.

기장여성연대는 이날 토론에서 나온 과제들을 정리하고 2009년 6월 19일 여교역자 사무실에서 운영위원들이 모여 기장 총회에 낼 헌의안을 조정하였다. 2009년 제94회 총회에 제출된 헌의안은 ① 교단 총회 여성총대 참여비율 증대의 건으로 헌의 내용은 "교단의 양성평등 발전을 위해서 2011년부터 총회총대 20인 이상(목사 10명, 장로 10명) 노회는 여성 목사, 장로 총대 각 1인 이상을 의무적으로 선출하도록 할 것(단 여장로가 없는 노회는 예외로 함), ② 장로 선출시 단계별 여장로 선출 의무화에 대한 건으로 "지교회에서 장로 선출시 여장로 비율을 2010년 10%, 2011년 15%, 2012년 20%, 2013년 25%, 2014년 30%씩 단계별로 선출비율을 증가하도록 의무화하여 장로교 1백주년이 되는 2015년에는 교단에서 여장로 비율이 명실공히 30%가 되도록 할 것", ③ 양성평등지수 실태조사 자료집 출판을 위한 예산 신청 건 등이었다.

양성평등위원회가 총회에 헌의한 안건 중 '노회 총대 20명 이상인 노회의 경우 여성 목사와 여성 장로 각각 1인 이상씩을 총대로 파송하는 건'과 '실태조사 출판 예산 배정하는 안건'[13]은 통과되었으나 '여장로

---

13 양성평등실태조사는 총회에서 허락된 예산이 너무 적어 위원회에서 모금을 통해 출판하였다. 출판비 총 900만 원 중 기장여성연대에 200만 원이 요청되어 여교역자회에서 50만 원을 실행위원들이 십시일반으로 각출하여 보냈다.

단계별 선출' 안건은 부결되었다. 어이없는 일은 교단 총회가 2009년에 노회 20명당 여성총대 1명 이상을 의무화해 여성총대를 증가하도록했는데 막상 헌법위원회에서 규칙개정 논의를 하는 과정에서 노회 총대 '20명의 1명'을 '30명의 1명'으로 변경한 것이 드러났다. 이에 기장여성연대에서 법제부에 총회 결의안대로 법제화해 줄 것과 겸임하고 있는 신도부장과 신도위원장을 별도로 해주기를 주문하였다. 그 결과 총회 결의대로 노회 '총대 20명의 1명'으로 법제화되었다. 2011년 교단 총회에 여성 목사 21명,[14] 여장로 31명이 총대로 참석함으로 총회 총대 여성 참여비율 5%를 넘어서게 되었다. 이를 기념하기 위해 기장여성연대는 여성총대 56명 이름으로 축하광고 지면을 사서 총회회보에 실었다.

### (4) 기장 양성평등선언서 채택

2010년 기장여성연대에서 양성평등위원회를 통해 제95회 총회에 제출한 헌의안은 교단 양성평등선언서 채택과 노회별로 양성평등교육을 실시하는 건이었다. 헌의안은 95회 총회에서 통과되어 총회 석상에서 양성평등선언서를 읽고 박수로 인준을 받았다. 선언서의 내용은 아래와 같다.

우리는 하나님이 자신의 형상대로 남성과 여성을 지으시고 자신의 복을

---

14 서울노회-이혜진, 서울남노회-이명현, 서울북노회-안수경, 서울동노회-김기범, 경기노회-원금자, 경기중부노회-지양자, 경기남노회-김선아, 경기북노회-신정숙, 광주노회-김태옥, 전남노회-조희경, 군산노회-유경남, 익산노회-김은경, 김정분, 전북동노회-송기순, 전북노회-박상희, 경북노회-성춘식, 충남노회-윤영자, 대전노회-김정옥, 충북노회-변종명, 계 21명(제주노회, 강원노회, 강원노회, 대구노회, 경남노회, 부산노회, 인천노회는 20인 미만이라 여목사 총대 없음).

남성과 여성에게 주셨음을 기억합니다. 하나님의 형상을 입고 축복을 받는 남성과 여성의 관계는 평등하며, 양성의 바른 관계를 통하여 하나님의 형상은 더 온전하게 드러나고 복도 더 풍성해질 수 있음을 믿습니다. 오랜 성차별의 역사가 하나님이 우리에게 주신 복의 내용이 아니라 타락의 결과(창 3: 16)이기에 가부장제의 삶을 회개하며 그리스도 예수의 은혜로 변화되기를 바랍니다. 자신의 피조성을 인식하고 피조 세계의 일부분으로 생육하고 번성해야 하는 우리는 그리스도 예수 안에서 남성과 여성 사이에 놓인 갈등과 단절의 벽을 넘어서야 한다는 사명을 깨닫습니다. 그리고 오늘도 창조세계를 돌보시고 보살피시는 성령의 역사에 남성과 여성이 동행하면서 상호 섬김과 상호 돌봄으로 새롭게 창조되기를 소망합니다.

이상과 같은 신앙고백에 기초하여 우리 교단은 2007년 총회 양성평등위원회를 설치하고 이 시대의 젠더 정의를 구현하려는 기장의 진보정신과 한국교회의 양성평등을 위한 선구적 역할을 담당하고 있습니다. 이것은 2003년 기장의 희년문서에서 천명한 정의, 사랑, 평화, 창조세계 보전의 정신을 실천하고 우리 교단이 소속한 한국기독교교회협의회, 세계교회협의회, 세계개혁교회연맹(장로교)의 양성평등 실현에 연대하는 과정입니다.

이런 전문과 함께 선언서는 "교회공동체가 양성평등 의식과 실천으로 세상에 복음을 증언하는 것은 하나님이 만드셨던 창조질서를 회복하는 일이고, 성차별의 불의한 관계를 그리스도 예수 안에서 청산하는 일이고, 화해와 평화를 위해 일하시는 성령의 활동에 대한 그리스도인들의 책임을 남성과 여성이 함께 나누는 일"을 천명하였다. 2013년 교단 새역사 60주년을 바라보면서 교단 양성평등을 위한 방향과 과제를 다음과 같이 선언하였다.

첫째, 교단 기구의 여성 참여를 제도적으로 보장할 것입니다.

둘째, 여성 지도력의 개발과 활용에 대한 정책을 마련할 것입니다.

셋째, 양성평등 교육정책에 따라 양성평등교육을 필수적으로 실행할 것
입니다.

(5) 2011년부터 2018년까지 총회에 제출된 헌의안과 그 결과

- 2011년 제96회 총회 헌의안: 총회 산하 기관별 양성평등교육을 위한
헌의안이 통과되었다.

- 2012년 제97회 총회 헌의안: 상임위원회와 특별위원회, 공천위원회
에 여성 1명 이상씩을 공천할 것과 각 신도회 대표 2명씩을 정회원으
로 해줄 것을 헌의했다. 노회가 파송하는 헌법위원회, 국제선교위원
회, 생활보장제위원회, 공천위원회 4개 위원회와 재판국과 한신학원
이사회를 제외하고 다른 위원회는 여성위원 1명씩을 공천하기로 하
였다. 신도회 대표 2명을 정회원으로 하는 안은 부결되었다.

- 2013년 제98회 헌의안: ① 노회별 양성평등위원회 설치 안건은 권장
하기로, ② 교단 내 모든 기관 여성실무자 비율 30% 안건은 권장하기
로, ③ 교회별 양성평등예배 및 교육 안건은 허락하기로, ④ 노회 및
시찰회 별 양성평등교육 의무화 건은 권장하기로, ⑤ 공천위원회 규
정 제5조 '3의 여성1인씩 공천한다'를 '여성1인 이상 공천한다'로 수정
하여 헌법위원회에서 연구 후 실행위원회에 보고하고 차기 총회부터
시행하도록 허락되었다.

- 2014년 제99회 총회 헌의안: ① 양성평등위원회 3조(조직)에 관한 개
정 헌의 안건은 직선위원 13인으로 하되 '남성5인, 여성5인, 여신도회

회장, 남신도회장 청년회장'으로 수정하여 허락하였다(전문위원2명 포함 15명으로 조직). ② 교회별 양성평등예배와 교육을 위한 건은 '교회별 양성평등 교육을 위한 헌의안' 건으로 수정하여 허락되었다.

- 2015년 제100회 총회 헌의안: ① 교단 총회 여성총대 참여비율 증대를 위한 헌의안건은 10명 이상 – 20명 미만 총대회원의 경우 여성 1인 이상 파송하기로 수정하여 허락됨, ② 총회 공천위원회에 여성 1인 이상 공천 할당 헌의 안건은 반려됨, ③ 총회 주제위원회 여성위원 1인 이상 포함 헌의 안건은 총회추천 전문인 2인(여성 1인 이상)으로 수정하여 허락됨. ④ 100회 총회 양성평등선언서 채택을 위한 헌의 안건이 허락되어 총회 석상에서 선언문을 낭독하였다. 한편 2014년에는 권장사항으로 된 노회와 교회별 양성평등 교육이 2015년부터는 실시하는 것으로 통과가 되었다.[15] 2015년을 기점으로 2016년, 2017년, 2018년 다 실시하는 것으로 총회에서 허락되었다. 예산 관계 때문에 해마다 헌의를 해 허락을 받아야 하는 번거로움이 있다.

제100회 총회에서 부부목회와 관련지어 세습 문제가 민감한 사항으로 제기되었다. 군산노회가 "남편 목사가 목회한 후 부인이 연속해서 목회해도 되는지?"에 대한 물음에 헌법위원회가 "안 된다"고 유권 해석한 것에 대해 총회 전체회의에서 논의가 치열했다.[16] 당시 교단 총회는

---

[15] 서울노회에서는 2015년 가을노회부터 양성평등교육을 실시하고 있다. 2016년에서는 성인지교육을, 2018년에는 성폭력 예방과 대처를 위한 교육을 실시하였다.

[16] '안 된다'는 유권해석을 한 것에 대해 그 근거는 무엇인가? 실제로 부부가 함께 목회하고 있으나 여성 배우자는 청빙되지 못하고 무임으로 목회하는 경우가 많다. 남편 목사의 죽음 등 목회자 부재로 교우들이 여성 배우자를 담임목사로 청빙하기 원하는 사례가 있다. 배우자가 연속해서 목회를 하면 안 된다는 근거가 무엇인가라는 질의가 이어졌다. 또한 부인이 노회가 운영하는 신학원 졸업자로서 노회가 자체적으로 인정한 전도사일 경우는 어떻게 되는 것인지? 또 부교역자가 아니라 담임목회로 시무하겠다면 어떻게 되는지에 대해서는

교회 세습을 인정하지 않기로 결의한 바 있어 헌법위원회는 군산노회 질의를 세습으로 유권해석을 하였다. 이에 총회 회원들은 부부목회를 인정하여 배우자가 연속해서 목회하는 것이 목회 세습이 아니라고 본 것이다. 이 결과 헌법위원회 보고를 채택하지 않고 이 문제를 1년간 헌법위원회에서 더 연구하기로 하였다. 제101회 총회에서 헌법위원회가 헌의한 제100회 총회 기념 법규(헌법, 규칙, 규정, 정관, 세칙) 개정 헌의안 건 중 세습금지 조항에서 '배우자'는 제외되었다. 이 과정에서 기장여성연대 대표들이 헌법위원장을 면담하여 부부목회의 필요성과 부부목회를 세습으로 규정할 경우 여성 목회 자리가 제한되어 교단 성평등 정책에 어긋남을 지적하였다.

- 2016년 제101회 총회 헌의안: ① '양성평등위원회'를 '성정의위원회로'로 명칭 변경 헌의의 건은 기각되었다. ② 교단 총회 여성총대 참여 비율 증대를 위한 헌의의 건은 기각되고, ③ 상임위원회, 특별위원회에 여성 2명 이상 공천할당을 위한 헌의의 건은 기각되었으며, ④ 여성 장로 30% 선출에 대한 의무화 헌의의 건도 역시 기각되었으나 ⑤ 여성교역자 출산과 양육보장을 위한 헌의 안건은 허락되었다. 양성평등위원회를 성정의위원회로 명칭을 변경하려는 의도는 '성정의'라는 용어가 양성평등 문제만이 아니라 포괄적인 성평등 개념을 갖고 있으며, 성평등이라는 것은 결국 정의의 문제이기 때문이었다. 총대들이 양성평등이라는 용어가 겨우 익숙해져 있는데 명칭을 바꾸면 혼란스럽다는 의견을 많이 개진해 부결되었다.

해당 노회에서 결정할 수 있다고 답변되었다.

한편 제101회 총회에서 이혜진 목사(서울노회) 외 54명이 '교단 성윤리강령과 성폭력 예방과 대책을 위한 법과 제도 마련을 위한 헌의안건'을 제출하였다. 이 헌의안은 양성평등위원회에서 연구하여 초안을 작성하고, 헌법위원회가 심의하여 총회 실행위원회에서 보고하도록 허락되었다. 이 헌의안은 김 모 목사 성폭력사건 직후에 총회 석상에서 긴급하게 서명을 받아 제출한 것이다.

총회 이후 열린 양성평등위원회에서 여성교역자 출산과 양육보장을 위한 활동 안건은 총회 결의사항을 전국교회에 공문을 통해서 알리기로 하였다. 여교역자회에서 이에 대한 구체적인 방안을 마련하여 함께 논의하기로 하였다. 또한 여성교역자의 출산과 양육을 교역자의 출산과 양육으로 확대하여 목회자 관리 및 처우 관련 법과 제도 개편(안식년제, 휴직기간 보장, 파송 지원 및 예산 배정 등)과 함께 연구키로 하였다. 그리고 교단 성윤리 강령 제정, 성폭력 예방과 대책을 위한 법과 제도의 건은 소위원회를 구성하여 초안을 마련하기로 하였다. 이를 토대로 총회 차원에서 준비하는 목회자 윤리 강령에 반영하기로 하였다.

- 2017년 제102회 총회 헌의안: ① 성윤리강령 헌의 안건은 교사위원회로 넘겨 1년 연구하기로, ② 성폭력 예방과 대책을 위한 특별법 제정 헌의 안건은 양성평등위원회에서 1년간 연구하기로 결의되었다. 제101회 총회 직전에 일어난 김 모 목사 성폭력 사건 직후라 그 여파로 총회에서 '성윤리 강령'과 '성폭력 예방을 위한 법과 제도 마련' 헌의 안건이 통과된 데 비해 그 내용을 구체화하여 1년 연구한 것을 헌의했을 때 반응은 너무 미온적이었다. 성폭력 예방과 근절을 위한 의지가 약했고, 반대의견도 많았다. 법제부에서 헌의안이 기각되었으나, 여성총대들의 활약으로 전체 총회석상에서 다시 문제가 제기되어 또다

시 성윤리강령은 교회와사회위원회에서, 성폭력 예방을 위한 특별법은 양성평등위원회에서 1년 더 연구하기로 결정되었다.[17]

- 2018년 제103회 총회 헌의안: '성윤리강령'은 많은 논란 끝에 통과되었다. 성폭력대책위원회 구성과 성폭력 예방교육 의무화(매해 1회 이상) 안건은 학부, 신대원, 인턴교육, 각 노회와 교회에서 실시하기로 통과되었다. 그러나 성폭력 예방과 대책을 위한 헌법 개정 안건은 3분의 2 이상의 찬성을 얻지 못해 부결되었다. 그나마 성폭력 예방과 대책을 위한 헌의안 일부가 어렵게나마 통과된 것은 제103회 총회 직전에 서울동노회 박 모 목사가 신도 성폭력 사건으로 3년형을 받은 사건이 알려졌기 때문이다.

성 정의에 관한 헌의안 통과가 어려운 것은 총회 의결기구를 구성하는 총대들이 대부분 50대 후반~60대 남성총대들로 구성되어 있고 성인지 감수성이 부족한 때문으로 파악된다.

이런 어려움에도 불구하고 기장여성들의 노력으로 양성평등위원회가 제안한 많은 헌의안들이 교단 총회에서 통과되었다. 이렇게 통과된 사항들이 과연 실천에 옮겨질 수 있는 것인가, 또한 총회원들의 젠더의식이 낮아 교단 양성평등의 중요한 내용의 헌의안이 기각당하거나 부결되는 사태는 어떻게 개혁되어야 할지가 숙제로 남는다.

### (6) 교단 제100회 총회 참여 활동

2015년은 기장 교단이 100회 총회를 맞는 해였다. 기장여성연대는 2015년 9월 14~17일 원주 영강교회에서 열리는 제100회 총회에 참

---

[17] 격렬한 논란 끝에 거수 표결하여 찬성 171명, 반대 142명으로 성폭력 예방을 위한 특별법을 양성평등위원회에서 1년간 더 연구하기로 결정되었다.

석하여 헌의안 통과 캠페인과 더불어 다양한 활동을 벌였다.

① 제100회 총회 여성참관인단(37명 참여)을 구성하여 총회를 평가하는
활동을 하였다.
② 기장여성연대 역사와 활동내용을 소개하고 양성평등관련 책자와 리
플렛, 동영상을 비치해 기장여성연대를 홍보하였다.
③ 이벤트로 양성평등 소망나무에 양성평등에 대한 희망을 노란 리본에
써서 붙이는 행사를 통해서 양성평등에 관심갖도록 하였다. 특히 100
회 총회 양성평등조각보 '누비다'를 만들어 총회원 전체가 참여하는
공동행사를 진행하였다.
④ 양성평등선언서와 〈생명다리 이어가기〉, 성평등교회 지침서를 제작
하여 배포하였다.

### (7) 교단개혁을 위한 토론회

기장여성연대는 2016년 3월 28일 한국기독교연합회관 17층에서
정기모임과 더불어 교단개혁토론회[18]를 실시하였다. 교단개혁토론회
는 "우리는 이런 교단을 원한다"라는 주제로 발제와 토론으로 진행되었
다. 이 모임에서 교단지도력 선거를 앞두고(이문숙 양성평등위원장), 캐
나다연합교회 사례 발표(캐더린 목사), 필리핀 연합교회 사례(페르난도
목사)에 대해 발제를 하였다. "교단 선교정책에 대하여"(기장 농목 정책실
장 홍요한 목사), "총회와 노회와 교회의 유기적인 연대를 위하여"(생명선
교연대 회장 이병일 목사)라는 제목으로 각기 제안을 하였다. 이날 토론에

---

[18] 이날 참석자는 기장여성연대 회원은 50명으로 여신도회 23명, 여교역자회 16명, 여장로회
4명, 여동문회 3명, 청년회 4명이었다. 여기에 토론회에 농목에서 7명, 생명선교연대에서
5명, 기타 2명이 더하여 14명이 참석했고 총 64명이 교단개혁토론회에 참여하였다.

서 나온 의견들은 총무 선출방식과 총회와 노회, 교회와의 관계, 개교회 구조의 문제, 목회자 생활보장제도, 여성 참여에 대한 것들이다.[19]

이날 교회개혁토론회에 참여한 단위들이 비슷한 성격의 단체들이고, 총회에서 발언권이 작은 단위들이라 교단에 영향을 미치기에는 제한적일 수밖에 없다. 이 토론들이 현실화되기 위해서는 이 단위들이 치열하게 교단과 투쟁을 해야 하는데 이를 얼마나 추동해 목소리를 낼 수 있는지가 관건이다. 기장여교역자들 자체도 성평등 교단으로의 개혁에는 공감하면서도 본인의 목회현장이 우선순위인 상황에서 얼마만큼 대처할 수 있는가가 의문이다.

### (8) 김 목사 성폭력 사건 대응활동

2016년 기장 교단의 김○○ 목사가 중국동포교회 여신도를 성추행한 사건이 교회개혁실천연대에 접수되어서 교계 언론에 크게 부각되었다. 피해자가 공식적으로 증언을 했고 가해자도 일정 부분 시인을 한 부분이다. 기장여성연대가 이에 대한 입장문을 작성해서 총회장과 총

---

**19** • 총무 선출방식에 관해서는 총대뿐만이 아니라 여성과 청년이 참여하는 구조를 만드는 것과 인선위원회 제도를 통해 총무 자질을 검증하고, 공청회를 정책별, 권역별로 실시하고 금권선거를 막을 수 있는 감시 장치가 필요하다고 의견이 모아졌다.
• 노회와 총회와의 연계를 위해서는 각 노회에 실무자가 필요하다. 현실이 반영된 선교정책이 필요하고, 총대에 여성과 청년이 포함되도록 하며, 노회와 총회에 부문별로 대의원이 참여할 수 있는 제도를 만들어야 한다.
• 개교회에 대해서는 교단 문서에 입각한 교회론과 목회론 정립, 민주적으로 열린 당회구성, 목사와 당회원(장로) 임기제, 성평등 인식개선 필요가 제기되었다.
• 목회자의 생활보장에 대해서는 민주적인 급여 보장(캐나다교회처럼 사례비의 평준화와 같은 나눔의 정신 필요하고 미자립교회도 연금보장을 받을 수 있는 제도적 보완, 개교회주의에서 벗어나서 공동체적 시각으로 변화 필요(전북동노회는 연금을 못내는 교회를 위해서 상여금을 보태서 내어줌), 마을 목회를 하고 있는 농촌목회자를 위한 시각 변화, 정부의 최저생계비에 준해서 사례비가 책정될 수 있도록 호봉제를 지향, 생활보장제에 대한 총회(위원회)의 투명성 등 다양한 의견이 제기되었다. 「49회 총회보고서」, 106.

무에게 보내고 기장 게시판에 내는 등 대응활동을 하였다.

기장여성연대는 피해자를 만나 피해자와 공감하고 피해자가 소송을 낸 서울남노회 회장을 만나 피해자 입장에서 재판을 열 것을 촉구했다. 또한 총회 총무를 만나 피해자의 입장에서 총회에서 이 사건에 임해 줄 것을 요청하였으며, 가해자 편에 서서 피해자에게 2차 가해를 하는 중국동포교회 당회원들을 만나 피해자 입장에 설 것을 당부하였다. 그럼에도 불구하고 교단 총무가 해당 교회에 가서 가해자를 옹호하는 설교를 한 것이 언론에 게재되었다. 기장여성연대는 총무를 만나 가해자를 옹호하는 발언을 하지 말 것을 권면하였다. 피해자와 기장여성연대가 서울남노회에 요구한 것은 면직이었으나 서울남노회는 가해 목사가 사직한 것으로 사건을 처리하였다. 이 사건은 기장여성연대와 기장 내 NGO인 생명선교연대 등 단체에서 잇달아 문제제기를 하여 2018년 열린 교단 총회에서 성폭력 예방교육 실시와 성윤리 강령을 제정하는 계기가 되었다.

(9) 교회의 '미투'와 '위드유' 운동, 어떻게 할 것인가?

기장여성연대는 2018년 3월 26일 한국교회백주년기념관 2연수실에서 열린 정기모임을 열고 "교회는 '미투'와 '위드유' 운동, 어떻게 할 것인가?"라는 주제를 심도 있게 토의하였다. 이날 정기모임에는 사회적으로 이 문제에 대한 이슈가 부각되어 있어서 신학교 여학생들이 많이 참여하였다. 기장여성연대는 신학생들의 참여 독려를 위해서 수업을 현장학습으로 대체해 달라는 공문을 학교에 보냈다. 한국염 목사는 "교회는 미투에 대해 어떻게 대응할 것인가?"라는 제목으로 다음과 같은 요지의 발제를 하였다.

"미투(#Me Too)와 위드유는 성폭력 피해자가 자신의 피해 경험을 드러냄으로 사회에 만연한 성폭력의 심각성을 알리고, '생존자'들에게 '당신은 혼자가 아니며 우리는 함께 연대할 것'이라는 메시지를 전달하는 데 그 취지가 있다. 미투운동은 가해자가 우월적인 자기 지위를 이용해 저지르는 권력형 성범죄에 주목한다. 권력형 성범죄는 피해자가 오히려 불이익을 받을 가능성이 크기 때문에 드러내거나 고발하는 것이 힘들다. 특히 종교계에서 가해자 처벌은 매우 어렵다. 한국교회가 미투에 '위드유'로 응답하기 위해서는 성평등 교회가 되고, 교회지도자가 저지른 성범죄를 막을 수 있는 법적 장치와 제도를 마련해야 한다. 여기서 중요한 것은 피해자 중심 대응방안이다. 교회가 자정될 때 그 힘으로 사회를 자정시킬 수 있고, 이 땅에서 다말의 울음소리가 그치게 될 것이다'라는 요지로 발제를 진행했다. 이어 참가자들은 그룹별로 미투와 위드유에 대한 현장과 대안을 토론하였고 참가자 모두가 '함께 하겠습니다'란 피켓을 들고 '위드유'를 다짐하였다.

기장여성연대가 "교회는 '미투'와 '위드유' 운동, 어떻게 할 것인가?"라는 주제로 정기모임을 한 후 후속작업이 곳곳에서 진행되었다. 여교역자회 서울경인지역회가 2018년 5월 14~28일까지 "우리 모두의 권리 미투 위드유"라는 제목으로 매주 월요일 4시~6시 총 3회의 성폭력 예방 특별 교육강좌를 실시하였다. 프로그램은 다음과 같다.

|  | 강의 주제 | 강사/날짜 |
|---|---|---|
| 1강 | 나의 성평등, 성인지 점검하기 | 홍보연 목사, 5/14 |
| 2강 | 피해자의 치유회복을 위한 대응방안 | 조중신 소장, 5/21 |
| 3강 | 성폭력 가해자의 특성에 관한 사례연구 | 김미랑 소장, 5/28 |

기장여성연대에서 '위드유'를 다짐한 지 얼마 후 기장교단 서울동노

회 ㅅ교회 박 목사가 여신도를 성폭행해 징역 3년과 성폭력교육 40시간 이수 판결을 받고 구속된 사건이 발생하였다. 서울동노회 박 모 목사 성폭력 사건 발생 후, 기장여성연대를 중심으로 성정의 실현을 위한 기장교역자모임, 청년회전국연합회, 한신대학교 여학생회, 한신대학교 신학대학원 학생회, 민중신학회, 패미하다[20] 등 여러 단체가 연합하여 '성정의 실현을 위한 연대'를 결성하였다. 이 연대 회원들은 해당노회에 '피해자 중심'으로 재판해 줄 것을 요청하는 편지를 보냈다. 기자회견을 2회 실시하고, 성폭력 없는 기장교단을 위해 기도회와 1인 시위를 진행하였다. 또한 매주 화요일 저녁 기도회와 매일 낮 12시~1시까지 총회 건물 앞에서 1인 피켓 시위를 하였다. 기장여성연대도 9월 4일 기도회를 열었다. 또한 제103회 총회 총대들에게 성폭력 대책을 위한 헌의안을 결의해 줄 것을 호소하는 편지를 보냈다.

총회기간 내내 피켓 홍보 등을 펼쳤음에도 성폭력 예방과 대책을 위한 헌법 개정안이 통과되지 않았다. 그 결과 서울동노회 재판국이 2018년 12월 27일 성폭력 범죄로 사회 법정에서 실형 3년형을 받은 자를 면직이 아니라 '정직'으로 판결하는 솜방망이 처벌 결과를 낳았다. 노회 재판에서 '면직'이 아닌 '정직' 결정[21]에 피해자가 불복하여 총회에 상소해 줄 것을 요청하였으나, 서울동노회 임원회는 상소하지 않겠다는 결정을 하였다. 기소위원이 포함된 임원회가 그런 결정을 하여 애초 고발자였던 기장여성연대가 2019년 1월 7일 총회 재판국에 상소장을 제출하였다. 이 사건에 '성 정의 실현을 위한 연대(위드유 지킴이)가 주축이 되어 '서울동노회 ㅅ교회 박 목사 성폭력 사건 총회 재판에 필요한

---

[20] 성정의를 실현하기 위해 한신대학교 신학대학원 학생들을 중심으로 구성된 단체.
[21] 한편, 서울동노회 임시노회에서 재판 결과에 대한 문제제기가 있었고, 노회원 2/3 이상이 재판 결과를 반대하였다.

공탁금을 포함하여 500만 원 상당의 재판 비용과 성폭력 대책을 위한 비용을 모금하였다.

한편 2019년 1월 29일 한신대학교 신학과 교수인 박 모 목사가 제자를 성폭행한 사실이 알려졌다. 피해자가 2월 8일에 박 교수를 경찰에 고소하였다. 이 사건에도 기장여성연대를 비롯한 '성정의 실현을 위한 연대가 함께 대응활동을 전개하였다. 그 결과 가해자 박 목사가 전북노회에 사직청원을 했으나 노회에서 기각하고 성폭력 범죄를 처벌하기 위한 재판국을 설치하였다. 재판국 구성은 총 7명에서 여성이 4인을 차지했고 재판국 위원장도 여성 목사(이강실)가 되었다. 한편 전북노회는 전북노회원인 박 교수 성폭력에 대해 노회 차원에서 사과문을 발표하였다. 전북노회의 이런 결정이 있기까지 총회 양성평등위원회, 성 정의 실현을 위한 연대와 여교역자회의 역할이 컸다.

## 2) 여교역자회의 여교역자 지위 향상을 위한 자체활동

### (1) 기장 여교역자 현실과 미래 전망에 대한 공청회

여교역자회는 2010년 9월 6일 초동교회에서 기획위원회와 은퇴여교역자위원회 공동주관으로 "기장 여교역자 현실과 미래의 전망"이라는 주제로 공청회를 열었다.[22] 이날 공청회 취지는 고령화 사회에 진입한 한국 사회 속에서 여교역자들의 은퇴 후 삶을 전망하고 준비함으로 여교역자들의 목회에 대안을 마련하자는 것이다. 여교역자회는 2009년 8월 실행위원회에서 교단 여교역자 실태를 조사하기로 결의하고 9

---

[22] 공청회는 박영주 회장 사회로 김애영 교수의 주제강연과 송순호 전도사의 현장증언, 전규자 총무의 발제, 김은경 은퇴여교역자위원회 위원장의 종합토의로 진행되었다

월과 10월에 걸쳐 이메일, 우편, 방문 등으로 설문지를 배포하여 115부를 수거하였다. 이날 공청회에서 김애영 교수는 설문지를 분석하고 해석한 것을 중심으로 강연을 했다.

김 교수는 '여교역자회 일치와 발전을 위한 방안에 대하여 필요한 사항'은[23] '여성 목회 향상을 위한 프로그램의 활성화와 추진'이 가장 많았고(32%), '여교역자회에 대한 회원들의 희망'[24]은 '여성 목회자 지위 향상에 대한 정책제안과 대책'이 가장 많은 비중을 차지했다(35%)고 밝혔다. 여교역자들이 '여성 목회의 활성화를 위한 지원' 항목에는 ① 여성 목회에 대한 인식 개선을 위한 정책 마련과 활동 지원, ② 전임교역자의 30% 이상을 여교역자로, ③ 교회 개척할 때 경제적 지원 ④ 여교역자회를 공식기관으로 인준해 주고 지원해 주기를, ⑤ 교단정책과 관련된 항목에서는 여교역자들의 관심은 은급 문제, 최저임금제가 주를 이루고 있었다. 이러한 자료 분석을 통해 김 교수는 여교역자들이 은퇴 이후 삶에 대한 대책과 재정지원 대책도 요청하였는데, 열악한 조건에서 사역하는 여교역자들의 삶에서 오는 당연한 결과이며 반영이라고 해석하였다.

한편 김 교수는 조사결과에서 여교역자들이 기구와 제도 개선도 중요하지만 여교역자를 위한 특별 프로그램을 요청하고, 여성 목회 개념이 불확실해서 여성 목회에 대한 정립을 요청하는 것에 주목했다. 이어

---

[23] 여교역자회 일치와 발전을 위한 방안에 대하여 필요한 사항은 ① 여성 목회 향상을 위한 프로그램의 활성화와 추진 32%, ② 지역회 활성화를 통한 필요한 교육방안, ③ 교회개척과 지원을 위한 프로그램의 활성화, ④ (여교역자)대회와 연회비 납부에 대한 회원들의 적극적 참여 13.3%, ⑤ 공동기도모임의 형성 6.9%, ⑥ 기존의 여교역자회의 정관 및 시스템의 개선 5.8%, ⑦ 기타 0.6%이다.

[24] '여교역자회에 대한 회원들의 희망'은 ① 여성 목회자 지위 향상에 대한 정책 제안과 대책 35%, ② 여성 목회 현실에 맞는 교육 34%, ③ 은퇴 이후 삶에 대한 대책 13.3%, ④ 재정지원 9.2%, 친교 6.9%, 기타 0.6%이다.

김 교수는 "여교역자들이 여교역자들의 삶과 사역의 현실 혹은 실태를 획기적으로 변화시키지 않으면 교단 미래는 나아질 수 없다고 강력히 주장하고 있다"고 밝혔다. 김 교수는 기장에 속한 누구나 배제되거나 소외되지 않고 하나님과 예수 그리스도와 성령께서 허락하신 참여와 평등을 실질적으로 누리는 그런 신앙공동체를 육성해 나갈 때 하나님의 사람들에게 복된 삶이 허락될 것으로 결론지었다.

전규자 총무는 기장여신도회전국연합회에서 은퇴 여교역자들의 삶을 위해 운영하고 있는 베다니집을 활성화하거나 확대하는 방안에 대한 여러 가지 제안을 하였다.[25] 여교역자회가 현역 여교역자에게는 목회지원센터로서, 은퇴 여교역자들에는 은빛공동체의 울타리로, 기장교단 총회에는 양성평등 구조를 실현하는 원동력으로, 기장교단에 속한 모든 여성에게 어머니 같은 품으로 존재하는 그런 존재가 되기를 희망하였다.

발제 후 이어진 종합토의에서 은퇴 여교역자들의 공동체를 각 지역에 세우는 방안을 모색하되 우선 전남광주 지역에서 추진하기로 의견을 모았다.

### (2) 목사후보생 수련과정 면접시 여성비하 발언 대응활동

총회 고시부에서 목사후보생 수련과정 면접 시 여성비하 발언과 질

---

[25] 전규자 총무는 은퇴한 선배들의 이야기, 베다니집에 사는 선배들의 이야기, 예장은퇴여교역자 안식관, 광명의집 등을 돌아보고 베다니집 운영기금을 확대하고 활용해서 은퇴하는 여교역자를 위한 권역별 그룹홈을 만들 수 있도록 재원을 요청하는 방안, 현재 있는 베다니집 운영에 여교역자들이 심도 있게 참여할 수 있는 방안 모색, 유산을 여교역자회에 기증하는 운동을 통해 요양시설을 마련하도록 은빛공동체를 이룰 수 있도록 하는 길은 없는지, 베다니집이 실버공동체와 장기요양원 시스템을 갖추는 길은 없는지에 대해 다양한 방안을 제시하였다.

문이 있었다는 소식을 듣고 여교역자회에서는 이런 여성비하발언과 질문에 대해 항의서한을 총회 고시부에 보내기로 결의했다. 구체적인 상황을 조사하고 항의서 작성을 위해 박영주 회장, 김정분 부회장, 김성희, 이혜진, 전규자 총무를 위원으로 소위원회를 구성하였다.

소위원회는 고시부에 항의서한을 전달하였다. 서한의 내용은 여성목사후보생들에게 결혼 유무 등의 사적인 질문과 결혼 후 사모 역할의 강조보다는 목회자의 소명과 비전을 확고히 할 수 있는 질문을 할 것 등에 관한 면접 메뉴얼을 만들 것을 권고하였다.

### (3) 기장여교역자회 주일 실시

여교역자회에서는 2013년부터 매해 9월 첫 주를 여교역자 주일로 지키는 운동을 전개했다. 여교역자회 주일이란 이날에 여성 목회자들이 담임하고 있는 교회에서 여교역자회를 위한 예배를 드리고 헌금을 여교역자회로 보내는 날이다. 그 취지는 여교역자들이 자긍심을 느끼며 목회하기 위해 여교역자회가 하는 일을 알리고 여교역자들이 여성 지도력을 세워 가는 데 기여하며 재정자립을 할 수 있게 하자는 것이다.

여교역자회 주일을 처음 시작하는 2013년에는 14개 교회가 여교역자회 주일예배를 실시하였으며, 시간이 지날수록 참여교회가 늘고 있다. 여교역자회 주일 성수로 각 교회의 기도와 격려가 밑거름이 되어 여교역자회와 전국에 흩어져 목회하고 있는 여교역자들이 더욱 성장하고 성숙해 나갈 것을 기대하게 되었다. 여교역자주일 설교는 집필자를 정해 같은 본문과 내용으로 일치해서 선포되고 있다. 설교문은 2013년 한국염 목사(전임회장), 2014년 박영주 목사(전임회장), 2015년 정숙자 목사(전임회장), 2015년 김영선 목사(홍보출판위원장), 2017년 안수경 목사(신학위원장), 2018년 김은경 목사(부회장)가 작성하였다.[26]

(4) 종교개혁 500주년과 여교역자회 창립 50주년을 맞는 여교역자 선언

여교역자회는 종교개혁 500주년이 되는 여교역자회 50회 총회에서 여교역자 입장에서 고백하는 '교회개혁선언문'을 선포하기로 결정하고 선언문 작성 위원을 선정했다.[27] 위원들이 작성한 선언문은 '마틴 루터의 종교개혁 500주년과 한국기독교장로회 여교역자회 창립 50주년을 맞는 여교역자 선언문'이라는 제목으로 여교역자회 50회 총회에서 선포되었다. 이 선언문은 여교역자들이 한국교회를 평등한 교회로 변화시키지 못했고, 한국 사회를 정의, 평화, 평등의 세상으로 일구어 가지 못한 데 대한 죄책고백과 아울러 교회개혁을 계속 할 것을 다짐하며 아래와 같이 9개의 비전 실천을 선언하였다.

① 성평등과 성정의를 우리의 목회현장에서부터 실천하겠습니다.
② 권위주의와 교권주의를 버리고 민주적인 교회로 세워가겠습니다.
③ 물질주의와 성장제일주의의 우상을 버리고 하나님의 교회로 세워가겠습니다.
④ 개교회주의를 지양하고 작은 교회, 지역교회들과 함께하는 공교회성을 회복하겠습니다.
⑤ 이웃과 함께하여 교회의 공공성을 회복하여 사회적 책임을 다하겠습니다.
⑥ 평화통일을 위하여 기도하며 행동하겠습니다.
⑦ 생명감수성으로 창조세계 보전을 위해 앞장서겠습니다.
⑧ 신학과 성서 해석의 올바른 지평을 열겠습니다.

---

26 「2013~2018년 총회보고서」, "기획위원회 보고" 참조.
27 선언문 작성 위원은 김성희(회장), 김영선, 안수경, 이영미, 임보라, 한국염, 이혜진(총무) 등이다.

⑨ 이웃종교와 공동의 선을 일구어 가겠습니다.[28]

이렇게 교회개혁 여교역자선언을 발표한 기장여교역자회는 이웃과 함께하여 교회의 공공성을 회복하는 방안으로 2018년 초부터 마을목회를 구상하였다. 일차적으로 목회연구위원회 주관으로 2018년 9월 10일(월) 오후 5시~ 9월 11일(화) 1박 2일 동안 전북대학교 건지하우스에서 마을목회 실제사례, 현장탐방 등의 프로그램을 실시하였다. 이 프로그램에 김미희, 김성희, 김은영, 김정숙, 박미미, 심은정, 안송자, 윤영자, 이혜숙, 정혜정, 조성숙, 조정애, 채미라, 홍성윤, 황진숙, 이혜진 등 총 16명이 참석하였다.


## 2. 정의, 평화, 생명을 위한 활동

2008년부터 2018년 사이 한국 사회는 그야말로 격동의 세월이었다. 미국산 쇠고기 수입, 4대강 개발사업, 제주 강정마을 앞바다에 해군기지 건설, 밀양에 송전탑 건설, 한상렬 목사 구속, 세월호 참사 발생, 언론탄압과 공안정국 등에 대항하여 수없이 시위가 벌어졌다. 금강산 관광이 중단되었고 개성공단이 철수되고 남과 북의 만남이 동결되는 등 남북관계도 경색되었다. 이런 국가 위기 앞에서 기독교인들이 행동으로 나섰고, 기장 여교역자들도 교단 총회, 교회협 여성위원회[29]와 함

---

[28] 「제50회 총회보고서」, 175-178.
[29] 교회협 여성위원회는 양성평등위원회로 명칭을 변경했다가 2015년 후 다시 여성위원회로 환원하였다. 양성평등뿐만 아니라 성정의 문제를 포괄적으로 다루며, 또 여성들의 힘을 모아 교회와 사회에서 일어나는 제반의 문제에 대처하겠다는 의지로 명칭을 바꾼 것이다. 따라서 명칭이 여성위원회로 바뀌기 전까지는 양성평등위원회라는 명칭을 사용하겠다.

께, 또는 독자적으로 정의, 평화, 생명(창조의 보전)을 위한 활동에 나섰다.

### 1) 한국 사회 생명, 평등, 평화를 위한 활동

#### (1) 시국기도회와 촛불집회 참석

'민주주권 회복과 평화집회 보장을 위한 기장인 비상 시국기도회'가 2008년 7월 3일 향린교회에서 열렸다. 기도회를 마친 기장인들이 향린교회에서 시청 앞을 거쳐 청계광장까지 행진을 하고 촛불집회를 열었다. 여교역자회에서는 '이명박 대통령님 꽃으로도 때리지 마세요'라는 글귀가 적인 현수막을 들고 준비해 간 꽃을 경찰과 시민들에게 나눠주었다. 이 집회에 여교역자 28명이 참석하였다. 이때 발표한 요구는 "쇠고기 재협상 선언하고 검역주권 수호하라, 압수수색 사과하고 연행 구속자 전원을 석방하라, 폭력진압 책임자 처벌하고 평화집회 보장하라, 국민주권 존중하고 촛불 민심에 복종하라" 등 4개 항목이었다. 여교역자회는 이후 9월 5일 기독교회관에서 총회가 주관하는 시국기도회, 8월 14일 한상렬 목사 석방과 이명박 정권 출범 후 이어지는 언론탄압과 공안정국 등에 항의하는 비상시국기도회, 2009년 7월 13일 국회의사당 정문 국민은행 앞에서 '언론악법 저지를 위한 비상시국기도회', 2009년 6월 18일 전국목회자 1천 명 시국선언기도회와 서명운동에 참여하였다.[30]

---

[30] 서명운동에는 여교역자회에서 전임회장과 실행위원을 중심으로 박영주, 김정분, 김은경, 이혜진, 안수경, 김연심, 이종원, 홍성윤, 김성희, 박희진, 유근숙, 한국염 등 12명이 서명에 참여하였다. 서명 작업이 긴급하게 진행되어 많은 회원이 참여하기 힘들었다.

(2) 생명의 강 살리기 참여

이명박 정부는 2008년 하반기부터 2012년까지 한강, 낙동강, 금강, 영산강 등 4대강 유역을 중심으로 총 22조의 예산을 투입해 하천종합개발사업을 추진하였다. 4대강 정비사업이라는 이름하에 4대강뿐만 아니라 섬진강과 지류에 보 16개와 댐 5개, 저수지 96개를 만들었다. 이에 기독여성들은 교회협의회 양성평등위원회 주관으로 2010년 3월 26일 팔당 유기농단지에서 '생명의 강 살리기 팔당기도회'를 실시하였다.[31] 여교역자회는 사순절 기간 동안 진행한 '생명의 강 살리기 릴레이 금식기도회'에 동참하였다. 팔당 유기농단지에 기장총회에서 마련한 천막기도처에서 4월 2일에 박영주 회장을 비롯해 여교역자들이 많이 참여하였다. 7월 29~30일에는 이명숙 전도사(후에 목사 임직)가 1일 금식과 철야기도를 드리는 한편, 사순절 평화기도회 폐회예배에 임원진들이 참여하였다. 이어서 2014년 내성천 살리기 1인 시위를 이혜진 총무가 회를 대표하여 서대문역 사거리 농협 앞에서 벌였다.

(3) 강정마을 지키기와 밀양 송전탑 반대에 연대

국방부가 2007년 6월 제주 강정마을 앞바다를 해군기지 건설지역으로 선정했다. 이러한 해군기지 건설에 대항하여 주민, 시민사회와 종교단체, 국내외 평화활동가들이 강정마을을 지키기 위해 지난한 투쟁을 시작했다. 기독교계는 2011년 6월 서울에서 '평화의 섬 제주와 강정마을을 지키기 위한 기도회'를 개최하고 제주해군기지건설로 동북아

---

[31] 송정숙 총무(새가정사) 인도로 오주연 목사(여신협 공동대표)가 기도했고 심은정 목사(기장여신도회 서울북연합회 총무, 여교역자회 회원)가 말씀을 전했다. 이후 김숙경 총무(기독여민회)가 "죽임의 정책을 멈추고, 개발의 욕심으로 가득한 사람들이 만물이 함께 살아갈 수 있도록 하늘의 선물인 땅의 생명을 살리는 일에 기독여성들이 힘써 나갈 것"이라는 다짐 기도를 하였다. 『기독여성운동30년사』, 204.

평화를 넘어 세계평화가 위협된다는 점을 피력해 국내외에 연대를 요청하였다. 교회협 양성평등위원회는 2012년 5월 9일 기독교회관 조에홀에서 강정마을을 위한 기도회를 열고, 강정마을 지킴이 평화활동가와 실무자를 위한 헌금을 드렸으며, 대표단이 강정마을을 방문토록 하였다.[32] 여교역자회는 이보다 앞서 4월 3일 제주 강정마을 현지에서 열린 기도회에 참석하고, 교회협 양성평등위원회에서 강정마을을 방문할 때 동참한 것을 비롯해서 회원들이 개별적으로도 많이 강정마을을다녀왔다. 여교역자회 회원인 임보라 목사는 강정마을 지킴이로 참여했다가 공무집행방해로 벌금형을 받기도 했다. 여교역자회는 함께한다는 마음의 표시로 옥합헌금에서 벌금을 위해 강정마을 지키기 법률대책위원회에 1백만 원을 지원하였다.

한편 여교역자회는 밀양송전탑 건설 반대 연대활동에도 참여하였다. 밀양에서 송전탑 건설에 반대하는 분들은 주로 나이 많은 여성주민들이 많았다. 여교역자회 회원들은 개별적으로도 밀양을 방문하여 이들을 지지하고 격려를 하였다. 여교역자회에서 2014년 4월 9일 밀양송전탑 건설반대를 위한 목회자 금식기도회에 참석하고 지원헌금을 하였다.

### (4) 세월호 참사로 겪는 아픔에 함께하다

온 국민을 슬픔에 잠기게 한 세월호 참사가 고난주간인 2014년 4월 16일에 발생하였다. 제주를 향해 가던 세월호 여객선이 진도 팽목항 앞에서 가라앉아 476명 승객 가운데 304명이 사망했는데, 희생자 중 대다수는 안산 단원고등학교 학생들이었다. 이 사건은 온 국민을 경악

---

[32] 앞의 책, 211.

하게 했고 죽은 이들에 대한 애도와 사건에 대한 책임과 진실 규명, 사회안전망 구축에 대한 경계심, 재난위기상황에서 국가에 대한 존재 의미를 묻게 하였다. 세월호 사건이 일어나자 온 국민과 더불어 기독교에서도 세월호 아픔과 진실 규명에 동참하는 움직임이 일어났다. 기장여교역자회 회원들도 세월호 아픔에 적극 동참하였다. 특히 진도 금갑교회 조희경 목사와 진도 죽림교회 여덕순 전도사(후에 목사 임직), 진도 녹진교회 오승희 전도사(후에 목사 임직)를 비롯한 교우들은 팽목항에서 세월호 유가족들을 뒷바라지하였고 전남노회 여교역자들은 열심히 팽목항 현장에서 세월호 참사 유가족을 지원하였다.

여교역자회는 2014년 5월 19일 제47회 총회 개회예배를 세월호 참사 희생자추모예배로 드린 것을 시작으로 세월호의 아픔에 동참하였다. 2014년 5월 28일 청계광장에서 세월호 참사 진상규명을 촉구하는 한신대학교 신학대학원생들의 삭발 단식단을 방문하여 함께 기도를 드렸다. 광주전남지역회는 월례회를 6월 16일 진도금갑교회(조희경 목사 시무)에서 열고 진도 팽목항을 방문하여 세월호 현장에서 기도회를 하였다. 여교역자회는 세월호 참사 진상 규명을 위해 농성을 하고 있는 기장총회 농성장을 7월 29일 방문하고 24일에는 향린교회에서 열린 세월호 참사 100일 추모기도회, 9월 1일 광화문광장에서 열리는 5개 종단 기도회, 10월 20일 광화문광장에서 열리는 기도회 참여 등 계속해서 세월호 참사 항의에 함께하였다.

여교역자회를 비롯한 기독여성들은 6월 2일에 교회여성연합회 회의실에서 모여 '세월호 아픔을 함께 하는 기독여성연대'를 꾸렸다. 이후 세월호 기독여성연대는 광화문에 설치된 세월호 농성장을 방문하고 대책위원회와 함께 진상 규명을 위한 천만인 서명운동을 전개하였다. 2014년 7월 23일부터 교회협의회 주관으로 청운동 주민센터 앞에서 드리는 기도회에 참석하고 농성중인 세월호 가족을 위로하고 격려하였다. 9월 15일 광화문광장에서 "세월호 특별법 제정을 위한 철야기도회"가 열려, 기장 여교역자를 비롯해 많은 여교역자들이 참여하였다. 목회자 가운을 입은 여교역자들은 세월호에 스러져 간 단원고등학교 학생들과 피해자 이름표를 가슴에 달고 애끓는 마음으로 참사한 학생과 어머니 입장이 되어 가슴에 단 학생 이름을 부르며 참담한 마음으로 기도를 하였다. 이런 세상을 만든 자신들을 자책하면서 또한 분노하면서…. 또 10월 20일 광화문 광장에서 '세월호의 아픔을 함께 하는 기독여성기도회'를 실시하였다. 기도회는 여교역자회 이혜진 총무 인도로 세월호 희생자 유가족들과 실종자들의 조속한 귀환을 위하여, 세월호 참사 원인 규명과 유가족이 원하는 특별법제정을 위하여, 안전한 사회, 정의로운 사회, 생명을 소중히 여기는 사회를 위하여 기도를 드렸다. 세월호 아픔에 항거하는 기독여성연대가 특송을 부른 후 세월호 유가족 박은희 전도사(예은 엄마)가 '시대의 증언'을 했고, 한국염 목사가 "생명을 향한 애끓음이 죽임의 칼을 거두게 하다"는 제목으로 설교를 한 후 최소영 목사(감리교여성개발원)가 성명서를 낭독하고 성명옥 목사(예장통합)가 축도하는 순서로 진행되었다.

'세월호 아픔을 함께하는 그리스도교 여성토론회'가 2014년 11월 21일에 열렸다.[33] 세월호 기독여성연대는 교회협 양성평등위원회와 함

---

33 함께 드리는 예배는 이은주 목사(여신협 총무)의 인도로, 세월호, 치유와 정의를 향한 부르심/기도; 세월호 진상규명과 재발방지를 위한 정의실현의 기고(최소영 목사), 희생자와 실종자, 유가족의 평화와 치유를 위한 기도(서은정 목사)로 진행되었다. 예배에 이은 토론회는 김애영 교수의 사회로 박은희(유가족) - "아픔을 외면하는 교회, 십자가를 버리다", 오현선(호남신대 교수)의 "생명과 정의의 도보순례 신학적 성찰", 김혜령(이대 기독교학과 강사) "망각과 기억, 역사를 만드는 선택", 이은선(세종대 교수)의 "세월호, 신은 죽었다. 나의 내면의 신은 이렇게 말한다"는 토론이 있었다. 이 토론 후에 참여자들이 세월호 사건에 대한 마음 나누기를 하였다.

께 교회협 여남평등주간인 12월 17~13일까지 일주일 동안 세월호 참사로 죽은 희생자들을 비롯하여 그 가족들을 기억하며 매일 한 주제씩[34] 함께 기도를 드렸다. 서울을 비롯해 전남과 광주에서 많은 여교역자회 회원이 2015년 2월 5일 매서운 바람이 부는 진도 팽목항에서 기장총회와 교회협의회가 주관으로 열린 '세월호 인양을 촉구하는 기도회'에 참석하였다. 4월 14일 기독연대 주최로 광화문 광장에서 열린 '세월호 완전인양 시행령 폐기를 촉구하는 기도회에 함께하였다. 11월 17일 기독교회관에서 "아직 끝나지 않은 눈물, 기억 – 세월호 희생자 엄마들의 이야기"란 제목으로 세월호 피해 어머니 네 분의 증언을 듣고 이야기를 나누며 피해 어머니들과 함께 한다는 마음을 표하였다.

여교역자회는 2015년 6월에 발행된 회보『여성 목회, 생명목회』제21호에 특집으로 세월호 참사 1주기를 기억하여 이혜숙 목사(강진 화산교회)가 쓴 추모 글 "그 아이들은 노랑나비를 보았을까?", 은성남 목사(황산동부교회)가 기고한 글 "세월호 사건 그리고 1년"을 게재하고 팽목항을 다녀온 소감과 아픔, 진실이 인양되기를 바라는 마음을 실었다.

그 아이들은 노랑나비를 보았을까?

2014년 4월 16일, 어처구니없는 일이 벌어진 그날, 온 땅의 노랑나비가 바다 위로 날아가 춤을 추었을까? 지난 2월 10일 두 발에 물집이 잡혔어도, 다리가 퉁퉁 부었어도, 무릎에 보호대를 하고서도 멈출 수 없는, 그

---

**34** 세월호 참사로 죽은 희생자들, 생존자들, 그 가족들, 실종자와 그 가족들, 송전탑 건설로 인해 고통을 겪는 이들, 동료 폭력으로 죽임을 당한 이들과 그 가족들, 아동매매와 성매매로 고통받은 이들, 팔레스타인의 어린 수감자들, 종교 간의 갈등과 테러, 폭력으로 죽음으로 내몰리는 사람들을 위해 또한 생명을 잉태하고 키우는 여성교역자들의 어려운 현실 극복과 생명을 함께 키워 가는 공동체를 위해 기도를 드렸다.

걸음들을 따라 몇 분의 목사님들과 나주에서 무안까지 휘청거리며 함께 걸었다. 〈진실을 인양하라!〉. 그 길 어디에선가 70세는 족히 넘어 보이는 시골 노부부가 행렬을 보고는 차에서 내리더니 두 손을 모아잡고 꾸벅꾸벅 인사를 하신다. 그리고 행렬이 다 지나 멀어질 질 때까지 손을 흔들며 배웅을 하신다. 또 다른 차는 부지런히 따라 오더니 음료와 먹을거리를 내려놓고는 황급히 돌아간다. 이른 봄 무슨 일을 하는지 밭에서 허리를 숙이고 있던 농부들도 우리를 보고는 머리를 숙인다. 세월호 유가족들이 지나가는 길목 마을의 아낙네들은 쉴 자리와 따뜻한 차를 준비해 놓고 기다리신다. 따뜻하고도 숙연한 마음들이 그대로 전해져 왔다.

함께 사는 세상, 함께 아파하는 세상, 함께 위로 하는 세상. "즐거워하는 자들과 함께 즐거워하고 우는 자들과 함께 울라" 말씀하시던 삶의 자리를 그 길에서 만났다. 이리도 밝고 맑은 사람들이 사는 따뜻한 세상인데 그날 아침 그 바다엔 안개가 자욱했다. 그날의 안개는 아직도 우리 주변에서 맴돌 뿐 사라지지 못하고 있다. 부끄러움을 숨기기에는 안개는 참 제격이다. 그러나 안개는 해가 뜨면 걷힌다. 안개 속에 숨어 있던 것들은 보이게 되고, 숨겨지고 싶었던 부끄러움은 드러나게 마련인 게 이치다.

안개 속에 숨어 있던 부끄러움을 뚫고 한참 소리가 울린다. "우리가 너희를 향하여 피리를 불어도 너희가 춤을 추지 않고 우리가 슬피 울어도 너희가 가슴을 치지 아니하였다"(마 11:7). 내 곁에서 벌어지고 있는 상황에 눈뜨지 못하는 이 부끄러움은 씻어도 없어지지 않는 주홍글씨가 되어 아프게 반짝인다. … 하나님의 양떼를 돌보는 목자, 생명을 잉태하고 낳는 여성이기 때문에 아이들의 목숨과 힘겨운 삶을 지속하던 어른들의 목숨이 헐값으로 안개 속에 가려진 채 잊혀지도록 눈감을 수 없고 소리치지 않을 수 없고 행동하지 않을 수 없다. 이 시간에도 어디에선가 누군가 외치고 있다. "진실을 인양하라!"**35**

여교역자회는 2016년 1월 14일 서대문 지역에서 세월호 유가족의 일상을 다룬 〈나쁜 나라〉 영화를 서대문 지역 기독인연대와 공동으로 상영하였다. 4월 21일에는 대한문 앞에서 열리는 '사순절 시국기도회', 9월 2일 광화문광장에서 열린 '세월호 진실규명을 위한 기도회' 등 팽목항, 광화문광장, 청운동 주민센터, 안산 추모식장 등을 비롯한 세월호 관련 장소를 찾아 기도회와 가족 위로, 토론회 등에 참여하면서 아픔에 함께하며 세월호 진실 규명을 위해 노력하였다. 세월호가 인양된 후 2017년 7월 10일 전남·광주지역회 월례회를 마치고 목포 신항을 찾아 침묵기도회를 열고 가족들을 위로하였다. 2018년 3월 11일에는 여교역자회 실행위원회들이 실행위원회 후 팽목항과 목포 신항을 순방하면서 세월호 참사로 희생된 이들과 진상 규명을 위한 기도를 드렸다.

세월호 참사 이외에도 역사교과서 국정화 철회를 위한 시국기도회, 박근혜 대통령 사퇴를 촉구하는 목회자 금식기도회, 생태목회자대회, 강남역 10번 출구에서 드린 '여성혐오로 숨진 이들을 위한 예배', 여신도에게 가한 목회자 성폭력 문제로 이슈가 된 삼일교회대책위원회, 고난받는 이들과 함께 하는 성탄예배 등 여교역자회는 다양한 사회문제를 위한 기도회에 참여하며 함께하였다.

### 2) 평화와 통일을 위한 여정에 함께 서다

금강산 관광 중단, 개성공단 철수, 남과 북의 만남 동결 등 남북관계가 경색되자 평화통일운동이 소강상태에 접어들게 되었다. 종교계에서 간간이 남과 북의 만남과 교류를 위해 노력했지만 이마저 불통되었다.

---

**35** 이혜숙, 「그 아이들은 노랑나비를 보았을까?」, 『여성 목회, 생명목회』(세월호 참사 1주기 특집, 2015), 18-19.

이런 상황 속에서도 기독여성들은 평화통일 불씨를 살리고자 다양한 방식으로 노력하였다. 여교역자회는 교회협 양성평등위원회의 일원으로서 또한 교단의 일원으로서 평화통일을 위한 여정에 함께하였다.

### (1) 기독여성들의 평화통일 문화제와 평화통일 포럼

6.15공동선언 10주년을 맞아 교회협 양성평등위원회는 2010년 6월 10일 기독교회관 2층 조에홀에서 "한반도에 평화의 꽃씨를 퍼뜨리자!"라는 주제로 평화통일 문화제를 열었다. 이날 문화제에서는 6.15공동선언이 나오기까지 평화통일을 이루기 위한 기독여성들의 활동을 담은 영상을 본 후, 평화활동가 이시우 선생의 DMZ 사진 소개, 조영희 상임대표(6.15공동선언실천 남측본부여성위원회)의 인사, 노래 공연, '한반도 평화통일을 행한 기독여성성명서'를 발표의 순서로 진행하였다.

또한 교회협 양성평등위원회는 30주년을 기념하여 2012년 6월 21일 기독교회관 2층 조에홀에서 '기독여성 평화통일운동 성찰과 전망'(발제: 한국염 목사)이라는 주제로 '기독여성 평화통일 포럼'을 개최했다. 이 포럼에서 기독여성 평화통일운동 성찰과 전망의 구체적인 실천사항으로 여신도회전국연합회가 평화통일 활동을 공유하였다. 토론에서 탈북자 인권보호 대책의 중요성과 지속적인 대북 인도적 지원, 현안으로 핵 없는 세상을 만드는 운동을 위한 기독여성들의 적극적인 참여의 필요성 그리고 제주 해군기지 건설 반대운동에 대해 논의하였다.[36]

### (2) 총회의 평화통일을 위한 월요기도회 참여

여교역자회는 교단 총회 평화통일운동본부가 2014년부터 매주 월

---

[36] 『기독여성운동 30년사』, 205.

요일마다 실시하는 '평화와 통일을 위한 월요기도회'를 일 년에 한 번씩 주관하며 참여하였다. 첫 번째 기도회는 2014년 11월 10일 저녁 7시에 한신대학교 신학대학원 예배실에서 회원들과 신대원 여학생들 40명이 참석하여 열었고,[37] 2차 기도회는 2015년 11월 30일 기독교회관 조에홀에서 20명이 참석하여 실시하였으며,[38] 3차 기도회는 2016년 12월 12일 기독교회관 조에홀에서 16명이 참석하여 진행되었다.[39]

여교역자회가 주관한 기도회 외에도 교회협 평화통일기도회, 교단에서 주최하는 남북정상회담을 위한 기도회, 교회협 양성평등위원회가 주최한 '기독여성 관점에서 본 한·일 강제병합 토론회'에 참여하였다. 또한 여신도회, 남신도회, 청년회, 생명선교연대, 농촌목회, 여동문회, 여교역자회 등 교단 내 기관들이 한 달씩 맡아서 매월 1백만 원을 북한 돕기로 지원하기로 함에 따라 여교역자회에서도 통일기금에서 나눔에 동참하는 한편 북한이탈주민을 직접 돕는 '새터민 치유상담센

---

[37] 이혜진 총무 인도로 시작된 기도회는 기도 - 박인숙 목사, 공동기도 - 이영미 목사, 찬양 - 서울경인지역, 설교 - 김성희 목사, 성찬 집례 -안수경 목사, 배찬 - 박희진 김진아 목사, 축도 - 한국염 목사가 각각 맡아 진행되었다.

[38] 프로그램은 인도 - 이영미 목사, 영상 문익환 목사의 시 〈잠꼬대 아닌 잠꼬대〉(낭송: 문성근). 노래 〈굽이치는 임진강〉 - 우은정 목사, 건반 - 임유진 전도사, 성서봉독 - 이영미 목사, 말씀과 증언 - 유혜란 목사, 시낭송 우리 땅의 사랑노래 - 윤은숙 준목, 시낭송 사랑을 노래함 - 김나경 전도사, 노래 〈그날이 오면〉 - 김기순 목사, 기도 1: 민주적인 평화의 행진이 인정되는 나라를 염원하며 - 이명숙 목사, 기도 2: 이념의 편 가르기가 아닌 바른 분별력으로 정보가 공유되는 나라를 염원하며 - 박인숙 목사, 기도 3: 정의와 공의로 오늘의 역사를 올곧게 써가는 나라를 염원하며 - 김영선 목사, 성찬례 - 집례: 심은정 목사, 배찬위원: 박희진, 최은경 목사, 축도 - 유혜란 목사, 알림 - 이혜진 총무 등 각각 순서를 맡았다.

[39] 3차 기도회 프로그램은 평화가 깨어진 현장들 영상 상영, 찬양 - 김영선 목사, 성서봉독 - 이현아, 김민지, 서범규 전도사, 해금 연주 - 안혜원 목사, 말씀과 증언 - 홍성윤 회장, 기도 - 이영미, 김기순, 안미정 목사, 성찬식(집례: 김성희 목사, 배찬위원: 정곤희, 이영미 목사) 등이 맡아 진행했다.

터'(유혜란 목사)를 지원하였다.

### 3) 세계교회협의회 제10차 부산총회 마당 프로그램 활동

한국 부산에서 열리는 세계교회협의회(WCC) 제10차 총회를 맞아 15개 기독여성단체들은 '정의 · 평화 · 생명과 여성'(JPL)이라는 이름으로 세계교회협의회 총회 마당 프로그램을 가동하였다. 그동안 기독여성들이 벌여왔던 '정의 · 평화 · 창조의 보전' 운동과 한반도의 평화와 통일을 위한 노력들을 세계교회들에게 소개하면서 공동과제를 모색해 보자는 뜻에서 진행한 기독여성들의 마당 프로그램 주제는 '정의 · 평화 · 생명'이었다. 한국여성 관점에서 '창조의 보전'을 '생명과 여성'으로 전환한 총회 마당 프로그램을 위해 여교역자회를 비롯한 기독여성들이 1년 2개월 동안 10여 차례 이상 만나서 회의하고 준비하였다.

'정의 · 평화 · 생명과 여성'(JPL) 마당은 2013년 11월 7일 부산 벡스코 오디토리움에서 다양한 순서[40]로 진행되어 지난 100년 동안 '정의 · 평화 · 생명'을 위한 기독여성들의 활약이 집약되어 전달되었다. 특히 실현되어야 할 정의, 평화, 생명에 대한 내용들을 담은 대형 박을 향해 콩주머니를 던져 터뜨리는 실천 액션에 세계교회에서 온 참여자들이 커다란 감흥을 일으켰다. 드라마 '뒤집어 주소서'를 통한 말씀 나누기는 한반도에서 '정의 · 평화 · 생명'을 위해 개혁되어야 할 사항들과 성차별의 벽, 평등사회 실현 요구, 한반도 분단 해소와 통일의 당위성 등에 공

---

[40] 영상: 한국교회 여성의 정의 · 평화 · 생명운동의 역사와 현재, 찬양: 정의와 평화로 하나 되는 그날까지, 기도: 분단의 아픔, 진정한 민주주의 회복, 비정규직과 특수고용직 노동자들의 아픔과 해결, 무분별한 개발로 파괴된 자연회복을 위해, 전쟁과 기아로 고통받는 이웃들을 위하여, 교회안의 성희롱과 폭력, 차별이 없어지도록, 찬양, 말씀 나눔: 뒤집어주소서(드라마), 자유토론, 실천 액션, 축제마당, 공동축도로 진행되었다.

감을 불러일으켰다. 여교역자회는 '정의·평화·생명과 여성'(JPL) 마당 프로그램 계획에서부터 적극적으로 참여하였다.

### 4) 성소수자 차별 반대와 목회자 연대활동

'성소수자를 포함한 차별금지법제정 긴급행동' 이름이 2008년 '성소수자 차별반대 무지개행동'으로 바뀌었다. 무지개행동이 성소수자 인권보장을 위한 퀴어축제를 열자 '차별금지법' 제정에 반대해오던 보수 기독교 단체에서 동성애를 '죄'로 규정하고 성소수자를 옹호하는 사람들을 이단으로 규정하였다.

#### (1) 보수교단의 성소수자에 대한 혐오

교회협의회 인권센터가 2016년 4월 28일 동성애자인 김조광수 씨를 초청해 동성애에 대한 토론회를 개최하려 했지만 반대파 집회로 정상적으로 열지를 못했다. 이 모임은 원래 기독교회관 강당 조에홀에서 열기로 예정되었으나 이에 반대하는 사람들이 미리 조에홀을 점검하고 회관 마당에 진을 쳐서 701호 교회협 회의실에서 30분 동안 진행되었다.

이날 발제자인 김조광수 씨는 "본래 크리스천이지만 교회가 동성애자를 죄인으로 취급하기에 교회에 머물 수가 없었다"고 이야기하였다. 이렇게 가슴 아픈 이야기를 듣고 있는데 느닷없이 동성애자 반대파들이 교회협 회의실에 집단적으로 들어와 통성기도를 하며 방해하기 시작하였다. 이런 모습에 위협을 느낀 참석자 캐나다 선교사 캐더린 목사가 김조광수 씨를 껴안고 보호하였다. 한 참석자는 "기도라는 것이 집회를 방해할 수 있고 위협적이 될 수 있다 것을 실감하게 되었다"고 했다. 또한 캐더린 목사가 동성애자를 껴안고 보호하는 것을 보며 감동을 받았고 동시에 "맹목적인 신앙으로 동성애자들이 생명의 위협을 받을 수 있겠다"는 생각을 했다고 말했다.

(2) 성소수자와 연대하는 목회자들 이단 몰이와 여교역자회의 대응활동

동성애를 반대하는 보수 기독교 단체 행태는 급기야 성소수자와 연대하는 여교역자회 임보라 목사에 대한 이단몰이로 이어졌다. 여교역자회는 2017년 7월 3일 성명서를 통해, "먼저 자기 교단 내부에서 발생하는 성폭력과 성추행 문제부터 해결하고 약자에 대한 사랑의 표현을 일방적으로 이단으로 몰아가지 말고 동역자 임보라 목사에 대한 이단성 시비를 즉각 중단하라"고 촉구하였다. 여교역자회는 성명서를 낸 것을 계기로 각 지역회 모임에서 성명서를 내게 된 이유에 대해 설명하고 성명서를 같이 읽으면서 성소수자에 대한 목회를 고민하는 시간을 가졌다.

전북지역에서는 이강실 목사를 강사로 성소수자를 위해 목회하는 목회자에 대한 이단성 시비에 대해 성서를 어떻게 볼 것인가에 대해 공부하였다. 또 성명서를 낸 이유에 대해 설명하고 성소수자들에 대한 목회에 대해 함께 고민하는 시간을 가졌다. 2017년 9월 전회원 만남의 날에는 성소수자 목회에 관해 토크쇼를 진행하였다. 교회협 여성위원회(위원장 인금란 목사)도 "성소수자 목회는 '예'와 '아니요' 또는 찬반으로 단안할 사안이 아니다. 질시와 차별의 벽을 허물라는 예수님 가르침을 실천해 온 목회자가 이단 시비에 내몰린 교계 현실을 개탄한다"는 요지로 입장 발표문을 내고 8개 교단 이단대책위원회를 강하게 비판하였다.

예장통합에서는 2017년 총회 산하 7개 신학대학교에 동성애자가

입학할 수 없도록 결의하였다. 교단 헌법 시행규정 제26조에 "동성애는 성경의 가르침에 위배되며, 동성애자와 동성애를 지지·옹호하는 자는 교회 직원 및 신학대학 교직원이 될 수 없다"고 명시하였다. 이렇게 보수 기독교계에서 성소수자에 대한 혐오를 드러내자 2017년 9월 28일 한국여성신학회, 한국여신학자협의회 등 몇 단체가 한국기독교회관 에이레네홀에서 "한국교회의 동성애 혐오를 경계하다"라는 주제로 긴급간담회를 열었다.[41]

이 자리에서 발제자들은 "국내 보수교단이 과거에 가장 잘 드는 칼이었던 '반공주의' 날이 무뎌지면서 새로 들고 나온 게 '반동성애'다"라고 분석하였다. "70~80년대에 '빨갱이'로 낙인 찍혔던 사람들이 숨어들었던 곳이 교회였는데, 빨갱이가 성소수자로 대체된 상황에서 교회는 마땅히 수많은 성소수자들 그리고 그들과 연대하는 사람들이 모이는 공간이 되어야 한다"고 주장했다. 이들은 "성서는 동성애자를 포함한 모든 인간이 하나님의 형상에 따라 하나님의 자녀로 창조되었음을 말해 준다. 성소수자들 역시 자기 삶의 주체이며 민주시민인데 다른 사람이 그들의 삶과 권리를 재단하는 것은 동료 시민에 대한 폭력"이다. 무엇보다 예수께서 세리와 창녀의 친구가 되셨듯이 오늘 한국교회는 성소수자들의 친구가 되어야 한다는 요지로 발제를 했다. 이 모임에서 44개 단체 이름이 연명된 성명서가 발표되었다.[42]

---

**41** 이 자리에서 최형묵 목사, 박경미 교수, 임보라 목사, 윤관 씨가 발제를 하였다. 함께 한 단체는 다음과 같다. 한국여성신학회, 한국여신학자협의회, 감리교여성지도력개발원, 기독여민회, 한신대학교 신학대학원 성정의위원회 준비모임, 페미하다, 감신대 여성신학회 'WOM', 장신대 신대원 여학우회 '벗', 믿는 페미, 장신대 장신고, 장신대 하나님의 선교, 혁명기도원, 한신대 신학과 학생회, 기독청년학생실천연대, 무지개감신, 장신대 은혜와 정의, 감신대 도시빈민선교회, 옥바라지선교센터, 감신대 장애인권동아리.

**42** 성명서의 주장은 첫째, 성소수자의 존엄과 인권을 존중한다. 둘째, 성지향성은 찬성/반대 혹은 옹호/비난의 사안이 아님을 확인한다. 셋째, 성소수자에 대한 혐오감정을 이슈화하여

### (3) 임보라 목사 이단성 논란에 에큐메니칼 기독인들의 대응

예장 통합, 합동, 대신, 고신, 합신 기성, 기침 등으로 구성된 8개 교단 이단대책위원회는 2017년 임보라 목사가 성소수자를 옹호하며 퀴어성서주석에 참여했다는 이유로 이단으로 규정하였다. "한국교회는 교회와 성도들을 보호하기 위하여 임보라 목사의 사상이 이단임을 알려야 할 것"이라고 주장했다. 예장통합 총회에서도 2018년 이단사이비 대책위원회가 제출한「임보라 목사 이단성 논란에 대한 연구보고서」를 그대로 채택하여 임보라 목사를 이단성이 있다고 규정했다. 이에 한국기독교장로회 향린공동체(향린, 들꽃향린, 강남향린, 섬돌향린)는 임보라 목사에 대한 예수교장로회총회의 이단사상 조사를 규탄하는 기자회견을 갖고 "임보라 목사를 희생양으로 내세워 자신의 추함을 감추려 하지 말라"고 규탄했다. 감리교를 비롯해 예장에 소속했지만 성소수자 인권을 지원하는 목회자들도 이단사상 조사를 중단하라는 메시지를 발표하였다.

'동성혼 개헌반대 한국교회 교단장 성명'이 2017년 7월 26일 발표되었다. 기장 생명선교연대는 8월 4일 "8개 교단은 오만한 이단 심사를 즉각 중단하고 임보라 목사에게 사과하라, 권오륜 총회장은 한국교회 교단장회의 성명에 참여하게 된 경위를 밝히고 총회원들에게 사과하라"고 촉구하였다. 기장총회에게 현 사태에 대한 대책위원회를 조속히 구성하고 성소수자에 대한 이해와 목회를 위한 토론회를 개최하라는 성명서를 발표하였다. 권오륜 총회장은 8월 8일 열린 교단 총회실행위

교권과 보수 정치의 세력을 재생산하려는 모든 시도를 규탄한다, 넷째, 어떠한 사람도 성소수자의 인권과 하나님의 자녀 됨을 표현한다는 이유로 교회, 교단 그리고 신학교 내에서 차별받는 것에 반대한다. 다섯째, 성소수자를 비롯한 다양한 사회적 약자들의 인권과 행복추구권에 대한 교회와 그리스도인들의 성숙한 이해와 진지한 논의를 요청한다.

원회에서 성명에 참여하게 된 경위를 밝히면서 "성소수자(LGBT)를 위해 헌신하며, 모욕당하고 손가락질 당하는 이들을 위해 목회를 하는 분들을 존경한다. 우리 교단은 다양성 있는 목회를 허용하고 개인 신앙 양심에 따라 목회하는 것"이라고 임보라 목사에 대한 자신의 입장을 표명했다. 서명하게 된 이유에 대해서는 "우리 총회가 동성애 동성혼 반대결의를 하지 않았고, 기장총회 결의가 아직 '동성애 동성혼 합법화까지 나간 것은 아니기에 서명에 참여한 것이지 임 목사와 성소수자를 폄하하기 위해서 한 것이 아니다"라고 답변하였다.

기장총회 이재천 총무는 국내선교부장 홍요한 목사가 배석한 가운데 기자회견을 갖고 "8개 교단 이단대책위원장 모임 행보는 공교회 일원으로서 절차와 관례를 무시한 심각한 사태"라고 강한 유감을 표하였다. "성소수자를 위해 목회하는 이들이 겪는 어려움을 논쟁거리로 만드는 데 대해 안타깝다. 성소수자 문제는 사회현실로서 목양 차원에서 접근해야 할 선교적 과제이지 이단성 차원에서 다뤄서는 안 된다"고 강조했다. 이 총무는 "성소수자 문제와 연결하여 시대가 한국교회에 요구하는 목회적 돌봄이 무엇인지 진지하게 함께 논의를 해보자"고 제안하였다.

한편 소위 '반동성애 기독시민연대'가 9월 2일 "기장교단은 이단 판정을 받기 전 임보라 목사를 파면시켜라, 임 목사를 면직시키지 않으면 기장총회까지 이단몰이를 하겠다"고 나섰다. 이들은 실제로 기장총회가 열리는 장소에 와서 임보라 목사를 파면하라고 시위를 하여 경찰의 제지를 받기도 하였다. 이런 몰지각한 횡포에 대응해 기장여성연대는 2018년 9월 13일 "당신들에게 하나님의 사랑의 의미를 되묻습니다"는 제목의 성명을 발표했다. 총회 교회와사회위원회와 양성평등위원회는 "임보라 목사에 대한 이단몰이 광풍을 멈추어라"라는 제목의 성명서를 공동으로 발표하고 임보라 목사를 마녀사냥으로 몰고 가지 말 것을 촉구하였다. 기장 제103회 총회 참가자 일동은 9월 20일 "임보라 목사에 대한 이단 정죄를 즉각 취소하라! 예장 통합과 백석 대신 교단의 무례함을 규탄한다!"라는 성명서를 내었다. 예장통합 총회는 이단사이비대책위원회가 낸 "임보라 목사가 이단성이 있다"는 연구보고서를 그대로 채택하였다.

이 사건에 대해 2018년 교회협 67회 총회에서 가맹교단 목회자에 대한 이단성 규정에 항의하는 질의(기장 회원인 인영남 목사가 질의)가 일자 예장통합 총무가 "잘못되었다. 이의 시정을 위해 노력하겠다"고 대답해 일단락되었다.

### 5) 한 · 재일 · 일 교회협의회 여성위원회 연대교류 참여를 통한 동북아 평화 일구기

한 · 재일 · 일 교회협 교류와 연대모임은 1996년에 시작되어 2년에 한 번씩 양국에서 번갈아 진행되었다.[43] 2012년에는 일본 쓰나미와 후

---

[43] 그동안 진행된 한 · 재일 · 일 교회협 여성위원회 연대와 교류는 다음과 같다.
- 제1차: 1996년 6월 25~27, 일본 와카야마현, "전후 51년째를 내딛으며"
- 제2차: 1997년 6월 10~13일, 한국 경주, "누가 바윗돌을 옮길 것인가 - 동북아 화해를 위한 한일기독여성의 사명"
- 제3차: 1999년 10월 4~7일, 일본 아시꼬노, "동아시아의 평화와 한일여성들의 역할"
- 제4차: 2001년 10월 31일~11월 3일, 한국 문막, "동아시아 평화와 한일여성들의 역할 - 새 역사를 창조하자"
- 제5차: 2003년 11월 26~30일, 일본 오끼나와, "오끼나와 땅에서부터 생명의 소리를 전하자"
- 제6차: 2005년 11월 1~4일, 한국 천안, "바른 역사교육을 통한 평화일구기"
- 제7차: 2007년 11월 26~29, 일본 야마나까시, "여성폭력극복 - 기독교 관점에서 본 '위안부' 문제"

쿠시마 원전 사고 때문에 실시되지 못하고 2013년 6월 5~7일에 "생명의 하나님, 정의와 평화로 이끄소서"라는 세계교회협의회의 주제로 일본 센다이에서 열렸다. 이 모임에서 부산에서 열리는 세계교회협의회 대회 여성사전대회 안내, 일본군 '위안부' 문제 상황 등에 대한 이야기를 공유하였고, 쓰나미가 일어났던 현장을 방문하였다.

제10차 모임은 2017년 11월 28~30일, 기독교회관 조에홀에서 개최되었다. 이 모임에 일본에서 일본위원 8명, 재일한국인 6명, 한국에서 22명이 참석하였다. 여교역자회에서는 이혜진 총무와 홍보출판위원장 김영선 목사가 참석하였다. 프로그램은 예배와 양 위원회의 상황 나누기, 주제 발표와 성서 연구, 현장 방문으로 일본대사관 앞 일본군 성노예제 문제 해결을 위한 수요시위 참석, 전쟁과 여성인권박물관을 방문하였다. 종합토의에서 일본군 '위안부' 문제 해결을 위해서 일본 정부의 진정한 사죄를 요구하며, '2015한·일합의'를 재협의할 것을 촉구하는 등 실천 사항으로 6개 조항을 결의했다.[44]

---

• 제8차: 2010년 11월 2~5일, "화해를 넘어 평화의 연대로 – 기독여성 관점에서 본 한일 강제병합 100년"

[44] ① 우리는 양국이 당면한 역사왜곡문제, 역사교과서 편찬 문제를 공론화하는데 앞장선다. 일본군 '위안부' 문제 해결을 위해서 일본 정부의 진정한 사죄를 요구하며, 한일 정부가 2015년 한·일 합의를 재협의할 것을 촉구한다. ② 우리는 보다 주체적으로 동북아 평화를 위한 순례에 참여하고, 여성, 평화, 안보에 관한 유엔 안보리 1325결의안(UN SCR1325) 실현을 위해 양국 정부에 갈등 분쟁 해결과 평화 수립의 의사결정 구조에 여성을 적극 참여시킬 것을 촉구한다. ③ 우리는 교회개혁을 위해 교단과 교회에 많은 여성들이 의사결정구조에 참여할 수 있도록 적극 촉구한다. ④ 우리는 모든 차별과 혐오를 반대한다. 재일 한국 조선인들에게 이루어지는 혐한, 혐오와 미디어폭력 그리고 조선인학교에 자행되고 있는 모든 차별과 혐오를 거부하며, 이를 위해 행동한다. ⑤ 우리는 각국 내 시민사회와의 연대를 강화한다. 세계 비핵화, 탈원전, 반전 평화 등 다양한 영역에서 활동하는 여성과의 교류를 확대하고, 이후 주체적으로 양국의 교류를 진행한다. ⑥ 우리는 동북아평화를 위협하는 일본 평화헌법 9조의 개악을 반대한다. 또한, 이를 위해 세계 에큐메니칼 교회와 파트너에게 연대와 협력을 적극 요청한다.

## 6) 일본군 '위안부' 문제 해결을 위한 연대활동

여교역자회는 2018년 4월 18일에 일본군 성노예제 문제 해결을 위한 1331차 수요시위를 주관하였다.[45] 이날 여교역자회는 "어둠은 결코 빛을 이길 수 없으며, 거짓으로 진실을 감출 수 없고, 우리는 포기하지 않을 것"이라는 다짐과 함께 배포한 성명서에서 다음과 같이 요구하였다.

— 일본정부는 일본군 성노예제 범죄를 공식사죄하고 법적 배상하라!
— 일본정부는 일본군 성노예제 관련 모든 자료를 공개하고, 진실을 규명하라!
— 일본정부는 일본군 성노예제 문제의 역사왜곡을 중단하고, 역사교과서에 올바르게 기록하고 교육하라!
— 한국정부는 화해치유재단을 즉각 해산조치하고 법적 배상금이 아닌 10억 엔을 일본정부에 반환하라!
— 한국정부는 일본군 성노예제 문제의 정의로운 해결을 위해 적극적으로 앞장서라![46]

---

[45] 이영미 목사 인도로 이명숙 목사가 하늘의 뜻 외침을 하였고 조은화, 진민경 목사가 성명서를 낭독한 후 한신 여학생회장 이재은 씨가 연대발언을 하였다. 이날 수요집회에 한신대학교 신대원 여학생 11명을 비롯해 여교역자회에서 30명 정도가 참여하였다.

[46] 용어가 일본군 '위안부'에서 일본군 성노예제로 바뀐 것은 역사의 흐름과 관계가 있다. 2015한일외교합의 이후 정대협은 일본군 '위안부'라는 용어를 국제사회에서 사용해 오던 '일본군 성노예제'라는 용어로 바꾸어 부르기 시작하였다. 일본군 '위안부' 문제가 처음 등장할 때는 '종군위안부'라는 용어를 사용했으나 '종군'이라는 말이 자발적이라는 뜻이 담겨 있어 '강제종군위안부'라고 쓰다가 '아시아연대회의'에서 일본군 '위안부'로 하기로 합의하였고 2016년에 일본군 '성노예제'로 바꾸었다.

## (1) 일본군 '위안부' 문제 〈2015한일외교합의〉 문제와 파장

여교역자회가 수요시위에서 한국 정부에 화해치유재단 해산과 10억 엔 반환을 요구한 것은 박근혜 정부와 일본 정부 외교부장관이 2015년 12월 28일 기자회견을 통해 전격 발표한 '한·일 외교 합의' 때문이다.[47] 이 합의는 일본군 '위안부' 피해자는 물론이고 피해자 단체로부터 어떤 의견도 묻지 않고 양국 외교부가 일방적으로 합의한 것으로서 정대협을 비롯해 시민들의 분노를 일으켰다. 2015년 한·일 합의는 피해자들과 지원 단체들의 요구가 반영 안 된 과정상의 문제와 내용에 대한 문제가 있었다. 즉, 피해자와 지원 단체들이 요구한 제언을 무시하고, 박근혜 대통령이 약속한 "피해자와 국민이 납득할 해결을 하겠다"는 원칙이 지켜지지 않았다. 또한 범죄 주체가 일본 정부임에도 불구하고 주어는 생략되고, "군의 관여하에…"라는 방식으로 애매모호하게 언급하여 일본 정부 책임을 통감한다고 했으나 그 책임이 모호했다.

실제로 합의 발표 이후 일본 측에서 법적 책임 인정이 아니라고 하였다. 그리고 내각총리대신 아베가 사죄하지 않고 외무대신이 '오아비'[48]

---

47 합의문 일본 측 발표는 ① '위안부' 문제는 당시 군의 관여하에 다수의 여성의 명예와 존엄에 깊은 상처를 입힌 문제로서, 이러한 관점에서 일본 정부는 책임을 통감함. 아베 내각총리대신은, 일본국 내각총리대신으로서 다시 한 번 '위안부'로서 많은 고통을 겪고 심신에 걸쳐 치유하기 어려운 상처를 입은 모든 분들에 대한 마음으로부터 사죄와 반성의 마음을 표명함. ② 한국 정부가 前 '위안부' 분들의 지원을 목적으로 하는 재단을 설립하고, 이에 일본 정부 예산으로 자금을 일괄 거출하고, 한·일 양국 정부가 협력하여 모든 前 '위안부' 분들의 명예와 존엄의 회복과 마음의 상처 치유를 위한 사업을 행하기로 함이 다였다. 이에 대해 한국정부는 과도한 보증을 하였다. ① 일본 정부가 조치를 착실히 실시한다는 것을 전제로 "일본 정부와 함께 이 문제가 최종적 불가역적으로 해결될 것임을 확인"해 줌, ② 일본 정부와 함께 향후 유엔 등 국제사회에서 동 문제에 대해 상호 비난·비판을 자제한다고 보증해 줌, ③ 일본 정부가 주한 일본대사관 앞의 소녀상에 대해 공관의 안녕·위엄의 유지라는 관점에서 우려하고 있는 점을 인지하고, 한국 정부로서도 가능한 대응방향에 대해 관련단체와의 협의 등을 통해 적절히 해결되도록 노력하겠다"고 약속하였다.

48 이 일본어는 '사죄한다'는 것이 아니라 '미안하다'는 정도의 표현이다.

와 '반성'이라는 입장 표명을 발표해 그 진정성이 없다. 아베 총리가 박근혜 대통령에게 전화를 걸어 "위안부 문제를 포함하여, 일·한 간의 재산·청구권 문제는 1965년의 일한청구권·경제협력협정으로 최종적이고 완전히 해결되었다는 우리나라의 입장에 변함이 없다"라고 말해 이번 한일합의에서 이루어진 모든 표명은 법적 책임이 아니었다는 것이 확인되었다.

### (2) 〈2015한일합의〉에 대한 에큐메니칼 교회의 대응

이에 12.28 합의 이후 일본군 '위안부' 문제 정의로운 해결을 위한 전국행동이 발족해 합의 무효와 정의로운 해결을 위한 세계 1억인 서명운동을 전개하였다. 일본군 '위안부' 할머니와 손잡기 〈정의와 기억 재단〉이 설립되어 일본이 약속한 돈을 반환하기 위한 1백억 원 모금운동이 시작되었다. 개신교 단위에서 교회협과 기장, YWCA, YMCA가 여기에 참여하였고, 교회협과 예장통합, 기장교회는 삼일절과 사순절을 기점으로 예배와 서명운동, 헌금을 통한 할머니와 손잡기 캠페인에 동참하였다.

기장 총회는 2015년 12월 29일 "위안부 문제 법적 책임 배제된 합의는 국민에 대한 기만이다"라는 논평을 발표하고 이어 2016년 1월 14일에는 "반인륜적 범죄행위는 외교적 타협의 대상이 될 수 없다. 2015년 12월 28일 한·일 외교장관의 합의를 즉각 파기하라!"라는 제목의 성명서를 발표하였다. 예장(통합)총회는 2016년 1월 4일 독도영토수호위원회와 인권위원회 이름으로 성명을 발표하고 "절차와 내용에서 진정성이 의심되는 졸속 합의이며, 국가 차원의 법적 책임을 규정하지 못한 외교적 담합으로 역사의 기억을 말살하는 행위"라고 비난하고 한일외교합의를 즉각 철회하라고 요구했다. 감리교시국대책위원회도 2016

년 1월 14일 "기만적인 한·일외교장관 일본군 '위안부' 합의를 전면 철회하라!"는 성명서를 발표하고 박근혜 대통령과 윤병세 외교장관의 대국민 사과를 요구했다. 한국교회여성연합회는 2016년 1월 28일 "정의로운 해결을 통한 피해자들의 인권회복과 평화로운 화해가 일어나길 소망한다"는 합의반대성명서를 발표하였다. 교회협 여성위원회와 국제위원회는 2016년 1월 7일 12.28 합의의 문제점을 제기하는 입장 발표를 하고 22일에는 실행위원회 이름으로 "12.28 합의는 그 절차와 형식, 내용, 모든 면에 치명적인 결함을 가지고 있으므로 무효화되어야 한다"는 내용의 "일본군 '위안부' 문제 해결을 위한 한국교회 특별선언"을 발표, 한국교회가 할 7가지 과제를 제시하였다.

여교역자회는 12.28 합의가 발표되자 정대협과 전국행동이 전개하는 합의무효를 위한 운동에 동참해 1억인 서명운동과 1만원×1천만 운동에 참여하였다. 2016년 2월 29일 월요일 11시 일본대사관 앞 평화로에서 수도권 회원 30여 명이 참여하여 일본군 '위안부' 문제 정의로운 문제해결을 위한 기도회를 열었다. 3월 2일 '합의무효와 일본군 위안부 문제의 정의로운 해결을 위한 전국행동'이 주관하는 1022차 수요시위에 참여해 합의 무효를 요구하며 '정의로운 해결' 캠페인을 전개하였다. 문재인 정부가 들어서서 2015년 한·일합의가 해결책이 될 수 없고 피해자 입장에서서 문제를 해결하겠다는 원칙을 세우고 화해치유재단 해산, 10억 엔 반환 등의 방침을 밝혔으나 아직 처리되지 않고 있어 화해치유재단 해산 일인시위에도 참여하였다.[49]

여교역자회는 이 시기에 정의, 평화, 생명을 위해 나름대로 많은 활

---

[49] 화해치유재단은 2019년 1월 21일 여성가족부장관 직권으로 재단 허가를 취소했다.

동을 하였다. 그러나 용산참사를 비롯해 현장에 기장 여교역자들의 모습이 많이 보임에도 불구하고 조직적으로 참가하지 않아 여교역자회가 활동하지 않은 것처럼 여겨진다. 여교역자회가 여성 목회를 살림목회로 자리매김한다면 정의, 평화, 생명 활동 역시 여성 목회 현장으로 자리매김하고 여교역자회 이름으로 적극적으로, 조직적으로 참여해야 할 것이다.

## 3. 여성의 눈으로 신학하기와 영성을 나누는 일

여교역자회 50주년, 희년을 바라보면서 여교역자들의 신학하기와 영성을 나누는 일이 가열차게 전개되었다. 재정 여건이 좋지 않아 여교역자회에서 방문교육을 할 수 없게 되었음에도 지역회는 대부분 두세 달에 한 번 월례회를 통해서 자체 역량을 강화해 나갔다. 여교역자들은 이 월례모임에서 성서에 대한 생각을 나누고 목회정보를 교환하면서 자신들의 역량을 키우고 회원 간 결속을 다져 나갔다. 이러한 가운데 여교역자회 교육 프로그램은 놀랍게 발전하게 되었고, 여교역자 스스로가 전문성을 발휘해 교육 프로그램을 이끌어 갔다.

지역 방문교육이 실시되지 않을 때 회원 전체가 모이는 유일한 교육은 총회시에 실시되는 교육대회였다. 여교역자들은 교육대회에서 스스로 '지도력 다음 단계를 향하여'라는 프로그램을 3년 동안 가동하였다. 그동안 교육대회에서 외부 강사를 중심으로 주제강연, 성서연구, 토론을 통해서 여교역자 과제를 모색하는 데 중점을 두었다면, 이 프로그램은 앎에서 발휘하는 지도력을 키우는 것이었다.

2012년부터 조성된 '여교역자협력기금'으로 2013년부터 여교역자 역량 강화를 위한 프로그램이 활성화되었다. 지역회 이동교육이 다시 시작되었고, 여교역자들에게 전문성을 강화하는 교육이 진행되었다. 이동강좌는 충남·전북지역, 전남지역에서 각각 두 번씩 이루어졌고, 대부분 집중교육은 수도권 중심으로 이루어져 한계를 보였다. 그럼에도 여교역자 협력기금으로 이루어진 "비상(非常, 飛上) - 여성 목회, 오늘 그리고 내일"이라는 학술대회는 괄목할 만한 것이었다. 학술대회에 이어 여교역자회가 미래세대를 위해 신대원 학생들에게 목회실습의 장을 새롭게 열었다. 이를 통해서 여성 목사후보생들에게 여성 목회 가능성과 딜레마를 살펴볼 수 있는 기회를 제공하였다.

### 1) '지도력의 다음 단계를 향하여!' 교육 프로그램

2010년 교육대회시에 '지도력의 다음 단계를 향하여!'가 교육프로그램 부주제로 강조되었다. 주제강연은 주로 개회예배 설교로 대체되었고 부주제가 실질적으로 교육내용을 이루는 기둥이었다. 교육 프로그램 부제가 바뀐 것은 여목회자들에게 실천능력을 기르고자 하는 의도였다. 여성 목회자는 설교, 성경 교육, 상담 그리고 회의를 인도한다. 남의 말을 잘 듣고 상대 마음을 헤아려 설득력 있게 자기 말을 잘하는 능력을 갖춘다는 것은 지도력에서 매우 중요한 요소다.

'지도력 다음 단계를 향하여!' 첫 번 프로그램은 여교역자 목회현장에서 꼭 필요한 듣는 능력, 전달하고 선포하는 능력, 성서를 보는 눈 뜨기, 혼자가 아니라 더불어 목회하기를 위해 필요한 사항을 유연희 박사(미국 감리교 선교사)가 포괄적으로 진행하였다. '지도력 다음 단계를 향하여! 2'는 2011년 이영미 목사가 '경청' 프로그램으로 진행하였다. 2012년 '지도력 다음 단계를 향하여! 3'은 "무엇이 힘인가?"라는 주제로 말이 주는 힘과 말이 갖고 있는 함정, 워크숍을 통해 말하기의 실제를 경험하는 장을 펼쳤다. 이 프로그램은 이영미, 홍성윤 목사 인도와 고영순 목사 강의로 진행되었다.

'지도력의 다음 단계를 향하여!'라는 교육 프로그램은 강의에서부터 워크숍에 이르기까지 프로그램 대부분이 여교역자회 회원들이 진행하여 배우는 데 머무르는 것이 아니라 인도자로서 지도력의 다음 단계를 보여주었다는 사실이 더욱 의미가 있었다.

### 2) '비상(非常, 飛上) - 여성 목회, 오늘 그리고 내일'

여교역자회는 2013년 4월 14일 한신대학교 신학대학원 컨벤션 홀에서 "비상(非常, 飛上) - 여성 목회, 오늘 그리고 내일"이라는 주제로 세미나를 개최하였다.[50] 여교역자회 회원과 신학대학원 학생들을 포함해 120명이 참석하였다. 이 학술세미나를 위하여 여교역자회에서는 한 달 동안 담임목회자, 부부목사, 부교역자 간담회를 통해서 발제할 내용을 준비하고 대표 발제자를 선정하였다.

이영미 교수는 "여성주의 목회와 지도력"이라는 발제에서 여성주의 목회를 '생명살림과 정의실현을 위한 목회'로 정의하고 '생명 살리미'로서의 여성주의 목회지도력을 계발해야 함을 강조하였다. 이를 위해 이 교수는 ① 생명 살리미로서의 여성주의 지도력, ② 분명한 소명의식과

---

[50] 프로그램 1부 개회예배는 김연심 부회장 인도로 한신대 신대원 학생 찬양 후 김정분 회장이 설교하고, 고 김명주 회장 추모 동영상을 상영하였고, 이어 2부 세미나로 진행되었다. 이날 세미나는 교육위원장 안수경 목사 사회로 "여성주의 목회와 지도력"(이영미 교수), "신대원 졸업과 목사가 되기까지의 과정"(공동발제: 이현주, 최다연), "여성으로 목회하기"(대표발제) - 담임목회(김성희 목사), 부부목회(최은경 목사), 부교역자(채미라 목사), "진단과 대안"(한국염 목사) 발제에 이어 토론과 제안서 낭독이 있었다.

영성 담보, ③ 여성주의 목회지도자의 섬김과 분담의 지도력, ④ 전문성 계발을 위한 목회훈련, ⑤ 결단력과 협업을 통한 목회 실행을 주문하였다.

최다연(한신대 신학대학원 여학생회장)은 "신대원 졸업과 목사가 되기까지의 과정"을 발제하였다. 현행 목사후보생 교육과 인턴 교육과정의 운영에 대한 분석을 통해서 교단 총회가 설정한 목사후보생 교육이나 인턴 교육 목적에 부합되지 않은 문제를 지적하였다. 과제로 ① 목사후보생 교육목표가 고루 균형을 이루는 교육, ② 인턴 수련생의 생활이 보장되는 수련환경 조성을 제안하였다.

김성희 목사는 "여성으로 목회하기 현장 이야기"에서 여성담임목회의 장점과 제한점, 여성담임목회의 통계적 현황, 여성담임목회의 어려운 점을 분석하고 여성담임목회자 과제 열 가지를 제시하였다. 김 목사는 여성담임목회가 부딪치는 주요문제로 사회적 이해 부족, 교회 내 봉건적·가부장적 관습, 성차별, 경제적 어려움, 과다한 업무, 은퇴 후 노후문제를 들었다. "여성담임목회는 개인 의지와 능력만으로가 아니라 노회와 총회 차원에서 여성들을 세우기 위한 지원과 제도적 뒷받침이 있어야 한다"고 강조하였다.

최은경 목사는 "부부 목회자의 현실과 과제"라는 발제에서 ① 같은 교회에서 부부목회를 하는 경우, ② 각각 다른 교회에서 목회하는 경우, ③ 남편이 담임 또는 부목사이면서 부인은 여성 목사로 기관에서 사역하는 경우로 부부목회 사례를 유형별로 분류하고 부부목회의 장점과 어려운 점, 대안과 가능성을 제시하였다. 최 목사는 부부목회자가 신학을 공부한 사람으로 함께 목회에 대한 물음을 나눌 수 있는 장점이 큰 방면에 어려운 점으로 부부 모두 목사인데 한 사람만 담임으로 청빙받는다는 것, 교회 내 여신도들과의 관계, 노회 차원에서 정치적인 이

해관계에 휘말리게 되는 경우를 이야기했다. 부부목회자의 대안과 가능성으로 "① 부부 모두 공동목회를 하겠다는 분명한 소신이 있어야 한다, ② 성도들의 부부목회에 관한 확실한 인식과 배려, 의식이 있어야한다. ③ 자녀 양육 문제에 대한 대안이 필요하다"고 강조하였다.

채미라 목사는 "여성 부교역자 현실과 과제"라는 발제에서 부교역자의 현실을 이야기하였다. "안정되지 못한 여성 부목사 지위, 여성부목사 역할을 여신도회 담당으로 제한하는 것, 출산과 양육에서 어려움, 목사이기보다는 여성적이기를 원하는 교회 가부장성, 가정에서 일반적으로 여성들에게 요구되는 일을 여성 목회자에게 기대하는 것, 교인들의 인식 부족, 여성지도력을 인정하지 않는 남성 동료 문제" 등을 제기하였다. 비상을 위한 대안으로 "총회 차원에서 여성부목사 할당제 도입, 여교역자 스스로 실력 향상과 목소리 키우기, 후임 목회자로 여성목회자를 양성하고 키우기, 여성 사역지 개발, 여신도들의 의식변화 요구, 담임과 부교역자 사이의 위계질서를 평등질서로 바꾸기" 등을 제시하였다.

발제에 이어 "기장 여교역자들의 현실 진단과 대안"에서 한국염 목사는 "평등한 교회, 평등한 제자직"을 답으로 제시하였다. 한 목사는 평등 제자직을 향한 기장 여교역자의 목회 과제와 대안 찾기로 "① 여성목회 정의와 정체성 설정 과제, ② 목회현장에서 전문성 과제, ③ 양적인 변화와 질적인 변화"를 과제로 제기하였다. 여성 목회 발전과 여교역자 미래를 위한 제언으로 "① 신학교육에서 과제 – 여성신학 관점의교육제도와 문화, 여성지도력 모델을 위한 여교수 할당제, 여성 목회전문화를 위한 교과목 개설, ② 교단 과제 – 기장 신학을 젠더 관점에서바로 세울 것, 교회에서 양성평등 제도화와 문화조성 과제, 여성 목회자 수급전략 수립을 위한 여성 목회자 할당제, 부부공동목회를 위한 담임 임기제 신설, 여교역자 계급화를 추진하는 수급제도 폐지, 작은 교회 교역자를 위해 모든 교역자들의 은급가입 현실화 대책세우기, ③ 여교역자회 과제 – 회원 지도력 향상과 다음 세대 리더십 발전을 위한 여성 목회에 대한 발전적 연구, 회원과의 결속과 연대, 기장여성연대와 연대 강화, 에큐메니칼 여성기관과 연대 강화, 여교역자회 체질을 '양성평등 기장으로 변화시키는 누룩'이 될 것" 등을 제시하였다.

학술대회에서 여성 목회의 오늘과 내일을 모색하고 비상하기 위한 비전을 그린 여교역자회는 학술대회 참가자 이름으로 양성평등목회를 위한 제안을 담은 성명서를 발표하였다. 이 성명서에는 여교역자회의 과제와 교단 총회의 실천과제로 나누어 중요한 과제를 다음과 같이 담았다. 여성주의 목회를 위한 여교역자회 과제로 ① 새 시대를 이끌어 갈 교회를 위해 목사후보생 때부터 여성주의와 상호존중문화를 체득할 수 있도록 훈련하기, ② 협업(networking)과 나눔을 통한 목회하기, ③ 여성 목회자 지도력과 여성 목회 발전을 위해 여성 목회연구소를 설치하기 등을 정했고, 새 시대를 준비하기 위해 총회에 ① 2010년 9월 총회에서 채택한 양성평등선언을 구체적으로 실천할 것, ② 교단 여성 참여 할당제(30% 이상)를 적극적으로 시행할 것, ③ 목회자 양성과정에서부터 양성평등교육을 실시할 것, ④ 인식 변화를 위한 양성평등교육을 지속적으로 실시할 것, ⑤ 우리 안에 잔존해 있는 성차별적 용어, 관행 등을 고치고, 진정한 양성평등이 교회에서 이루어질 수 있도록 양성평등 목회안내서를 제작할 것, ⑥ 양성평등을 위한 재정정책과 실천할 것, ⑦ 작은 교회 목회자(목사, 전도사)들이 연금에 가입할 수 있도록 교회와 노회, 총회에서 제도적으로 지원할 것, ⑧ 출산, 육아에 대하여 총회 차원에서 정책을 마련할 것, ⑨ 부부공동목회를 제도적으로 인정할 것을 등을 요청하였다.

이어 성명서는 "교회 공동체가 양성평등의식과 실천으로 세상에 복음을 증언하는 것은 하나님이 만드셨던 창조질서를 회복하는 일이고, 차별이 없는 예수 그리스도의 사랑을 실천하는 일이며, 화해와 평화를 위해 일하시는 성령의 활동에 응답하는 일"이라고 한 교단 2008양성평등선언서를 환기시키면서 이 제안이 기장에서 이루어지도록 함께 기도하며 나아갈 것이라는 결단으로 맺음 하였다.[51]

### 3) 세계교회협의회 총회 여성사전대회 참여

세계교회협의회는 한국 분단문제와 일본군 위안부 문제에도 큰 기여를 해왔다. 세계교회협의회 총회에서 내린 결정이 가맹된 전 세계교회에 영향을 미치기 때문에 이 대회에서 논의되는 사항들은 매우 중요하다. 세계교회협의회는 교회 안에서 인종차별, 성차별을 불식하기 위해서 노력하고 있고 여성 50% 참여를 주창하고 있으며 세계교회에 이를 권고하고 있다. 교회협에서 여성 참여 30%를 견지하고 있는 것도 세계교회협의회 권고 때문이며, 기장 교단에서 양성평등위원회를 설치하게 된 데도 세계교회협의회의 '여성과 함께 하는 10년'과 '폭력극복을 위한 10년'이 미친 영향이 크다. 세계교회협의회 부산총회가 열릴 때 장애인, 원주민 그리고 여성사전대회가 공식적으로 열렸다. 여성사전대회는 세계 여성들이 총회에서 여성들의 소리를 전하고자 여는 대회로서, 여성들은 사전대회에서 논의된 사항을 총회에 보고하고 세계교회의 결단으로 이끌기 위해 노력했다. 부산총회에서도 여성사전대회를 열고 여성들의 저력과 소리를 드러내었다.

---

[51] 이 학술세미나 발제문과 제안 글은 학술세미나 평가회 제안대로 기장총회 회보에 2회(7, 8월호/9월호)에 게재하여 알렸다.

한국 기독여성들은 2013년 3월 2일 기독교회관에서 WCC 제10차 총회를 준비하기 위한 에큐메니칼 여성간담회를 열었다. 간담회 토론회에서 한국교회 여성들이 주체적이고 주도적으로 총회를 준비하며, 한국교회 여성들의 업적들을 세계교회에 소개하고 에큐메니칼운동에 기여하는 기회로 삼으며, WCC 총회에 반영할 여성 이슈를 제안하고, WCC와 한국준비위원회의 총회 준비과정 특히 주요 결의기구에 여성 참여를 보장해야 한다고 의견을 모은 바 있다.[52]

여교역자회는 2013년 10월 23일부터 김연심 회장을 비롯해 약 20명 회원들이 여성사전대회를 비롯한 행사에 참여하였다. 국제위원장 채미라 목사는 세계교회협의회 제 10차 부산총회 여성사전대회 참가기를 이렇게 피력하였다.

여교역자회는 본 대회전에 열린 이틀 동안(28~29일)의 여성사전대회와 개막식 그리고 11월 7일 '마당' 행사 중 '한국기독교여성운동에 대한 여성 워크숍'에 참여하였다. 다양한 인종과 언어를 쓰는 사람들이 함께 모이니 세계 대회 분위기가 물씬 풍기면서 세계가 한자리에 모인 것에 대한 감격과 흥분이 마음에서 일었다. … 여성사전대회는 세계 여성들의 이슈를 다루고 해결하기 위한 매우 중요한 시간이다. 여성이기 때문에 당하는 부정의한 일들은 자칫 전체 이슈에 묻혀 심각하게 받아들여지지 않고 세계교회협의회 정책이나 협의로까지 이끌기가 큰 틀에서는 마땅치 않기 때문이다. …

첫날 여성사전대회에서는 주로 자신들에 대한 소개와 그들 나라에서 문제가 되고 있는 여성이슈에 대해 나누었다. 아프리카에서 참가한 한 여성이 한 발표는 여성에 대한 폭력의 문제는 여성만의 문제가 아니라

---

[52] 『기독여성운동30년사』, 199.

도 그 상황을 기록하는 형태를 취한다고 한다. 급변하는 시대 속에서 단 1명만 많아도 의결할 수 있는 다수결의 위험성을 경계하고 신앙과 신학의 문제를 매우 신중하게 다루어야 한다는 인식에서 나왔다고 한다.

세계교회협의회 여성사전대회에서 여성들이 모여 느낀 것은 세계 곳곳에 여성문제들이 산적해 있다는 사실이다. 성폭력 문제, 여성들에 대한 불평등과 부정의의 문제, 목숨을 위협하는 제도의 문제 등에 대해서 전 세계 여성들이 할 수 있는 일은 무엇인가? "서로 긍휼과 공감하는 마음으로 연대하고 목소리를 높여 여성 문제들을 알려 내고 정책에 반영되도록 노력해야 하며, 미래의 여성 지도력을 키워내기 위해 함께 힘써야 할 것이며, 전쟁중지를 위해 기도하고 노력해야 한다" 등 모아진 의견에 공감한다.[53]

## 4) 이동교육과 집중교육 강좌

한동안 중지되었던 지역이동교육이 2013년 6월 3일 서머나교회에서 전북지역 여교역자들을 대상으로 "여교역자의 과거와 현재 그리고 미래 – 여교역자를 기억하라"라는 주제(강사: 한국염 목사)로 시작되었다. 이동강좌는 6월 4일 서울·경기지역에서, 7월 22일 익산 새누리교회에서 대전·익산·군산·전북·광주지역 여교역자들이 공동으로 "여성 목회와 예전: 성찬 집례의 실제"라는 주제(강사: 안선희 교수)로 진행되었다. 충남·군산·익산지역 교역자 대상으로 11월 14일 옥산교회에서 "여교역자의 과거와 현재 그리고 미래 – 여교역자를 기억하라"라는

---

[53] 채미라, "WCC 제10차 부산총회와 여성사전대회를 다녀와서," 「여교역자회회보 20호」 (2014), 13-14.

주제로 여성의 눈으로 보는 성서연구(강사: 한국염 목사)를 하였다. 전남·광주지역회는 2014년 2월 3일부터 4회에 걸쳐 매주 월요일 목포남부교회에서 "이야기로 풀어가는 성서역사"라는 주제(강사: 이종원 목사)로 교육을 실시하였다. 2015년 2월 1일부터 3일까지 2박 3일 동안 같은 주제로 지역이동교육을 실시하였다.

그러나 지역이동교육은 매우 제한적으로 이루어졌고 교육은 대부분 서울에서 서울경인지역 여교역자들을 대상으로 한 교육강좌에 집중되었다. 교육강좌로 여성의 삶과 글쓰기 강좌(강사: 이문숙 목사), 신약성서와 설교(강사: 우진성 목사), 구약성서와 설교(이영미 교수), 여성신학세미나(인도: 한국염 목사), 여성신학소모임(인도: 이영미 교수), 여성신학영어공부(인도: 캐더린 선교사), 여성 목회 특별강좌로 3회에 걸쳐 "차별 없는 세상 - 바울과 여성"(강사: 김호경 서울장로교신학대학 교수)을 주제로 열렸다.

2016년 상반기 교육강좌는 박사과정을 이수한 회원들이 본인 논문을 발표하는 장으로 6월 27일~7월 11일까지 매주 월요일 선교교육원 2층에서 열려, 함께 배우는 기회로 삼았다. 회원들의 박사논문 발표는 세 번에 걸쳐 진행되었다.

제1강은 6월 27일 "가정폭력과 종교의 역할"을 주제로 김희선 목사(미국 시카고 게렛 신학교에서 상담학전공, 이화여대 강사), 제2강은 7월 4일 "변화를 위한 교육: 교회, 여성, 스토리텔링"을 주제로 김진아 목사(미국 클레어몬트 신학교에서 기독교교육전공, 총회교육원 교재개발부장), 제3강은 7월 11일 "비판과 페미니스트 신학: 엘리자베스 쉬슬러 피오렌자의 비판적 페미니스트 주체 특성과 그의 행위에 관한 연구"에 대해 진미리 박사(독일 프랑크푸르트 괴테 대학교에서 여성신학전공)가 각각 연구한 논문을 발표했다. 이런 연구발표를 통해 여성신학적 목회현장에 대해 더욱 깊이 있는 접근을 할 수 있었다.

### 5) 단독목회자 힐링 캠프

단독목회를 하는 여교역자들을 대상으로 힐링 캠프가 2016년 4월 4~6일 2박 3일간 엠마우스 피정의 집에서 열렸다. 이 프로그램은 인간관계 개선을 위한 치유프로그램을 통해서 여성 목회자로서 비전을 갖도록 돕고, 여성주의 목회 워크숍을 통해 자기 목회를 점검하며 여성주의적 목회를 접목하는 것이 취지였다. 힐링 캠프 참가 목회자[54]들은 대부분 교회구성원 수가 적고(8명~30명), 교인 평균연령이 65세 이상인 분들을 목회하고 있는 여성 목회자들로서 생동감이나 변화가 없는 상태에서 반복적인 목회생활에 많이 지쳐 있었다.

참가자들은 각자 자신들의 어려움과 상처를 이야기하면서 서로를 격려하고, 또 본인과는 상황이 조금씩 다르지만 여러 어려움에 처해 있는 여성 목회자들의 아픔들을 공감하면서 자신들의 짐들을 내려놓을 수 있었다. 또한 여성주의 목회에 대해 고민하고, 여성주의 목회 길잡이를 통해 자신들의 목회 노하우나 어려움을 극복한 방법들을 서로 공유하였다. 참가자들은 워크숍을 통해 여성주의 목회를 재정립하고, 자신들의 목회에서 장애요소에 대해 함께 나누고, 경험 나눔을 통해 목회새판을 짜볼 수 있었다고 평가를 하였다.

이 힐링 프로그램은 개회예배(홍성윤 회장)에 이어 자기분석 1, 2(김성희 목사), 스토리텔링 1, 2(고영순 목사), 여성주의 목회 길잡이/나눔마

---

**54** 참가자는 경기(성남) 1명, 대전 1명, 충북 1명, 충남 3명, 전북 2명, 군산 2명, 전남 광주 6명, 부산 1명, 필리핀 선교사 1명 등 총 18명이고 실무자 2명과 강사 5명(설교자 1인 포함)이 함께했다.

당(임보라 목사), 침묵과 묵상/관상기도(홍순원 목사), 침묵과 묵상/아침기도 2(이혜진 목사)으로 진행되었다. 특별히 적은 돈 모금운동 국제위원회를 소개하는 시간도 가졌다. 이 프로그램이 아시아교회여성협의회(총무: 이문숙 목사)의 '적은 돈' 모금기금에서 제공되었기 때문이다.

## 6) 신학대학원 학생들에게 목회실습 제공

여교역자회가 40주년 이후 괄목한 사업 중 하나는 한신대학교 신학대학원 목사후보생들에게 여성 목회의 현장실습 장을 열었다는 것이다. 2012년 10월 31일~11월 4일까지 여교역자회 이름으로 첫 목회실습이 이루어졌다. 처음으로 여교역자회가 실시하는 목회실습은 여성 목회자들이 목회하고 있는 현장 총 8개 교회와 2개 기관에서 진행되었다.[55] 지역 방문지마다 여성 목회자들이 참여해 목회 경험을 함께 나누고 경비를 찬조해 주고 실습생들을 격려하였다. 목회실습 참석자는 신대원생 8명이었다.

2013년에도 미래세대에게 여성 목회에 대한 비전을 제시하는 목회실습[56]이 진행되었다. 해마다 목사후보생 5~6명 정도가 참여하여 평

---

[55] 첫날은 여교역자회 사무실에서 여교역자회 동영상과 안내지를 통한 사업 소개와 서울에 있는 한백교회(양미강 목사), 독립문교회(김성희 목사)를 방문하였다. 둘째 날에는 성남 산자교회(김현의 목사)와 그룹홈, 복지센터를 방문하고 성남 목회자들과 만났고 충북효계교회(이혜형 전도사)를 방문하였다. 셋째 날은 익산 새누리교회(김정분 목사)에서 시각장애인들과 함께 하는 강천산 산행을 하고 익산중앙교회와 전북이주여성인권센터(김은경 목사)를 돌아보았다. 넷째 날은 익산 미혼모의 집, 장애아동들과 함께 하는 '사랑의 둥지'(황은영 목사), 임실전원교회에서 전윤희 목사와 최형 목사로부터 부부목회 현장을 보았다. 다섯째 날에는 잠실희년교회(박영주 목사)에서 평가회 겸 뒤풀이를 하였다.

[56] 이번 실습지 역시 여성 목회자들이 목회하는 농촌목회, 이주여성 관련 목회, 부부목회, 지방 단독목회, 개척교회, 서울 담임목회 등 다양한 목회지로 구성되었다. 여교역자회 사무실을 기본으로 하여 농촌목회 - 두평교회(하성순 목사), 부부목회 - 생명나무교회(고은영

균 6곳 정도의 여성 목회 현장을 돌아보며 목회실습을 하였다.[57]

2013년 목회실습을 마치고 실습생들은 평가를 통해 긍정적인 면과 개선해야 할 점을 제시하였다. 이들이 말한 긍정적인 면으로는 "여성 목회자 존재 자체가 힘이 되었다", "여자들도 잘 할 수 있다는 희망을 주었으나 어렵다는 얘기를 잘 안 해 안타까웠다", "삶의 이야기를 통해 한신과 기장공동체란 느낌을 받았다", "부부목회자 사역 가능성을 발견할 수 있었다", "여성 목회자들이 최선을 다하는 모습과 많은 가능성을 볼 수 있어서 좋았다", "한계를 초월할 수 있는 여성 목회자들의 능력에 대해 자극을 받았다"는 것 등이었다.

개선될 점으로 "여성으로서 차별성 있는 목회가 드러나지 않았다", "여교역자회 지향점, 여교역자회 교육과 도움으로 여성들이 어떤 목회를 하고 있는지 드러나지 않았다", "각기 고군분투를 하고 있다는 느낌을 받았다. 개인적인 것을 극복하고 여교역자이기 때문에 긍정적인 특성을 보여주는 롤 모델을 보여주는 목회지가 없었다", "여교역자회 세미나나 실행위원회, 스탭회의 등 직접적인 여교역자회 모임을 볼 수 없었다", "교회 체험은 좋았으나 우리가 고민하는 신학적 내용으로 한 설교를 들을 수 없었다"고 지적하고 아쉬워하였다. "방문교회 특성에 맞는 안내지나 사진, 동영상 등이 있으면 방문교회와 공감하는 데 도움이 되었을 것이다", "장거리 여정 가운데 목회자 후보생들의 생각을 나눌 수 있는 시간이 필요하다" 등 제언도 나왔다.[58]

---

목사)와 진천교회(이창언 목사), 도시교회 – 익산 새누리교회(김정분 목사), 개척교회 – 감사비전교회(신정숙 목사), 분가선교와 진보적인 여성 목회 – 섬돌향린교회(임보라 목사)를 목회실습지로 제공하여 여성 목회자의 목회와 삶을 나누었다.

57 2014년 10월 14~9일까지, 2015년 10월 19~23일까지, 2016년 10월 19~23일까지, 2017년 10월 25~29일까지 여교역자회에서 목회후보생 실습을 실시하였다.

58 「48회 총회보고서」, 93.

2017년 목회실습을 마치고 참가자들이 발표한 소감은 여성 목회에 대해 좀 더 긍정적이었다. "여러 여성 목회자들을 만나면서 나를 점검하게 되었다", "여성이라는 강점을 살려서 목회하겠다", "여성이 사는 삶의 자리는 낮은 자리이고 작은 소리지만 여교역자들의 경험을 토대로 한 목회는 예수 그리스도가 말씀하신 우는 자와 함께 울어 주는 '작은 예수'가 되어 주는 것이라고 느꼈다", "여교역자들을 만나 생각나는 단어는 '레헴'으로, 여교자들이 하는 목회를 보면서 생명을 생명답게 하는 어머니의 따스함을 느꼈다", "여성 담임목회자들을 통해 그분들이 삶에서 겪은 슬픔을 잘 녹여서 성도들을 품는 일에 하나님이 사용하신다는 깨달음이 있어 회복하는 시간이 되었다", "각자가 받는 사명과 의무를 이행해 나가는 여성 목회자 삶에 대해서 깊은 감동을 받았다", "작은 교회 순방에서 예수님 모습에 대해 생각할 수 있어 유익하였다", "작은 교회 예배나 활동, 사업에 참여할 기회가 있었으면 좋겠다", "여교역자들이 가야 할 길이 멀다는 느낌을 받았다", "여교역자에 대한 편견을 깨는 시간이었고 앞날에 대한 불안을 내려놓을 수 있을 만큼 도전과 힘을 받았다", "여교역자회에서 남성 목회자들에게도 실습할 기회를 제공하여 남학생과 남성교역자들이 여교역자회에서 여성 목회자들과 만나고 경험했으면 좋겠다", "여교역자회 프로그램에 대한 안내가 필요하다" 등의 내용이었다.

여교역자회가 한신대학교 신학대학원 여성 목사후보생들에게 목회실습을 제공한 것은 여성 목회자 후보생들에게 여성 목회의 현장을 보게 하고 아픔을 극복하면서 목회하는 여성 선배교역자들과 공감하고 연대감을 일으키는 작용을 하였고, 동시에 여성 목회의 딜레마와 가능성을 경험케 하는 기회가 되었다.

## 7) 해외교회 교류를 통한 영성 나누기

일본교직자회와 캐나다연합교회 여성교직자회와의 교류 모임이 끝난 후 여교역자회의 해외교류는 단체적으로 진행되지는 못했다. 여교역자회 대표들이 교단 해외교류 프로그램에 참여하거나 해외교회 초청을 받아 해외교회 프로그램에 참가하는 방식으로 이루어졌다.[59]

해외교회 교류모임은 교단이 추진하는 해외교류 행사에 개인적으로 신청하거나 교단에서 임의로 추천을 받아 참석하는 경우, 아니면 해당 해외교회에서 여성이나 민중교회 대표를 지칭해서 참가를 요청하는 경우가 있다. 해외교회에서 여성대표 참석을 원하는 경우가 많아 교단에서도 으레 여교역자 대표를 참여시키고 있다. 어떤 형태의 참여이든 여교역자로서 본인 목회현장을 소개하면서 한국교회와 여성 목회의 삶을 알리고 여교역자회를 홍보하게 된다. 여성 목회자들이 해외교회의 성평등적 모습과 다양성을 존중하는 모습들을 보면서 여성의 역량 강화와 영성을 나누게 되었다.

여교역자회는 여교역자회 회보를 통해서 이들의 해외교회 참가기를 게재하게 함으로 회원들과 해외교회 모습을 공유해 간접 경험을 쌓는 기회를 제공하였다. 최근에는 교단대표로 해외교회 교류와 회의에 참석할 경우 개인이 아니라 여교역자회의 일원으로 참석한다는 대표

---

[59] 1980년부터 시작된 기장교회와 캐나다연합교회 목회자 교류에 한국염, 이진숙 준목, 1994년부터 시작된 한국과 스위스교회 목회자 교류 연수회에 이혜신, 박성자, 이강실, 이혜진 목사, 독일교회와 여성교류 프로그램에 여목회자들이 개별적으로 참여하였고 교단 대표로 임보라 목사가 독일서남교회 EMS(Evangelical Mission in Solidarity) 프로젝트 네트워킹 포럼과 아크라회의에 참여하였다. 미국장로교여성대회에 예장(통합) 여교역자회에서 2명, 기장여신도회에서 2명, 기장여교역자회에서 2명(이혜진 총무, 양화자 국제위원장)이 미션 파트너로서 참여하였다. 대만에서 열리는 '여성지도력 워크숍'에 스위스교회 미션 21의 초청으로 박영주 목사(전임 회장)와 이혜진 총무가 참여하였다.

성을 부각하여 모임에 참석하기 전에 그 모임에 대한 것을 함께 연구하고 공동과제를 모색하는 장을 열고 있다.

## 4. 조직활성화와 동지적인 공동체 형성

뼈아픈 고통을 극복하고 40주년 총회를 마친 여교역자회는 직무대행을 하던 전규자 목사를 4대 총무로 선임하고 2007년 9월 17일에 선교교육원에서 총무취임예배를 드렸다. 전 총무 취임 후 곧바로 회의 발전을 위한 정책실행위원회를 열고 내일을 위한 대안을 모색하는 작업을 하였다. 이후 여교역자회는 회원들과의 유대 강화를 위해 전 회원 만남의 날 프로그램을 내실 있게 진행하고 중단되었던 한신대학교 여학생들과의 만남을 다시 전개하여 미래세대의 회원들에게 여교역자회를 알리고 그들과 소통을 꾀하였다. 이 시기에 거의 중단되었던 지역회도 재건되어 여교역자회와 회원들을 잇는 가교가 되었다.

2012년 5월 14일 열린 제45회 총회에서 이혜진 목사가 6대 총무로 선임되어 6월 25일 총회교육원 2층에서 취임식을 했다. 이 시기에는 여교역자들의 목사 임직식과 담임목사 취임식, 노회장 취임식 등에 참여하여 여교역자회의 존재감을 알리고 회원 경조사에 적극적인 참여를 해 친교공동체로서의 여교역자회 인지도를 높였다. 신학대학원 목사후보생들에게 목회실습지를 제공해 여성 목회의 현장을 체험하고 여성 목회자들에 대한 관심과 여성 목회 비전을 갖도록 도왔다. 또한 인턴 수련생들이 집중훈련을 받는 기간에 이들을 방문하여 격려하고 지지하며 여교역자회를 알리는 모임을 시작하였다. 특히 2013년부터 여교역자 주일을 실시하고 있다. 9월 첫째 주를 지정해 회원들이 목회하는 교회에서 여교역자 주일을 지키도록 함으로 교인들로 하여금 여교역자들의 공로를 기리고 여교역자회를 알리며 여교역자회를 지원하는 시스템을 만들었다. 또한 회보『여성 목회, 생명목회』발간을 통해서 교육대회를 비롯해 전회원만남의 날, 기장여성연대 모임에서 있었던 강의들과 회원들의 목회현장, 해외교회 방문기, 회원 동정을 게재해 회원들과 여교역자회의 이모저모를 공유하고 회원 역량 강화에 이바지하였다.

한편 여교역자회를 있게 한 선배 여교역자들의 공로를 치하하고 노고를 위로 하였다. 은퇴 여교역자 나들이, '베다니의 날' 제정, 총회시 고인이 된 여교역자 추모예배 등 공동체로서의 면모를 갖추고자 노력하였다. 이런 다양한 노력으로 되살아난 회원들의 관심으로 회비를 비롯한 십일조 헌금, 옥합헌금, 우리회원선교연대 헌금 등 갖가지 헌금이 배로 증가되어 여교역자회가 안정적으로 자리 잡기에 이르렀다. 또한 독일교회(EZE)지원 중단으로 중지되었던 각종 교육프로그램이 다시 활기 띠게 되었다.

김명주 여신도회 서울연합회 전 회장이 2012년 기증해 준 여교역자 지도력계발을 위한 협력기금 2,000만 원이 씨앗이 되었다. 선배 여교역자들이 헌금을 보태 기금이 키워지고 있고 후배 여교역자들도 동참하고 있으며,[60] 이 기금으로 교육 프로그램이 이어지고 있다. 그 결과 50주년 희년총회와 희년행사를 마치고 희년 이후를 전망하며 비상할 수 있게 되었다.

---

[60] 박성자 목사 300만 원, 김지선 목사 100만 원, 박성자 전도사 100만 원, 박영주 목사 100만 원, 은성남 목사 50만 원, 윤은자 전도사 30만 원, 김현숙 목사 100만 원, 황영옥 목사 100만 원, 홍성윤 목사 130만 원, 김천영 목사 100만 원, 한국염 목사 130만 원.

## 1) 여교역자회 비상을 위한 정책실행위원회

2007년 10월 8일 열린 정책실행위원회에서 전규자 총무가 "여교역자협의회 오늘과 내일의 전망"을 발제하였다. 이어 박영주 재정위원장이 "재정문제 해결을 위한 방안 모색"에 대해 발제하고 대책 모색을 하였다. 전규자 총무는 발제에서 "현 여교역자회의 문제로 지역회가 서울 경인지역, 전남·전북지역 외에는 잘 안 됨으로 지역활성화가 필요하다, 회원들이 회에 대한 불신감으로 거리를 두고 있다, 여교역자들의 자리가 불안정하고 삶의 여건이 어려워 여교역자회가 전처럼 보듬어 안는 자리가 아니라 서로에게 상처를 주고받는 자리가 되고 있다, 여교역자회 일꾼을 기르지 못하고 있다, 재정구조가 취약하고 위원회 활동이 중단된 상태이다, 교단적으로 사회분위기 때문에 공동 이슈를 찾기가 어려워졌다, 점점 교회에서 기장성이 희미해지고 있다, 교회 성장에 대한 자책감이 팽배해 있다, 연대활동이 회원들에게 공유되지 못하고 있다, 실행위원회에도 중장기 계획과 목표가 없다"는 등 여러 가지 점을 문제로 제기하였다.

이어 박영주 재정위원장은 여교역자회 재정문제를 해결하기 위해서 총회시에 마련된 재정으로 4~5개월 살림을 해왔으나 40회 총회 이후 이게 불가능해진 상태에서 단기적 대책과 중장기 대안을 마련해야 한다"고 재정 상황을 분석하였다. 박 위원장은 우선 단기대책으로 "① 회비와 십일조 납부 가능한 회원명단을 최대 1백 명을 확보해야 하며, 실행위원들이 모금에 앞장서야 한다. 구체적으로 28명의 실행위원들이 월 5만 원씩을 모금하면 1백만 원이 확보된다. ② 회원들의 눈에 회의 활동이 느껴지고 움직이는 모습이 보이지 않으면 회비나 십일조, 후원금도 모아지지 않는다. 부지런히 움직이는 회가 되어야 한다. ③ 총무가 최소한 한 달에 두 번 이상 회원교회를 방문해서 회원들과의 유대를 강화해야 한다. ④ 여교역자회 카페나 메일을 통해서 회의 활동 저변화와 회원 확보를 해야 한다. ⑤ 가동되지 않는 지역회를 가동시켜야 한다"고 대안을 제시하였다. 장기 대책으로는 "앞으로 5~10년 계획으로 할 수 있는 일에 대한 대안을 모색해야 하며, 위원회를 두어 사업과 재정을 연구하고 총회를 통해 뜻을 모아 함께 할 수 있을 때 우리 회는 군건한 회로 기반을 다질 수 있을 것이라고 전망을 내놓았다.[61]

### 2) 전 회원의 날을 통한 소통과 자매애 쌓기

전 회원 만남의 날은 여교역자회와 회원들이 만나서 함께 비전을 갖고 동지애를 쌓는 중요한 모임이다. 전 회원 만남의 날 주제나 발제는 회원들의 요청을 실행위원들이 수용하여 정하는 경우가 많았고 그해의 주요 이슈에 대한 정보가 제공되었다. 전 회원 만남의 날은 사실상 교육대회와 차별성을 두어 교육보다는 회원들과의 소통에 더 무게가 실렸다. 10년 동안 진행된 전 회원 만남의 날은 다음과 같다.

- 2008년 2월 18일 광주한빛교회
  주제: 교회를 지키는 여교역자(부제: 이단의 정체)
  강사: 윤수봉 이단연구소 소장
- 2009년 2월 2일 시온성교회(경기중부노회)
  주제: 교회를 살리는 여성(부제: 초대 기독여성의 활동)
  강사: 이덕주 감신대 교수

---

[61] 「제41회 총회보고서」(2007), 105-111.

- 2009년 11월 16일 오동교회(충남노회)

  주제: 여성지도력과 여교역자협의회 - 예장(통합)편

- 2011년 1월 17일 반석위에세운교회(대전노회)

  주제: 통하고 싶어요

  강사: 이영미 목사

- 2012년 2월 13일 해인교회(경인노회)

  주제: 여교역자, 사회복지 어떻게 할 것인가?

  사례발표: 김영선 목사

- 2012년 10월 8일 익산 새누리교회

  주제: 생명의 하나님, 우리를 정의와 평화로 이끄소서

  강사: 한국염 세계교회협의회 한국측 준비위원

  내용: 선배들의 목회와 삶 이야기

  패널: 김인옥, 문옥만, 송순호 전도사, 박성자, 정숙자 목사

- 2013년 10월 14일 십자가교회(대전노회)

  주제: 미래를 담는 교회

  강사: 조미리 목사

  내용: 지역별 경연대회, 아나바다 바자회

- 2014년 10월 13일 십자가교회

  주제: 종교와 정신분석-위로의 해석학

  강사: 김세화 목사

  내용: 목회와 삶 나눔

  사회: 임보라 목사

  패널: 농촌지역 - 함정기 목사, 도시개척교회 - 신정숙 목사

- 2015년 10월 19일 오동교회

  주제: 교회와 성평등 - 성평등한 교회를 위한 과제

강사: 임보라 목사

내용: 성평등을 위한 목회 워크숍

조장: 김영선, 서옥희, 임보라, 홍성윤 목사

- 2016년 10월 10일 익산중앙교회

  주제: 관상적 영성과 영성목회

  강사: 이진권 한국살렘영성훈련원 스텝

  내용: 영성과 실제워크숍

- 2017년 9월 11일 전주 서머나교회

  주제: 성평등 실현을 향하여

  강사: 이혜진 목사

  내용: 성평등 토크쇼

  사회: 오미숙 목사

  패널: 김성희 목사, 노복자 전도사, 이강실 목사, 임보라 목사

- 2018년 11월 5일 익산중앙교회

  주제: 하나님이 주시는 평화

  강사: 이강실 목사

  탐방: 익산 나바위 성지, 두동교회

### 3) 한신대학교 여학생들을 비롯한 젊은 목회자와의 만남

독일교회 지원으로 진행되었던 미래세대를 위한 교육 프로그램이 끝나고 한신대학교 여학생들과의 만남은 여교역자회가 여신학생들을 초청하는 형식으로 이루어졌다. 1992년 2월 한신대학교 신학대학원에서 '선후배들과의 만남'으로 첫 장을 열었다. 한신대학교 여학생과 만난 취지는 젊은 신학도들이 기장 미래 여교역자로서 정체성을 갖고 미래

회원으로서 자리매김을 하는 것이었다.[62] 여교역자회에서 때로는 총회교육원에서 전도사 과정을 하는 예비전도사들과의 만남도 도모했는데, 해마다 진행되지는 않았고 사안이 있을 때에 대화모임을 가졌다.

한편 여교역자회는 한신대학교 신대원 여학생에게 장학금을 지급해 왔다. 2011년(회장 박영주 목사)부터 학위수여식에서 기장여교역자회 회장상 시상을 시작하였다. 또한 2013년 8월 27일부터 해마다 인턴과정 여성수련자들과 만나 이들의 애로점을 기장여성연대에 반영하고 있다. 2017년 12월 30일 한신대학교 신대원에서 공부하고 있는 아시아 여학생들을 초청하여 위로하였다.[63]

이 시기에 여교역자회가 시도한 것 중 하나는 젊은 여교역자들과의 만남이다. 2012년 9월 24일 초동교회 난곡홀에서 젊은 여교역자 40여 명과 실행위원들, 선배여교역자들 10여 명 등 총 50명이 만남을 시작하였다. 프로그램은 예배와 친교, 여교역자회 소개, 노래가 있는 토크콘서트 – 목회현장이야기: 김정분 목사(익산 새누리교회)가 담임목회를, 김경미 목사가 인도 해외선교를, 김성희 목사(독립문교회)가 담임과 부교역자를, 전윤희 목사(임실 전원교회)가 부부목회를, 안수경 목사(희년교회)가 기관목회를, 채미라 목사(명지병원)가 병원목회를 소개하고 경험을 나누었다.

---

[62] 1999년 11월 22일까지 한신대학교 신학대학원 여학생들과의 만남을 실시하다가 2000년부터는 오산 소재 한신대학교 신학부 여학생들과 신학대학원 여학생들과의 만남을 함께 실시하였다. 한신대학교 여학생들과 만남은 2003년까지 이어지다 2004년 일시 중지되었고 2007년 11월 20일에 다시 신학대학원 여학생들과의 만남을 가졌고, 2008년 11월 18일에 한신대학교 학부생들과 만남도 재개하였다. 2009년부터는 학부생, 신학대학원 여학생들과 별도로 만나고 있다.

[63] 프로그램 내용 – 자기소개와 바람, 기도, 삶의 나눔, 찬양; 초대된 자 – 줄리엣(필리핀), 엔칭(대만), 린타(인도네시아), 캐나다 선교사 캐서린 목사; 여교역자회에서 정숙자, 김미희, 김성희, 김수선나, 양화자, 이문숙, 이춘선, 이혜진, 채미라 참가.

우리 삶의 이야기는 심은정 목사(공능교회), 유경남 목사(군산성화교회), 임보라 목사(향린교회), 홍성윤 목사(익산 신황등교회)가 그룹 리더가 되어 토론을 하고 서옥희 목사(새밭교회)가 종합사회를 보았다. 해금 연주(안혜원 준목), 찬양(우은정 목사, 김기순 전도사외)이 곁들여졌다.

여교역자회의 발전을 위한 매우 뜻깊은 모임이었으나 젊은 여교역자들과의 만남은 일회성으로 끝나고 말아 아쉬운 느낌이 든다.

## 4) 은퇴 여교역자를 기억하고 함께하는 활동

은퇴여교역자위원회(위원장: 김은경 목사)는 전남·전북·전북서지역회 협력사업으로 2007년 11월 15일 총 18명의 은퇴 여교역자들을 모시고 첫 나들이 행사를 시작하였다. 은퇴회원 18명과 지역회원 13명이 동행한 나들이 행사 참가자는 광주 한빛교회에 도착해서 영빈관 식당에서 점심식사를 하고 함평 국화전시회장을 돌아보고 다음날 내장산과 백양사 관광을 하였다.

이날 참여한 은퇴 여교역자들[64]은 자치회로 들국화회를 창립하고 회장에 박성자 목사, 부회장에 이원숙 준목, 총무에 강복순 전도사를 선출하였다. 여기에 소요된 경비는 교회들과 지역회 회원 찬조금으로 충당하였다. 이후 계속된 은퇴 여교역자 초청 나들이 행사는 해마다 지역을 돌아가며 실시되었고, 들국화회는 2년마다 임원진을 선임하고 있다. 한편 여교역자회는 2002년부터 총회시에 돌아가신 여교역자를 추모하는 기도회를 시작하였다.[65]

---

[64] 이때 참여한 은퇴 여교역자는 주정일, 김황옥, 이영숙, 최영자, 송정자, 황치순, 김숙희, 박지선, 정애님, 이원숙, 강복순, 김영자, 김정묵, 박성자(이상 서울·경인지역회 14분), 윤정희, 유명준, 이복순, 이정자(이상 전북지역회 4분)이다.

매해 새해가 되면 서울경기지역 여교역자들이 베다니집에 계시는 은퇴 여교역자들을 방문하고 위로하며 기쁨을 주고 있다. 여교역자회는 이렇게 수도권 지역만 여교역자를 기억할 것이 아니라 전 회원들이 베다니집에 계시는 선배 여교역자들을 기억하고 방문하는 것이 필요하다고 생각하여 '베다니의 날'을 실시하였다. 1년에 하루를 베다니의 날로 정해 참석 가능한 회원들이 베다니집을 방문해 그곳에 거주하고 계시는 은퇴 여교역자 선배들과 함께 각 지역에서 준비해 온 음식을 나누고 위로를 하는 모임이다. 첫 시작은 2009년 4월 13일과 10월 19일에 실시되었다. 2010년 10월 4일, 2011년 8월 2일, 2012년 6월 4일 등 4년 동안 '베다니의 날'을 실시하였으나 일정한 날을 정하기보다 회원들이 각자가 편한 날에 베다니집을 방문토록 하자는 의견이 강해서 더 이상 계속되지 못했다.

### 5) 지역회 재건과 조직 개편을 통한 여교역자회 활성화

지역 여교역자회는 2005년까지 8개 지역회까지 결성되었다가 이후 소강상태에 들어가 서울경인지역과 호남지역을 제외하고는 잘 가동되지 않았다. 2009년부터 기존 지역회가 재가동되기 시작하였고, 노회분립에 따라 2009년 대전지역회가 창립되었고, 2012년 군산지역회가 신설되어 9개 지역회로 회복되었다. 9개 지역회[66]는 자체 필요에 따라 교

---

[65] 2002년 김필녀, 구마인 전도사, 이성례 목사, 2003년 이우정 선생, 2007년 허완심 목사, 김호순 목사, 민연숙 전도사, 2012년 차수연 목사, 정봉숙 전도사, 2013년 이영숙 목사, 2014년 박지선 목사, 2015년 유순임전도사, 2016년 안계희 장로, 2017년 이정자, 황치순 전도사, 2018년 윤애덕 목사를 추모하였다.

[66] 2018년 희년총회를 맞는 각 지역회 회장 명단은 다음과 같다. 서울경인지역회: 이명숙 목사, 대전지역회: 김정옥 목사, 충북지역회: 문인혜 목사, 충남지역회: 윤영자 목사, 경상지

육강좌 개최, 목회정보 공유, 지역회 회원 애경사 참여 등 정보공유와 회원 간의 결속과 유대를 주로 하고 있다. 50주년 희년 총회에서 지역 회는 각 지역마다 특별 이벤트를 통해 지역 연대 면모를 과시하기도 하였다.

여교역자회는 2017년 총회에서 회의 이름을 전국여교역자회로 변경하고 7개 상임위원회[67]를 9개 위원회로 재편하였다. 선교위원회와 국제위원회를 선교위원회로 통합하고 시대적 요청에 의해 신학위원회, 목회연구위원회, 성평등위원회를 신설하였다. 통합된 선교위원회는 여교역자 선교의 다양성을 연구하고 확장하는 일, 해외교회와 교류, 국제적 지도력 향상을 위한 프로그램을 개발하고 집행하도록 하였고, 신학위원회는 여성신학과 신학 전반을 연구하고 실천하는 일, 목회연구위원회는 예배, 예전과 영성 등 목회 전반에 관한 일을 연구하고 실천하는 일, 성평등위원회는 성평등을 이루며, 여교역자와 교회 여성들의 법적 지위향상을 실천하는 역할로 자리를 매겼다. 이로서 여교역자회 위원회는 기획위원회, 교육위원회, 선교위원회, 회원활동위원회, 홍보출판위원회, 신학위원회, 목회연구위원회, 성평등위원회, 은퇴여교역자위원회, 재정위원회로 구성되었다.

이렇게 여교역자회는 40년을 지나 50주년을 향해 걸어왔다. 50년을 맞는 여교역자회의 자취는 어떠하며 과제는 무엇일까? 50주년 희년을 맞으며 이혜진 총무가 총무보고서에 남긴 글이 이를 잘 드러내 준다.

---

역회: 전기정 목사, 전북지역회: 김은영 목사, 군산지역회: 김정숙 목사, 익산지역회: 조정애 목사, 전남광주지역회: 박미미 목사.

[67] 여교역자회는 2002년에 위원회 부위원장 제도, 2007년에 홍보출판위원회를, 2013년에는 여교역자 협력기금이 마련되면서 여교역자협력기금위원회를 설치하였다.

우리 여교역자회의 존재기반은 무엇일까요? 많은 사람들이 우리 회를 목회하면서 서로 격려 받고 힘을 받을 수 있는 고향으로 생각하고 있었습니다. 한 사람 한 사람 여교역자의 상황을 파악하고 서로 연결해 줌으로 관계 속에서 우리 회원들이 성숙해 감을 느끼며 고향과 같은 역할을 하기 위해 노력해야 하겠습니다. 또한 각자가 처한 어려움을 해결하고 서로 연결해 주기 위해서는 우리 회원들의 상황과 실태가 파악되고 우리 회원들의 다양한 인력풀을 만들어서 서로 연결해 주며, 우리 회가 여교역자 현장과의 허브 역할을 하면서 정보를 공유하고 제공하는 일을 해야겠습니다.

젊은 여교역자들은 목회현장이 좀 더 평등해지고 자신의 역량을 유감없이 발휘할 수 있으며, 여교역자들의 권익이 향상될 수 있도록 우리 회가 노력해 주기를 바라고 있고, 우리 회에 거는 기대감도 컸습니다. 젊은 교역자들을 위해 여성의 눈으로 보는 성서와 여성신학 등 교육의 기회를 제공하고, 이것이 각 지역마다 확산되기를 원합니다. 평생을 목회하신 선배들의 노인복지 문제를 연구하고 안정적인 생활을 하실 수 있도록 여건을 만들어 가야 하겠습니다.

여성 목사 임직자가 많아져서 기쁘지만, 안타깝게도 무임회원도 늘어가고 있습니다. 부부목회자들이 늘어나고 있는 추세여서 함께 목회할 수 있는 대안이 마련되어야 할 것입니다. 여교역자들이 결혼과 임신과 출산으로 인해 목회에서 어려움을 겪지 않도록 교회공동체가 생명을 함께 키워 갈 수 있는 풍토를 만들어 가야겠습니다.[68]

---

68 「51회 총회보고서」(2018), 42.

## 5. 기억을 되새기며 새 희년을 향하여!

여교역자회 50회 총회가 열리는 2017년은 종교개혁 500주년을 기념하는 해다. 이때를 기해 여교역자회는 교회개혁선언문을 채택하였고 1년 후 2018년을 희년기념총회로 정하고 이에 대한 준비를 하였다. 희년총회 주제는 "기억을 되새기고 새 희년을 향하여!"로 정했다. 김성희 회장이 쓴 희년문집 발간사에서 보듯이 "희년을 맞는 기쁨과 우리의 광야 길에 함께 해준 분들에 대한 감사 그리고 앞으로 들어갈 가나안 땅 비전의 여정을 위해 지난날들을 돌아보며, 과제를 모색해서 새로운 비전을 보고 나아가겠다는, 희년총회가 마침표가 아니라 희년의 가치가 새로운 시작을 위한 이정표가 되기를 바라는 마음의 발로"에서 그렇게 정하였다.

여교역자회는 50주년 기념사업위원회[69]를 구성하고 50주년 기념사업을 준비하면서 여교역자회의 과거와 현재를 돌아보며 미래를 전망하기 위해 전임회장과 총무 간담회, 20대~40초반 여성 목회자 간담회, 40대 중반~60대 여성 목회자 간담회 등 간담회를 3회 실시하였다. 기념사업에 소요되는 경비는 여교역자 회원들의 모금과 기장교회와 교인들의 찬조로 충당되었다.

---

[69] 50주년기념사업위원회는 위원장에 한국염 목사, 서기에 이영미 목사, 4개 분과위원회로 구성되었다. ① 기념문집과 간담회 준비위원회: 김영선(장), 김성희, 김미희, 김진아, 이영미, 안수경, 오애순, 조은화, 채미라, (이혜진), ② 교회와 교회 간 연결과 교회지원위원회: 김정분(장), 심은정, 서영화, 조희경, 함정기, 황진숙, 홍성윤, ③ 재정지원위원회: 김연심, 노복자, 최청미, 김은영, 김정숙, 김정옥, 박미미, 문인혜, 윤영자, 이명숙, 조정애, 전기정, 각 지역회장, ④ 기념식과 시상 준비위원회(교회개혁여성선언문 준비위원회): 김성희(장), 김영선, 김은경, 박인숙, 안수경, 양화자, 이영미, 임보라, 한국염.

## 1) 희년 감사예배와 축하

"기억을 되새기며 새 희년을 향하여"라는 희년 총회 주제를 가장 잘 드러내 준 것은 희년을 맞는 감사예배였다. 감사예배는 지나간 50년 동안 우리 사회의 아픔을 기억하고 위로하며 성례전과 박영주 회원이 작사한 〈새 날을 낳으리라〉란 노래를 통해 새 희년을 향한 결단을 하는 순서로 이루어졌다. 축하 시간에는 감사패와 공로패 수여, 희년문집 『기억을 되새기며 새희년을 향하여』 출판기념식이 거행되었다.[70]

이날 감사패(교회와 단체 부문)는 독일교회 EZE(통폐합 관계로 BFW-세계를 위한 빵)와 경동교회, 발산교회, 여신도회전국연합회에게 증정되

---

[70] • 발간사: 여성 목회, 모두의 목회를 꿈꾸며/김성희 회장
  • 축사: 윤세관 총회장, 이재천 총무, '희년, 하나님이 마음을 품으라'/유영희 NCCK 회장, '자유가 선포되는 해방의 해, 희년을 축하합니다!'/이종순 한국여교역자회연합 대표회장, 주님과 같이 50년 걸어온 길/이미자 기장여신도회전국연합회 회장, 50년 축하 인사/공미화 서울 독일교회 담임목사
  • 신학연구: 별난 가족 이야기 - 룻과 나오미 그리고 보아스/이영미 교수, 예수 여성들의 재발견/김판임 교수, 여성과 교육/김진아 목사
  • 설교: 탄생과 생명/양화자 목사, 결혼과 가족 - 우리는 어떻게 살아야 할까요?/박영주 목사, 성폭력, 다말, 당신의 잘못이 아닙니다!/한국염 목사, 죽음·장례 - 부르심의 푯대를 향하여/박인숙 목사, 환경과 생태/채미라 목사, 사회복지와 목회/안수경 목사, 평화/이혜진 목사, 통일 - 지금은 통일의 춤을 출 때/이강실 목사
  • 주제가 있는 목회 이야기: 3대째 여성 목회 교회-광주발산교회/전윤희 목사, 분가선교, 사회선교 - 섬돌향린교회/임보라 목사, 개척교회 - 개척하는 것, 혼자됨을 버티는 것/조성숙 목사, 평생을 한 교회에서 목회/송순호 전도사, 부부목회 - 해인교회/김영선 목사 정리, 담임목회 이야기/김성희 목사, 부교역자 이야기/김미희 목사
  • 간담회: 전임 회장 및 총무, 40대 중반 이후/이혜진 목사 정리, 젊은이들/이영미 목사 정리
  • 여교역자회 50주년 축하와 남기고 싶은 이야기들: 나선정 전총무, 정숙자 목사, 김황옥 전도사, 이종원 목사, 김정분 목사, 토크쇼와 부록으로 역대 전임 회장과 총무, 총회와 교육대회 주제들, 각 세미나와 프로그램들, 여교역자회 출판물, 성명서, 선언들, 대외 활동과 연대 활동, 여교역자회 사진 모음, 임원과 실행위원 명단이 희년문집에 실려 있다.

었다. 독일교회 EZE는 1992년부터 1998년까지 6년 동안 여교역자회를 후원하여 '지도력개발원'을 만들 수 있도록 했고 이를 통해 지도력을 계발하게 한 공로를 기리기 위해 증정되었다. 이 대회에 참석하지 못한 EZE 대신 재한 독일어권 교회 담임목회자인 공미화 목사에게 수여하였다.

경동교회는 여교역자회가 창립할 수 있도록 못자리가 된 곳이다. 1968년 창립예배를 드린 곳이 경동교회였고 1974년 여성 목사임직제도를 헌의한 곳도 강원용 목사가 시무하는 경동교회였다. 또한 2012년 6월 여신도회 서울연합회 김명주 전임회장의 '여교역자협력기금' 마중물 2,000만 원 다리를 놓은 곳이 경동교회였으며 해마다 총회 후원금으로 50만 원씩 지원해 여교역자회 재정을 안정적으로 지원하였다.

발산교회는 여성 목회자 정현순 목사가 개척하였다. 계속해서 여성 목회자를 청빙하여 전윤희 목사, 김연심 목사 등 3대째 여성 목회자가 이어지고 있어 여성 목회의 모범이 된 교회다.

그리고 여신도회전국연합회는 여교역자회가 창립되기 전부터 여교역자들의 디딤터로서 여교역자들을 위해 기도하고 여성 목회자를 지원하고, 여교역자 지위 향상과 역량 강화를 위해 깊은 자매애로 연대해 주었다.

이날 공로패(개인 부문)는 나선정, 민옥만, 하성순 회원에게 수여되었다. 나선정 초대총무는 여교역자회 조직활성화에 기여하고 역사자료를 문서화하였으며, 독일 EZE 지원을 통해 여교역자 역량 강화에 이바지하는 등 여교역자회 발전을 위해 헌신한 공로를 기렸다. 민옥만 전도사는 광주한빛교회 31년 근속과 여교역자회 발전을 위해 헌신한 공로를 치하하였다. 하성순 목사는 자신이 목회하던 풍산교회, 두평교회, 봉화교회 등 세 교회 후임으로 여교역자가 목회할 수 있도록 다리를 놓아 여성 목회자의 목회지 확보에 큰 기여를 하고 여교역자회 발전을 위해 헌신한 공로를 인정해서 공로패를 수여했다.

## 2) 희년사업으로 회원교회 지원사업 진행

- 교회와 교회 간 연결하여 교회 수리와 비품을 마련하도록 다리가 되었다.
- 서울 공능교회(이도형 목사)가 충북 황간교회(하성순 목사)에 교회 예배실 강단 수리와 전기공사(약 1,000만 원 소요)를 지원하였다.
- 원당제일교회(김성기/신정숙 목사)가 바자회 수익금 5백만 원으로 충남 내동교회(유순란 전도사)에 십자가 등탑 설치(80만 원)와 우포교회(육동선 목사) 교회당 내부 수리(420만 원)를
- 신갈장로교회(이광수 목사)가 신목교회(조정애 목사)에 비가 새는 교육관과 사택 수리와 곰팡이 제거, 도배(255만 원)를 지원하였다.
- 여교역자회에서 모금하여 교회와 기관을 지원하였다.
  ① 임실성가교회(황진숙 목사)의 친교실과 외부화장실 공사(견적 중 1/2 정도 지원: 400만 원)
  ② 성남이주민센터(조혜숙 목사)에 영어바이블 20권, 중국, 네팔, 방글라데시, 따갈어, 몽골어 성경 각 5권씩 구매를 위해 100만 원
  ③ 전북이주여성인권센터(김은경 목사)에 영어바이블 등 구매를 위해 100만 원
  ④ 모동교회(김영화 목사)에 교회 반주기(120만 원) 구비를 위해
  ⑤ 도암동부교회(김미숙 전도사)에 교회 반주기 구비를 위해 120만 원을 지원하였다.

### 3) 희년 토크쇼

여교역자회는 "기억을 되새기며 새 희년을 향하여!"라는 희년행사 주제로 희년 토크쇼를 진행하였다. 희년 토크쇼에서 한국염 목사는 "가나안 땅을 향한 기장 여교역자의 행진 – 기장 여교역자, 그녀들을 기념하며"라는 발제를 통해 여교역자회 50년 역사를 훑었다. "회원 개개인의 힘으로는 교회와 세상을 변화시킬 수 없고 여교역자의 지위 향상을 꾀할 수 없다. 여교역자회가 강해질수록 여교역자들의 지위가 확보된다. 여교역자들이 소리와 힘을 모아야 여교역자들이 원하는 성평등한 목회 자리, 보수의 평등 등이 이루어질 것이다. 오늘 우리가 있는 것은 과거 우리 선배들의 땀과 고난이 있었기 때문이다. 우리가 이것을 기억하고 계승할 때 새로운 역사가 일어남을 상기하자"고 강조하였다.

이어 "새로운 희년을 향해 나아갈 우리 회의 방향"에 대해 김정원 목사, 이영미 목사, 정소영 준목이 좌담하는 형식으로 진행하였다. 김정원 목사는 "위태로움을 지향하며"라는 제목으로 "위태로운 저항의 길 위에서 혈루병에서 벗어난 여인이 우리를 부르고 있다. 한줌도 되지 않은 여성 목회자들의 향후 50년 역사는 결국 우리에게 달려 있다. 변화는 각성된 자들의 몫이다. 보다 예민해지고 도발적이 되어 암탉이 울어 집안이 망해야 할 시점이 왔다. 이 길 위에 서 있는 선배님들의 노정을 위로하고 위태로움을 지향할 후배님들의 행보를 격려한다"고 힘주어 말했다.

이영미 목사는 "우리들의 지도력은 누가 만들어 주는 것이 아니라 스스로가 꾸준히 준비하고 노력해야 하는 것임에 분명하지만, 지도력 계발을 위한 마중물을 여교역자회가 담당해주고 있음에 늘 고마움을 느낀다, 이제 마중물을 부어주는 여교역자회에 보답하는 마음으로 새로운 50년을 열어 가기를 희망한다"며 기관목회자 입장에서 "주변인을 향한 품격 있는 여교역자로!"라는 제목으로 3가지 제안을 하였다. "품격 있는 여교역자로서 주변인을 향해 마음을 열 것, 요청을 받을 때 'YES' 해줄 것, 소통하는 리더 모습을 실천해 줄 것"을 요청하였다.

정소영 준목은 "저력 있게 함께 살아낼 자매들을 찾아 소통하고 만나는 일부터!"라는 제목으로 "'새로운 희년을 향해 나아갈 우리 회의 방향'이라는 주제를 듣고 30~40대 여교역자들이 떠올랐다"며, "① 반(反)하나님 나라의 삶을 감내하는 삶을 반대하며, 기본 소양과 전문 영역을 키우고, 친밀한 벗이 필요하며, 총회적인 대책이 필요하다는 것, ② 모든 이들에게 실력 증진이 필요하고, 전국 여교역자회가 안주할 수 없는 현실에서 '이슈 메이커'가 되었으면 한다는 것, ③ 에큐메니칼운동 현장에 후배들이 접근했으면 좋겠고, 선후배 간의 만남이 활성화되고, 각 현장이 공유되었으면 한다"는 여성 목회자 세 명 의견을 전했다. 그리고 본인 희망으로 "여교역자회가 목회적 친정, 목회적 멘토링이 이뤄지는 여교역자회를 지향해야 하며, 지역 리더십이 부활하기를!, 선배님들의 노후에 대한 공동체의 돌봄과 관심이 필요하다"고 강조하며, "더 이상 교단과 교회에서 '여성'이라는 이유로 겪는 에너지 소모 없이 하나님 나라를 선포하고 실천하다가 새 희년을 축제로 맞이하고 싶다"는 희망을 전했다. 이 희망은 여교역자 모두의 바람일 터이다.

# 희년감사예배

인도: 김성희 목사(회장, 독립문교회)

반주: 김수산나 목사(강남향린교회)

## 첫째 마당: 50년의 기억(זכר 자카르: 기억하다)

영상 / "50년의 기억을 되새기며…"

평화의 인사 / 다같이

인도자: 사랑하는 기장 전국여교역자회 회원 여러분!

그리고, 여기에 함께한 자매형제 여러분!

50년의 기억을 되새기며 새 희년을 향해 발걸음 내딛는 이 시간,

예수 그리스도의 평화가 여러분과 함께하시기를 소망합니다.

회  중: (서로 평화의 인사를 나누며)

주님의 평화가 함께하시기를 소망합니다.

입장

인도자: 말씀으로 인도해주신 하나님께 감사드리며 제단 위에 성서를 올립니다.

다같이: 작은 불꽃 가운데서도 세미한 음성으로 인도해주신 하나님께 감사드리

며 제단 위에 초를 올립니다.

인도자: 정의의 힘찬 몸짓으로 우리를 인도해주신 하나님께 감사드리며 제단 위

에 십자가를 올립니다.

회  중: 돌봄의 부드러운 자비와 긍휼로 인도해주신 하나님께 감사드리며 제단

위에 부드러운 천을 올립니다.

다같이: 50년을 인도해주신 하나님께 감사하며 우리의 마음과 뜻과 정성을 올립

니다. 하나님 받아주옵소서!

(예배위원, 각 지역회 지역장들께서는 50주년을 인도해 주신 하나님께 감사드

리는 상징물을 들고 입장해 주시기 바랍니다.)

예배로의 부름 / 다같이

인도자: 생명, 정의, 평화의 하나님!
　　　 50주년 감사예배를 통하여 우리 가운데 임재하시는 성령을 만나기 원합
　　　 니다.

회　중: 자매와 형제의 모습에서 하나님의 형상을 만나기 원합니다.

다같이: 우리를 부르셨으니 기쁨과 감사로 나아가게 하옵소서. 아멘.

찬송 / 다같이

새찬송가 9장(하늘에 가득 찬 영광의 하나님)

## 둘째 마당: 아픔의 기억과 긍휼(□□ㄱ 레헴: 태, 자비, 사랑의 호소)

기도 / 이영미 목사(서울 경인), 황현주 목사(충북), 고미숙 목사(군산)

1. 4.16 세월호의 수많은 별들을 기억합니다. 자비하신 주님! 함께 하옵소서.
　응답송: 자비 베푸소서(기도가 끝난 후, 함께 응답송을 부릅니다.)
　　　　　 자비 베푸소서 자비 베푸소서 자비 베푸소서 이제와 영원히

2. 일본군 위안부로 아픔당한 우리 할머니들을 기억합니다. 이 땅에 폭력으로
　고통당하는 이들을 위해 기도합니다. 사랑의 주님! 어루만져 주옵소서.
　응답송: 자비 베푸소서 자비 베푸소서 자비 베푸소서 이제와 영원히

3. 그리스도의 몸으로 올곧게 세워가지 못하는 이 땅의 교회들을 기억합니다.

긍휼하신 주님! 회복시켜 주옵소서.

응답송: 자비 베푸소서 자비 베푸소서 자비 베푸소서 이제와 영원히

성서 봉독 / 예레미야 31:15-22, 마가복음 14:9, 고린도전서 11:24-25

예레미야 31:15-22 / 김미희 목사

마가복음 14:9 / 진민경 목사

고린도전서 11:24-25 / 최주 목사

말씀선포 / 박영주 목사(전임회장)

응답송 / 다같이

이 말씀 따라 사는 동안

셋째 마당: 다시 희년으로(ἀνάμνησις 아남네시스: 되새기는 기억)

성만찬 / 집례: 김은경 목사(부회장, 익산중앙교회)

배　찬: 김희정(서울경인), 문인혜(충북),

진미리(서울경인), 채미라(전남 광주)

### 성찬으로의 초대

집례자: 이 성찬은 50년의 희년을 통해 주님의 삶을 기억하고, 그의 죽음과 부활
을 기억하기 위한 것입니다. 또한 예수께서 다시 오셔서 이루실 하나님
나라의 잔치를 미리 맛보며 새로운 50년을 다짐하려는 것입니다. 주님
께서는 주님을 믿고 따르는 여러분을 이 거룩한 자리에 초대하십니다.
서로의 마음을 활짝 열어 우리를 위해 마련하신 주님의 식탁에 참여합
시다.

회　중: 이 귀한 식탁에 불러주신 은총에 감사하며, 마음과 뜻과 정성을 다하여
주님께 찬양과 영광을 돌립니다.

### 성령 임재의 기원

집례자: 생명의 주 하나님! 주께서 허락하신 주님의 만찬을 받으려 하오니 이 자
리에 성령으로 임재 하옵소서. 떡과 포도주가 우리를 구원하는 생명과
사랑의 양식이 되게 하시고, 주님의 온 백성을 새롭게 변화시켜 하늘나
라를 맛보는 은총의 양식이 되게 하옵소서.

회　중: 평화의 성령님! 주님의 만찬을 받음으로 거듭나게 하옵소서. 예수님의
이름으로 기도드립니다. 아멘.

### 제정의 말씀 / 다같이

고린도전서 11:23~26

집례자: 내가 여러분에게 전해 준 것은 주님께 받은 것입니다. 곧 주 예수께서
잡히시기 전날 밤에 떡을 드시어 감사를 드리신 다음, 떼시고 말씀하셨
습니다. "이것은 너희를 위하여 주는 내 몸이다 이것을 행하여 나를 기억
하여라' 식후에, 잔도 이와 같이 하시고 '이 잔은 내 피로 세운 새 언약이
다. 너희가 마실 때 마다 이것을 행하여 나를 기억하여라." 이 말씀에 의
지하여 우리는 다음과 같이 신앙을 선언합니다.

회　중: 그리스도께서는 죽으셨습니다. 그리스도께서는 부활하셨습니다.
그리스도께서는 다시 오십니다. 아멘.

### 분 병 례

집례자: 이 떡은 우리를 위해 자신을 내어 주신 그리스도의 몸입니다.

회 중: 아멘. 우리도 우리의 몸을 내어 주며 사랑하겠습니다.

집례자: 이 잔은 우리를 위해 피 흘리신 그리스도의 보혈입니다.

회 중: 아멘. 우리도 우리의 몸을 내어 주며 사랑하겠습니다.

### 성찬 나눔 / 다같이

(회중은 앞으로 나와 성찬에 참여합니다.

중앙으로 나오셔서 우리가 기억해야 할 것들을 "기억의 정원"에 심어주시고, 성찬을 받으신 후, 가장자리 통로를 통해 들어가시기 바랍니다. "50년을 이어온 기장 전국여교역자회가 가진 것들 중 반드시 기억해야 할 것" 예) 생명, 평화, 정의, 배려, 환대, 헌신, 선교, 평등, 자유, 해방, 사랑, 어울림 등을)

### 감사기도 / 다같이

하나님, 오늘 그리스도의 몸과 피에 참여함으로써 새로운 다짐을 갖게 하시니 감사드립니다. 예수 그리스도의 죽음과 부활에 관한 기억이 우리의 과거, 현재, 미래를 이어주듯이, 지나온 50년 동안 걸어온 기억들을 통해 새로운 50년으로 나아가는 소망의 길이 되게 하옵소서. 그리하여, 생각과 말과 행위가 주님과 하나 되게 하시고, 기장 전국여교역자회의 선한 기억들이 계속해서 우리의 삶 속에 나타나게 하옵소서. 예수 그리스도 안에서 한 몸, 한 피 받은 모든 자매와 형제들이 서로 소통하고 격려하며 생명, 정의, 평화를 위해 일하게 하옵소서. 예수 그리스도의 이름으로 기도드립니다. 아멘.

### 송영 / 다같이

사랑의 나눔 있는 곳에

공동기도 / 다같이

인도자: 은총의 하나님, 남성위주의 척박한 목회의 땅에 하나님을 믿는 여성들
　　　을 선택하시고 부르심을 감사합니다. 사랑과 희생으로 땅을 갈아엎어
　　　거름을 주고 씨를 뿌리며 여기까지 이르게 하신 에벤에셀 하나님의 은
　　　총에 감사합니다.

회　중: 희망을 찾을 수 없어 말할 수 없는 탄식으로 기도할 때마다 영으로 우리
　　　여교역자들과 함께하시고, 우리와 함께 50년의 길을 만들어 오신 하나
　　　님을 기억합니다.

인도자: 굴종과 예속에서 자유와 해방을 향해 나아갔던 이스라엘 백성의 광야
　　　40년, 자신들이 누구인가를 물으며 그 해답을 찾는 시간이었듯이 우리
　　　여교역자회의 지난 50년의 역사 또한 우리가 과연 누구인가를 끊임없이
　　　물으며 그 대답을 찾았던 시간들이었습니다.

회　중: 이제 하나님 앞에 부름 받은 자로 이 땅에 우리를 보내신 하나님의 뜻을
　　　기억하며 광야를 지나 약속의 땅 새 희년을 향해 나아가는 우리 여교역
　　　자회가 되게 하옵소서

인도자: 소망의 하나님, 기억을 되새기며 나쁜 기억들마저도 감싸 안고 새 희년
　　　을 향해 나아가는 우리 여교역자들 위에 새 힘과 용기와 지혜를 부어 주
　　　옵소서.

회　중: 하나님이 우리에게 주신 생명을 보듬는 긍휼의 마음으로 한 영혼을 소중
　　　히 여기고 이 시대의 고통 받는 이들과 함께 하게 하옵소서. 우리를 반대
　　　하는 새들까지도 품어내는 나무처럼 넉넉한 하나님의 사역자들이 되게
　　　하옵소서

인도자: 과거 선배님들의 수고와 헌신이 오늘 우리의 자리를 만들어냈듯이,

회　중: 오늘 우리의 삶이 내일의 결실로 나타남을 기억하며 소망으로 자신의
　　　땅을 일구는 우리가 되게 하옵소서

인도자: 우리와 늘 함께하시는 임마누엘 하나님, 하나님의 사랑을 받은 우리 여
　　　교역자는 혼자가 아님을 고백합니다. 하나님이 우리와 함께 하시듯 우
　　　리와 함께하는 동지들이 여기있사오니, 새 희년을 향하여 우리 모두 용
　　　기를 내어 한 발을 내딛게 하시고, 동지들과 함께 하나님 나라의 새 역사
　　　를 써 나가는 우리가 되게 하옵소서

다함께: 변함없이 우리와 함께하시며 오늘도 일하시는 하나님을 신뢰하며 우리
　　　의 자리에서 생명, 정의, 평화를 만들어내는 우리가 되게 하옵소서. 시대

시대마다 우리와 함께하시는 예수 그리스도의 이름으로 기도드립니다.
아멘

**결단찬송 / 우리가 새 날을 낳으리라 _ 박영주 글/고상미 곡**
1. 우리가 잠들어 누운 밤 하늘도 땅도 모두 잠들어
   낮은자 들어 새벽을 깨우는 주께서 우리를 부르셨으니

2. 높은 보좌 내리치고자 낮고 천한 자 일으키고자
   약한 자 들어 새 일을 행하는 주께서 우리를 택하셨으니
   후렴) 깨어라 일어나 노래하라 이 땅에 새 날을 잉태한 이여
   오랜 수난의 세월을 이기고 새 날을 낳으리라

**공동축도 / 김지선 목사**
하나님께서 우리에게 복을 내리시며, 우리를 지켜주시고,
하나님께서 그의 얼굴을 비춰시어 우리에게 은혜를 베풀어주시며,
하나님께서 우리를 고이 보시어 평화주시기를 축원합니다. 아멘

이렇게 희년감사예배를 통해 기억을 되새기며 새 희년을 향해 나가기로 결단하고 희년 토크쇼를 통해 새로운 희년을 향해 나아가야 할 방향을 정한 기장 여교역자들은 희년총회를 마치고 폐회예배에서 마리아의 찬가를 읽고 촛불을 나누면서 하나됨을 기원하였다.

이 촛불은 우리 여교역자들의 하나된 마음입니다(힘을 상징합니다).
이 촛불은 우리들의 단결된 힘입니다(하나된 마음을 상징합니다).
이 촛불은 우리들의 꺼지지 않은 소망의 불꽃입니다.
이 촛불은 우리들의 마음속에서 영원히 솟구치는 생명과 사랑입니다.

한국기독교장로회 전국여교역자회는 출애굽하라는 하나님의 뜻에

따라, 율법주의적 교권주의적 교회에서 탈출한 기장교회를 따라 출애굽했지만, 여전한 가부장적이고 성차별적인 교회 풍토 아래서 광야 40년의 시련을 거쳐야 했다. 비전으로 삼은 약속의 땅 가나안은 여교역자들이 기장여성들, 기장교회들과 더불어 만들어 가야 하는 곳이었다.

# 맺 음 말

# 기장교단에 대한 우리의 꿈

 

 

기장전국여교역자회 50년사는 성평등 운동 씨앗에서 시작해서 '성
평등 교회 만들기'라는 목표를 향해 달린 기장 여교역자회 자취를 담고
있다. 1884년 여성에게 해방의 복음을 전한 개신교 시작에서부터 여교
역자회가 출현하기까지를 전기(前期)로, 1953년 기장교회 창립부터 여
교역자회 창립 시기까지는 태동기였다. 이 글의 본 줄기는 1968년 여
교역자회 창립에서부터 2018년 5월 희년총회까지 여정이다. 1968년
부터 1977년 창립 10주년을 출애굽 시기로, 1978년에서 1987년 창립
20주년을 한국교회 선교백년을 맞아 여교역자들이 깨어 일어나 노래
하는 시기로, 1988년부터 1997년 창립 30주년까지 한국교회 여성들
앞에 가로놓인 성차별이라는 바윗돌을 옮기기 시작한 시기였다.[1] 1998

---

[1] 나선정 총무는 1968년 여교역자회 창립부터 1977년 여교역자회 창립 10주년까지를 자리
매김한 10년으로, 1987년 창립20주년까지를 발돋움한 10년으로, 1997년 창립30주년까
지를 날개 편 10년으로 분류하였다. 나선정, 「기장총회와 여교역자회 약사」, 『30주년 기념
집』, 141–143.

년부터 2007년 40회 총회까지는 양성평등 교단을 향한 기장여성들의 연대활동이 집약된 시기임과 동시에 여교역자회가 직면한 위기를 극복하는 시기였다. 2008년부터 2018년 희년총회까지는 성차별과 죽임이라는 광야를 지나 성평등교회로, 생명공동체로 나아가는 시기로 일별하였다.

여교역자회 실행위원회 기록에 보면, 창립 40주년에 40년사를 출판하자는 계획을 세웠으나 실행에 옮기지 못하였다. 50년 희년총회를 준비하면서도 50년사 출판계획은 없었다. 2018년 희년기념예배와 "기억을 되새기며 새희년을 향하여!"라는 제목의 50주년 기념 희년문집에서 감동을 받은 회원들이 이어 열린 희년총회에서 여교역자회 50년사를 출판하자고 제안해 사업으로 채택하였다.

2018년 8월 27일 일차 편집위원회가 모여 집필자를 선정하였다. 필자가 집필 방향과 흐름을 정해 쓴 초고를 2019년 1월 18일에 편집위원들이 1차 검토를 하고 2월 27일에 2차 검토를 하면서 부록에 들어갈 목록들을 정리하였다. 이후 필자의 원고를 편집위원들이 전자통신을 이용해 수정의견을 주고받으며 최종적으로 정리하였다.

편집위원들은 50년사가 여교역자회 역사를 돌아보고 기억하는 데 멈추지 않고 새로운 희년을 향해 나아가기 위한 이정표를 세우고 과제를 모색하자고 의견을 모았다. 이 과제를 모색하기 위해 편집위원들이 함께 50년사 초고를 읽고 새로운 희년을 위한 과제가 무엇인지 각자 의견을 나누었다. 그 의견들을 기장여교역자회의 과제로 삼기 위해 다음에 게재한다.

- 기장 여교역자 역사를 보니 70년대 여교역자들은 사회선교 활동을 활발히 전개했다. 현재 우리들은 70년대에 비해 사회선교 동력이 떨어

지고 있다는 느낌이 든다. 90년대 이후에는 여교역자회에서 독자적으로 벌인 사회선교 활동보다 교회협 여성위원회를 비롯한 기독여성운동단체와 연대활동이 많다. 여성문제와 사회문제를 선교적 이슈로 가져갈 수 있도록 사회선교를 활성화할 과제가 있다.

- 내용적으로 보면 초기 여교역자들도 지역적 한계는 있었지만 최소한 수도권 교역자들이 여교역자 지위확보나 회원 문제에 일치단결해 행동에 나선 모습을 많이 볼 수 있었다. 세월이 지나가면서 중앙과 지역 사이에 간극이 생기고 회의에서 결의한 것이 지역에서 활성화되지 못하는 모습들이 많이 보였다. 회원들의 편차가 크고 보수와 진보의 간극이 큰 듯하다. 이 간극을 줄일 수 있는 길을 모색해야 한다.

- 여교역자들이 기장 여교역자로서 정체성이 많이 약해진 것 같다. 기장여성연대와 연대활동에서는 다소 기장성을 찾아볼 수 있지만, 여교역자들의 활동에는 개교회 목회 중심이 강하고 기장성이 약해 보인다. 기장성 회복이 중요하다.

- 초기 선배 여교역자들처럼 여교역자회가 위급한 상황에 울타리가 되어줄 수 있는 자매공동체 정신을 회복해야 한다. 선배들은 후배를 존중하고 후배들은 선배들을 존경하는 풍토가 형성되어야 한다.

- 여교역자회 목적에 충실했는가를 반성하게 되었다. 50년사를 회원들이 모두 읽고 전망과 비전을 모색하는 것이 중요하다. 또한 새희년을 향해 나가는 여교역자회 목적이 시대와 맞는지 검토하고 목적을 수정할 필요가 있다.

- 회원의 정체성 강화와 더불어 회원의 주체성도 강화해야 한다. 회를 튼튼하게 만들기 위해서는 여교역자 모두를 회원으로 상정하지 말고 주체성을 가진 회원 중심체제로 가야 회의 동력이 붙는다.

- 50년사를 읽어 보니 선배 여성 목회자들에게 감사한 마음이 든다. 해

마다 30명 이상 여성이 목사안수를 받는데 이들이 여교역자회 회원으로 가입하지 않는다. 젊은 여교역자들에게 본인들이 누리는 그 위치가 여교역자 지위향상과 확보를 위해 선배 여교역자들이 벌인 투쟁의 산물임을 인지시키고 회에 대한 관심을 갖도록 해야 한다.

- 지난 50년 역사에 보면, 독신 여교역자들이 많았으나 지금은 결혼하는 여교역자들이 많아져서 과거 선배들과 지금 여교역자 욕구가 다르다. 여교역자 욕구를 파악해서 이에 대한 대응활동을 해야 한다. 특히 여교역자의 임신·출산과 육아문제에 대한 대안이 필요하다. 여교역자회 초기부터 이 문제가 제기되어왔는데 교회가 사회보다 더 더디게 가고 있어 이에 대한 본격적인 행동이 필요하다.

- 여교역자 노후를 위한 방안이 마련되어야 한다. 현재 여신도회전국연합회가 은퇴여교역자를 위해 베다니 집을 운영하고 있는데, 시설이 개발제한으로 묶여 있어 발전할 수 없는 상태이다. 베다니집 재산권은 여신도회에 있다하더라도 베다니 집을 마련한 초기 정신으로 돌아가 은퇴 여교역자를 위한 합리적인 노후 보장 방안을 여신도회와 함께 모색해야 한다.

- 여교역자회 과제를 별도로 모색할 것이 아니라 2017년 종교개혁 500주년, 여교역자회 50주년을 맞아 발표한 여교역자 선언의 9개 비전[2]이 회원 모두의 비전이 될 수 있도록 해야 하며, 새희년 토크쇼에서

---

[2] 9개 비전은 다음과 같다. ① 성평등과 성정의를 우리의 목회현장에서부터 실천하겠습니다. ② 권위주의와 교권주의를 버리고 민주적인 교회로 세워 가겠습니다. ③ 물질주의와 성장제일주의의 우상을 버리고 하나님의 교회로 세워 가겠습니다. ④ 개교회주의를 지양하고 작은 교회, 지역교회들과 함께하는 공교회성을 회복하겠습니다. ⑤ 이웃과 함께 하여 교회의 공공성을 회복하여 사회적 책임을 다하겠습니다. ⑥ 평화통일을 위하여 기도하며 행동하겠습니다. ⑦ 생명감수성으로 창조세계 보전을 위해 앞장서겠습니다. ⑧ 신학과 성서 해석의 올바른 지평을 열겠습니다. ⑨ 이웃종교와 공동의 선을 일구어 가겠습니다.

젊은 교역자들이 제기한 과제와 세 번의 간담회에서 나온 이야기들을 현실화해야 한다.

• 과거 역사를 보니 과제를 많이 모색했고, 계획도 많이 세웠는데 추진이 안 된 것이 많다. 여교역자회가 작성하고 발표한 선언문이나 과제가 현실화되기 위해서는 발표된 문건들이 회원들에게 체화될 수 있는 길을 모색해야 한다. 여교역자회 총회 주제는 교단 총회 주제를 따르고 있는데 교단 총회와 여교역자 총회의 기간 사이에 간극이 크다. 연초부터 총회 주제로 목회할 수 있도록 대안을 마련해야 한다. 또한 회원들을 동력화하기 위해서는 여교역자회 모임의 조정이나 SNS 등 회원과 소통할 수 있는 도구를 활성화해야 한다.

• '새희년을 향하여!'라고 큰 틀을 이정표로 삼았는데 우선 향후 10년 동안 할 일을 계획하자. 기장여성연대가 '기장여성10년 달력'을 만들어 성평등 교단을 만들려고 했던 것처럼 여교역자회 10년 달력을 만들어 여교역자회 위상 강화와 역량 강화, 여성 목회 향상을 목표로 실행에 옮겨 보자.

50년사 집필을 마치면서 앞서간 세대 여교역자들의 목회현장을 기록으로 남겼으면 하는 바람이 있다. 일반적으로 교회 역사가 오래되면 그 교회사를 펴내어 교회에서 목회한 담임목사들에 대한 기록이 남겨지는데 여성 목회자들의 목회기는 자료로 남지 않는다. 여교역자들의 목회 이야기 여성사를 여교역자회에 과제로 제안한다.

끝으로 '기장교단에 대한 우리의 꿈'으로 기장여교역자회 50년사를 마감하고자 한다.

기장교단에 대한 우리의 꿈

이 순간 우리 교단과 교회의 가부장적 문화와 구조하에서
성차별로 인해 기장여성들이 겪는 고난과 좌절에도 불구하고
우리는 아직도 꿈을 가지고 있습니다.
그것은 하나님이 자신의 형상을 따라
사람을 만드시되 남자와 여자로 만드셨다는,
그래서 여성도 하나님의 형상으로서 존엄한 존재라는 성서의 증언,
창조신앙에 근거한 꿈입니다.
우리는 어느 날 우리 교단에서 같은 수의 남자와 여자들이
함께 총대로서 총회 회의장에 마주 앉게 될 날이 오리라는,
개 교회 여 장로와 남 장로가 같은 수로 당회를 구성하며,
남성 목회자와 여성 목회자가 공동으로 목회를 하며
여성과 남성이 번갈아가며 총회장과 총무를 하고
교단신학교에 같은 수의 남자 교수와 여자 교수가 교수회의를 하는 그
런 날,
기장의 모든 남자와 여자가 한 마음으로 한 식탁에 둘러앉아
형제자매의 사랑을 나누는 날이 오리라는 꿈이 있습니다.

우리에게는 이런 꿈이 있습니다.
어느 날 불평등과 차별, 억압과 불의로 기승하던 교회가
평등과 정의와 평화의 지성소로 변하리라는 꿈을,
여성과 청년들이 그들의 성이나 나이에 의해서가 아니라,
하나님으로부터 부여받은 그들의 인격과 능력에 따라 평가받을 수 있는,
어느 한 성이 결정하고, 다른 성은 결정한 것을 따르는 것이 아니라

서로 평등하게 함께 결정하고 함께 섬기는
그런 교회로 바뀌리라는 꿈을 가지고 있습니다.

우리에게는 꿈이 있습니다.
어느 날 모든 골짜기는 메워지고, 모든 산과 언덕은 평평해지고,
굽은 곳은 곧아지고, 험한 길은 평탄해져
모든 사람이 하나님의 구원을 볼 것이라는 이사야의 말씀이 이루어지는
것을,
기득권 가진 사람은 기득권을 내어놓고,
높은 자리에 있던 사람들이 겸손해져 섬기는 자리로 내려오고,
낮은 자리에 처해있는 사람들은 들어 올려져, 높은 자와 낮은 자 없이
기장의 모든 사람들이 서로 파트너가 되어
정의, 평화, 창조의 보전을 위해 일하며
다함께 하나님을 찬양하는 모습을 보는 그런 꿈입니다.
우리의 희망과 믿음은 이것입니다.
초대교회에서 세례 받을 때
"그리스도 안에서는 유대인과 헬라인, 종이나 자유인,
남자나 여자나 차별 없이 하나입니다." 고백하던 것처럼
오늘 우리 교회의 세례식에서도 다시 고백되어져
차별은 폭력이고 죄라는 인식이 강물같이 교회 안에서 흘러
교회 안에서 인종차별, 계급차별, 성차별이 없어질 것이라는 희망과 믿
음입니다.
믿음은 바라는 것들의 실상이라는 히브리서 기자의 증언처럼
이 믿음으로 우리는 절망의 산에서 희망의 바윗돌을 깎아내리려고 합니다.
우리는 이 믿음으로 우리 기장의 불협화음을

평등과 조화의 아름다운 합창곡으로 바꿀 것입니다.

이 믿음으로 우리는 어느 날 우리 기장이 양성 평등한 교단이 되리라는 것을 바라보며

다함께 나아가야 합니다.

기장 모든 노회로부터 평등과 자유의 종이 울려 퍼지고,

교단 총회 정책을 결정하는 거대한 자리로 부터 양성평등의 종이 울려 퍼지게 하십시오.

기장 신학의 산맥으로부터 양성평등의 소리가 울려 퍼지게 하고,

기장의 목회지에서 여성 목회자의 영성과 지도력이 울려 퍼지게 하십시오.

기장의 모든 교회와 기관으로부터 성차별적 관행이 철폐되는 자유가 울려 퍼지게 하고,

이를 통해서 한국 교회에 평등과 평화를 노래하는 메아리가 울려 퍼지게 하십시오.

용기를 내라, 내가 세상을 이겼다.

예수님이 우리를 격려하시기에 좌절하지 않습니다.

'우리는 그리스도 안에서 하나입니다.'

'하나님 감사합니다. 우리는 마침내 하나입니다!'

이 노래를 부를 그날을 희망하며 나아갑니다.[3]

---

[3] 이 글은 2008년 3월 24일 기장여성연대 모임에서 "양성 평등과 기장여성의 미래"라는 주제 발표에서 필자가 마틴 루터 킹 목사의 "나에게는 꿈이 있습니다"에서 영감을 받아 쓴 글을 발표한 것이다.

# 부록

# 여교역자회 역대 실행위원 명단

| 1968년 | 창립총회 회장 김영희 |
|---|---|
| 1969~1971년 | 2대, 3대 회장 박성자 (後에 목사 임직) |
| 1972~1975년 | 4대, 5대 회장 양정신 |
| 1976년 | 6대 회장 황치순 |
| 1978년 | 7대 회장 안계희 |
| 1980년 | 8대 회장 김숙희 |
| 1982년 | 9대 회장 정숙자 |

| 1971년 | |
|---|---|
| 회장 | 박성자 |
| 서기 | 박계자→김지선 |
| 부서기 | 정정순 |
| 회계 | 안계희 |
| 친교부장 | 홍화숙 |
| 연구부장 | 한송죽 |

| 1984년 | | | | | |
|---|---|---|---|---|---|
| 회장 | 김황옥 | 부회장 | 권영순 | 총무 | 지양자 |
| 서기 | 김현애 | 회계 | 한주온 | 연구부장 | 오은균 |
| 교육부장 | 송정자 | 친교부장 | 강신순 | 재정부장 | 박지선 |

| 1986년 | | | | | |
|---|---|---|---|---|---|
| 회장 | 이영숙 | 부회장 | 지양자 | 서기 | 이은우 |
| 부서기 | 유신재 | 회계 | 송정자 | 부회계 | 안옥청 |
| 연구부장 | 박준옥 | 교육부장 | 현말렬 | 선교부장 | 강신순 |
| 친교부장 | 한금희 | 재정부장 | 박지선 | 국제부장 | 정숙자 |
| 협동총무 | 박성자, 김황옥, 한주온 | | | | |

| 1988년 | | | | | |
|---|---|---|---|---|---|
| 회장 | 박성자 | 부회장 | 송정자 | 서기 | 서애란 |
| 부서기 | 김화자 | 회계 | 박수현 | 부회계 | 김나열 |
| 연구부장 | 박준옥 | 교육부장 | 현말렬 | 선교부장 | 강신순 |
| 친교부장 | 한금희 | 국제부장 | 강성혜 | 재정부장 | 박지선 |
| 협동총무 | 이영숙, 안옥청, 안계희, 한재인 | | | | |

| 1990년 | | | | | |
|---|---|---|---|---|---|
| 회장 | 김정희 | 부회장 | 현말렬 | 서기 | 전규자 |
| 부서기 | 최현남 | 회계 | 박수현 | 부회계 | 강은화 |
| 연구부장 | 이은우 | 교육부장 | 명노선 | 선교부장 | 박준옥 |
| 친교부장 | 조선희 | 국제부장 | 강성혜 | 재정부장 | 안옥청 |
| 협동총무 | 박성자, 이영숙, 송정자, 박지선, 강신순, 소혜자 | | | | |

**1992년**

| 회장 | 현말렬 | 부회장 | 박지선 | 서기 | 최현남 |
|---|---|---|---|---|---|
| 부서기 | 김경희 | 회계 | 박수현 | 부회계 | 강은화 |
| 연구부장 | 김정희 | 교육부장 | 박성자(전) | 선교부장 | 전규자 |
| 친교부장 | 김태옥 | 국제부장 | 강성혜 | 재정부장 | 안옥청 |
| 지도력개발원 부장 | 명노선 | | | | |
| 협동총무 | 박성자, 김숙희, 송정자/나선정(1993년 추가) | | | | |

**1994년**

| 회장 | 안옥청 | 부회장 | 박성자(전) | 서기 | 김태옥 |
|---|---|---|---|---|---|
| 부서기 | 전윤희 | 영문서기 | 채혜원 | 회계 | 강은화 |
| 부회계 | 송경숙 | 교육부장(지도력개발원 운영위원장) | | | 강성혜 |
| 연구부장 | 박수현 | 친교부장 | 손영자 | 선교부장 | 김나열 |
| 국제부장 | 정숙자 | 재정부장 | 하성순 | | |
| 협동총무 | 김정희, 나선정, 현말렬 | | | | |
| 지역회장 | | | | | |
| 서울 | 김성희 | 경기중부 | 조영숙 | 경인경기북 | 홍성윤 |
| 전남광주 | 길은복 | 전북전북서 | 김화자 | 충경 | 이성예 |

**1996년**

| 회장 | 박성자(전) | 부회장 | 김화자 | 서기 | 김태옥 |
|---|---|---|---|---|---|
| 부서기 | 전윤희 | 영문서기 | 고은혜 | 회계 | 박수현 |
| 부회계 | 송경숙 | 연구부장 | 김성희 | 교육부장 | 전규자 |
| 친교부장 | 임광자 | 선교부장 | 김나열 | 국제부장 | 정숙자 |
| 재정부장 | 하성순 | 협동총무 | 안옥청, 송정자, 명노선 | | |
| 지역회장 | | | | | |
| 전남 | 이경님 | 전북 | 박옥신 | 충북 | 방순희 |
| 충남 | 심구오 | 경상 | 김황옥 | 서울 | 이종원 |
| 경기 | 조영숙→홍성윤 | | | | |

**1997년**

| 회장 | 박성자(전) | 부회장 | 박옥신 | 서기 | 김태옥 |
|---|---|---|---|---|---|
| 부서기 | 조선희 | 영문서기 | 고은혜 | 회계 | 이종원 |
| 부회계 | 손영자 | 선교위 | 김광자 | 교육위 | 조인영 |
| 국제위 | 정숙자 | 홍보출판위 | 양미강 | 재정위 | 이종원 |
| 회원활동위 | 임광자 | | 은퇴여교역자위 | | 송정자 |
| 협동총무 | 안옥청, 송정자 | | | | |
| 지역회장 | | | | | |
| 전남 | 이경님 | 전북 | 박옥신 | 전북서 | 허완심 |
| 충북 | 방순희 | 충남 | 심구오 | 경상 | 김황옥 |
| 서울경기 | 박수현 | 경기(총무) | 조영숙 | | |

**1998년**

| 회장 | 박옥신 | 부회장 | 한국염 | 서기 | 김현숙→박수현 |
|---|---|---|---|---|---|
| 부서기 | 조선희 | 영문서기 | 고은혜 | 회계 | 이종원 |
| 부회계 | 손영자 | 기획위 | 한국염 | 교육위 | 조인영 |
| 선교위 | 정옥자 | 회원활동위 | 이경님 | 홍보위 | 이혜진 |
| 국제위 | 이강실 | | 은퇴여교역자위 | | 송정자 |
| 재정위 | 송순호 | 협동총무 | 박성자(전), 김정희 | | |
| 지역회장 | | | | | |
| 서울경인 | 박수현 | 충북 | 고은영 | 충남 | 김영숙 |
| 전북 | 최순애 | 전북서 | 허완심 | 경상 | 전기정 |
| 전남 | 최화택 | | | | |

**2000년**

| 회장 | 한국염 | 부회장 | 김지선 | 서기 | 이종원 |
|---|---|---|---|---|---|
| 부서기 | 이혜진 | 회계 | 손영자 | 부회계 | 양명숙 |
| 기획위 | 김지선 | 교육위 | 김성희 | 선교위 | 김광자 |
| 회원활동위 | 정애님 | | 은퇴여교역자위 | | 김연심 |
| 홍보위 | 고은영 | 국제위 | 조인영 | 재정위 | 송순호 |
| 협동총무 | 박옥신, 박성자(전) | | | | |
| 지역회장 | | | | | |
| 서울경인 | 이은우 | 충북 | 고은영→변종명 | 전북 | 송말례→김경옥 |
| 전북서 | 허완심 | 경상 | 전기정 | 전남 | 최화택→김광자 |

**2002년**                                                                      * (부) = 부위원장

| 회장 | 김지선 | 부회장 | 이종원 | 서기 | 이혜진 |
|---|---|---|---|---|---|
| 부서기 | 김연심 | 회계 | 정이일 | 부회계 | 전윤희 |
| 기획위 | 이종원 김성희(부) | 교육위 | 박영주 김선아(부) | 선교위 | 송순호 김광자(부) |
| 회원활동위 | 하성순 / 문미연(부) | | 은퇴여교역자위 | 고은영 / 이혜자(부) | |
| 홍보위 | 홍성윤 채미라(부) | 국제위 | 양명숙 조인영(부) | 재정위 | 손영자 박옥순(부) |
| 협동총무 | 한국염, 김정희 | | | | |
| 지역회장 | | | | | |
| 서울경인 | 이은우→강은화→김세화 | | | 충북 | 변종명→고은영 |
| 전북 | 김경옥→임병이 | 전북서 | 허완심 | 전남·광주 | 김광자→하성순 |
| 경상 | 전기정 | | | | |

| 회장 | 이종원 | 부회장 | 김광자 | 서기 | 조선희→최은경 |
|---|---|---|---|---|---|
| 부서기 | 장성숙→김은정 | 회계 | 한혜주 | 부회계 | 문미연 |
| 기획위 | 김광자<br>김성란(부) | 교육위 | 김세화 / 최은경<br>→전윤희(부) | 선교위 | 민옥만<br>김병순(부) |
| 회원활동위 | 채미라→윤옥선 / 윤옥선→양기정(부) | | | | |
| 홍보위 | 홍성윤 / 김은경(부) | | 은퇴여교역자위 | 고은영 / 김성희(부) | |
| 국제위 | 김연심<br>임보라(부) | 재정위 | 손영자<br>박옥순(부) | 협동총무 | 김지선<br>박옥신 |
| 지역회장 | | | | | |
| 서울경인 | 김세희→전규자 | 충북 | 고은영 | 전북 | 임병이 |
| 전북서 | 허완심→김정분 | 전남 | 김태옥→민옥만 | 경상 | 전기정 |

| 회장 | 김광자 | 부회장 | 박영주 | 서기 | 안수경 |
|---|---|---|---|---|---|
| 부서기 | 김수영 | 회계 | 문성자 | 부회계 | 임칠현 |
| 기획위 | 박영주<br>유경남(부) | 교육위 | 김경희<br>박희진(부) | 선교위 | 김정심<br>김병순(부) |
| 회원활동위 | 윤옥선<br>김태옥(부) | | 은퇴<br>여교역자위 | 김은경<br>오애순(부) | |
| 홍보출판위 | 임보라<br>김미희(부) | 국제위 | 양명숙<br>이은우(부) | 재정위 | 임병이<br>홍애선(부) |
| 협동총무 | 이종원, 한국염 | | | | |
| 지역회장 | | | | | |
| 서울경인 | 이혜진 | 충북 | 이정순 | 전북 | 김혜성 |
| 전북서 | 김정분 | 전남 | 민옥만 | 경상 | 전기정 |

| 회장 | 박영주 | 부회장 | 김정분 | 서기 | 신정숙 |
|---|---|---|---|---|---|
| 부서기 | 안수경 | 회계 | 홍애선 | 부회계 | 박미미 |
| 기획위 | 김정분<br>이혜진(부) | 교육위 | 이은우<br>박희진(부) | 선교위 | 임병이<br>김영이(부) |
| 회원활동위 | 김정심<br>이혜형(부) | 은퇴<br>여교역자위 | 김은경<br>조인영(부) | 홍보출판위 | 김성희<br>유경남(부) |
| 국제위 | 양명숙 / 임보라(부) | | 재정위 | 홍성윤 / 공은혜(부) | |
| 협동총무 | 김광자(직전회장) | | 감사 | 김연심, 이종원 | |
| 지역회장 | | | | | |
| 서울경인 | 안수경 | 충북 | 고은영 | 충남 | 함정기 |
| 전북 | 김경옥 | 전북서 | 김정분 | 전남 | 송순호 |
| 경북 | 전기정 | 대전 | 양화자 | | |

| 2011년 | | | | | * (부) = 부위원장 |
|---|---|---|---|---|---|
| 회장 | 김정분 | 부회장 | 이은우 | 서기 | 심은정 |
| 부서기 | 서옥희 | 회계 | 박미미 | 부회계 | 김영이 |
| 기획위 | 이은우→김연심) 이영미(부) | 교육위 | 이혜진→안수경 우은정(부) | 선교위 | 전윤희 김병순(부) |
| 회원활동위 | 김성희 이혜형(부) | | 은퇴 여교역자위 | 김태옥 김정옥(부) | |
| 홍보위 | 홍성윤 노복자(부) | 국제위 | 채미라 임보라(부) | 재정위 | 홍애선 박사순(부) |
| 협동총무 | 박영주(직전회장) | 감사 | 김광자, 이종원 | | |
| 지역회장 | | | | | |
| 서울경인 | 한혜주 | 충북 | 고은영 | 충남 | 함정기 |
| 전북 | 양기정→전윤희 | 익산 | 김은경 | 군산 | 유경남 |
| 전남광주 | 김연심 | 경북 | 전기정 | 대전 | 김정옥 |

| 2013년 | | | | | * (부) = 부위원장 |
|---|---|---|---|---|---|
| 회장 | 김연심 | 부회장 | 홍성윤 | 서기 | 심은정 |
| 부서기 | 김미희 | 회계 | 이혜형 | 부회계 | 신정숙 |
| 기획위 | 안수경 김성희(부) | 교육위 | 임보라 우은정(부) | 선교위 | 오애순 은성남(부) |
| 회원활동위 | 노복자 윤은자(부) | | 은퇴 여교역자위 | 김정옥 김병순(부) | |
| 홍보출판위 | 김영선 이영미(부) | 국제위 | 채미라 양화자(부) | 재정위 | 홍애선 박미미(부) |
| 여교역자협력기금위 | 홍성윤 | 협동총무 | 김정분(직전회장) | | |
| 감사 | 박영주, 문성자 | | | | |
| 지역회장 | | | | | |
| 서울경인 | 박인숙 | 충북 | 이정순→하성순 | 충남 | 함정기 |
| 전북 | 김병순 | 익산 | 김은경→조정애 | 군산 | 유경남→김정숙 |
| 전남광주 | 박사순→조희경 | 경북 | 전기정 | 대전 | 우금자 |

| 회장 | 홍성윤 | 부회장 | 김성희 | 서기 | 김미희 |
|---|---|---|---|---|---|
| 부서기 | 채미라 | 회계 | 노복자 | 부회계 | 안송자(부) |
| 기획위 | 안수경<br>박인숙(부) | 교육위 | 임보라<br>서옥희(부) | 선교위 | 오애순<br>은성남(부) |
| 회원활동위 | 윤은자<br>문인혜(부) | | 은퇴<br>여교역자위 | 김정옥<br>홍애선(부) | |
| 홍보출판위 | 김영선<br>이영미(부) | 국제위 | 양화자<br>김진아(부) | 재정위 | 박미미<br>최청미(부) |
| 여교역자협력기금위 | | 김성희 | 협동총무 | 김연심(직전회장) | |
| 감사 | 김정분, 한혜주 | | | | |
| 지역회장 | | | | | |
| 서울경인 | 심은정 | 충북 | 하성순→이혜형 | 충남 | 함정기 |
| 전북 | 김병순→황진숙 | 익산 | 조정애 | 군산 | 김정숙 |
| 전남광주 | 조희경 | 경북 | 전기정 | 대전 | 우금자→서영화 |

| 회장 | 김성희 | 부회장 | 김은경 | 서기 | 오애순→안송자 |
|---|---|---|---|---|---|
| 부서기 | 안송자→황진숙 | 회계 | 노복자 | 부회계 | 육동선 |
| 기획위 | 박인숙<br>정곤희(부) | 교육위 | 임보라<br>장수연(부) | 선교위 | 양화자<br>고미숙(부) |
| 회원활동위 | 윤은자<br>김희정(부) | | 은퇴<br>여교역자위 | 홍애선<br>함정기(부) | |
| 홍보출판위 | 김영선<br>이영미(부) | 성평등위 | 조희경<br>채미라(부) | 신학위 | 안수경<br>김진아(부) |
| 목회연구위 | 김미희<br>조은화(부) | | | 재정위 | 심은정<br>최청미(부) |
| 여교역자협력기금위 | | 김은경 | 협동총무 | 홍성윤(직전회장) | |
| 지역회장 | | | | | |
| 서울경인 | 심은정→이명숙 | 충북 | 문인혜 | 충남 | 윤영자→유순란 |
| 전북 | 김병순→황진숙 | 익산 | 조정애 | 군산 | 김정숙→고미숙 |
| 전남광주 | 박미미→노복자 | 경상 | 전기정 | 대전 | 서영화→김정옥 |

# 여교역자회 역대 총무와 실무자 명단

- 1대 　나선정 총무(1986. 7.~1993. 5.)
- 2대 　명노선 총무(1993. 5.~1996. 6.)

　　　　총무대행: 정숙자(1996. 7.~1997. 5.)

　　　　간사: 오수경(지도력개발원)1993. 4.~1994. 7.),

　　　　　　　인금란 (파트타임/1994. 1~7.),

　　　　　　　최현남(본회/1994. 8.~1996. 5.),

　　　　　　　심은정(지도력개발원/1995. 1.~1997. 8.)
- 3대 　김화자 총무(1997. 5.~2000. 5.)

　　　　간사: 윤혜경(1997. 7.~1998. 6),

　　　　　　　은성남(1999. 1.~2000. 5.)
- 4대 　박수현 총무(2000. 6.~2005. 10.)
- 5대 　전규자 총무(2007. 5.~2012. 5.)
- 6대 　이혜진 총무(2012. 5.~ 2019. 현재)

# 우리 회 출판물

- 목회현장(1990)
- 여성 목회(1993)
- 10주년 기념회보(1977)
- 20주년 기념회보(1987)
- 30주년 기념회보(1997)
- 우리 회 소식지(여성 목회 생명목회) 1호~25호
- 한국기독교장로회 여교역자 실태조사 결과보고서(2010. 9. 6.)
- 기장여교역자 현실과 미래의 전망(공청회 자료)(2010. 9. 6.)
- 비상(非常, 飛上) - 여성 목회, 오늘 그리고 내일(2013. 4. 15.)
- 기억을 되새기며 희년을 향하여 - 희년기념문집(2018. 6. 18.)

# 한국기독교장로회 전국여교역자회의 연혁

| | |
|---|---|
| 1956. | 한국기독교장로회 여전도사 김계성, 조정동, 조남순, 홍화숙, 김원자, 박명필, 정순원 등이 친목을 위하여 여전도사회 조직(초대회장: 조남순 전도사) |
| 1957. 5. | 여신도회 전국연합회 제22회 정기총회<br>- 장소: 청주 외덕교회<br>- 여전도사의 회원권을 청원하여 허락됨<br>- 여목사제도를 교단 총회에 헌의토록 하여 교단 제42회 총회에서 총회 부녀부장 강정애 장로가 여목사제도 청원 |
| 1963. 6. | 여전도사회에서 여신도회 전국연합회가 설립한 은퇴 여교역자를 위한 베다니집을 위한 기금모금 결의 |
| 1967. 10. 26.~28. | "현대 교회의 새로운 여교역자상"이라는 주제로 열린 베다니학원 여교역자 교육에서 자극받아 여교역자회를 설립키로 함 |
| 1967. 11. | 여신도회 김영희 총무와 여동문회 강혜순 회장이 여전도사회와 한신여동문회 두 단체를 통합하여 여교역자회를 만들기로 협의 |
| 1967. 12. 7. | 한국기독교장로회 여교역자협의회 발족 12월 월례회에서 결의 |
| 1968. 1. | 창립총회<br>- 장소: 경동교회<br>- 초대회장에 김영희 전도사 선출 |
| 1968. 6. | 여전도사회와 여동문회의 기금(각 35,000원)을 합해 여교역자협의회 기금으로 설정 |
| 1968. 9. | 교단 제45회 총회에서 서울노회에서 헌의한 여목사제도 청원을 노회에 수의하기로 했으나 부결됨 |
| 1968. 10. | 우리 회 회칙을 만들어 발송 |
| 1969. 9. | 제2회 정기총회<br>- 장소: 광주 양림교회<br>- 제2대 회장에 박성자 전도사(목사) 선출 |

여신도회전국연합회 제 34회 정기 총회에 여목사 제도를 교단 총회에 청원할 것을 건의

- 단독 목회 회원에게 도서 보내기로 결의
- 지방협의회 조직을 결의, 책임자 10명을 선정

| | |
|---|---|
| 1970. 1. | 베다니집 정상운영을 위한 관장 채용을 여신도회 전국연합회에 건의 |
| 1970. 9. | 제3회 정기총회 |

- 장소: 서울성남교회
- 제3대 회장에 박성자 전도사(목사) 선출

| | |
|---|---|
| 1970. 10. | 은퇴 여교역자를 위한 기금으로 본회가 176,975원을 여신도회 전국연합회에 보조 |
| 1970. 11. | 김재준 목사가 발행하는 〈제3일〉지 유지회원에 가입하고 50부를 사회의식 함양을 위해 농어촌 단독목회 여교역자에게 기증 |
| 1971. 6. 28~29. | 제4회 정기총회 |

- 장소: 초동교회
- 주제: "지도자로서의 여교역자상"
- 여신도회 전국연합회를 통해 여목사제도 재청원
- 여장로의 총회 자동총대권
- 여전도사의 당회 참석권을 헌의했으나 부결됨

| | |
|---|---|
| 1971. 10. | 서울노회 교육부가 주최한 교역자협의회 시 목회기도 여교역자 참여, 부교역자 단독 심방 문제, 여목사제도 청원 등을 상정키로 결의 |
| 1971. 12. | 베다니 평신도교육원 여교역자교육에 지방회원 참가를 위해 보조금제도 시작 |
| 1972. 5. 1. | 베다니집 관장으로 안계희 전도사 취임, 본회에서 관장 봉급 일부 부담 |
| 1972. 5. | 제5회 정기총회 |

- 장소: 베다니집
- 제4대 회장에 양정신 전도사 선출

| | |
|---|---|
| 1972. 6. 5.~7. | 전직 전도사 초청 좌담회 |

베다니 평신도교육원에 월요 강좌 요청하여 실시

- 주제: 생태학적 위기의 신학

| 1972. 11. 6. | 초교파 여교역자 초청 1일 강좌 개최 |
| | - 초청 교단: 예장, 감리교, 천주교 |
| | - 장소: 경동교회(65명 참석) |
| | - 주제: "한국이 사는 길" |
| | - 강좌를 윤번으로 실시하기로 결의 |
| 1973. 2. | 크리스천 아카데미에 인간관계 훈련을 요청하여 실시 |
| 1973. 2. | 여신도회전국연합회 사무실 매입 기금으로 월 5,000원씩 |
| | 1년 5개월간 보조키로 함 |
| 1973. 6. | 제6회 정기총회 |
| | - 장소: 베다니집 |
| | - 단독 목회회원 프로그램비 지원 결의 |
| 1973. 7. 26. | 내란 예비 음모 혐의로 수감 중인 박형규, 권호경 목사를 위 |
| | 하여 대통령, 국무총리, 법무장관에게 진정서 제출 |
| 1973. 10. 8. | 기독교감리회 여교역자회를 초청 1일 강좌 실시 |
| | - 장소: 신촌 다락방 |
| 1974. 5. 27.~28. | 제7회 정기총회 |
| | - 장소: 베다니집 |
| | - 주제: "네 발의 신을 벗어라" |
| | - 제5대 회장에 양정신 전도사 선출 |
| | - 기금 100만 원 완성 |
| | - 여교역자회에서 베다니집 전화 가설 |
| | - 단독목회자를 위한 도서지원 결의 |
| 1974. 7. | 긴급조치 위반으로 서대문 구치소에 수감된 감리교 조화순 |
| | 목사에게 영치금을 차입하여 격려 |
| 1974. 7. | 교단 총회에 은퇴 여교역자 은급 지급을 위한 진정서를 제출 |
| 1974. 9. | 한국기독교장로회 제59회 총회 |
| | - 장소: 수원교회 |
| | - 서울노회가 건의한 여목사제도가 역사적으로 통과 |
| 1974. 9. | 월요강좌 개최(성서) |
| 1974. 10. | 한국교회여교역자연합회 조직(기장, 예장통합, 기감) |
| 1974. 11. | 초교파 여교역자 초청 1일 강좌 개최 |
| | - 주제: "여성의 해를 맞이할 여교역자의 자세" |
| 1975. 1. | 동아일보의 광고 파동에 성금을 모금하여 전달 |

| | |
|---|---|
| 1975. 2. | 준목 고시 응시자 예비강좌에 장학금 지급 |
| 1975. 5. 26~27. | 제8회 정기총회 |
| | - 장소: 베다니집 |
| | - 주제: "교회의 민주화를 위한 여교역자의 역할" |
| 1976. 7. 12.~13. | 제9회 정기총회 |
| | - 장소: 한국신학대학 |
| | - 주제: "일어나 함께 가자" |
| | - 제6대 회장에 황치순 전도사 선출 |
| | - 10주년 기념 행사 결의 |
| 1977. 7. 4. | 제10회 정기총회 |
| | - 장소: 베다니집 |
| | - 주제: "기장의 기장성"(발제: 박성자 2대 회장) |
| | - 창립 10주년 기념예배 |
| | - 기념 회보 발행 |
| | - 한국교회여교역자연합회(기장, 예장통합, 기감) |
| |   초청강연회 실시 |
| | - 기념사업으로 회원자질 향상을 위한 장학기금 모금 결의 |
| 1977. 7. | 첫 준목 고시 합격(양정신, 김정희) |
| 1977. 10. | 김정희 준목의 특수선교를 위한 단국대 특수교육과 입학 시 |
| | 장학금 지급(여목사 진로 지원) |
| 1977. 11. 8. | 여목사 제1호 탄생: 양정신 목사(경기노회) |
| 1978. 5. 25. | 제11회 정기총회 |
| | - 장소: 선교교육원 제 7대 회장에 안계희 전도사 선출 |
| | - 여교역자 단기 교육은 여신도회 교육원에서 하지 않고 선 |
| | 교교육원에서 추진토록 건의 |
| 1979. 5. | 제12회 정기총회(선교교육원) |
| 1980. 7. 9. | 제13회 정기총회(선교교육원) |
| | - 제8대 회장에 김숙희 전도사 선출 |
| | - 십일조 1개월분 여교역자회 기금을 만들기 제도화 |
| 1980. 8. 25. | 하기수련회를 전남 해남읍교회에서 진행 |
| 1981. 6. | 여신도회 전국연합회 제44회 총회에서 회칙 개정으로 본회 |
| | 대표 15명 회원권제도 |
| 1981. 7. 8. | 제14회 정기총회 |

|  |  |
|---|---|
|  | - 장소: 베다니집 |
|  | - 여신도회를 통해 본회 대표 1명을 교단 총회 언권회원으로 해 줄 것을 헌의했으나 기각 |
| 1981. 10. 19. | 한국교회여교역자연합회를 여신학자협의회에 병합하기 위해 해산(회장: 박성자 목사) |
| 1982. 9. 2. | 제15회 정기총회 |
|  | - 장소: 성결회관 |
|  | - 제9대 회장에 정숙자 목사 선출 |
| 1982. 10. | 일본교과서 왜곡 문제에 대한 우리의 입장 발표 |
| 1983. 6. | 제16회 정기총회 |
|  | - 장소: 선교교육원 |
|  | - 주제: "여교역자의 지도력계발" |
| 1983. 7. | 여신도회를 통해 여교역자의 위치와 예우에 관해 교단 총회에 헌의했으나 여전도사 채용에 관한 헌법 준수의 건만 허락되고 |
|  | - 전도사의 청빙과 임기제도 개정의 건, |
|  | - 최저봉급제 적용과 여교역자 대우의 건, |
|  | - 교역자 명단에 여전도사 기재의 건은 기각 |
| 1983. 10. | 여교역자 진로 개발을 위한 간담회를 여신도회 전국연합회 회원활동위원회와 공동으로 진행 |
| 1984. 8. 29. | 제17회 정기총회 |
|  | - 장소: 선교교육원 |
|  | - 제10대 회장에 김황옥 전도사 선출 |
|  | - 기독교 100주년 기념 여성선교대회에서 김준기 교수의 여성 천시 발언에 대해 공문을 보내 항의하고 사과편지를 받음 |
| 1984. 11. 11. | 한국교회 100주년 기념으로 은퇴 여교역자 초청 모임을 여신도회 전국연합회와 공동으로 실시 |
| 1985. 3. | 여교역자의 자질 향상을 위해 선교신학대학원 코스를 1년 수료로 공부할 수 있게 선교교육원에 요청하여(1984년) 선교교육원 여교역자 교육반에 22명 입학, 11월에 19명 수료 (우리 회에서 장학금 지원) |
| 1985. 7. 3. | 제18회 정기총회 |

|            |                                                                |
|------------|----------------------------------------------------------------|
|            | - 장소: 선교교육원                                              |
| 1986. 7. 1. | 제19회 정기총회                                                 |
|            | - 장소: 예장 여교역자 안식관                                     |
|            | - 주제: "한국 교회 내일의 여교역자상"                            |
|            | - 강사: 이우정 선생, 박근원 교수                                 |
|            | - 제11대 회장에 이영숙 목사 선출                                 |
|            | - 상근총무제를 도입으로 초대총무에 나선정을 선임                 |
| 1986. 9.   | 성고문대책위원회 회원으로 가입                                   |
| 1986. 12.  | 가족법 개정 여성연합회에 가입, 가족법 개정 청원서를 국          |
|            | 회에 제출(1987. 1.)                                              |
| 1987. 2.   | 한국여성단체연합에 가입(초대회장 이우정)                         |
| 1987. 4.   | 창립 20주년 기념교회를 설립키로 하고 기념교회 설립준비          |
|            | 위원회 구성                                                      |
| 1987. 6. 30. | 제20회 정기총회, 창립 20주년 기념예배                           |
|            | - 장소: 선교교육원                                              |
|            | - 주제: "아직도 자느냐? 일어나 함께 가자"                        |
|            | - 강사: 이우정 선생                                              |
| 1987. 8.   | 일본 여성교역자들과 교류하기 위해 일본 여성교직신학연          |
|            | 구회 방문                                                        |
| 1988. 1. 10. | 여교역자협의회 20주년 기념교회로 갈릴리교회를 설립하          |
|            | 고 현말렬 준목 파송                                              |
| 1988. 6. 21. | 제21회 정기총회                                                 |
|            | - 장소: 선교교육원                                              |
|            | - 주제: "나를 사랑하느냐? 내 양을 먹이라"                        |
|            | - 강사: 김애영 준목                                              |
|            | - 제12대 회장에 박성자 목사 선출                                 |
|            | - 제1차 일본 여성교직신학연구회와 한일여성 목회협의회          |
|            | 주관                                                            |
| 1989. 6. 21. | 제22회 정기총회                                                 |
|            | - 장소: 선교교육원                                              |
|            | - 주제: "너희는 나를 누구라 하느냐?"                             |
|            | - 강사: 박근원 원장                                              |
| 1989. 8. 15. | WARC(세계개혁교회연맹) 여성대회 주관 단체로 참여               |

|  | - 한국여교역자회연합(한국교회여교역자회연합회의 후<br>신) 창립총회를 공동으로 주관(장소: 연세대학교) |
|---|---|
| 1989. 8. 22.~24. | 일본 여성교직신학연구회 방문 |
| 1989. 10. 19.~21. | 단독목회자 선교전략모임<br>- 장소: 선교교육원 |
| 1990. 1. | 여교역자협의회 사무실 마련을 위한 모금 결의 |
| 1990. 6. | 『목회현장』 발간 |
| 1990. 6. 21. | 제2차 한일여성 목회협의회 주관 |
| 1990. 10. 18. | 제23회 정기총회<br>- 장소: 선교교육원<br>- 주제: "정의, 평화, 창조질서의 보전"<br>- 강사: 김윤옥 원장<br>- 제13대 회장에 김정희 목사 선출 |
| 1990. 10. | 제1회 캐나다연합교회 여성 목회자 교환 프로그램<br>- 9명 한국 방문 |
| 1991. 5. | 제2회 캐나다연합교회 여성 목회자 교환 프로그램<br>- 9명 캐나다 방문 |
| 1991. 5. 14.~17. | 제24회 정기총회<br>- 장소: 선교교육원<br>- 주제: "성령이여 오소서 우리를 새롭게 하소서"<br>- 강사: 박종화 목사 |
| 1991. 6. 4.~13. | 일본여성교직신학연구회 방문교류 |
| 1992. 1. | 독일 개신교개발원조본부(EZE)에서 여교역자지도력 양성<br>을 위한 프로젝트 지원으로 우리 회 산하기관 '지도력계발<br>원' 설립 |
| 1992. 5. 27.~30. | 제25회 정기총회<br>- 장소: 총회교육원<br>- 주제: "평화 목회 실현을 위한 목회 설계"<br>- 강사: 김상근 목사, 김윤옥 원장<br>- 제14대 회장에 현말렬 목사 선출 |
| 1992. 6. | 여교역자 사무실 기금 모금이 완료되어 한국기독교연합회<br>관에 20.61평 매입 |
| 1992. 10. | 제3차 한일여성 목회협의회 주관 |

| | |
|---|---|
| 1992. 12. 14. | 기독교회관 604호에 사무실 개설 |
| 1993. 1. | 한국정신대문제대책협의회에 가입 |
| 1993. 2. 22. | 한국여교역자회연합 제3차 정기총회에서 회장에 박성자 목사(기장) 선출 |
| 1993. 5. 18. | 제26회 정기총회<br>- 장소: 수원아카데미<br>- 주제: "광야를 지나 약속의 새 땅으로"<br>- 강사: 김상근 원장, 이현숙 선생<br>- 제2대 총무에 명노선 목사 취임/나선정 총무 이임<br>- 총회에 일본 오수혜 선생과 기따가와 기미꼬 수녀를 강사로 초청하여 일본의 여성 목회 현황을 공유함<br>- 『여성 목회』 발간 |
| 1993. 6. 15.~17. | 일본여성교직신학연구회 제10주년 기념연구회 참석 |
| 1993. 6. | 기독교연합회관에 10평 추가 매입 |
| 1993. 11. | 여신도회 전국연합회와 미자립교회 여성 목회자를 위한 공동선교협의회 개최 |
| 1993. 12. | 제1호 기장여교역자회 회보 발간(년 2회) |
| 1994. 3. 21.~23. | 제4차 한일여성 목회협의회 주관 |
| 1994. 3. 25. | '자주평화통일민족회의'(새로운 통일 공동체) 주관단체로 참여 |
| 1994. 5. 13. | 제27회 정기총회<br>- 장소: 수원아카데미<br>- 주제: "약속의 땅에 의를 심어 사랑을 거두라"<br>- 강사: 박성자 목사<br>- 제15대 회장에 안옥청 전도사 선출 |
| 1994. 8. 10. | '95통일희년교회여성협의회 창립대회 주관단체로 참여 |
| 1994. 12. 5. | 제1차 성지순례 연수(12명) |
| 1994. 12. 15. | 옥합헌금운동 시작 |
| 1995. 1. | 명노선 총무 캐나다 연수, 총무대행에 최현남 간사 선임 |
| 1995. 1. 23. | 첫 번째 전회원 연합월례회로 모임<br>- 장소: 대전교회 |
| 1995. 4. 18. | '여성 목회의 나아갈 길' 세미나를 한국여교역자회연합과 연대하여 진행 |

| 1995. 5. | 제28회 정기총회 |
| | - 장소: 초동교회 안성수양관 |
| | - 주제: "희년의 나팔을 온 땅에" |
| | - 강사: 김상근 목사 |
| 1995. 6. 1. | 제3회 캐나다연합교회 여성 목회자 교환 프로그램 |
| | - 성 스티븐슨 대학 신학생 24명 한국 방문 |
| 1995. 6. 27. | 일본여성교직신학연구회 수련회 |
| | - 4명 참석 |
| 1995. 8. 8. | '95통일희년교회여성협의회 전국대회 주관단체로 참여 |
| 1995. 11. 4. | 교단 내 타 여성단체와의 만남 - "기장여성 함께 가고 있는가?" |
| 1996. 1. | 전회원 연합월례회 |
| | - 장소: 대전교회 |
| | - 은급 가입 실태조사 |
| 1996. 1. | 색동 강단보와 색동 스톨을 제작하여 국내외에 보급 |
| 1996. 4. 9. | 제4회 캐나다연합교회 여성 목회자 교환 프로그램 |
| | - 12명 캐나다 방문 |
| 1996. 5. 28~31. | 제29회 정기총회 |
| | - 장소: 제주동부교회 |
| | - 주제: "막힌 담을 헐고 화해하는 공동체" |
| | - 강사: 정권모 목사 |
| | - 제16대 회장에 박성자 전도사 선출 |
| | - 제5차 한일여성 목회협의회 주관 |
| 1996. 6. 28. | 일본재일동포를 위한 색동의집 건립 모금운동과 준공식에 참여 |
| 1996. 7. 1. | 정숙자 목사를 총무 직무대행으로 선임 |
| 1996. 7. 9. | 연합회관에 3평 추가 매입(총 33.61평) |
| 1997. 5. 20.~23. | 제30회 정기총회 |
| | - 장소: 충주서남교회 |
| | - 주제: "먼저 그의 나라와 그의 의를 구하라" |
| | - 강사: 박종화 목사 |
| | - 제3대 총무로 김화자 목사 취임 |
| 1998. 5. 25.~27. | 제31회 정기총회 |

|              |                                                      |
|--------------|------------------------------------------------------|
|              | - 장소: 군산 소생의 집                               |
|              | - 주제: "하나님께 돌아오라! 소망 중에 기뻐하자!"       |
|              | - 부제: "여성 목회와 영성"                            |
|              | - 강사: 조화순 목사                                   |
|              | - 제17대 회장에 박옥신 목사 선출                      |
| 1999. 3. 29. | 한국여교역자회연합 제6차 정기총회                    |
|              | - 회장에 현말렬 목사(기장), 총무에 김화자 목사 선출(현 말렬 회장 소천으로 12월에 정숙자 목사를 회장으로 인준) |
| 1999. 5. 10.~12. | 제32회 정기총회                                  |
|              | - 장소: 한신교회 분당                                 |
|              | - 주제: "새 하늘과 새 땅의 복음으로 내 백성을 위로하라! (이사야 4:1-5) |
|              | - 부제: "여성 목회와 문화"                            |
|              | - 강사: 김희은 교수                                   |
| 1999. 5. 27. | 우리회 사무실 이전(총회 선교교육원 201호)           |
| 2000. 5. 22.~24. | 제33회 정기총회와 교육대회                       |
|              | - 장소: 목포남부교회                                 |
|              | - 주제: "새천년, 주여 나를 보내소서"(사 6:8, 행 1:8)  |
|              | - 부제: 여성 목회와 영성교육                          |
|              | - 강사: 이순태 목사                                   |
|              | - 제18대 회장에 한국염 목사 선출                      |
| 2000. 6. 9. | 제4대 총무로 박수현 목사 취임                         |
| 2000. 8. 30. | 교단 갱신을 위한 기장인 모임 연대                    |
| 2000. 9. 26. | 북한어린이돕기 교회여성연대 가입                     |
| 2000. 11. 18. | 기독여성연대와 함께 2000년 일본군성노예전범 국제법정 특별기도회 실시 |
| 2001. 5. 28.~30. | 제34회 정기총회와 교육대회                       |
|              | - 장소: 경동교회                                     |
|              | - 주제: "21세기 기장의 미래와 여교역자"               |
|              | - 강사: 박종화 목사                                   |
|              | - 개회예배시 특별 헌금하여 '북한어린이돕기 교회여성연 대'에 보냄 |
| 2001. 6. 18, 25. | 기장 4개 여성단체 헌법연구 워크숍                 |

|  |  |
|---|---|
|  | - 장소: 경동교회 |
|  | - 강사: 김준부 목사(기장총회 헌법위원회 위원장) |
| 2001. 9. | 북한어린이돕기 교회여성연대 1, 2차 모금에 동참하여 이유식을 보냄 |
| 2002. 1. 13. | 회보 13호 발간 |
| 2002. 2. 4. | 전회원 만남의 날 |
|  | - 장소: 반석위에세운교회 |
|  | - 주제: "산소 같은 목회" |
|  | - 강사: 구미정 교수 |
| 2002. 5. 27.~29. | 제35회 총회와 교육대회 |
|  | - 장소: 청주제일교회 |
|  | - 주제: "평화를 일구는 여성 목회자들" |
|  | - 강사: 한국염 목사 |
|  | - 제19대 회장에 김지선 목사 선출 |
| 2002. 5. 25. | 회보 14호 발간 |
| 2003. 1. 20. | 전회원 만남의 날 |
|  | - 장소: 군산 월명교회(허완심 목사) |
|  | - 주제: "그림자와 영성" |
|  | - 강사: 고영순 교수 |
|  | - 중국선교사 이진숙 목사의 선교보고 |
| 2003. 6. 16.~18. | 제36회 정기총회와 교육대회(한국여교역자회연합 큰 모임과 함께) |
|  | - 장소: 소망교회 수양관 |
|  | - 주제: "영성 · 평화 · 연대" |
|  | - 강사: 권희순 박사 |
| 2004. 5. 24.~25. | 제37회 정기총회와 교육대회 |
|  | - 주제: "네 이름이 무엇이냐?" |
|  | - 제20대 회장에 이종원 목사 선출 |
| 2005. 1.24. | 전회원 만남의 날 |
|  | - 장소: 익산 새누리교회 |
|  | - 주제: "구약 요엘서에 나타난 치유와 여성 목회" |
|  | - 강사: 최은경 목사 |
| 2005. 5. 23.~26. | 제38회 정기총회와 교육대회 |

|                   | - 장소: 금강산 감리교여선교회관 |
|-------------------|------------------------------|
|                   | - 주제: "생수의 강이 흐르게 하라" |
|                   | - 부제: "목회와 건강" |
|                   | - 강사: 최형주 교수 |
| 2005. 5. 26.      | 회보 16호 발간 |
| 2005. 10.         | 우리 회 비상상황 타개를 위한 비상대책위원회 구성과 활동 |
| 2006. 2. 13.      | 전회원 만남의 날(비상시기에 있는 우리 회를 위해 전 회원 기도회) |
|                   | - 장소: 익산 새누리교회 |
|                   | - 주제: "우리를 새롭게 하소서!" |
| 2006. 5. 22.~24.  | 제39회 정기총회 |
|                   | - 장소: 전주 예수재활교회 |
|                   | - 주제: "은총의 하나님 우리를 변화시키소서!" |
|                   | - 강사: 고민영 목사 |
| 2006. 9. 19.      | 제91회 기장총회 헌의안 관철을 위한 기도회 |
|                   | - 장소: 동수원교회 |
| 2007. 2. 5.       | 전회원 만남의 날 |
|                   | - 장소: 서울성남교회 |
|                   | - 주제: "21세기 여성 목회와 우리 회 나아갈 길" - 우리 회 40년 걸어온 길 오늘에 서서 미래를 소망하며 |
|                   | - 발제: 전규자, 안수경, 임병이, 민옥만, 김태옥 |
| 2007. 2. 12.      | 한국여교역자회연합 제10차 정기총회 |
|                   | - 대표회장에 이종원 목사, 총무에 전규자 목사 선출 |
| 2007. 5. 14.~16.  | 제40회 정기총회 |
|                   | - 장소: 수유리 아카데미하우스 |
|                   | - 주제: "오직 나와 내 집은 여호와를 섬기겠노라" |
|                   | - 부제: "양성평등실현을 위하여" |
|                   | - 강사: 양태윤 총회장 |
|                   | - 제21대 회장에 김광자 목사 선출 |
|                   | - 제5대 총무 전규자 목사 취임 |
| 2007. 8.          | 인터넷 다음에서 우리 회 카페를 개설하여 회원들과 온라인 소통 시작 |
| 2008. 2. 18       | 전회원 만남의 날 |

| | |
|---|---|
| | - 장소: 광주한빛교회 |
| | - 주제: "교회를 지키는 여교역자" |
| | - 강사: 윤수봉 이단연구소 소장 |
| 2008. 3. | 기장여성연대와 함께 한신대 박사과정 이난희 학생에게 장학금 지급 |
| 2008. 3. 25. | 기장여성연대 정기모임 |
| | - 장소: 초동교회 |
| | - 주제: "양성평등과 기장여성의 미래" |
| | - 강사: 한국염 목사 |
| 2008. 5. 26.~28. | 제41회 정기총회 |
| | - 장소: 예수재활교회 |
| | - 주제: "온 생명을 살리는 그리스도" |
| | - 강사: 이영재 목사 |
| 2008. 7. 15. | 충남지역회 재조직 |
| | - 장소: 심곡교회 |
| 2008. 9. 9. | 기장여성의 날(기장여신도회 전국연합회 80주년 기념대회) |
| | - 장소: 천안종합운동장 |
| | - 주제: "성령 안에서 생명의 빛을 노래하라" |
| 2009. 2. 2. | 전회원 만남의 날 |
| | - 장소: 시온성교회 |
| | - 주제: "교회를 살리는 여성" |
| | - 부제: "초대 기독여성의 활동" |
| | - 강사: 이덕주 목사(감리교) |
| 2009. 3. 30. | 기장여성연대 정기모임 |
| | - 주제: "양성평등과 교육" |
| | - 강사: 임희숙 목사 |
| 2009. 5. 11.~13. | 제42회 정기총회와 교육대회 |
| | - 장소: 한신교회(분당) |
| | - 주제: "생명의 영이시여, 온 세상을 살리소서!" |
| | - 부제: "예배와 성례전" |
| | - 강사: 홍순원, 임보라, 안선희 목사 |
| | - 제22대 회장에 박영주 목사 선출 |

| 2009. 11. 9. | 대전지역회 조직(회장: 양화자 목사) |
| | - 장소: 한성교회 |
| 2009. 11. 16. | 전회원 만남의 날 |
| | - 장소: 오동교회 |
| | - 주제: "여성 지도력과 여교역자협의회" |
| | - 강사: 고애신 전도사(예장통합) |
| 2010. 3. 22. | 기장여성연대 정기모임 |
| | - 주제: "2010 일어나 함께 가자" |
| | - 강사: 김애영 교수 |
| 2010. 3. 29. | 경북지역회 조직 |
| | - 장소: 백자교회 |
| 2010. 5. 17.~19. | 43회 정기총회와 교육대회 |
| | - 장소: 목포 용당장로교회 |
| | - 주제: "교회여 일어나 화해의 대로를 걸어라" |
| | - 부제: 지도력의 다음 단계를 향하여 |
| | - 강사: 유연희 박사 |
| 2010. 9. 6. | "기장 여교역자 현실과 미래의 전망" 공청회 |
| | - 장소: 초동교회 |
| | - 발제: 김애영 교수 |
| 2010. 9. 13.~16. | 제95회 기장총회 |
| | - 장소: 원주영강교회 |
| | - 헌의안 여성총대 비율 증진의 건(총대원 20명 이상인 노회는 여성 목사, 여성 장로 각 1인 이상을 총대원으로 한다) 통과 |
| | - 헌의안 양성평등교육 실시의 건(각 노회는 양성평등교육을 실시한다) 통과 |
| 2011. 1. 17. | 전회원 만남의 날 |
| | - 장소: 반석위에세운교회 |
| | - 주제: "통하고 싶어요" |
| | - 강사: 이영미 목사 |
| 2011. 2. | 한신대학교 신학대학원 학위수여식에서 염시온 학생에게 여교역자회장상 수여 |
| 2011. 3. 28. | 기장여성연대 정기모임 |

|  |  |
|---|---|
|  | - 장소: 기장총회회관 예배실 |
|  | - 주제: "하나님은 여성이시다" |
|  | - 강사: 김희헌 목사 |
|  | - 생명의 강 살리기 1만인 서명운동 설명회, 생태기행(순례 길 탐방) |
| 2011. 5. 16.~19. | 제44회 정기총회와 교육대회 |
|  | - 장소: 도곡기도원 |
|  | - 주제: "뜻이 땅에서도 이루어지이다!" |
|  | - 부제: "지도력의 다음 단계를 향하여 2 - 경청" |
|  | - 강사: 이영미 목사 |
|  | - 제23대 회장에 김정분 목사 선출 |
| 2011년 하반기 | 장학금지급(한신대 신대원 홍은정 학생) |
| 2011. 9. 20.~23. | 제96회 한국기독교장로회 총회 활동 |
|  | - 여성총대 56명 참여: 여성총대 비율 7.7%(총대원 20명이상인 노회는 여성 목사, 여성 장로 각 1인 이상을 총대원으로 한다는 규칙에 따라 각 노회에서 총대 선출) |
| 2012. 2. 13. | 전회원 만남의 날 |
|  | - 장소: 해인교회 |
|  | - 주제: "여교역자! 사회복지 어떻게 할 것인가?" |
|  | - 강사: 이준모 목사 |
|  | - 목회사례 발표: 김영선 목사(해인교회) |
| 2012. 2. | 한신대학교 신학대학원 학위수여식에서 고아라 학생에게 여교역자회장상 수여 |
| 2012. 상·하반기 | 장학금 지급(한신대학교 신학대학원 홍은정, 박은정) |
| 2012. 5. 14.~17. | 제45회 총회와 교육대회 |
|  | - 장소: 관동대학교 유니버스텔 |
|  | - 주제: "주여, 이 땅을 고쳐주옵소서" |
|  | - 부제: "지도력의 다음 단계를 향하여 3 - 말하기" |
|  | - 강사: 고영순, 이영미 목사 |
|  | - 제6대 총무로 이혜진 목사 취임/전규자 총무 이임 |
| 2012. 6. 25. | 이혜진 총무 취임 감사예배 |
|  | - 여교역자 협력기금 모금 발족식(고 김명주 선생 헌금) |
| 2012. 9. 24. | 기장 젊은 여성 목회자의 날 |

<table>
<tr><td></td><td>- 장소: 초동교회 난곡홀</td></tr>
</table>

- 장소: 초동교회 난곡홀
- 내용: 다양한 여성 목회 소개, 후배들의 고민 듣기, 노래가 있는 토크 콘서트

2012. 10. 8.~9.  전회원 만남의 날과 은퇴회원 초청의 날
- 장소: 익산 새누리교회
- 주제: "생명의 하나님, 우리를 정의와 평화로 이끄소서"
- 강사: 한국염 목사(WCC 사전대회 한국 준비위원장)

2012. 10. 31.~11. 4.  한신대학교 신학대학원 목회실습(우리 회에서 목회 현장 제공)
- 참석자: 한신대학교 신학대학원생 8명(정혜리, 구영롱, 김나경, 황인옥, 유광철, 황석연, 최다연, 김미란)
- 실습 기관과 교회: 기장여교역자협의회(기관)
- 도시담임목회: 한백교회, 독립문교회, 성남산자교회, 잠실희년교회
- 농촌목회: 호계교회
- 이주여성관련 목회: 익산중앙교회, 전북이주여성인권센터
- 지방 담임목회(장애인 복지 포함): 익산새누리교회, 사랑의 둥지
- 부부목회 교회: 임실전원교회

2013. 2. 14.  한신대학교 신학대원원 학위수여식에서 주혜란 학생에게 여교역자회장상 수여

2013. 상·하반기  장학금 지급(한신대학교 신학대원원 권영미 학생)

2013. 2.  기장여성연대와 함께 한신대학교 박사과정 서옥희 학생에게 장학금 지급

2013. 3.~12.  '여교역자협력기금'으로 여성 목회 특별강좌와 지역 이동강좌 실시
- 장소: 우리 회 사무실, 각 지역회
- 기간: 2013. 3. 12~4. 30.
- 여성의 삶과 글쓰기 8회 실시(강사: 이문숙 목사)
- 여성 목회와 예전: 성찬집례의 실제 3회 실시(강사: 안선희 교수)
- 지역 이동강좌: 여성 목회와 예전 – 성찬집례의 실제
- 강사: 안선희 교수

- 대전 · 충남 · 전북 · 익산 · 군산 · 광주전남지역회(7. 22.)
- 지역 이동강좌: 여교역자의 과거, 현재 그리고 미래
- 전북지역회(6. 3.), 광주전남지역회(7. 15.), 충남 · 익산
· 군산지역회(11. 1.)
- 여성신학 소모임: "여성신학과 여성의 눈으로 보는 성서"
세미나 12회 실시
- 강사: 한국염 목사, 이영미 교수, 임보라 목사
- 내용: 여성신학이란 무엇인가?/여성신학의 역사/여성신
학의 새로운 지평/누구를 위한 그리스도인가 1, 2(이영미교
수)/잃어버린 그 이름, 어머니 하나님/교회와 여성 목회, 기
존 목회 새판 짜기(임보라 목사)/하나님의 형상으로서의
나를 찾아 떠나는 여행

2013. 3. 25.  기장여성연대 정기모임
- 장소: 기장총회회관 예배실
- 주제: "WCC 10차 부산 총회와 기장여성들의 과제"
- 강사: 한국염 목사

2013. 4. 15.  학술세미나 개최
- 장소: 한신대학교 신학대학원 컨벤션홀
- 주제: "비상-여성 목회 오늘 그리고 내일"
- 내용: 여성주의 목회와 지도력, 신대원 졸업과 목사가 되
기까지, 여성으로 목회하기 – 담임목회, 부부목회, 부목회
에 대한 다섯 가지 주제 발제/진단과 대안/성평등과 여성목
회자들의 목회 활성화를 위한 제안서 낭독

2013. 5. 20.~23.  제46회 정기총회와 교육대회
- 장소: 아카데미하우스 대화의 집
- 주제: "생명의 하나님, 우리를 정의와 평화로 이끄소서"
- 부제: "비상, 여성 목회 생명목회"
- 강사: 조병호 목사
- 제24대 회장에 김연심 목사 선출
- 「여성 목회 생명목회」 소식지 19호 발간

2013. 8.  기장여성연대 활동
- 총회장, 총무와 간담회, 제98회 기장총회 여성총대들 모
여 총회 헌의안 연구(8. 30.)

| 2013. 9. 1. | 여성담임목회 교회에서 여교역자회 주일 실시(제46회 총회 결의 - 9월 첫 주일을 여교역자회 주일로 정하고 첫 시작) |
|---|---|
| 2013. 9. 24.~27. | 제97회 한국기독교장로회 총회에서 총회 각 부서와 위원회에 여성 1인 이상씩 공천 헌의안 통과 |
| 2013. 10. 14. | 전회원 만남의 날 |

2013. 9. 1.　　　　여성담임목회 교회에서 여교역자회 주일 실시(제46회 총회
　　　　　　　　결의 - 9월 첫 주일을 여교역자회 주일로 정하고 첫 시작)
2013. 9. 24.~27.　제97회 한국기독교장로회 총회에서 총회 각 부서와 위원회
　　　　　　　　에 여성 1인 이상씩 공천 헌의안 통과
2013. 10. 14.　　　전회원 만남의 날
　　　　　　　　- 장소: 천안 십자가교회
　　　　　　　　- 주제: "미래를 담는 교회"
　　　　　　　　- 강사: 조미리 목사
　　　　　　　　- 내용: 주제강연과 각 지역회 발표회
2013. 10. 28.~11. 8.　WCC 10차 부산총회 여성사전대회, 총회 참여
　　　　　　　　- 장소: 부산 벡스코
2013.　　　　　　젊은 후배들과 대화 나눔
　　　　　　　　- 여성 인턴교육생(8. 27.)
　　　　　　　　- 한신대학교 신학대학원 여학생(11. 26.)
　　　　　　　　- 한신대학교 학부 여학생(12. 3.)
2013. 12. 30.　　　아시아권 여학생(한신대학교 신학대원)을 초청하여 환대
　　　　　　　　하고 대화 나눔
2014. 2. 13.　　　한신대학교 신학대학원 학위수여식에서 금은실 학생에게
　　　　　　　　여교역자회장상 수여
2014. 상 · 하반기　장학금 지급(한신대학교 신학대학원 김정미 학생)
2014. 3.~　　　　'여성 목회 특별강좌' 실시
　　　　　　　　• 신약성서와 설교
　　　　　　　　- 일시: 3. 3.~5. 26. 매주 화요일 저녁(총 8회)
　　　　　　　　- 강사: 우진성 목사,
　　　　　　　　- 장소: 과천영광교회
　　　　　　　　• 구약성서와 설교
　　　　　　　　- 일시: 10. 2.~11. 13. 매주 목요일 저녁(총 4회)
　　　　　　　　- 강사: 이영미 교수(한신대학교 구약학 교수)
2014. 5. 19.~21.　제47회 정기총회와 교육대회
　　　　　　　　- 장소: 대천한화리조트
　　　　　　　　- 주제: "그리스도의 빛 안에서 새로워지는 교회"
　　　　　　　　- 부제: "비상, 여성 목회 생명목회 II"
　　　　　　　　- 강사: 정애성 목사, 생명수교회 담임

|            |                                                                 |
|------------|-----------------------------------------------------------------|
|            | - 소식지 '여성 목회 생명목회' 제20호 발간                          |
| 2014. 10. 13. | 전회원 만남의 날                                             |
|            | - 장소: 십자가교회                                                |
|            | - 주제: "종교와 정신분석 - 위로의 해석학"                          |
|            | - 강사: 김세화 목사(소울심리치료연구소)                           |
| 2014. 10. 13.~14. | 은퇴 여교역자 초청의 날을 실시하여 은퇴 여교역자를 위로     |
| 2014. 10. 29.~11. 2. | 한신대학교 신학대학원 목회실습(우리 회에서 목회현장 제공) |

- 참여: 한신대학교 신학대학원 목사후보생 8명(김정미, 문효신, 오미선, 신요셉, 정우진, 박학송, 유평안, 최현태)
- 참여 기관과 교회: 기장 여교역자협의회, 두평교회, 생명나무교회-진천교회, 새누리교회, 감사비전교회, 섬돌향린교회

| 2014. 11. 10 | 기장총회가 매주 진행하는 '평화와 통일을 위한 월요기도회' 주관하고 참여 |
|--------------|---------------------------------------------------------------|
|            | - 장소: 한신대학교 신학대학원 예배실 2층(참석자: 40여명)           |
| 2014.      | 젊은 후배들을 찾아가서 대화 나눔                                   |
|            | - 여성 인턴교육생(8. 28.)                                         |
|            | - 한신대학교 신학대학원 여학생(11. 18.)                           |
| 2014.      | 기장여성연대 활동                                                 |
|            | - 정기모임(3. 31.): 발제와 워크샵 - 여성 목회자와 여성장로의 현실과 미래 전망 |
|            | - 총회장, 총무와 간담회(8. 20.), 제99회 기장총회 여성총대 모임(9. 4., 대전교회) |
|            | - 제99회 기장총회: 각 부서와 위원회에 여성 1인 이상씩 공천          |
| 2015. 1. 26. | 교단 '양성평등위원회 정책협의회'에 참여                            |
|            | - 장소: 초동교회                                                  |
| 2015.      | 세월호 참사 아픔을 함께 하는 기도, 금식기도, 철야기도회, 토론회, 서명 운동, 거리 걷기에 참여하고 희생자 가족들을 위로 |
| 2015. 1.~12. | 여성 목회 교육                                                  |
|            | • 지역 이동강좌                                                   |

- 주제: "이야기로 풀어가는 신약성서"
- 강사: 이종원 목사
- 일시: 2015. 2. 1(월)~3(화)
- 장소: 목포남부교회
• 여성신학 소모임 진행
- 내용: 구약성서와 설교 후속 모임, 『여성학이야기』, 『왜 선녀는 나뭇꾼을 떠났을까?』, 『기독교교육, 엘리사벳을 찾아나서다』 등의 책을 읽고 토론
- 일시: 2015. 1. 19.~3. 23.
• 여성신학 영어공부 모임 진행(여성교회와 함께 5회 진행)
- 교재: 필립스 트리블, 『TEXT OF TERROR』(캐더린 목사와 함께)

| | |
|---|---|
| 2015. 2. 12. | 한신대학교 신학대학원 학위수여식에서 황선정 학생에게 여교역자회장상 수여 |
| 2015. 상·하반기 | 장학금 지급(한신대학교 신학대학원 김희선 학생) |
| 2015. 2. 23. | 한국여교역자회연합 제14차 정기총회 |
| | - 대표회장에 김정분 목사, 총무에 이혜진 목사 선출 |
| 2015. 6. 1.~3. | 제48회 정기총회와 교육대회 |
| | - 장소: 기독교회관 조에홀, 백주년기념관 |
| | - 주제: "하나님과 세상 앞에 참회하는 교회" - 새날을 열어가는 여성 목회 |
| | - 강사: 최영실 교수, 이영미 교수 |
| | - 제25대 회장에 홍성윤 목사 선출 |
| | -「여성 목회 생명목회」21호 소식지 발간 |
| 2015. 6. 17.~21. | 미국장로교 초청 '여성대회'에 참여 |
| | - 장소: 미네아폴리스 하이야트 호텔 |
| | - 주제: "One body, One Spirit" |
| | - 참석자: 양화자 국제위원장, 이혜진 총무 |
| 2015. | 기장여성연대 활동 |
| | • 정기모임 |
| | - 일시: 3. 30. |
| | - 발제와 워크숍: "기장교회 성정의 실현을 향하여" |
| | • 총회장, 총무와 간담회 실시 |

- 일시: 8. 4.
- 내용: 100회 기장총회 헌의안 통과를 위한 여성총대 모임

2015. 9. 14.~17.   교단 제100회 총회
- 장소: 원주영강교회
- 헌의안 활동
  ① 노회와 교회별 양성평등 교육을 위한 헌의의 건(허락)
  ② 교단 총회 여성 총대 참여 비율 증대를 위한 헌의의 건(10명 이상~20명 미만 총대회원 노회 - 여성 1인 이상 파송키로 수정하여 허락)
  ③ 총회 주제위원에 여성위원 1인 이상 포함 헌의의 건('총회 추천 전문인 2인, 여성 1인 이상으로 수정하여 허락)
  ④ 100회 총회 양성평등선언서 채택과 선언문 낭독
- '100총회 여성 참관인단'을 구성하여 총회를 참관케 하고 총회의 다양한 사업이나 논의를 통해서 여성 지도력을 향상케 한 일과 100회 총회 참관 평가서 작성, 체크(참관평가서 37명 참여)
- 제100회 총회 선교박람회에 '함께 가는 기장여성' 양성평등 부스 설치
- 양성평등 선언서/'생명다리 이어가기' 성평등 교회 지침서 제작, 배포
- 여성 목사 총대와 참관인 모임 진행(9. 14. 저녁, 1층 새가족실)

2015. 9. 10~11.   은퇴여교역자회 수련회 실시
- 장소: 충북 두평교회(하성순 목사)와 그 일대

2015. 10. 19.   전회원 만남의 날
- 장소: 충남 오동교회
- 주제: "교회와 성평등 - 성평등한 교회를 위한 과제"
- 강사: 임보라 목사(섬돌향린교회)

2015. 10. 14.~18.   한신대학교 신학대학원 목회실습 현장 제공과 목회실습 실시
- 참여: 한신대학교 신학대학원 목사후보생 5명(김동금, 김희선, 박향남, 양제신, 이재선)
- 참여 기관과 교회: 기장 여교역자협의회, 인천 해인교회, 청주 북문교회, 생명나무교회, 심동교회, 독립문교회, 한별

교회, 심동교회, 충남지역회 여성 목회자와의 만남, 여성 목회 간담회 등

2015.　　　　　젊은 후배들과의 대화모임
　　　　　　　　－ 여성인턴교육생(8. 27.~28.)
　　　　　　　　－ 한신대학교 신학과 기독교교육과 여학생(11. 23.)
　　　　　　　　－ 한신대학교 신학대학원 여학생(11. 23.)

2015. 11. 17.　세월호기독여성연대 주관, 세월호 참사 아픔을 함께 하는 기도와 간담회(아직 끝나지 않은 눈물, 기억 － 세월호 희생자 엄마들의 이야기)에 참여하고 희생자 가족들을 위로
　　　　　　　　－ 장소: 기독교회관 2층 조에홀

2015. 11. 30.　'평화와 통일을 위한 월요기도회'를 주관
　　　　　　　　－ 장소: 기독교회관 조에홀(참석자: 20여 명)

2015. 12. 16.　일본군 '위안부' 문제 해결을 위한 제1209차 정기 수요시위 주관

2016. 1. 14.　세월호 희생자 가족의 삶을 다룬 영화 〈나쁜 나라〉를 서대문 기독연대와 공동 상영(필름포럼)
　　　　　　　　－ 100여 명 관람
　　　　　　　　－ 김진열 감독과 세월호 희생자 성호 어머니와의 대화

2016. 2. 18.　한신대학교 신학대학원 학위수여식에서 권혜숙 학생에게 여교역자회장상을 수여

2016. 상·하반기　장학금 지급(한신대학교 신학대학원 황찬영 학생)

2016.　　　　　이야기 사랑방
　　　　　　　　－ 임보라 목사의 가나 성평등 회의 참석 보고(12. 16.)
　　　　　　　　－ 한국염 목사의 베트남 한국군에 의한 민간인 학살지역 방문기 나눔(2. 17.)

2016. 4. 4.~6.　단독목회자 힐링 캠프 진행(적은돈운동 국제회의 후원)
　　　　　　　　－ 장소: 엠마우스 피정의 집
　　　　　　　　－ 내용: 자기분석 1, 2(김성희 목사)/스토리텔링 1, 2(고영순 교수)/여성주의 목회 길잡이(임보라 목사)/침묵과 묵상, 관상기도(홍순원 목사)/적은돈운동 국제위원회 소개, 침묵과 묵상 2(이혜진 목사)

2016. 5. 30.~6. 1.　제49회 정기총회와 교육대회
　　　　　　　　－ 장소: 서천 청소년수련관

- 주제: "이것을 행하여 나를 기억하라 - 성찬의 깊은 뜻 세상 안에서"
- 부제: "종교개혁과 교회 개혁"
- 강사: 양미강 목사
- 「여성 목회 생명목회」 22호 소식지 발간

2016. 6. 27.~7. 11.    여성 목회 특별강좌: 회원들의 논문 발표와 나눔
- 주제: "가정폭력과 종교의 역할"
- 강사: 김희선 목사(효동교회, 이화여자대학교 강사)
- 주제: "변화를 위한 교육-스토리텔링
- 강사: 김진아 목사-총회 교육원 교재부장
- 주제: "비판과 페미니스트신학" - 피오렌자의 비판적 페미니스트 주체의 특성과 그의 행위에 관한 연구
- 강사: 진미리 목사(창현교회)

2016. 10. 10.    전회원 만남의 날
- 장소: 익산중앙교회
- 주제: 관상적 영성목회
- 강사: 이진권 목사(새봄교회, 한국샬렘영성훈련원)

2016. 10. 19.~22.    한신대학교 신학대원원 목회실습 현장을 제공하고 목회실습을 실시
- 참여: 한신대학교 신학대학원 목사후보생 6명(반주연, 배종례, 우다은, 이미숙, 양현웅, 황인선)
- 참여 기관과 교회: 기장 여교역자협의회, 임실전원교회, 임실성가교회, 전주하이기쁨교회, 전주한길교회, 전주거름교회, 전주고백교회, 독립문교회, 섬돌향린교회, 여성 목회자 간담회 등

2016.    젊은 후배들과의 대화
- 여성인턴교육생(8. 23.)
- 한신대학교 신학과 기독교교육학과 여학생(11. 14.)

2016. 10. 31.~11. 1. 은퇴 여교역자 초청의 날
- 장소: 호계교회, 세종스파텔, 괴산 등지

2016. 12. 12.    기장총회가 진행하는 '평화와 통일을 위한 월요기도회' 주관
- 장소: 한국기독교회관 2층 조에홀(참석자: 20여 명)

2016. 3. 3.    교단 '양성평등위원회 정책협의회' 참여

|  |  |
|---|---|
|  | - 장소: 한국기독교연합회관 17층 |
| 2016. | 기장여성연대와 공동사업 전개 |
|  | - 정기 모임: 농목 – 생명선교연대와 연합하여 교회개혁토론회를 진행 "우리는 이런 교단을 원한다"(3. 28) |
|  | - 교단 대표들과의 간담회(8. 8) |
|  | - 101회 기장총회 여성총대들 2회 모여 헌의안 통과를 위한 연구와 노력(9. 8., 9. 27.) |
|  | - 제101회 기장 총회 각 부서와 위원회에 여성 1인 이상씩 공천 |
|  | - 성추행 대응활동, 성윤리강령 제정과 성폭력 예방을 위한 제도 마련 헌의 |
| 2016. | 세월호 참사 아픔을 함께 하는 기도회, 시국기도회 등 나라와 민족을 위해 기도 |
| 2017. 2. | 한신대학교 신학대학원 학위수여식에서 김준희 학생에게 여교역자회장상을 수여 |
| 2017. 상·하반기 | 장학금 지급(한신대학교 신학대학원 신현숙 학생) |
| 2017. 3. | 기장여성연대와 함께 한신대학교 박사과정 김나경 학생에게 장학금 지급 |
| 2017. 3. 15. | 일본군 성노예제 피해자들의 명예회복과 배상을 위한 수요시위 주관 |
| 2017. 5. 22.~24. | 50회 총회와 교육대회 개최, |
|  | - 장소: 전북, 경천 농촌사랑학교 |
|  | - 주제: "종교개혁 500주년 – 내 교회를 세우리니" |
|  | - 부제: "교회 개혁, 어떻게 할 것인가?" |
|  | - 강사: 정미현 교수(연세대학교 연합신학대학원) |
|  | - 제26대 회장에 김성희 목사 선출 |
|  | - 우리 회 이름을 '한국기독교장로회 전국여교역자회'로 개정 |
|  | - '교회개혁 여성선언' 발표 |
|  | -「여성 목회 생명목회」23호 소식지 발간 |
| 2017. 9. 11. | 전회원 만남의 날 |
|  | - 장소: 전주 서머나교회 |
|  | - 주제: "성평등 실현을 향하여" |

|  |  |
|---|---|
|  | - 강사: 이혜진 목사 |
|  | - 내용: 성 정의(性 正義)에 관한 토크쇼 |
|  | - 사회: 오미숙, |
|  | - 패널: 김성희 목사, 노복자 전도사, 이강실 목사, 임보라 목사 |
| 2017. 9. 25.~26. | 은퇴 여교역자 수련회 실시(천안 일대) |
| 2017. 10. 25.~29. | 한신대학교 신학대학원 목회실습 현장을 제공하여 목회실습을 실시 |
|  | - 참여: 한신대학교 신학대학원 목사후보생 6명(소관옥, 기모세, 김새로아, 신현숙, 안승희, 최지현) |
|  | - 참여 기관과 교회: 전국여교역자회, 독립문교회, 섬돌향린교회, 익산중앙교회, 전주하이기쁨교회, 전주한길교회, 전주거름교회, 화산지역아동센터와 석천교회, 개척교회 목회자 간담회, 부부목회자 간담회 등 |
| 2017. | 기장여성연대 활동 |
|  | - 교단 대표들(총회장, 부총회장, 총무)과 간담회 실시(8. 11.) |
|  | - 헌의안 통과를 위한 여성총대모임 2회 실시 |
|  | - 성윤리강령(안)과 성폭력 예방을 위한 제도 마련을 위해 특별법(안)을 헌의 |
|  | - 제102회 기장 총회 시 '교회 성평등, 성을 말하다' 세션을 진행, 120여명의 총대들과 성평등, 성 정의에 대한 논의 |
| 2017. | 젊은 후배들과의 방문대화 실시 |
|  | - 여성인턴 교육생(8. 22.) |
|  | - 한신대학교 신학과 기독교교육학과 여학생(12. 4.) |
| 2017. | 한신대학교 개혁을 위한 학생들 단식농성장에 방문하여 격려 |
| 2018. 1. 15.~2. 5. | '여성 목회 특별강좌' |
|  | - 장소: 기장선교회관 2층 예배실 |
|  | - 주제: "차별 없는 세상 - 바울과 여성" |
|  | - 강사: 김호경 교수(서울 장신대 신약학) |
| 2018. 2. 12. | 한신대학교 신학대학원 학위수여식에서 이미숙 학생에게 '전국여교역자회장상' 수여 |

| 2018. 상·하반기 | 장학금 지급(한신대 신대원 이은혜 학생) |
|---|---|
| 2018. 2. 20. | 교단 '양성평등 정책협의회'에 참여 |
| | - 장소: 서울성남교회 선교관 |
| 2018. 3. 15. | 정대협 일본군 성노예제 피해자들의 명예회복과 배상을 위한 수요시위 주관 |
| 2018. 3. 26. | 기장여성연대 정기모임 "#교회는 미투에 어떻게 응답할 것인가?" |
| 2018. 4. 18. | 일본군 성노예제 피해자들의 명예회복과 배상을 위한 수요시위 주관 |
| 2018. 6. 18.~20. | 50주년 기념 희년감사예배, 51회 총회와 교육대회 개최 |
| | - 장소: 한국교회백주년기념관 |
| | - 주제: "기억을 되새기며 새 희년을 향하여" |
| | - 강사: 강남순 교수(미국 텍사스크리스천대학교 브라이트 신학대학원 교수) |
| | - 희년문집 출판식과 감사패, 공로패 수여, 50주년을 되새기며 동영상과 사진전 |
| 2018. 7. 9.~23. | 여성 목회 특별강좌 실시 |
| | - 장소: 우리 회 사무실 |
| | - 주제: "로마서 - 바울과 여성" |
| | - 강사: 김호경 교수(서울 장신대 신약학) |
| 2018. 8. 27. | '성정의 실현을 위한 연대' 주최로 교회 내 성폭력사건 규탄 기자회견 |
| | - 장소: 기장총회회관 앞 |
| 2018. 9. 2. | 제5회 여교역자회주일 실시 |
| 2018. 9. 10.~11. | 마을목회 세미나 실시 |
| | - 장소: 전북대학교 훈산건지하우스(참석자: 15명) |
| | - 내용: 강의 3(사회적 목회 패러다임과 마을목회 연구, 교회에 적합한 사회복지 모델과 사회적 경제, 교회에 적합한 사회복지 모델과 사회적 경제, 사회적 기업 및 협동조합 설립의 실제), 마을목회 사례발표 2명, 사회적기업 현장 탐방 등 |
| 2018. 9. 17.~20. | 제103회 한국기독교장로회 총회 활동 |
| | - 성윤리강령, 성폭력대책위원회 설치, 성폭력 예방교육 의무화 결의 |

| 2018. 11. 5. | 전회원 만남의 날 |
| | - 장소: 익산중앙교회 |
| | - 주제: "하나님이 주시는 평화" |
| | - 강사: 이강실 목사 |
| | - 내용: 탐방과 친교(탐방과 친교: 나바위성지와 두동교회) |
| 2018. | 젊은 후배들과의 대화모임 |
| | - 한신대학교 신학대학원 여학생들(5. 28) |
| | - 여성인턴 교육생(8. 28) |
| | - 한신대학교 신학과 여학생들(12. 3.) |

# 주요 성명서와 선언문

## 성평등 목회를 위한 제안서

지난 2010년 기장총회는 "양성평등을 위한 선언서"를 채택하였다. 총회원들의 뜻을 모아 우리 총회가 성평등 공동체로 나아가기로 방향을 세운 귀한 성과였다. 선언으로 끝나지 않게 하려면 교회와 노회에서, 총회에서 할 수 있는 정책개발과 실천이 필요한 때이다.

우리 사회의 정치, 경제, 문화, 교육 모든 영역이 변하고 있다. 출산과 생명에 대한 가치가 그 어느 때보다 높아지고 있다. 여성성과 모성보호에 대한 관심은 이제는 개인의 문제가 아니라 사회의 주관심사 중의 하나가 되었다. 그럼에도 교회는 전통과 과거의 방식이 지배하는 고루하고 낙후된 영역으로 인식되어 청년들 특히 젊은 여성들이 교회를 떠나고 있음을 체감하고 있다. 이제부터라도 우리 사고의 지평을 넓혀야 하고 또 바꿔야 한다.

미래는 준비하는 자의 것이다. 변화된 상황에 맞는 문화와 가르침을 준비하자. 지시와 배제의 시대는 지나갔고 이제는 공존과 살림의 시대이다.

2015년은 기장총회 100회가 되는 해로 새 시대 새 교회를 준비하고 만들어갈 때이다. 우리는 이를 위해 다음과 같이 제안한다.

### 1. 여성주의 목회를 위한 우리의 과제

1) 새 시대를 이끌어갈 교회를 위해 목사후보생 때부터 여성주의와 상호존중의 문화를 체득할 수 있도록 훈련하자. 이를 위해 여성주의 문화와 담론을 나누고 만들며 여성주의 지도력을 훈련할 수 있는 여성 목회자들의 다양한 소모임을 형성하자(설교 및 예전 연구 모임, 상담훈련, 영성수련, 교회교육 등에 대한 소모임).

2) 협업(networking)과 나눔을 통한 목회를 하자.
여성 목회자들, 기장여성연대, 에큐메니칼 여성기관 등 여성들의 연대강화를 통해 지도력을 키우고 사회변혁을 위한 버팀목 역할을 할 수 있는 틀을 마련하자.

　3) 여성 목회자들의 지도력과 여성 목회의 발전을 위해 여성 목회연구소를 설치하자.

## 2. 새 시대를 준비하는 총회에 바란다

1) 2010년 9월 총회에서 채택한 양성평등 선언을 구체적으로 실천할 것을 요청한다.

선언서는 새로운 시대를 준비하고자 하는 우리 교단의 열망이 담겨 있으며 교단의 미래를 열어갈 방향을 세운 귀한 성과이다. 이제 실천이 남아있다. 지 교회와 노회, 총회에서 실천할 수 있는 정책 과제를 적극 연구하여 실천에 옮겨야 한다.

2) 교단 여성참여 할당제(30% 이상)를 적극적으로 시행할 것을 요청한다.

여성 우대정책과 할당제는 다양한 영역에서 적정한 수준(여성참여율 30%가 최소한의 조건으로 평가됨)에 이를 때까지 일정기간 동안 지속되어야 한다. 우리는 총회 기관 및 지 교회에 이르기까지 30%이상 여성이 참여하도록 제도화할 것을 요청한다. 또한 학교나 노회. 총회의 교육 과정에도 여성의 참여를 의무화할 것을 요청한다(한신대 교수, 목후생과 인턴과정의 교육과 면접, 장로 교육과 면접 실시자 등).

3) 목회자 양성 과정에서부터 양성평등 교육을 실시할 것을 요청한다.

신학대학원에서 '성인지 관련' 교육을 하고 '양성평등 관련 과목'을 필수과목으로 개설할 것을 요청한다. 또한 신학생과 수련생들과 목회 현장을 연결해 줄 수 있는 제도와 다양한 목회 현장을 체험할 수 있도록 여성 목회자, 남성 목회자, 교수가 공동강의하는 '목회 비전과 지도력계발' 과목을 신설할 것을 제안한다.

4) 인식변화를 위한 양성평등 교육을 지속적으로 실시할 것을 요청한다.

총회에서 양성 평등 교육을 제안하여 지난 2년 동안 9개 노회에서 시행하는 성과를 거두었다. 아직은 많은 노회들이 참여하지 않았지만 더 많은 노회가 참여하도록 적극 권장하여야 한다. 양성평등은 목회자만의 문제가 아니다. 교우들도 역시 변해야 한다. 교우들도 새 시대를 열어가는 기장교회에 대한 자부심 역시 커져갈 것이다. 양성평등 교육을 노회와 교회 등에서 다양하게 실시할 것을 요청한다.

5) 우리 안에 잔존해 있는 성차별적 용어, 관행 등을 고치고, 진정한 양성평등이

교회에서 이루어질 수 있도록 양성평등 목회 안내서를 제작할 것을 제안한다. 교육만이 아니라 기장 전체 교회의 목회에서 양성평등이 이루어지도록 목회 매뉴얼이 제작되길 바란다.

6) 양성평등을 위한 재정정책과 실천을 요청한다.

재정 예산에서도 성 차별이 없는지 살펴보아야 한다. 이른바 '성 인지 예산제도'는 양성평등에 기여하는 정책으로 총회나 기관, 노회, 교회 등에서도 성인지적 관점에서 양성평등 재정을 고려해야 한다. 예를 들면 장학금, 선교비 선정 등에 있어서 사회적 약자인 여성에 대한 배려와 양성평등위원회, 여교역자협의회 등을 지원하는 일이다.

7) 작은 교회의 목회자(목사, 전도사)들이 연금에 가입할 수 있도록 교회와 노회, 총회의 제도적 지원을 요청한다.

8) 출산, 육아에 대한 총회 차원의 정책을 마련할 것을 요청한다.

출산과 양육은 어느 개인의 일이 아니라 하나님의 창조사업을 대행하는 일이고, 하나님께서 우리에게 맡겨주신 하나님의 자녀를 키우는 일이다. 여성 목회자들이 생명을 소중히 여기며 사역할 수 있도록 출산휴가와 육아휴직이 인식, 문화, 제도적으로 정착되어야 한다.

9) 부부공동목회를 제도적으로 인정하자.

부부 공동사역이 해마다 증가하고 있다. 여성들의 전문성과 지도력을 사모의 역할로만 제한해서는 안 된다. 전통적 성역할에 매이지 않고 이 시대의 바람직한 지도력으로 세워가야 한다.

교회 공동체가 양성평등 의식과 실천으로 세상에 복음을 증언하는 것은 하나님이 만드셨던 창조질서를 회복하는 일이고, 차별이 없는 예수 그리스도의 사랑을 실천하는 일이며, 화해와 평화를 위해 일하시는 성령의 활동에 응답하는 일이다. 우리는 이러한 제안이 기장에서 이루어지도록 함께 기도하며 나아갈 것이다.

2013년 4월 15일
한국기독교장로회 여교역자협의회 학술세미나 참가자 일동

# 마틴 루터 종교개혁 500주년과
# 한국기독교장로회 전국여교역자회 창립 50주년을 맞는
# 여교역자 선언문

"하나님이 자기 형상 곧 하나님의 형상대로 사람을 창조하시되 남자와 여자를 창조하시고 하나님이 그들에게 복을 주시며 그들에게 이르시되 생육하고 번성하여 땅에 충만하라"(창세기 1: 27-28a).

"나는 새 하늘과 새 땅을 보았습니다. 이전의 하늘과 이전의 땅이 사라지고. 바다도 없어졌습니다"(요한계시록 21:1).

마틴 루터의 종교개혁 500주년에 한국기독교장로회 여교역자협의회 50주년을 준비하며 종교개혁 정신을 되살려 "교회를 교회답게 하자!"는 사명감으로 이 선언서를 발표합니다.

오늘의 한국 교회는 부패한 교회를 예수 그리스도의 교회로 바로 세우고자 했던 종교 개혁가들의 개혁 정신이 무색할 만큼 오히려 개혁의 대상이 되고 있습니다. 하나님의 이름으로 권위주의, 물량주의, 이기주의, 배타성, 기복주의 등을 조장하고 개혁신앙의 길에 역행해 왔습니다. 우리 여교역자들은 이에 대한 문제의식을 품고도 힘껏 비판의 목소리를 내거나 적극적으로 대안을 제시하지 못했습니다. 부패의 수동적 희생자이면서 역설적이게도 한국교회의 반 기독교적 행보에 편승해오기도 한 죄를 고백합니다.

우리 여교역자들은 교회에 뿌리내린 가부장제와 성차별에 저항하며 하나님의 형상으로 지음 받은 인간을 어떤 이유로든 차별해서는 안 된다는 것을 목회현장에서 다양한 방식으로 증언해 왔습니다. 그럼에도 한국교회를 평등한 교회로 변화시키지 못했습니다. 예수 그리스도의 제자라고 하면서도 복음의 진리대로 행동하지 못해 정의, 평화, 평등의 세상을 일구어가지 못했습니다. 우리는 하나님의 창조질서를 깨뜨리는 데 일조한 죄인임을 가슴을 찢는 마음으로 회개합니다.

희년을 맞는 우리 여교역자들은 이제 하나님의 해방의 역사가 우리 안에 임하기를 바라면서 다음과 같은 비전을 실천하겠습니다.

1. 성평등과 성 정의를 우리의 목회 현장에서부터 실천하겠습니다.

우리는 오랜 세월 여성을 억눌러온 교회의 성차별적 굴레를 벗고 교단과 목회현장에서 성평등을 위한 교육과 제도개혁에 힘쓰겠습니다.

교단에 속한 교회, 노회, 기관 등이 여성과 남성의 사례비 불균형을 해소하고, 출산과 양육에 따른 목회대체인력을 마련하도록 제도적 장치를 갖추고 이를 위해 성인지적 예산을 세우도록 주체적으로 나서겠습니다.

나아가 성희롱, 성추행, 성폭력, 성소수자의 차별과 혐오에 침묵하지 않겠습니다. 하나님의 형상을 닮은 사람들이 다름과 차이 때문에 차별받거나 배제되지 않는 환대의 공동체를 만들겠습니다.

2. 권위주의와 교권주의를 버리고 민주적인 교회로 세워가겠습니다.

우리는 직분을 계급화하고 당회가 전권을 쥐는 폐쇄적이고 권위주의적인 의사결정 구조를 고착시켜 온 것을 회개합니다. 목회자와 신도. 담임목사와 부교역자. 장로와 평신도는 역할에 따른 직분일 뿐입니다. 교회 주인은 하나님이심을 고백하며 교회와 교단의 위계구조를 타파하겠습니다. 여성과 청년 등 평신도들의 참여를 확대하여 만인사제직 정신에 따른 평등한 교회구조를 만들겠습니다.

3. 물질주의와 성장제일주의의 우상을 버리고 하나님의 교회로 세워가겠습니다.

우리는 하나님 나라의 가치보다 세상의 가치를 좇아왔음을 고백합니다. 기복주의, 투명하지 않은 헌금 사용, 대규모 교회건축, 금권선거, 세속적인 성공지향 등 교회의 물질주의적 세속화를 막아내지 못한 죄를 회개합니다. 하나님 나라의 가치에 역행하는 맘몬 숭배가 교회 내에서 더 이상 자리 잡을 수 없도록 깨어서 실천하겠습니다.

4. 개교회주의를 지양하고 작은 교회, 지역교회들과 함께하는 공교회성을 회복하겠습니다.

우리는 하나님 나라의 선교와 이웃사랑보다 개교회의 유지와 무한성장만 추구해온 이기주의를 회개합니다. 교회세습, 교회 사유화 등으로 표출되는 개교회주의의 폐쇄성을 극복하겠습니다. 기득권을 내려놓고 큰 교회와 작은 교회, 도시교회와 농어촌교회간의 나눔을 통해 교회의 공동체성을 회복하겠습니다. 지역사회의 교회와 연대하고 교류하며 건강한 교회를 세워가겠습니다.

5. 이웃과 함께하여 교회의 공공성을 회복하며 사회적 책임을 다하겠습니다.

우리는 장애인들과 우리 사회에서 함께 살아가는 이주민들을 자매요, 형제로 받아들이지 못했음을 회개합니다. 장애인과 이주민들은 하나님이 동등하게 지으신 하나님의 자녀입니다. 우리는 누구든지 신체 또는 정신 장애를 이유로, 언어와 문화가 다르다고 해서 차별받거나 배제되지 않도록 다양성을 존중하며 소외된 사람들과 함께하겠습니다. 사회적 약자의 인권회복을 위한 교회의 선교 사명을 감당하겠습니다.

교회를 개방하고 지역사회와 교류 소통하며 이웃과 더불어 사는 마을공동체를 세워가겠습니다.

6. 평화통일을 위하여 기도하며 행동하겠습니다.

우리는 민족분단 현실 속에서 여전히 이념적 대립구도에 갇혀 살고 있습니다. 한국교회가 전쟁의 위협이 없는 평화로운 한반도를 염원하면서도 분단 고착화에 앞장서 온 것을 회개합니다. 갈등과 반목을 화해와 대화로, 정전협정을 평화협정으로 전환하기를 원합니다. 우리는 화목케 하는 일꾼으로서 교류와 협력 등 평화통일을 위한 기도와 행동에 적극적으로 앞장서겠습니다.

7. 생명 감수성으로 창조 세계 보전을 위해 앞장서겠습니다.

우리는 인간중심적인 사고로 생명을 경시하며 생태계를 파괴해왔음을 회개합니다. 어머니의 품과 같은 산과 강이 더 이상 아파하지 않기를 소망합니다. 인간의 탐욕으로 파괴한 4대강이 본래 자연으로 회복되도록 외치겠습니다. 생명의 신음에 귀 기울이며 핵발전소 건설과 핵무기 개발 그리고 무분별한 개발에 반대하겠습니다. 창조세계의 청지기적인 사명을 기억하며, 창조질서 보전을 위해 앞장서겠습니다.

8. 신학과 성서 해석의 올바른 지평을 열겠습니다.

우리는 탐욕적 우상숭배와 기복신앙으로 귀결되는 거짓 신학 그리고 문자주의와 근본주의 신학과 성서 해석으로 하나님의 뜻과 말씀의 의미를 왜곡하였음을 회개합니다. 남성 중심적, 가부장제적 신학과 성서해석으로 여성과 사회적 약자를 차별하는 문화에 편승하였음을 회개합니다. 우리는 모든 생명을 오롯이 해방하는 정의와 사랑의 하나님 나라 실상을 드러내는 성서해석과 신학을 세워나가겠습니다. 그리스도의 평화를 세우고 십자가와 부활의 삶을 따르도록 촉구하는 진리의 증언을 확산하겠습니다.

9. 이웃 종교와 공동의 선을 일구어가겠습니다.

우리는 이웃종교를 배타적으로 대하고 증오심을 부추겨 온 것을 회개합니다. 우리는 각각의 종교의 가치를 존중하며 이웃종교에 대한 배움의 기회를 늘리고 공동선을 위하여 대화와 협력의 길을 열어가겠습니다. 성숙한 신앙을 토대로 이웃종교와 함께 정의를 세우고 평화로운 세상을 만들겠습니다.

교회는 계속 개혁되어야 합니다. 우리 여교역자들은 이상의 일들을 다짐하고 실천하며 교회 개혁의 여정에 설 것입니다. 우리 여교역자들을 통해 한국교회에 '새 일'이 이루어지기를 소망합니다.

"온 세상 어디든지, 복음이 전파되는 곳마다, 이 여자가 한 일도 전해져서, 사람들이 이 여자를 기억하게 될 것이다"(마가복음 14:9).

이 말씀이 우리 여교역자들을 통해서 이루어지기를 기도하며 행동하겠습니다.

2017년 5월 23일
한국기독교장로회 전국여교역자 일동

# 임보라 목사에 대한 이단성 시비를
# 즉각 중단할 것을 촉구합니다

믿음으로 말미암아 그리스도를 여러분의 마음속에 머물러 계시게 해주시기를
빕니다. 여러분이 사랑 속에 뿌리를 박고 터를 잡아서, 모든 성도와 함께, 그리
스도의 사랑의 넓이와 길이와 높이와 깊이가 어떠함을 깨달을 수 있게 되고,
지식을 초월하는 그리스도의 사랑을 알게 되기를 빕니다. 그리하여 하나님의
모든 충만함으로 여러분이 충만해지기를 바랍니다(에베소서 3장 17~19절).

최근 예장 합동측 총회 이단피해대책조사연구위원회에서는 우리 교단 임보라
목사에게 '이단사상조사연구에 대한 자료 요청의 건' 공문을 보내왔습니다. 우리는
예장합동의 한 위원회에서 성소수자 인권옹호와 퀴어성서주석 번역 등을 문제 삼
아 임보라 목사의 이단성을 조사하겠다고 나서고 있음을 깊이 개탄하지 않을 수
없습니다. 과거 중세교회가 기근, 페스트 등으로 교권이 흔들릴 때 수많은 여성들
을 마녀로 몰아서 희생양 예장 합동 교단이 무슨 자격으로 우리 교단 임보라 목사
의 목회활동을 이단성 운운하며 시비하는지 묻지 않을 수 없습니다. 신학적인 해
석과 윤리적인 가치판단은 대화와 토론이 필요한 일입니다. 일방적으로 마녀사냥
처럼 몰아가선 안됩니다. 예장은 1952년에 김재준 목사를 이단으로 정죄하고 제
명했지만, 2016년인 지난해에 통합교단은 이단제명을 철회하고 형제교단으로서
의 화해를 요청해왔습니다. 그런데 합동교단은 종교개혁 500주년인 이때에 또 이
단타령을 하고 있습니다. 만약 그에게 문제가 있다면 우리 교단에서 조사할 일이
지 결코 타 교단에서 시비할 일이 아니라는 점을 분명히 밝힙니다.

먼저 자기교단 내부의 성폭력과 성추행 문제부터 해결하십시오. 예장 합동은
성추행 사건으로 사회법정에서 유죄 선고를 받은 전 모 목사를 감싸고 있습니다.
그뿐입니까? '여성은 교회에서 잠잠하라'는 말씀을 잘못 해석하여 '기저귀 찬 여성
은 강단에 설 수 없다'는 망발을 하며 여성들의 목사 안수를 인정하지 않는 등 성차
별과 시대착오적인 일들을 계속하고 있습니다. 자신들 내부의 범죄에 대해 정화하
는 일에 진력하시고, 여성을 차별하고 고통당하는 이웃을 단죄하는 일을 이제 멈
추시기 바랍니다. 타인 눈의 티끌을 찾기 이전에 자기 눈의 들보부터 먼저 보실
것을 권면합니다.

예장 합동은 이단성 시비에 앞서 예수그리스도의 사랑을 깊이 깨닫고, 그리스

도의 사랑에 경계가 있는지 돌아보십시오. 예수님은 바리새인들의 멸시와 차별로 고통당하던 사람들을 사랑하셨고, 모든 죄인들을 위해 십자가를 지기까지 하셨습니다. 우리는 예수그리스도를 본받아 주의 사랑을 전파하려고 노력하는 그리스도인입니다. 교회와 목회자는 모든 이들을 사랑으로 품기 위해 힘써야 합니다.

주님의 사랑에 경계를 짓고 교회를 찾아오는 이들을 배척해야 합니까? 사회적 멸시와 차별에 고통스러워하는 이웃과 그 가족들을 외면하고 죄인이라고 손가락질하며 정죄하는 일에 함께해야 합니까? 성소수자들과 그 가족들은 그리스도인이 될 수 없고, 교회공동체의 교우가 될 수 없습니까? 사회의 차별과 멸시를 멈춰달라고 호소하며 고통 받는 이들의 손을 잡아주는 일이 이단으로 정죄될 일입니까? 우리는 고통당하는 이웃에게 손을 내민 선한 사마리아인처럼 사는 것이 목회자의 소명이라고 고백합니다.

임보라 목사는 가정과 교회, 사회를 올바로 세우기 위해 힘써온 여성 목회자입니다. 고난 받는 이웃, 소외된 이들과 함께 하는 것은 고난을 자처하는 힘든 일이지만 그는 신앙양심에 따라 이 일을 헌신적으로 감당하고 있습니다. 우리는 그동안 그의 신실한 목회사역과 삶을 알기에 그의 하나님에 대한 사랑과 약자에 대한 사랑을 신뢰하며 지지합니다.

합동교단은 신앙양심의 자유, 약자에 대한 사랑의 표현을 일방적으로 이단으로 몰아가지 마십시오. 우리는 동역자 임보라 목사에 대한 이단성 시비를 즉각 중단할 것을 다시 한번 엄중하게 촉구합니다.

2017년 7월 3일
한국기독교장로회 전국여교역자회

# 제1331차 일본군 성노예제 문제해결을 위한
## 정기 수요시위 성명서

그의 안에서 생겨난 것은 생명이었으니, 그 생명은 모든 사람의 빛이었다. 그 빛이 어둠 속에서 비치니 어둠이 그 빛을 이기지 못하였다(요한복음 1장 4~5절).

일본군 성노예제 전쟁범죄 행위를 고발하고 해결을 촉구하고자 시작한 수요시위가 27년째 이어져오고 있습니다. 오늘 1331차를 진행하고 있습니다. 일본은 일제강점기에 우리나라를 비롯한 아시아 여러 나라에서 수많은 어린 소녀들을 성노예로 폭행하고 살인을 저질렀습니다. 그러나 일본 정부는 과거의 전쟁 범죄를 사죄하지 않고 있습니다. 오히려 피해자들을 모독하고 윽박지르며 거짓으로 진실을 감추고 있습니다.

### 1. 어둠은 빛을 결코 이길 수 없습니다.

잘못된 역사는 반드시 바로 세워야 합니다. 일본 식민지에서 해방 된지 70여년이 지났지만 아직도 피해자들은 해방되지 못하고 있습니다. 일본군 성노예제 피해자들과 원폭 피해자들, 강제징병과 강제징용 등 수 많은 피해자들은 지금도 고통을 겪고 있습니다. 하지만 일본 정부는 자신들의 전쟁 범죄를 공식사죄하지 않고 있습니다. 오히려 역사를 왜곡하고 거짓을 가르치고 있습니다. 그러나 1991년 8월 14일, 김학순 할머니는 "나는 일본군 위안부 피해자입니다"라고 용기 있게 증언하였고, 뒤이어 수많은 피해자들이 온 몸으로 역사의 진실을 밝혔습니다. 한국만 아니라 아시아 여러 나라에서 자행한 전쟁범죄를 고발하고 있습니다. 그럼에도 일본 정부는 일본군 성노예제 전쟁범죄 등을 부정하며 왜곡을 일삼고 있습니다. 이는 과거의 잘못을 반성하지 않고 미래에도 반복하려는 속셈에 지나지 않습니다.

### 2. 거짓으로 진실을 감출 수 없습니다.

일본 정부는 일본군 성노예 범죄를 감추기 위해 피해자인 할머니들을 철저히 배제한 채, 밀실에서 졸속으로 2015 한일합의를 체결하였고 10억엔으로 일본군 성노예제 문제를 최종적, 불가역적으로 해결했다고 우기고 있습니다. 이는 돈 몇 푼으로 진실을 감추려는 어리석은 행위입니다. 성범죄 피해는 돈으로 덮여질 수 없습니다. 우리는 그런 돈을 요구하는 것이 아닙니다. 일본 정부의 공식 사죄와 정당한 피해 배상을 요구합니다. 다시는 그런 전쟁범죄를 반복하지 않겠다는 다짐을 요구합니다.

### 3. 우리는 포기하지 않습니다.

전쟁과 폭력을 고발하는 평화의 행진은 계속 이어지고 있습니다. 서울의 일본 대사관 앞을 비롯해 국내 70여 도시와 미국 뉴욕, 캐나다 토론토, 호주 시드니 등 해외 여러 도시에 평화의 소녀상이 세워지고 있습니다. 평화의 소녀상은 다시는 전쟁과 폭력이 이 땅에서 일어나지 않기를 염원하며 평화로운 세상을 이루겠다는 다짐의 표현입니다.

안타깝게도 피해자 할머니들이 많이 돌아가시고 현재 스물아홉분이 살아계십니다. 늦은 감이 너무 많지만 지금이라도 피해자 할머니들이 생존해 계실 때 범죄를 인정하고 사죄하십시오. 이 할머니들 곁에 우리가 함께하고 있습니다. 우리는 포기하지 않습니다. 우리의 평화를 이루기 위한 발걸음은 그치지 않고 계속될 것입니다. 우리의 평화의 행진 위에 하나님이 함께 해주실 것입니다.

우리는 일본군 성노예제 문제가 해결될 때까지 함께 연대할 것을 다짐하며 다음과 같이 요구합니다.

— 일본정부는 일본군 성노예제 범죄를 공식 사죄하고 법적 배상하라!
— 일본정부는 일본군 성노예제 관련 모든 자료를 공개하고, 진실을 규명하라!
— 일본정부는 일본군 성노예제 문제의 역사왜곡을 중단하고, 역사교과서에 올바르게 기록하고 교육하라!
— 한국정부는 화해. 치유재단을 즉각 해산조치하고, 법적배상금이 아닌 10억 엔을 일본정부에 반환하라!
— 한국정부는 일본군 성노예제 문제의 정의로운 해결을 위해 적극적으로 앞장서라!

2018년 4월 18일
한국기독교장로회 전국여교역자회와
제 1331차 일본군 성노예제 문제 해결을 위한 정기 수요시위 참가자 일동

# 한국기독교장로회 제100회 총회 성평등 선언문

성 정의(性 正義, Gender Justice) 실현은 참된 성만찬입니다.

지금 한국의 여러 장로교단들은 제각기 한국장로교 100회 총회를 열고 그 뜻을 기리고 있습니다. 우리는 이 뜻깊은 시간에 이스라엘을 이집트에서 이끌어내신 하나님께서 일제 압제와 가부장제 아래서 숨죽이고 지내던 민중과 여성을 해방의 복음으로 일으켜 세우신 일을 다시 기억하고 감사합니다. 특히 율법적이고 억압적인 교회풍토를 쇄신하자는 갈망으로 1953년 호헌총회 이래 하나님나라 운동의 새 지평을 열어온 한국기독교장로회 공동체에서 신앙을 키우며 하나님을 섬겨온 것을 큰 은총으로 믿습니다.

기장 가족의 일원임에 큰 긍지를 느끼면서도, 한편 우리가 지나온 길과 현실을 돌아볼 때 아쉽고 안타까운 일을 마주하게 됩니다.

한국장로교가 대의정치 원리에 따라 당회, 노회(대회), 총회 구조를 확립한 지 한 세기가 지났는데 이 모든 의사결정기구에서 대의정치의 의미를 살리지 못하고 있습니다. 여성이 교인의 과반수지만, 장로교 100회 총회에 이른 오늘 여성의 목소리를 대변할 여성 대표는 전체 총대의 8.2%로, 민주적 의사결정을 위한 최소한의 균형도 못 맞춘 상황입니다. 기장의 해외 파트너 교회들 그리고 기장이 회원으로 활동하는 국내, 해외 연합기구들은 의사결정기구에 여남을 동등한 수로 참여케 하는 일을 제도화하거나 실천하고 있는데, 기장의 현실은 세계교회에 내놓기 부끄러운 수준입니다.

오랜 가부장제 아래서 여성의 공적역할을 배제해온 관행을 우리 교단 역시 떨쳐 내지 못했습니다. 여성을 대등한 주체가 아니라 보조적 존재로 두고 여성지도력 배출과 함양에 소극적이었습니다. 남녀 역할에 대한 고정관념에 갇혀 예배, 교육, 봉사 갖가지 행사 등 교회 활동 전반에서 성차별적 역할 분담을 공공연히 따르고 있습니다. 우리 교회 여성과 남성은 아직도 그리스도의 제자로서 동등한 협력자 관계를 맺지 못하고 있는 것입니다.

기장교단이 여성 안수를 인정해 여성 목사를 배출한 지 40여 년이 흘러 남성들과 함께 신학교육을 받고 수련과정을 거친 여성 목사들이 327명에 이르지만, 미조직 미자립 교회 말고 이들을 담임교역자로 청빙하는 교회는 찾아보기 어렵습니다. 지도력과 여타 능력에서 남녀 간 차이가 없다는 것이 밝혀지고 있는데, 여성을 지

도자로 고려조차 하지 않는 교회가 대부분인 것은 아직도 시대착오적인 성적 고정
관념과 편견에 갇혀 있는 현실을 말해 줍니다.

　　기장교단은 알을 깨고 나오는 아픔을 안고 진리와 참 신앙을 찾아 한국 장로교
의 새 역사를 열었습니다. 정의-평화의 하나님 나라를 향한 기장의 치열한 여정은
한국과 세계 교회에 내린 선물이요 자산으로 인정받고 있습니다. 하지만 안타깝게
도 우리는 성차별 제도와 관행이 빚는 부조리와 불의를 판별하고 아파하는 '성인지
적 감수성'을 기르는 데 소홀했습니다. 그 나라를 향해 간다고 하면서 성차별을 과
감히 해소하고 남녀가 대등하게 참여하는 '성정의'를 실천하는 데 소극적이었습니
다. 여성과 남성이 '합당하지 않게 그리스도의 빵을 먹고 잔을 마심'(고전 11:27)
으로써 참 성만찬에 이르지 못했습니다. 종이나 자유인이나, 남자나 여자나 차별
없이 그리스도 예수 안에서 한 몸을 이루는(갈 3:28) 평등공동체를 실현하지 못한
것입니다.

　　그리스도 예수께서 피로 세우신 새 언약은 하나님의 집의 가족들이 누구든지
합당하게 그분의 식탁에 둘러앉아 바르게 사는 일을 환히 드러내고(고전 11:19)
새 삶을 창조해 가는 과정에서 성취됩니다. 한국장로교 100차 총회에 참석한 우리
들은 이 자리가 '합당한' 성만찬의 의미를 한껏 살려 새 언약 공동체를 향해 도약하
는 소중한 계기가 되기를 소망합니다.

　　성 정의를 토대로 새로운 신앙순례를 떠나는 기장인의 삶 위에 의로우신 하나
님께서 동행하시기를　기도하며 우리는 다음과 같이 실천할 것을 결의합니다.

― 교회 모든 의사결정기구에 여성과 남성의 동등한 참여를 보장하는 제도를 확립
　하겠습니다.
― 여성 지도력 함양을 위해 다양한 프로그램을 만들고 지원하겠습니다.
― 여성과 남성의 동등한 교역을 위한 제도적 장치를 마련하겠습니다.
― 신학대학과 교단 교육 기구들에서 '성정의' 관련 교과과정을 의무화하겠습니다.
― 장로교 전통에 기초한 교단의 논의구조와 교회 생활 전반을 '성정의'와 '생명살
　림' 관점에서 성찰하고 그 유산을 창조적으로 계승하는 새로운 규범을 세우겠
　습니다.

　"이것을 받아서 함께 나누어 마셔라"(눅 22:17).

2015. 9. 17.

한국기독교장로회 100회 총회 총회원 일동

# 한국기독교장로회 성윤리 강령

우리는 '하나님의 절대 은총 안에서, 예수 그리스도의 죽음과 부활을 기억하고, 성령의 인도하심에 따라 사랑, 생명, 정의, 평화를 실현하도록 부름 받은 공동체' 임을 고백한다. 하나님의 사랑, 생명, 정의, 평화를 실현하고 이 세상에 드러내는 것이 교회와 그리스도인의 사명임을 고백한다. 이러한 사명의 구체적인 실현은 성 차별과 성폭력을 근절하기 위한 노력에서도 드러나야 하며 이 시대 교회들이 마땅 히 행해야 할 중요한 과제이다. 2018년 초, 우리사회에서 일어난 미투, 위드유 운 동은 오랫동안 있었던 지위나 나이, 힘을 이용한 성차별과 성폭력에 대한 고발이 다. 교회도 예외는 아니다.

이에 성평등을 향한 우리의 간절함을 담은 성윤리 강령을 제정하여 선포한다. 기장에 속한 모든 신앙인들은 이 강령을 신앙인으로서 지켜가야 할 근본이요, 하 나님의 부르심 앞에 바로 서기 위한 길잡이로 삼을 것이다.

## • 성경적 근거

하나님은 '자기 형상 곧 하나님의 형상대로 사람을 창조'(창 1:27)하셨고 '사람 을 차별함이 없이'(롬 2:11, 갈 3:26-28) 대하신다.

그러므로 사람은 누구나 혼인여부, 임신 또는 출산, 용모 등의 신체조건을 비 롯하여 성(性) 차이에 상관없이 존중받아야 한다. 성차별을 부추기는 가부장제는 하나님의 선한 뜻이 아니다. 교회는 오랜 세월동안 지위나 힘을 이용한 성폭력을 묵인하거나 차이를 인정하지 못하고 차별하는 것을 방관해왔다. 이러한 교회의 성 차별은 이제 끝내야 한다. 우리는 그동안 침묵하고 방관했던 잘못을 성찰하고 회 개한다.

성 윤리의 기본은 하나님의 뜻을 따라 정의와 평등을 실현해 가는 것에 있다. '네 마음을 다하고 네 목숨을 다하고 네 뜻을 다하고 네 힘을 다하여 주 너의 하나님 을 사랑하여라. 네 이웃을 네 몸 같이 사랑하여라'(막 12:30-31)는 예수의 말씀은 우리에게 구체적인 실천을 촉구한다. 성(性)은 우리 모두에게 동등하게 주신 하나 님의 선물이다. 또한, '주님의 몸 된 교회'(엡 1:23)는 하나님의 형상인 사람들이 은총을 경험하는 장(場)이며, 사랑과 생명, 정의, 평화를 드러내는 곳이다. '우리 주 예수 그리스도 안에서 누리는 영원한 생명'(롬 6:23)이 가득한 교회는 성평등을 이루어야 한다.

• 우리의 다짐

한국기독교장로회에 속한 우리 모두는 성평등한 교회를 이루기 위해 아래와 같이 성윤리 강령을 실천하기로 다짐합니다. 이 강령은 우리 교단 소속 목회자와 신도, 기관과 유관 기관의 모든 임원, 직원, 자원봉사자들이 함께 지키겠습니다.

1. 우리는 모든 사람이 다양하면서도 동등하게 창조된 하나님의 형상임을 고백하며 서로 다름과 차이를 인정하고 존중하겠습니다.
2. 우리는 어느 한 성이 다른 성을 차별하거나 억압하지 않는 평등한 그리스도 공동체를 이루어가겠습니다.
3. 우리는 나이나 지위, 힘을 이용하여 상대방에게 성적 피해를 주지 않고 성을 함부로 사용하지 않겠습니다.
4. 우리는 칭찬이라도 외모에 대한 평가를 하지 않으며 수치감이나 굴욕감을 주는 말과 행동을 하지 않겠습니다.
5. 우리는 성희롱, 성추행, 성차별, 성폭력을 당한 피해자의 아픔에 귀 기울이며 신속하게 상담을 연결하고, 비밀보장, 치료와 돌봄, 2차 피해를 입지 않도록 보호하며 법적 대응 등 적극적으로 지원하겠습니다.
6. 우리는 어린이, 청소년 등 미성년자나 신체, 정신, 지적 장애인 등 사회적 약자에 대한 학대와 성폭력은 더욱 엄중히 다루겠습니다.
7. 우리는 성폭력 사건이 있는 교회공동체의 어려움을 살피고 잘 돌보겠습니다.
8. 우리는 성범죄 가해자의 행위를 처벌하고 회개하게 하여 성폭력을 근절하는 데 힘쓰겠습니다.
9. 우리는 성폭력 예방 교육을 연 1회 이상 의무적으로 기장 내 각 단위 마다 실시하겠습니다(학부, 신대원, 인턴십, 각 노회와 교회).
10. 이를 위해 우리는 '전문상담기관'과 연계하여 교회 성폭력 예방과 적절한 조처를 취하겠습니다.

우리는 성평등의 실현으로 하나님의 은총과 온전한 자유를 경험할 수 있음을 선포하며 이러한 은총으로 공동의 선을 이루어갈 것을 성 윤리 강령의 제정과 함께 다짐합니다.

"사랑은 이웃에게 해를 입히지 않습니다. 그러므로 사랑은 율법의 완성입니다"
(로마서 13:10).

"그리스도의 계명을 지키는 사람은 그리스도 안에 있고, 그리스도께서도 그 사
람 안에 계십니다. 우리는, 그리스도께서 우리 안에 계심을, 그가 우리에게 주신
성령으로 압니다"(요한1서 3:24).

▶ 2016년, 교단 101회 총회시 성폭력예방과 대책을 위한 법과 제도 마련 헌의안이 통과되었
고, 2년 후인 2018년 103회 총회 때 성윤리강령이 통과되었다.

# 기장여성 선언문

오늘 우리 한국기독교장로회의 20만 여성들은 여신도회 전국연합회 창립 80주년을 기념하고 새로운 역사의 출발에 동참하기 위해 이 자리에 모였습니다. 지난 80년의 역사는 어느 개인이나 특정 집단이 걸어온 길이 아니고 전국 각지에 있는 기장 자매들이 함께 걸어온 길입니다. 그 동행의 세월 속에서 우리는 여러 가지 경험을 하고 그 과정에서 보람과 상처도 얻었습니다. 20만 여성들의 다양한 생각과 활동으로 때로는 신나는 기운과 힘을 얻기도 하고, 때로는 일치의 어려움으로 실망하기도 하였습니다. 그러나 우리의 길은 선교 초기 복음을 통하여 해방과 자유를 얻은 여성들이 한국 교회와 사회에 이루어놓은 역사를 계승하는 공동의 자취이며 작품입니다. 지난 80년의 역사를 바라보고 기억하면서 이 자리에 모인 우리들은 기장여성으로 불러주신 하나님께 감사하고 12만 자매들과 같이 엮어온 여신도회 전국연합회의 역사에 긍지와 기쁨을 느낍니다.

지난 시간을 되돌아보면서, 우리는 기장이 태동하던 정신을 기억하고 그 "처음처럼" 이 자리에 서 있는지를 스스로 물어 봅니다. 당시 한국 기독교는 바리새주의, 부적절한 교리 논쟁, 교회와 신학의 사대주의, 당파적 고립주의로 시대에 부응하는 선교적 사명을 제대로 감당하지 못했습니다. 우리 기장여성들은 기장의 "한국 교회사로부터 엑소더스(출애굽)"에 동참하고 복음의 자유와 양심의 자유와 자립 자조의 정신과 세계교회와의 연대를 통하여 교회를 새롭게 하기로 결단하였습니다. 이러한 우리의 결단과 동참은 "생명을 택하고 평화를 이루라"(신명기 30장)는 하나님의 말씀과 이에 따른 거룩한 사명을 감당하고자 분투한 결과였습니다.

생명을 택하고 평화를 이루는 일은 불의가 지배하고 어둠을 강요하는 시대를 거부하는 외로운 작업이고 반생명적 세력과 문화에 저항하는 어려운 길이었습니다. 그러나 우리 기장여성들은 고난 받는 사람들의 경험에 참여하고 생명을 살리고 평화를 이루시는 성령의 함께하심을 믿으며, 기꺼이 "창조적 소수"의 길을 걸어왔습니다.

이 모든 것은 한 길을 걸어가는 자매들의 용기와 지혜와 연대의 힘을 필요로 하는 것이었습니다. 특별히 많은 길동무들 가운데 우리보다 먼저 깨우치고 몸소 헌신함으로써 동료와 후배들의 모범이 되신 선배들의 노고를 기억하고 저마다의 은사와 시간과 몸으로 생명과 평화의 길 만들기에 기여한 모든 이들에게 감사를 보냅니다. 우리는 혼자 가는 것이 두렵고 가지 않으려는 유혹이 많은 이 길을 서로 바라보고 웃어주고 격려하면서 함께 걸어온 것을 잊지 않을 것입니다.

여성들이 이루어 가는 생명과 평화의 길에서 우리는 무엇보다 여성의 현실에 관심을 갖고 하나님 나라를 이루는 여성의 소명에 대해 민감하게 되었습니다. 역사에서 만들어진 가부장제 의식과 관행은 그 뿌리가 너무나 깊고 견고해서 남성은 물론 여성 자신도 그 굴레와 멍에에서 쉽사리 자유롭지 못합니다. 그러나 그리스도가 우리에게 허락하신 복음의 자유와 양심의 자유는 가부장제의 불의한 역사에 침묵하거나 순응하는 것을 거부하도록 우리를 일깨웁니다. 여성에 대한 억압과 여성들의 고통에 대하여 질문하게 하고 그 부당함에 저항하도록 우리를 움직입니다. 지난 80년의 역사에서 기장여성들은 복음과 양심의 자유에 따라 주체적으로 세계 교회들과 연대하면서 탈 가부장제 운동을 펼쳐 왔습니다.

우리는 이러한 노력의 길 닦음이 앞으로도 계속 되어야 하고 그 결실로 맺는 다양한 열매들이 여성들만 아니라 남성들과 자연을 포함한 하나님의 모든 피조물들에게 생명과 평화를 선물하고 하나님의 창조세계를 더욱 풍요롭게 만든다는 것을 확신합니다.

이제 우리 기장여성들은 80년의 역사로부터 배운 지혜와 힘을 바탕으로 새로운 역사를 꿈꾸며 그 첫걸음을 내딛습니다. 21세기는 소수를 위한 세계화로 인해 사회적 양극화가 심화되고 문화적 다양성이 위협받는 시대입니다. 21세기의 도전 앞에 선 우리는 이 시대에 부응하는 교회와 여성의 사명과 역할을 생각하며 이 위기를 극복하고 새롭고 놀라운 부흥의 기회로 만들고자 합니다. 미리암이 애굽의 압제와 억압으로부터 해방시키신 하나님의 은혜를 노래하고 춤추었듯이 21세기 모든 질곡들을 넘어 성령 안에서 생명의 빛을 노래하며 하나님의 창조 질서에 따라 정의와 평화의 생명공동체를 만들어 갈 것을 다짐하며 다음과 같이 우리의 다짐과 결단을 선언합니다.

〈기장여성, 생명 · 평등 · 평화 실천 십계명〉

1. 물신숭배를 극복하고 하나님 신앙을 회복한다(참신앙)
2. 교회의 분열과 타락을 청산하고 그리스도 안에서 연합과 일치를 이룬다(교회)
3. 폭력을 근절하고 평화를 이룬다(평화)
4. 피조물의 생존권을 존중함으로 생태계를 치유하고 회복한다(창조세계)
5. 전쟁과 분단을 극복하고 민족의 생존권 함양과 평화통일을 위해 일한다(민족)
6. 사회적 약자, 소수자와 동행하고 나눔으로 예수 그리스도의 사랑을 실천한다(계급)
7. 교회와 사회의 성차별적 구조와 문화를 극복하고 양성평등을 이룬다(양성평등)

8. 세대 간의 갈등을 넘어 다음 세대와 소통하고 지원하는 미래지향적 화합을 이룬다(세대)

9. 타문화, 타종교, 타자를 존중하고 배려하는 무지개빛 공동체를 이룬다(다문화)

10. 개교회주의와 이기주의를 극복하고 더불어 사는 공동체성을 회복한다(공동체)

2008년 9월 9일

기장여성대회 참가자 일동